2024
上海职业教育事业蓝皮书

VOCATIONAL EDUCATION IN SHANGHAI 2024

主　　　编　解　冬
常务副主编　胡　卫

上海科学技术文献出版社
Shanghai Scientific and Technological Literature Press

图书在版编目（CIP）数据

2024 上海职业教育事业蓝皮书 / 解冬主编. —上海：上海科学技术文献出版社，2024. — ISBN 978-7-5439-9229-0

Ⅰ.G527.51

中国国家版本馆 CIP 数据核字第 2024EU4464 号

责任编辑：于学松
封面设计：冯祖忻

2024 上海职业教育事业蓝皮书
2024 SHANGHAI ZHIYE JIAOYU SHIYE LANPISHU
主　　编：解冬　　常务副主编　　胡卫
出版发行：上海科学技术文献出版社
地　　址：上海市淮海中路 1329 号
邮政编码：200031
经　　销：全国新华书店
印　　刷：上海展强印刷有限公司
开　　本：720mm×1000mm　1/16
印　　张：27.5
字　　数：532 000
版　　次：2024 年 11 月第 1 版　2024 年 11 月第 1 次印刷
书　　号：ISBN 978-7-5439-9229-0
定　　价：98.00 元
http://www.sstlp.com

编撰委员会名单

主　　　编：解　冬
常务副主编：胡　卫
责任副主编：张　晨　毕鹏宇
编　　　委：（以姓氏笔画为序）
　　　　　　马建超　王　琴　匡　瑛　刘
　　　　　　肖鹏程　罗尧成　施蕾生　郭
　　　　　　董　奇　雷正光
编　　　务：黎同炎　方孟梅　王黎明　何
　　　　　　朱　懿　谢轶成　朱松杰　王

目 录

上篇 事业发展

第一部分 综合报告

一、上海职业教育2023年发展概况 / 5

 （一）中等职业教育 / 6

 （二）高等职业教育 / 6

 （三）职业技能培训 / 7

二、上海职业教育发展的成就与经验 / 10

 （一）加强立德树人，思政教育融入专业建设 / 10

 （二）坚持大职教观，构建现代职业教育体系 / 11

 （三）深化内涵建设，提升院校关键办学能力 / 12

 （四）打造双师团队，完善教师培养培训机制 / 12

 （五）服务学生发展，彰显技能报国时代风采 / 13

三、适应新质生产力发展需求，提升职业教育服务能力 / 15

 （一）对接上海战略产业，优化院校和专业布局 / 15

 （二）面向行业转型升级，做强高质量职业培训 / 15

　　（三）破解企业生产难题，开展科研和技术服务 / 16

四、服务产教融合型城市建设，创新职业教育支撑制度 / 17

　　（一）落实国家要求，推进产教融合型城市试点 / 17

　　（二）加强制度创新，探索省级产教融合机制 / 17

　　（三）开展项目建设，推动产教融合落到实处 / 18

五、落实国家教育数字化战略，系统变革教育教学生态 / 19

　　（一）推进基础建设，夯实数字教育底座 / 19

　　（二）开发在线资源，创新课堂教学方法 / 20

　　（三）依托数字技术，创新学校治理模式 / 20

六、对接区域一体化发展要求，协同推进资源共建共享 / 21

　　（一）发挥专业优势，服务科技和产业创新跨区域协同 / 21

　　（二）加强资源共享，完善职业教育一体化发展机制 / 22

　　（三）落实政策要求，做大做强长三角联合职教集团 / 23

七、加强国际化职教合作交流，做好东西协作对口帮扶 / 25

　　（一）发挥上海区位优势，广泛开展国际合作 / 25

　　（二）依托三大职教联盟，助力各地中职发展 / 26

　　（三）强化科研引领功能，帮扶喀什高职建设 / 27

八、上海职业教育面临的形势 / 28

　　（一）城市加快发展提出新需求 / 28

　　（二）教育综合改革提出新任务 /28

　　（三）技术创新变革提出新要求 / 29

九、上海职业教育发展的建议 / 30

 （一）创新省域特色职教体系建设 / 30

 （二）推进职业教育专业布局调整 / 30

 （三）深化专业人才培养模式改革 / 30

 （四）探索开展综合高中办学试点 / 31

 （五）加强长三角职教一体化发展 / 31

第二部分 专题研究

一、基础教育阶段职普融通的现状、挑战与推进策略 / 35

 （一）基础教育阶段职普融通的基本现状 / 35

 （二）基础教育阶段职普融通面临的挑战 / 38

 （三）进一步优化职普融通的策略 / 41

二、优化教育布局，赋能产业科技 / 46

 （一）优化上海高等教育布局结构 / 46

 （二）深化职业教育供给侧改革 / 47

 （三）大力提升上海教育国际化水平 / 47

 链接：筚路蓝缕的探索 玉汝于成的收获 / 48

三、上海推动职业教育类型化发展研究 / 53

 （一）职业教育"类型"概念的提出与发展 / 53

 （二）上海职业教育发展面临的挑战与问题 / 56

 （三）上海推动职业教育类型化发展的对策建议 / 83

四、以新《职教法》实施为契机,深化上海职业教育改革 / 89

（一）赛道切换,上海职业教育发展"由强转弱" / 89

（二）上海职业教育发展面临的突出问题 / 90

（三）抓住新《职教法》实施契机,依法重振上海职业教育 / 92

五、强化高职院校类型特色,服务新质生产力发展 / 95

（一）因地制宜发展新质生产力要求高职院校特色发展 / 95

（二）围绕产业、立足地方是高职院校特色发展的重要特征 / 96

（三）推动高职院校特色发展服务新质生产力的若干思考 / 98

六、建立跨区域产业学院,助力长三角经济一体化发展 / 100

（一）长三角经济一体化发展基本背景 / 100

（二）中小城市承接产业转移亟需大量高素质技术技能人才 / 100

（三）建立跨区域长三角电子信息产业学院的实践与思考 / 101

链接：新质生产力助推长三角职业教育产教融合创新发展 / 103

七、共同体理论视角下的产教融合质量评价指标体系构建 / 105

（一）共同体理论的主要观点 / 105

（二）共同体理论视角下产教融合质量评价指标体系的结构 / 106

（三）基于共同体理论的产教融合质量评价指标体系的构建 / 107

八、行业办学模式下新型职业院校发展实践若干思考 / 113

（一）上海新型高职建设背景与改革价值 / 113

（二）上海新型高职改革试点的基本现状 / 115

（三）住建行业新型高职申办的主要经验 / 116

（四）住建行业新型高职建设的重点内容 / 118

（五）对行业新型高职未来发展的思考与建议 / 119

九、黄炎培职业教育思想对职业学校教师专业化发展的现代启迪 / 121

（一）黄炎培职教思想渗透的方法论 / 121

（二）职校教师专业化发展的现实困境 / 123

（三）黄炎培职业教育思想的现实启迪 / 125

链接：我国职教立法前围绕职教命名问题开展的十年学术争鸣回顾 / 127

第三部分 社务工作

一、2023年上海中华职业教育社工作概况 / 137

二、上海中华职业教育社2023年度重点工作 / 139

（一）完成社务委员会换届 / 139

（二）举办"中华杯"职业技能竞赛 / 141

（三）编撰《2023上海职业教育事业蓝皮书》 / 144

（四）发放"中华助学金" / 147

（五）献策各级"两会" / 148

（六）推动长三角职教一体化 / 150

（七）举办职业教育沙龙 / 152

（八）深化课题调研 / 154

（九）举办职业院校长研修班 / 157

（十）组织港澳台职业院校师生和大学生研习营 / 159

(十一)推进"中华牌"学校办学 / 160

三、上海中华职业教育社自身建设 / 162

(一)加强思想建设 / 162

(二)夯实组织建设 / 162

(三)强化能力建设 / 163

链接:2023年度上海中华职业教育社优秀课题调研成果一等奖获奖课题 / 165

下篇 典型案例

第一部分 立德树人

依托职业教育资源开展区域劳动教育的路径初探——以上海市金山区劳动教育为例(连育彪、王晓华、孙峰)/ 199

实践助劳 劳技促业——中职生家班共育下的劳动教育实践研究(俞媛媛)/ 204

提升思想政治课程教学有效性的实践探索——践行思政课价值性与知识性融合统一(范伟)/ 209

劳动教育与综合实践活动的关系研究(倪智扬、黄旭坚、金继荣、施海刚、张宏、郁志刚)/ 213

基于学科核心素养的中职思想政治课堂评价设计与实施(徐爱琴)/ 218

基于思想政治课程视角的中职校园欺凌预防对策探究(吕智敏)/ 224

中职校"润美立人"美育教育进阶模式的实践研究(薛志雄、徐燕)/ 234

沪滇云海情深 以"体"育人促成长(诸葛运国)/ 241

第二部分 管理实践

中等职业学校学校行为文化的调查与对策建议(张东明)/ 247

融合校企资源 对接企业标准 回归课堂教学——以物流专业教师企业实践探索课堂教学为例（孙丹）/ 257

校企合作视域下中职机电类专业"双元融合，三站联动"人才培养模式建构成因、能力框架与推进路径（黄汉军）/ 262

家校社协同育人视角下校园欺凌"防、识、治"策略研究（戴恩民、薛志雄）/ 270

身份认同视角下校园欺凌的成因及对策（李美红）/ 276

中职校园性别暴力及学校教育对策研究——以上海市某中职校为例（武敏）/ 282

恢复性司法在防治校园霸凌中的运用（袁莺）/ 288

体育锻炼防治校园霸凌的价值意蕴与实现路径（吴桢隽）/ 297

智能校园：基于人工智能的网络欺凌监测与预防系统设想（曹晨烨）/ 304

第三部分 课程改革

时事新闻融入中职思政课程的实践探索——以部编版《中国特色社会主义》教学为例（冯妍）/ 315

人工智能融入增值评价的实践路径——以电子技术课程为例（岳莎）/ 320

能力本位视域下"岗课赛证"融合式课程开发探究——以中职"食品营养"课程为例（温斯颖）/ 327

基于PDM的《零件切削加工》广域课程开发（徐卫东、郁威）/ 335

上海中职语文学科参与美术馆跨学科教学研究（石一萍、肖新凤）/ 340

职业教育发展史融入中职历史教学的价值意蕴与实践路径（冯志军）/ 345

面向智能建造的虚实一体化实训系统（刘毅、张建荣、汪晨武、陈凌峰）/ 349

虚拟仿真资源在中职生物制药类专业的应用及探索（金慧、师帆、徐阳、林楠）/ 352

数字技术支持下融合专业特色的课堂教学案例——以中职信息技术课程为例（吴叔蕾）/ 360

第四部分 教学探索

基于1+X实用英语证书考证需求的单元教学设计研究（王烨）/ 369

角色扮演在中职思政课教学中的应用——以《心理健康与职业生涯》关系单元教学为例（李园园）/ 375

"小先生制"教学策略的应用现状和在中职宠物美容教学过程中的展望（牟群）/ 382

基于雨课堂的常用贵细药材鉴别教学应用研究（傅颖、叶愈青、刘波）/ 388

基于生物医药产业发展的职业教育专业教材建设的实践研究——以《药物制剂技术》为例（汪婷婷）/ 393

基于在线开放课程平台的混合式教学模式在《中药鉴定技术》课程的应用（刘波、傅颖、朱丽红、苏禄晖）/ 399

人工智能背景下中职校体育教学面临的挑战与机遇（陈娆、孙士杰）/ 407

在人物造型教学中戏曲传统纹样"二度创作"的实践研究（倪萌）/ 411

视唱练耳教学中作品创编与表演综合实践探究（李俊华）/ 420

后记 / 425

上篇　事业发展

第一部分　综合报告

一、上海职业教育2023年发展概况

百年积淀，形成多元办学格局。上海是中国近代工业的重要发源地，是中国工人阶级的摇篮，也是近代职业教育的重要发源地，1918年，黄炎培先生在上海建立第一所现代意义上的职业学校——中华职业学校。百年职业教育发展，记录了上海百年产业变迁，见证了国家独立工业体系的建立，为各行各业累计输送了数以千万计的高素质技术技能人才，也积淀出多元办学的格局。2023年，上海独立设置且招生的中等职业学校共有56所，其中15所隶属上海市教委，26所隶属各区教育局，15所隶属于上海市委宣传部、上海市经信委、上海市绿化和市容管理局、上海华谊（集团）公司、上海医药（集团）有限公司、江南造船（集团）有限责任公司等行业企业；独立设置的高等职业学校共21所（含1所职业本科学校），其中，11所为公办学校、10所为民办学校。

中华职业学校原址（上海市陆家浜路918号）揭牌仪式

（一）中等职业教育

人才培养规模保持稳定。2023 年，上海中职全日制在校生 9.44 万人，近年来全日制在校生规模保持在 9.5 万人左右；招生 3.95 万人，毕业生 4.16 万人，其中：全日制毕业生 3.33 万人，非全日制毕业生 0.83 万人。[1]

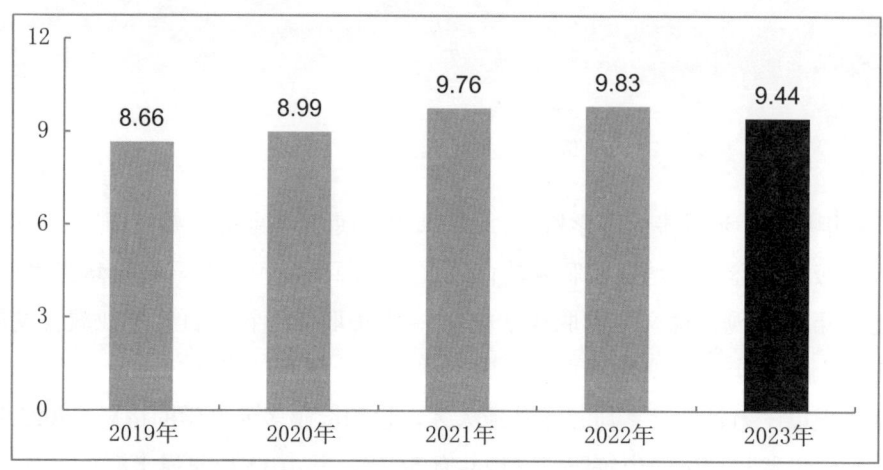

图 1　近 5 年上海中职全日制在校生数（万人）

教师规模保持在合理范围。[2] 2023 年，上海中职学校在编在岗教职工总数为 9525 人，专任教师 6942 人，生师比为 13.11:1，"双师型"教师比例为 54.42%；聘请兼职教师 1423 人，占专任教师总数的 20.50%，符合超过《中等职业学校设置标准》（教职成〔2010〕12 号）（以下简称"《设置标准》"）中的相关要求。专任教师中，99.99% 具有本科及以上学历，29.95% 具有硕士及以上学历。

办学条件整体较好。2023 年，上海中职学校生均教学科研仪器设备值 6.78 万元，生均校内实践教学工位数 0.91 个，设施设备能够满足教学需求。2004 年以来，为提升资源利用效率、扩大优质实训资源覆盖面，上海累计建成 92 个市级职业教育开放实训中心，其中，上海市高级技工学校数控技术应用等 5 个开放实训中心被认定为五星级，成为开放型区域产教融合实践中心建设的重要基础。

（二）高等职业教育

在校生规模有所增加。2023 年，共有 21 所有毕业生的独立设置的高等职业学校（含 1 所职业本科学校），普通专科在校生 14.19 万人，比上年增加 2.5%；招生 5.50 万人，比上年增加 18.3%；毕业生约 5.0 万人，比上年增加 2.2%。

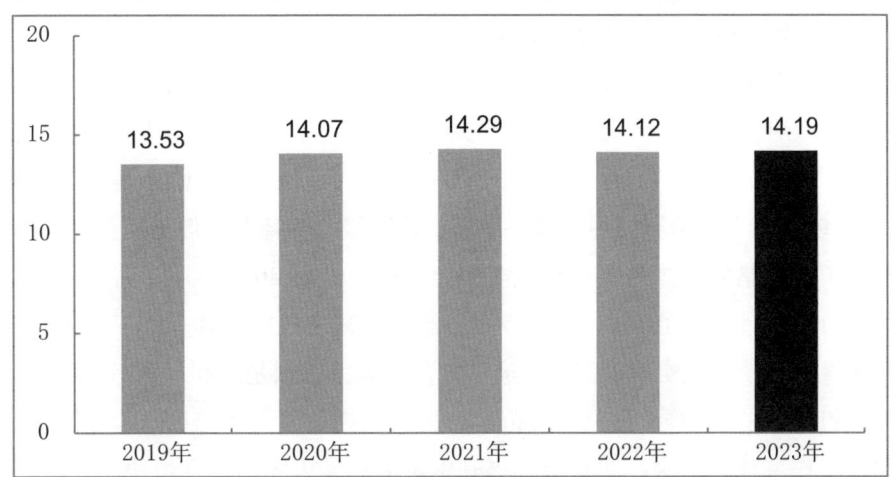

图 2　近 5 年上海高职全日制在校生数（万人）

教师队伍素质结构优化。2023 年，上海高职院校教职员工额定编制数 7706 人，教职工总数和专任教师总数分别为 9470 人和 6896 人，比 2022 年分别增长 2.99%、4.41%。生师比为 18∶1，双师素质专任教师比例为 64.31%，高级专业技术职务专任教师比例 25.07%。聘请行业导师人数 1806 人，其中大国工匠、劳动模范共 136 人，占比 7.53%。专职思政课教师人数 377 人，比 2022 年增加 53 人。

实践教学基本条件不断提升。2023 年，上海高职院校校外实习实训基地 3197 个，比 2022 年增加 455 个；校内实践基地 1452 个，生均教学科研仪器设备值 25584 元，生均校内实践教学工位数 0.86 个，8 所院校的校园网主干最大带宽超过 1 万兆，14 所院校的校园网出口带宽超过 1000 兆。建有虚拟仿真实训基地 59 个，其中国家级 4 个、上海市级 17 个。

（三）职业技能培训

职业技能培训工作持续推进。2023 年，上海共开展补贴性职业技能培训 105.6 万人次，超额完成 100 万人次的目标；支持企业开展新型学徒制培训 12640 人，超额完成市政府实事项目 1 万人的目标。上海市人社局会同相关部门印发《关于加强创业培训有关事项的通知》《关于进一步加强本市监狱服刑、强

制戒毒人员职业技能培训的实施意见》《关于进一步做好灵活就业人员就业创业工作有关事项的补充通知》等文件,完善创业培训、监狱服刑人员、外省市灵活就业人员等培训政策,加强重点群体职业技能培训。

高技能人才培养工作力度加大。上海着力构建以行业企业为主体、职业学校为基础、政府推动与社会支持相结合的高技能人才培养体系。市人社局一是会同市委组织部等 23 部门制定印发《关于加强新时代高技能人才队伍建设的实施意见》,围绕技能人才培养使用、评价激励、保障服务等环节,健全完善体制机制,优化相关政策措施;二是联合市教委制定《关于开展 2023 年度上海市职业院校育训结合激励计划的通知》,进一步完善激励计划考核指标体系;三是会同市财政局印发《关于组织实施上海市国家级高技能人才培训基地和国家级技能大师工作室建设项目的通知》,进一步规范本市国家级高技能人才培训基地和国家级技能大师工作室建设要求;四是持续提升本市高技能人才培养基地协同管理能级,发布第二批高技能人才培养基地部门协同和属地化管理名单;五是做好市级首席技师、技能大师工作室资助项目申报评审等工作,经评审,资助技能大师工作室 30 个,首席技师 100 名;六是会同临港管委员制定公布《中国(上海)自由贸易试验区临港新片区急需紧缺技能人才职业目录(2023 版)》,支持重点区域急需紧缺高技能人才引进。

技能人才评价工作不断深化。2023 年,上海市人社局支持重点行业领域企业自主开展技能人才职业技能等级评价,持续推进社会化技能评价工作,全力推进院校学生评价。一是持续推进企业职业技能等级认定,年内完成 18 家企业职业技能等级评价机构新增备案,制定印发《关于开展本市企业职业技能等级评价机构备案期满评估工作的通知》,健全完善评价机构动态调整机制。二是有序推进社会化职业技能等级认定,年内完成 22 家第三批社会培训评价组织征集遴选。三是出台《关于推进院校毕业学年学生职业技能等级认定工作的通知》,推进院校毕业学年学生评价工作提质扩容,并会同市教委印发《进一步做好高等学校职业技能等级认定有关事项的通知》,鼓励学生"一专多能",进一步做好高等学校职业技能等级认定工作。

职业技能竞赛工作广泛开展。2023 年,上海市人社局一是成功举办上海市第一届职业技能大赛,共设 109 个正式比赛项目,全市 16 支代表队参赛选手共计 1122 人参赛。二是赴天津参加第二届全国职业技能大赛,上海选手获得了 10 枚金牌、10枚银牌、10枚铜牌和79个优胜奖，位列全国前列，通过本届大赛，本市有30位选手入选第47届世界技能大赛中国集训队。三是会同相关部门联合出台《本市职业技能竞赛奖励管理办法》，进一步完善职业技能竞赛激励机制。四是统筹开展各级各类职业技能竞赛活动，全年共有50家行业主管部门、市级行业协会、市属企业（集团）、央企在沪单位及区人社局申报开展512个竞赛项目，其中高级工及以上竞赛项目365个。

做好职业技能培训和评价专项整治工作。2023年，上海新增取得高级工及以上技能评价证书5.57万人次，其中新增取得技师及以上技能评价证书0.88万人次，完成年度职业技能评价发证任务指标。根据人社部工作部署，上海市人社局积极推进本市职业技能培训和评价专项整治工作，做好动员部署，制定工作方案，成立市局工作专班，全面排查职业技能培训和评价管理中的问题和薄弱环节，做好问题整改、重点整治、建章立制、自评总结等各项工作。

参考文献

[1] 数据来源：《2023年上海市教育工作年报》.
[2] 注：本章数据如无特殊说明，均来源于《上海中等职业教育质量年度报告（2023年度）》和《上海中等职业教育质量年度报告（2023年度）》.

二、上海职业教育发展的成就与经验

（一）加强立德树人，思政教育融入专业建设

落实国家试点区要求，构建大思政格局。2023 年，中共上海市教育卫生工作委员会等 12 部门印发《上海市"大思政课"建设综合改革试验区实施方案》（沪教委德〔2023〕3 号），着力构建大中小各学段纵向有机衔接、课内课外网上网下横向贯通、课程思政与思政课同向同行、学校家庭社会协同联动的"大思政课"工作格局。在整体框架下，上海职业教育积极构建大思政格局，推动思政课改革创新，并与高校、中小学、行业企业等共同开展项目建设、思政活动等。

深化人才培养改革，思政教育全面融入专业建设。2023 年，上海组织开展"上海学校课程思政建设质量提升行动"，围绕"推进课程思政内涵式发展，全面提升人才培养质量"主题，开展课程思政教学展示、示范项目建设、教学改革重点项目建设、学术交流、骨干教师研修、大调研 6 项活动，着力打造"校校有精品、课课有特色、人人重育人"的良好局面。上海职业院校积极开展具有产业、行业特色的课程思政建设，将思政教育融入人才培养方案和专业课程，推进课程思政示范团队、示范课程建设，用好红色资源、开好大思政课、深播"红色种子"，推动专业与思政教学紧密结合、同向同行。

广泛开展实践活动，联动思政小课堂与社会大课堂。2023 年，职业教育满意度调查显示，上海中职、高职学生对思政课程的教学满意度分别达到 94.07%、93.16%，对课外育人的满意度分别达到 88.60%、84.82%。上海持续组织开展思政论坛、爱国主义活动、时政知识大赛、宪法知识竞赛等德育活动，职业学校积极开展联动社会的思政实践活动，中职教师参加全国职业院校技能大赛中职学校班主任能力比赛获一等奖 2 个、二等奖 2 个；高职院校积极探索具有职业教育特点的思政模式，如上海出版印刷高等专科学校以军、区、校三方深度融合为主线，构筑了军校共建与区校合作相融合的共育平台，形成"军事课教学、大学生征兵动员教育、国防教育活动、国防文化建设'四位一体'"的教育模式。

（二）坚持大职教观，构建现代职业教育体系

结合国家要求和上海特点，做好顶层设计。2023 年，贯彻落实《教育部办公厅关于加快推进现代职业教育体系建设改革重点任务的通知》，上海发布《关于推动上海高等职业教育高质量发展的十条措施》（沪教委职〔2023〕43 号），按照《上海市职业教育发展"十四五"规划》（沪教委职〔2022〕4 号）整体部署，制定《2023 年上海市教育委员会职业教育工作要点》（沪教委职〔2023〕1 号），召开 2023 年度职业院校校长会议，在现代职教体系建设、深化产教融合、提升职教发展能效等方面提出 26 条举措，切实推动上海职业教育高质量发展。

开展高质量试点项目，完善学历教育体系。上海职业教育把推动现代职业教育高质量发展摆在更加突出的位置，进一步健全纵向衔接体系，增设上海市环境学校与上海农林职业技术学院联合举办的环境工程技术专业等 30 个中高职教育贯通培养模式专业，增设上海市经济管理学校与上海中侨职业技术大学申报的数字媒体技术等 6 个中职 — 应用本科教育贯通培养模式专业。继续完善中高职贯通联合体机制，指导学校优化中高职贯通专业，加强贯通培养质量监测，动态优化贯通专业点，在贯通联合体内试点通过相关考核程序转读其他中高贯通专业的机制，开展中高职、中本贯通培养部分专业跟踪检查工作。

推进育训结合激励计划，支持、规范职业院校培训工作。上海落实《关于开展本市职业院校育训结合激励计划的指导意见》（沪教委人〔2020〕36 号）要求，深化育训结合激励计划，鼓励职业院校积极面向校内人员及产业工人开展职业培训，充分利用职业院校高技能人才培养基地、职业教育开放实训中心等，提高技能人才培养质量。2023 年，市教委印发加强中职学校职业培训规范化管理的专项通知，切实加强本市中职校面向社会开展职业培训的规范管理工作。各职业院校坚持将开展职业培训作为重要职责，主动对接行业企业培训需求，利用专业优势开展形式多样的非学历培训，部分学校已成为行业企业职工培训的主阵地。

（三）深化内涵建设，提升院校关键办学能力

立项综合性教学改革项目，引导院校人才培养模式创新。2023年，上海共获得20个国家级职业教育教学成果奖，其中5个一等奖、15个二等奖。为进一步深化职业教育教学改革、创新人才培养模式、提升人才培养质量，上海首次开展职业教育重点教改项目，上海电子信息职业技术学院"人工智能赋能职业院校教学质量保障体系建设的探索与实践"、上海市建筑工程学校"基于产教融合共同体的土建类专业建设研究与实践"等80个项目获得立项。

融入产业先进元素，深化课程与教材改革。2023年，"中国职业教育质量年度报告满意度调查服务系统"数据显示，上海中职共计调研1.8万余人次在校生，满意度89.14%，其中课堂育人为90.28%、课外育人为88.60%，对各类课程的教学满意度都在90%左右。中职学校积极探索"岗课赛证"机制，按照生产实际和岗位需求设计开发课程，及时更新教学标准，将新技术、新工艺、新规范、典型生产案例及时纳入教学内容提升学生实践能力，构建具有适应性的课程体系。落实教材管理的相关主体责任，加强教材编写、选用、使用等情况和流程的检查和抽查。2023年，上海高职院校编写教材1255本，比2022年增加317本，其中国家规划教材87本，校企合作编写320本，新形态教材195本。

完善质量保证体系，提升办学成效。2023年，上海继续推进各项质量保证工作，一是完善制度建设，近年来在教学管理、专业设置、人才培养方案制定与实施、教材建设管理、学生实习等方面制定16项省级政策；二是印发第六批12个专业教学标准，印发《关于进一步优化上海市职业院校中高职贯通教育课程设置与实施的指导意见》，推进第三批10个中高职贯通教育专业教学标准开发，完成4个贯通专业实训教学环境调研报告与指南的编制工作，编制养老服务管理和智慧健康养老服务与管理专业示范性人才培养方案；三是加强督导检查，完成6所中职学校教学工作诊断与改进抽样复核工作，并推进对优质中职培育学校、各类内涵项目建设的跟踪检查评估，对开放实训中心运行绩效评估等。

（四）打造双师团队，完善教师培养培训机制

落实国家要求，制度化开展教师培训和企业实践。2023年，上海构建"校本

研修培训＋产学研践习＋国内外访学研修＋专业培训"相结合的培养体系，依托国培基地、教师素质提升计划等开展专业负责人、教务处长、骨干教师、德育干部、教师下企业实践等项目培训，高职院校教师参加各级各类培训达 4853 人，127 名专业教师赴 15 个教师基地（企业）开展为期 3 个月的岗位实践；中职教师参加国家级培训 6000 余人次、省级培训 10000 余人次、区级培训 9000 余人次、行业企业培训近 3000 人次，850 余名教师到企业实践。

推进项目建设，打造高水平教师发展平台。2023 年，上海中职继续深化全国职业教育教师企业实践基地、教师教学创新团队、名师工作室、技能大师工作室建设，继续做好每年职业学校特聘兼职教师资助工作，共 710 名教师获得资助。继 2022 年首批 9 个上海市高等职业教育技能大师工作室立项之后，2023 年上海又立项第二批 21 个工作室。满地度调查显示，2023 年中职学校共调研 6639 名教职工，满意度为 96.59%；高职学校共调研 10916 名教职工，满意度为 94.52%。

提升教师能力，参加各级各类大赛获奖丰富。上海中职学校教师在全国职业院校技能大赛中等职业学校班主任能力比赛获一等奖 2 个、二等奖 2 个；在全国职业院校技能大赛思想政治教育课程教学能力比赛中获二等奖 2 个；在全国职业院校技能大赛教学能力比赛获二等奖 4 名，三等奖 6 名；8 名教师和 1 名校长入选教育部新时代职业学校名师（名匠）名校长培养计划。上海出版印刷高等专科学校和上海民航职业技术学院的两个团队入选教育部第三批"全国高校黄大年式教师团队"。2023 年，上海举办市级高职高专院校教师教学能力大赛，上海出版印刷高等专科学校等 6 个团队获公共基础课程组一、二、三等奖，上海农林职业技术学院等 24 个团队获专业课程组一、二、三等奖。

（五）服务学生发展，彰显技能报国时代风采

职业综合素质培养成效显著。2023 年，上海中等职业学校严格落实国家关于思政教育、劳动教育、体育、美育、心理健康教育等政策要求，中职学校校均文化基础课合格率为 94.12%、专业技能课合格率为 93.97%、国家学生体质健康标准测试合格率为 88.99%；高职学校思想政治课程、公共基础课程和专业课程的满意度都达到 90% 以上。同时，各职业学校通过开展课程思政、劳动教育、社团建设、"文明风采"系列活动、劳模工匠进校园、特色校园文化等方式，促进

职业综合素质和行动能力提升。

满意度保持在较高水平。2023年,各中职学校合计调研毕业生3万余人次,校均满意度为95.73%,其中应届毕业生为96.25%、毕业三年内毕业生为94.89%;合计调研用人单位3500余人次,校均满意度为97.78%;合计调研家长4万余人次,校均满意度为96.74%。各高职学校在校学生对学校满意度达到87.30%,其中对课堂育人满意度为86.47%,课外育人满意度为84.82%,思想政治课程、公共基础课程和专业课程的满意度都达到90%以上。应届毕业生对母校的满意度为93.85%,毕业三年内毕业生满意度为93.42%。用人单位和学生家长的满意度分别为97.32%和93.63%,相比2022年均有所提高。

技能大赛再创佳绩。上海已基本形成世界技能大赛、国家级、市级、区级、校级职业技能大赛联动机制,在全国职业院校技能大赛中,上海中职学校共获得一等奖2个、二等奖19个、三等奖34个;在中华人民共和国第二届职业技能大赛取得1枚金牌、2枚银牌、4枚铜牌、22个优胜奖,上海代表团获突出贡献奖。2023年,全国职业院校技能大赛共设134个赛项,上海市高职院校申办了其中6个赛项,是全国承办赛项最多的6个赛区之一;26所高职院校参与了77个赛项的比拼,共获得一等奖9个、二等奖8个、三等奖42个,赛项获奖率75%;高职院校共有11人入围第47届世界技能大赛中国集训队,6所高职院校的9个集训基地成为第47届世界技能大赛中国集训基地。

三、适应新质生产力发展需求，提升职业教育服务能力

（一）对接上海战略产业，优化院校和专业布局

发展新型五年制职业学校。2023年，上海9所新型五年制高职学校中，战略性新兴产业、先进制造业和现代服务业等专业成为主流。如上海市南湖职业技术学院对接虹口区的数字经济、养老等产业发展，开设数字媒体技术、虚拟现实技术应用、新能源汽车检测与维修技术等专业；上海现代化工职业学院对接金山区绿色化工产业开设现代化工专业群，培养紧缺的化工技术技能人才；上海交通职业技术学院智联网联汽车专业群，培养目前行业急缺的智能汽车技术人才等。

对接产业调整专业布局。2023年，上海高职院校共开设专业点达到577个，比2022年新增17个。高职院校面向战略性新兴产业、先进制造业和现代服务业等重点领域对于高素质人才的现实需求，新增汽车服务工程技术、数字媒体艺术、社会工作等三年制专科高职普通专业38个，四年制职业本科专业点6个，"高本贯通"专业8个。上海中职学校开设普通中职专业142个、专业点548个（包括7个目录外专业点）；开设中高职贯通专业点203个，中本贯通专业点70个。对接上海经济社会发展需求，新增9个、关停9个普通中职专业点，新增6个中本贯通专业点、30个中高贯通专业点。上海中职沿着"重点专业—精品特色专业—示范性品牌和品牌专业"的路径推进重点专业建设，2023年，上海开展新一轮重点专业建设，立项60个市级中职"优质专业"。

（二）面向行业转型升级，做强高质量职业培训

落实职业培训法定要求。2023年，上海高职院校面向在职人员、退役军人、

残疾人等群体，依托专业开展非学历职业培训项目 1100 余个，年职业培训 21 万余人次、近 8 万学时，非学历培训到账经费达到 1 亿元，有 5 所学校非学历培训到账经费在 1000 万元以上。中职学校开展非学历职业培训项目近 500 个，年职业培训近 20 万人次、60 余万学时，非学历培训到账经费 7300 余万元。

开展公益性培训和志愿服务。各高职院校积极面向上海各类重要会议、社区、养老院等，组织学生开展志愿服务，开展公益项目培训近 1.6 万学时。中职学校一方面通过开设民生相关专业培养、培训专业人才，另一方面面向退役军人、残疾人等重点人群开展职业培训，开展公益项目培训近 4 万学时。此外，上海中职学校建立了 900 余个志愿服务团队，覆盖 4 万余名学生，面向上海各类重要会议、社区、养老院等开展志愿服务，2023 年开展社区服务 2 万余人次，参与志愿活动的学生近 10 万人次。

（三）破解企业生产难题，开展科研和技术服务

为中小微企业提供专项服务。2023 年，上海高职院校积极开展科研与技术服务，横向技术服务到款额 5300 余万元，横向技术服务产生的经济效益近 9000 万元，有 7 所学校横向技术服务到款额在 100 万元以上。纵向科研经费到款额近 8000 万元，有 10 所学校纵向科研经费到款额在 100 万元以上。知识产权项目近 300 项，授权专利 212 项，其中发明专利 48 项。专利转让 66 项，专利成果转化到款额 357.40 万元，技术产权交易收入 305.82 万元。上海电子信息职业技术学院"机电产品表面绿色智造专业技术服务平台"入选上海市科委 24 家专业技术服务平台之一，实现了高职院校设立上海市级科研平台的"零"突破，2023 年该平台技术交易额超过 500 万元。

为乡村振兴提供技术支持。2023 年，上海高职院校一方面依托专业，开展农业人才、文旅人才、新型职业农民等培养培训；另一方面，面向乡村振兴开展农业技术研发与推广、农产品包装宣传服务、特色农村文化推广等服务，并积极开展党组织结对帮扶活动。上海农林职业技术学院联合上海诺龙生物科技有限公司等企业开展技术攻关，签订横向技术服务合同 15 项，申报专利 18 项，专利授权 6 项、成果转化 3 项，并成立上海首家农作物种子质量第三方检验机构，促进种业振兴。上海市工程技术管理学校赴喀什地区泽普县奎依巴格乡硝尔村，对种植户开展了小苗种植和盆景造型的技能培训，培训总量 300 余人次。

四、服务产教融合型城市建设，创新职业教育支撑制度

（一）落实国家要求，推进产教融合型城市试点

2023 年，上海深入推进国家产教融合型试点城市试点，结合《职业教育产教融合赋能提升行动实施方案（2023—2025 年）》（发改社会〔2023〕699 号）等新政策、新要求，做好各项落实工作：

一是构建"1+N"产教融合区域发展格局，支持临港新片区作为试点核心区，制定《支持临港新片区加大先行先试探索 深化产教融合城市建设若干措施》（沪发改社〔2023〕18 号），支持探索校区、园区、社区"三区联动"等新模式；

二是创新产教融合模式，推进职业学校办学体制、管理体制、教育教学改革，探索建立产教融合信息服务平台，大力发展急需紧缺专业，调整关闭部分不符合上海经济社会发展方向或重复设置率高的专业点；

三是支持产教融合型企业和重点项目建设，目前已成功建设 116 个上海市产教融合型企业，支持建设了一批产教融合型实训基地、世界技能大赛上海选手培养基地和国家集训基地。

（二）加强制度创新，探索省级产教融合机制

2023 年，上海市教委落实《关于深化现代职业教育体系建设改革的意见》等文件精神，充分发挥政府统筹、产业聚合、企业牵引、学校主体作用，重点从五个方面推进产教融合机制建设：

一是构建市级产教融合协调机制，在产教融合型城市框架下，与市发改委、经信委、人社局、国资委等部门，以及相关区政府建立产教融合协同育人联席会议，

引导各区设置产教融合协作办公室、鼓励学校设置"产教融合协作专员"工作岗；

二是推进市域、行业产教融合联合体、共同体建设，立项建设上海闵行经济技术开发区产教联合体等14个市级市域产教联合体，立项建设泛酒店业产教融合共同体等15个市级行业产教融合共同体；

三是深化办学体制改革，支持各区、行业、企业整合办学资源设置新型五年制高职院校、开展新型人才培养模式探索，支持符合条件的职业院校加挂"技师学院"牌子，承担高技能人才培养等任务；

四是强化专业布局调整引导机制，支持上海市高水平高职院校和专业群建设，扩大集成电路、生物医药、人工智能等重点产业和急需领域招生规模，开展上海市中职优质学校和优质专业建设；

五是搭建产教融合平台，包括探索建立市级产教融合协同育人信息共享与发布系统，推动学校快速响应产业变化、及时回应产业所需，支持建设开放型区域产教融合实践中心，建设产教融合协同育人基地、协同育人联盟等。

（三）开展项目建设，推动产教融合落到实处

2023年，落实《教育部办公厅关于加快推进现代职业教育体系建设改革重点任务的通知》（教职成厅函〔2023〕20号）等政策要求，上海开展系列产教融合项目建设：

一是开展校企合作项目，面向集成电路、人工智能、生物医药、电子信息、生命健康、汽车、高端装备、先进材料、时尚消费品等领域，上海高职建设首批20个现代产业学院（10个立项、10个培育），建设首批20个产教融合型专业；

二是推进教学改革项目，立项建设第二批21个上海市高职技能大师工作室，启动第七批15个现代学徒制试点项目，着力形成和推广政府引导、行业参与、社会支持，企业和职业学校双主体育人的中国特色、上海特点的现代学徒制；

三是推进职教集团建设，自2007年以来，上海建立了12个行业和16个区域职教集团，已经覆盖全市16个区和三类产业的绝大部分行业。其中，上海电子信息、建筑、交通物流、商贸、旅游、现代护理、现代农业，以及金山区、崇明区、闵行区等10个职教集团（联盟）获批全国示范性职业教育集团（联盟）培育单位。2023年，各职教集团在内涵建设、培养模式创新、集聚职教资源、组建专业教学联盟、开展对口支援、开展职业培训等方面做出了突出成绩。

五、落实国家教育数字化战略，系统变革教育教学生态

（一）推进基础建设，夯实数字教育底座

营造全市数字教育生态。2023 年，上海中职在"一网三中心两平台"（上海教育城域网、上海教育数据中心、上海教育资源中心、上海教育认证中心、上海大规模智慧学习平台、上海教育综合管理决策平台）基础上，通过数字学校建设、示范性虚拟仿真实训基地建设、数字教学资源共建共享机制建设等项目，持续优化职业教育数字化基础环境。上海电子信息职业技术学院基于国家级 5G 虚拟仿真示范基地，建立典型网元的 3D 模型教学库，开发 3D 虚拟仿真软件，引入"三维 LED 大屏模式""VR 一体机模式""桌面一体机模式"三种基于 VR 3D 技术的沉浸式教学模式，针对不同教学场景，解决教学重、难点，学生获得 5G 全网建设技术相关国赛、市赛一等奖。

提升职业院校数字化基础条件。作为全国首个教育数字化转型试点区，上海着力构建纵向贯通各级教育、横向融合各类教育的数字化转型格局。2023 年，8 所高职院校的校园网主干最大带宽超过 1 万兆，14 所高中院校的校园网出口带宽超过 1000 兆。建有虚拟仿真实训基地 59 个，其中国家级 4 个、上海市级 17 个。上海科技管理学校是教育部第一批批复并验收通过的教育信息化试点单位，该校 2023 年以"应用"为导向，加强信息化硬件与软件环境建设，完成了雨污水分流给排水改造相关的校园弱电线路同步改造、官网 IPv6 访问的改造、互动教室的改造等。全校多媒体教学设施、校园安全设施、教务系统、教学质量保证平台、一卡通收费系统、物资采购系统、图书馆借阅系统、学校社团论坛系统等稳定运行，为学校数字化转型提供了良好的技术保障。

（二）开发在线资源，创新课堂教学方法

推进数字教学资源建设。2023年，上海职业院校积极开发专业教学资源库、在线开放课程等数字资源，推动数字与教育深度融合、线上与线下相互赋能。上海高职完成首批74个资源库验收工作，认定12个项目为市级示范资源库。高职学校教学计划课程总数为15404门，其中，网络教学课程为3030门，在线精品课程总数由2022年的416门上升为645门；中职学校共建设391个专业教学资源库，教学计划课程总数为20062门，其中，网络教学课程为3316门，在线精品课程总数546门，数字化课程资源持续扩容。

探索"数字+"教学场景与方法。职业学校结合专业特点开展数字教育，产生了一批独具特色的场景应用。上海音乐学院附属中等音乐专科学校为满足师生日益增长的学科资料需求，2023年起图书馆着手对馆藏资源进行元数据积累和信息元建设工作，对馆藏乐谱进行专业化数据编目，目前已加工乐谱1400种、4066册，获取专业化数据词条25000余条，在远程教学方面，引入YAMAHA远程虚拟仿真教学，可实现对某一地点正在弹奏钢琴的演奏信息进行采集，并通过互联网将所有信息传送到世界任何一端的另一台联网的钢琴上，师生双方所有触键与脚踏运动都会被精确地远程再现，使远程教学更人性化、实用化、科学化。

（三）依托数字技术，创新学校治理模式

搭建数字治理平台。上海市材料工程学校通过数字化赋能管理与教学，一是建成"一个智慧平台、一个智慧大脑、四大智慧服务"的"1+1+4"校园信息化体系，实现教务管理、学工管理、行政管理、后勤管理、学生服务"一网统管"；多维度整合校内应用，实现统一认证、单点登录一站式综合门户"一网通办"。

探索数字治理模式。上海职业院校依托数字技术，通过完善数字治理制度、建立数字决策平台、提升数字治理能力等方式，探索数字治理模式。上海工艺美术职业学院获批国家职业教育信息化标杆学校建设单位，入选第一批职业院校数字校园建设试点院校，同时，完善各项数字治理制度；建立大数据决策平台，汇集全校各业务系统信息，全方位深化数字治理；建成"一网通办"办事大厅，接入全国职业教育智慧大脑院校中台，实现数据实时动态集成共享。

六、对接区域一体化发展要求，协同推进资源共建共享

（一）发挥专业优势，服务科技和产业创新跨区域协同

组建区域职业教育产教联盟。安徽省首批培育建设的37个行业产教融合共同体中，包括长三角新能源汽车、长三角智慧司法、长三角化工新材料、长三角（安徽）新一代CPS信息技术、长三角健康食品等5个长三角行业产教融合共同体。高职院校依托专业优势组建多个产教联盟，如台州科技职业技术学院联合浙江农林大学发起成立长三角数字农业产教融合共同体，上海电子信息职业技术学院牵头成立长三角职业教育产科教创新联盟，上海行健职业学院牵头组建长三角托幼一体化产教联盟，嘉兴职业技术学院牵头成立长三角跨境电子商务人才培养联盟，温州职业技术学院牵头成立长三角高职院校应用技术协同创新联盟等。

建设区域化技术服务平台。上海工艺美术职业学院构建面向长三角的中小微企业技术服务平台，为波司登、老凤祥、蒙牛等企业开展技术服务项目200余项。合肥职业技术学院与合肥经济技术开发区管理委员会、大众汽车（中国）投资有限公司、大众汽车（安徽）有限公司等大众（长三角）新能源汽车培训中心，为长三角地区开展相关培训服务。常州机电职业技术学院面向长三角中小型模具企业开展科研与技术服务，获得授权发明专利50项，专利转化48项，横向课题66项。温州科技职业学院建成长三角现代种业技术创新产教联盟，聚焦服务三农，推广新技术、新品种197.1万亩，产生经济效益1.8亿元，服务农业企业、合作社300余家。苏州农业职业技术学院成立长三角花卉产业技术创新联盟，在长三角地区进行技术推广并培育出20余家专业化市场主体和应用主体。

合作开展技术服务项目。上海城建职业学院学校持续开展长三角中小城市发

展活力研究，形成了《2023长三角城市发展报告——中小城市活力研究·创新篇》，并出版专著2本，为长三角合作交流办、嘉定区发改委、青浦区发改委、奉贤区发改委等部门递交决策咨询报告4篇。上海电子信息职业技术学院与安徽省广德市人民政府、安徽广德技师学院共建长三角电子信息产业学院；与江苏省启东市教育体育局合作成立启东市职业教育实践基地，在启东和泰兴市分别设置长三角技术服务工作站；与浙江省温州科技创新园签署战略合作协议，面向温州市成立数智技术服务工作站。江苏工程职业技术学院建设长三角北翼先进制造业基地，工业机器人培训项目全部纳入政府支持的公共实训项目，为库卡机器人、上汽大众、南京夏普等长三角知名制造企业输送人才300多名。无锡科技职业学院在长三角开发区协同发展联盟、无锡高新区支持下，联合全国范围内主要经济体服务开发区的职业院校和行业企业，共同发起成立全国开发区职业教育发展联盟，把开发区产业资源转化为职业教育优势资源，促进人才供给与产业需求精准对接。

（二）加强资源共享，完善职业教育一体化发展机制

推进长三角示范区职教一体化招生。2020年以来，长三角生态绿色一体化发展示范区实施跨省域招生，上海青浦、江苏吴江、浙江嘉善三地实现了跨省域中职招生和跨省域中高职贯通培养。2023年，示范区两区一县教育部门各指定辖区内5所中等职业学校，遴选"3+2"、"3+3"、五年一贯制优势专业，确定各专业招生人数，安排面向示范区初中毕业生跨省招生计划285人。上海工商信息学校2023年招收25名浙江省学生进入飞机电子设备维修专业就读，并承办了长三角"华航唯实杯"工业机器人技术推广交流赛；嘉善县中等专业学校共招收26名吴江新生。

共同开展教育教学改革。2023年，长三角三省一市共同主办第三届长三角双元制教育国际合作研讨会，81所应用型本科院校、高等职业院校、中等职业学校、企业，以及沪苏浙皖教育主管部门共180多名代表参加会议。南京信息职业技术学院牵头成立了"长三角地区高职高专思政理论课建设联盟"，联盟资源辐射上百所院校。浙江工业职业技术学院与中国劳动关系学院共建"长三角劳动关系学院"和劳模工匠学院，合作开设劳模工匠大讲堂，邀请劳模工匠进校园宣讲，全年开展"鉴湖问剑"大讲堂、中国黄酒技艺与人文大讲堂、劳模工匠大讲堂等品

牌讲座活动 20 余场次。上海工商信息学校牵头成立长三角一体化示范区职业教育共同体，将每年轮值举办"长三角一体化示范区职业教育主题论坛"，全力推动示范区职业教育更高质量发展。

共建共享优质职教资源。上海引导支持上海市工业技术学校、上海市曹杨职业技术学校、上海市建筑工程学校等中职学校，分别将逆向工程、油酥类面点制作、装饰工程定额计量等线上课程向长三角示范区内学校师生共享。嘉善信息技术工程学校把特色的旅游服务与管理、汽车运用与维修、会计、物联网技术应用等专业列为着力打造的优势特色专业，同时对青浦、吴江职校拥有优势的物流服务与管理、现代农艺技术、家政服务与管理等专业予以调整。上海城建职业学院举办 2023 年亳州市职业教育联盟骨干教师及干部素质能力提升培训班，推进上海奉贤与安徽亳州对口帮扶，被列为长三角区域合作办主题教育"为民办实事"项目。上海市建筑工程学校以上海建筑职业教育集团、长三角建筑职教集团为平台，在教育教学、产教融合、学生技能培养等方面与长三角职业院校进行深入的交流与互动，输出学校经验。

（三）落实政策要求，做大做强长三角联合职教集团

落实《长江三角洲区域一体化发展规划纲要》关于"共同发展职业教育，搭建职业教育一体化协同发展平台，做大做强上海电子信息、江苏软件、浙江智能制造、安徽国际商务等联合职业教育集团，培养高技能人才"的要求：

长三角电子信息职教集团由上海电子信息职业技术学院牵头建立，2023 年，该校承办长三角职业教育产科教融合创新发展大会，主题为"产科教融合：实践与探索"，来自长三角地区优质职业院校、行业企业、社会团体的近 200 名代表参会；与广德市人民政府、安徽广德技师学院签署了战略合作框架协议，在广德技师学院成立长三角电子信息产业学院，并实施了"民营经济追踪数字化转型高质量发展"高级研修班、挂职交流学习等一系列的合作共建项目；

长三角地区软件职教集团由常州信息职业技术学院牵头建立，2023 年，该校承办中国软件行业协会职业教育产教融合专委会、中国软件产教融合联盟暨长三角软件职教集团年会，发布了 35 个产教融合典型案例和 7 个示范性软件职业人才培养基地；此外，该校还牵头成立了工业互联网行业、软件和信息技术服务行

业、全国云计算、全国网络安全等 4 个行业产教融合共同体；

中国长三角智能制造职教集团由浙江省机电集团、浙江机电职业技术大学牵头成立，2023 年，该集团在诸暨店口镇建立"长三角智能制造职教集团（诸暨）创新实践基地""浙江机电职业技术学院诸暨智能制造产业学院""浙江机电职业技术学院智能制造学院诸暨技能人才培训基地"，积极探索"产业＋院校＋地方"的协同发展模式，共筑智能制造业新高地；

长三角国际商务职教集团由安徽国际商务职业学院牵头成立，2023 年，该集团组织召开首届长三角民办职业培训行业高质量发展大会，促进区域职业培训高质量协同发展；举办中国长三角国际商务职业教育集团企业家峰会，举办第八届中国信息化管理峰会暨中国长三角国际商务职业教育集团论坛，积极探索"产业协同、四维贯通、内外融合"国际商务数字化人才培养模式。

七、加强国际化职教合作交流，做好东西协作对口帮扶

（一）发挥上海区位优势，广泛开展国际合作

作为全国改革开放排头兵，上海职业教育开展国际合作具有区位优势。2023年，上海高职院校中外合作专业数达20个，在校生1893人，师生共获183项国外技能大赛奖，9个专业接受外国留学生，接收国（境）外留学生156人，开发并被国外采用的职业教育标准共31个，其中专业标准13个，课程标准12个；开发并被国外采用的职业教育资源18个；在国外共举办7所职业学校，涉及10个专业，在校生1032人。各中职学校一是接受国外留学生，上海市工商外国语学校等4所学校共接收26名国外留学生，接收11名国外访学教师；二是开展正式合作办学项目，在市政府批准下，与国（境）外机构合办1所中职学校——上海鸿文国际职业高级中学，另有6所中职学校共开设12个合作办学专业，覆盖1400余名在校生；三是开展国际交流，包括引进德国双元制现代学徒制、英国IMI资格证书、澳洲TAFE证书、法国蓝带、芬兰创业、赴澳开展商务汉语专业等项目，引进国际先进师资培训课程和国际职教专家培训专业教师，派遣教师短期进修、学生游学，开展教学研讨、国际论坛等。

助力一带一路，向"一带一路"沿线国家输出"上海方案"。2023年是"一带一路"倡议提出十周年，上海高职院校积极对接沿线国家实际需求，与中国企业合作，提供专业人才培养的"上海方案"，着力打造"中文＋职业技能"重要名片，重点培养"通语言、懂技术、跨文化"的复合型青年人才，向海外推广优质职业教育资源，完善共享共建体制机制，为"一带一路"沿线国家技术技能人才发展提供专业培训服务，持续推进面向"一带一路"共建国家的文化艺术交流

项目。2023 年，上海中职学校积极向巴基斯坦、坦桑尼亚、土耳其、泰国等国家输出上海优质教育资源，开发并被国外采用的职业教育标准共 20 个，其中专业教学标准 9 个，课程标准 11 个，开发并被国外采用的资源数 156 个。

（二）依托三大职教联盟，助力各地中职发展

2023 年，上海依托沪喀、沪果、沪滇三大职教联盟，以及职教集团和本市相关职业院校，积极开展新疆喀什、青海果洛、西藏日喀则、云南等地的对口支援与合作交流各项工作：

一是持续招收对口支援地区学生，三大联盟共招生录取 959 名学生，在校生共计 3188 人；二是培养教师队伍，开展送教上门 147 人次，接受来沪培训 609 人次，组织线上培训 4343 人次；上海市浦东外事服务学校为青海省果洛州学生量身定制教学方案，组建了由书记、校长担任组长的民族班工作领导小组和优秀教师组成的工作小组，结合果洛航空服务实际制定了人才培养方案。该校还选派一名副校长赴云南怒江州职教中心、一名汽车专业教师赴兰坪县中等职业技术学校开展对口帮扶工作，选派一名优秀英语教师赴新疆喀什地区莎车一中支教，接收福建省三明技师学院 6 名骨干教师到校跟岗学习。

二是支持当地学校建设，发挥专业优势，在学校治理、教学制度、专业建设、师资建设、实习实训等多方面为对口帮扶地区的职业院校提供指导与支持。上海市现代职业技术学校全面参与沪滇职业教育对口支援项目，一是主办滇西职业教育师资培训，组织云南省大理、楚雄、腾冲、红河四地职业教育骨干教师专题学习，组织红河州文化馆艺术类师资赴上海戏剧学院附属舞蹈学校参加培训；二是搭建学生交流访学项目，邀请云南红河哈尼梯田文化传承学校学生至上海市舞蹈学校交流访学；三是主动配合"影子校长"项目，培育更多"教育未来引领者"。

三是开展技术服务，上海市工程技术管理学校以"黄杨树"培育项目为抓手，服务乡村振兴和对口支援。该校涉农专业团队赴喀什地区泽普县奎依巴格乡硝尔村，对种植户开展了小苗种植和盆景造型的技能培训，培训总量 300 余人次。该校大力开展新型农民创新创业和岗位技能培训，承接崇明区职业技能大赛和崇明区总工会职工技能竞赛等赛前培训和组赛工作、提供了优质服务，并为周边居民普及病虫害防治知识，提供果树整枝、黄杨修剪，以及庭院设计服务。

（三）强化科研引领功能，帮扶喀什高职建设

发挥科研引领功能，帮扶喀什理工职业技术学院发展。上海落实中央关于巩固拓展脱贫攻坚成果同乡村振兴有效衔接，深化东西部协作的有关要求，2023年，上海高职以对口帮扶喀什地区为重点，帮扶建成喀什地区第二所高职院校——喀什理工职业技术学院，并在学校招生、运行等方面开展持续帮扶：

一是顶层设计，2021年开始，受上海援疆前指和市教委委托，上海市教育科学研究院职业技术教育研究所在帮助喀什地区成功建立第一所高职院校——喀什职业技术学院的基础上，全程指导第二所——喀什理工职院的申报工作。2023年，学校申办成功，该所一是指导该校完成首批6个专业的招生工作；二是指导该校首届开学典礼并签约建立科研基地；三是落实教育部对该校的"扩容提质"任务要求，帮助制定了包括专业、师资、校园建设等在内的整体方案；

二是专业帮扶，上海为喀什理工职业技术学院的每个二级学院配置一所牵头帮扶的上海高校，每个专业配置一所精准帮扶的上海高校，并联合上海建工集团、上海城建集团、上海电气集团、上海汽车集团、上海仪电集团、上海申康医院、数智世界（上海）等企业，共同开展专业帮扶；在二级学院帮扶上，重点做好人才需求调研工作，切实做好学院发展定位、发展规划，做好教师培养、培训与交流工作；在专业帮扶上，重点做好专业建设整体方案、专业人才培养方案、实训室建设等工作，探索"空中课堂"等教学方式，确保做实每一个专业；

三是教师培训，先后有103名喀职院教师和干部到上海学习交流培训，38名上海专家到喀职院指导、培训、授课和讲座。上海城建职业学院在多年帮扶喀什地区高职院校建设过程中，形成了援建、党建、城建的"三建援疆"模式。2023年，该校开展"种子教师"项目，10名教师送教上门，并协同举办喀什地区人力资源培训项目。同时，该校牵头组建临时党支部，在喀什地区相关培训中开展党史学习教育，来自不同单位的10余名党员建成战斗堡垒和党员之家，宣传党的精神和国家政策，铸牢中华民族共同体意识。

八、上海职业教育面临的形势

（一）城市加快发展提出新需求

2023年，习近平总书记亲临上海考察指导，对上海发展作出新的战略擘画，为推动长三角一体化发展取得新的重大突破指明了前进方向。上海加快建成具有世界影响力的社会主义现代化国际大都市，深入推进人民城市建设，全面推进城市数字化转型，加快建设"（2+2）+（3+6）+（4+5）"现代化产业体系，在新征程上加快建设"五个中心"，更好服务长三角一体化发展，在中国式现代化中发挥龙头带动和示范引领作用。

面对城市发展的新需求，上海职业教育仍然存在一定的"不适应"，一是面对长三角一体化发展的要求，在省际、政府相关部门之间，在与行业企业之间的协同创新仍然"不充分"；二是面对人民城市和现代化产业体系建设的要求，职业教育供给侧和产业需求侧在规模、结构、质量、水平上仍然存在一定"不匹配"；三是面对城市数字化转型的要求，职业教育在人才培养模式、专业转型、教学方式、学校治理等方面仍然存在一定"不适应"。

（二）教育综合改革提出新任务

习近平总书记在中共中央政治局第五次集体学习时强调，要加快建设教育强国，要求统筹职业教育、高等教育、继续教育，推进职普融通、产教融合、科教融汇，源源不断培养高素质技术技能人才、大国工匠、能工巧匠。上海市委常委会审议通过《关于全面深化高等教育综合改革服务促进高质量发展的意见》，要求全面推进高等教育"两个先行先试",在优化学科布局、适应社会需求上下更大功夫。教育部办公厅出台《关于加快推进现代职业教育体系建设改革重点任务的通知》,进一步提出11项重点任务。

面对教育强国建设提出的新任务、新要求,上海职业教育一是体系建设仍需完善,本科层次职业学校仅有1所,专科高等职业教育与领先省份仍有差距,新型五年制高等职业学校处于起步阶段,中等职业教育吸引力不足、面临转型挑战,职普融通尚未取得实质性进展;二是专业布局需要调整,与上海现代化产业体系的匹配度仍有待提升,支撑集成电路、生物医药、人工智能等重点领域的专业不够,部分专业大类存在重复度较高的问题;三是体制机制尚不健全,体现职业教育类型特征的职业院校分类评价体系尚未建立,职普融通、产教融合、科教融汇的体制机制有待健全,长三角职业教育一体化发展机制尚不健全。

(三)技术创新变革提出新要求

当前,新技术、新业态、新模式浩荡而来,冲击、震撼、颠覆传统行业与行业传统,掀起亿万大潮、重塑市场格局、造就历史变革,国家战略、全球资本、龙头企业集聚上海,推动产业走向"产业高端"和"高端产业",为职业教育发展提供了良好的需求基础。同时,新技术加速岗位替代,推动岗位能力要求向深度、广度延展,部分领域分化出复合型岗位、新岗位,对技术技能提出更高要求。

面对技术加速变革的挑战,上海职业教育需要做出应对,一是职业学校往往采用单一进程的专业体系,过度强调就业导向的专业性,忽略对人才综合性能力的培养,导致难以应对数字时代的各类挑战;二是教学改革有待深入,新方法、新技术、新工艺、新标准未能及时融入人才培养之中仍有欠缺,教学内容与生产实践脱节等问题仍未得到有效解决;三是校企合作仍需深化,减税、补贴、用地等优惠政策仍需进一步落地,职业院校服务意识不够、服务能力不足,行业企业参与职业教育内生动力不足。

九、上海职业教育发展的建议

（一）创新省域特色职教体系建设

按照"加快构建央地互动、区域联动、政行企校协同的职业教育高质量发展新机制"要求，高质量建设市域产教联合体、行业产教融合共同体、开放型区域产教融合实践中心、专业教学资源库、信息化标杆学校、示范性虚拟仿真实训基地、一流核心课程、优质教材、校企合作典型生产实践项目，以及具有国际影响的职业教育标准、资源、装备和具有较高国际化水平的职业学校，有序有效推进上海现代职业教育体系建设改革。

（二）推进职业教育专业布局调整

站在时代前沿和战略全局的高度，动态适应新经济、新技术、新业态、新职业的发展变化，深化人才供给侧改革，持续扩大适应市场需求的专业招生规模，扩大支撑"2+3+6+4+5"产业招生规模，建设一批服务转型需求的专业、推进一批传统专业数字化升级改造，建立与城市发展相匹配的技术技能人才供给体系，促进供给端主动匹配需求端，推动教育链、人才链与产业链、创新链有机衔接，发展与社会发展需求相适应的人才结构规模供给能力。

（三）深化专业人才培养模式改革

研究制定体现职业教育类型特征的职业院校分类评价方案。通过"去粗取精，去伪存真、由此及彼、由表及里",创新培育课程体系,尤其是应对战略性新兴产业与先进制造业,加强与产业、岗位、职业的对接,并加入综合能力与软实力的学习内容。重视企业在职业教育的作用,在人才培养目标、规格和模式上的设定,强化企业主体的参与,使不同主体、不同行业、不同层次的人才需要都能在职业教育中得到体现。把教学活动置于职业场景中,用真实的技术、真实的设备、真实的案例、真实的项目开展教育。

(四)探索开展综合高中办学试点

直面全社会升学焦虑、中职教育吸引力不够,以及当下"职普双轨并行"的人才培养模式难以适应科技革命和产业变革对人才的新要求等问题,在部分学校试点综合高中办学模式,切实规避"职校的普高化"问题,在综合高中内将学术性课程和技能课程融为一体,把选择权充分交给学生,来支撑不同学生的个性发展。同时,做好配套改革,横向融通实现职业教育与普通教育、学术教育融合发展;纵向贯通打通断头路,畅通职教升学通道;以能力和实操为导向、建立"职教高考"制度,使其成为职业本科招生的主渠道。

(五)加强长三角职教一体化发展

增强政府部门协同能力,用好长三角协同机制、产教融合型城市建设市级协调机制,同时切实发挥教育系统产教融合协同育人联席会议功能。加大统筹力度,持续探索省级层面的协同制度与机制创新,深入推进育人方式、办学模式、管理体制、保障机制改革,做好平台搭建、政策支持等工作,切实增强职业教育适应性。同时,加强职业教育国际交流合作,推动职业院校"走出去",用职业教育的"中国方案",推动与世界其他国家的教育与合作。

第二部分 专题研究

一、基础教育阶段职普融通的现状、挑战与推进策略

职业教育是与普通教育具有同等重要地位的教育类型，是国民教育体系和人力资源开发的重要组成部分。近年来，中考后的"普职分流"话题受到社会各界广泛关注。基础教育是建设教育强国的基点，职普融通问题是关系到教育强国、高质量教育体系建设和广大学生切身利益的重大改革，需加强科学设计，稳妥推进。

（一）基础教育阶段职普融通的基本现状

党的"十八大"以来，党中央、国务院推出了一系列职业教育改革发展的重大举措：从2014年国务院召开全国职业教育工作会议，习近平总书记专门对职业教育工作作出重要指示，国务院印发《关于加快发展现代职业教育的决定》；到2019年国务院印发《国家职业教育改革实施方案》；再到2020年教育部等九部门印发《职业教育提质培优行动计划（2020—2023年）》；从2021年全国职业教育大会召开，习近平总书记对职业教育工作作出重要指示；到2022年全国人大常委会表决通过新修订的《职业教育法》。这一系列政策法规为健全现代职业教育体系奠定了基础，为职普融通指明了方向。

长期以来，社会各界对于普职是否应该分流，众说纷纭，各执一端。有的认为应该取消中考后分流，因为初中毕业后过早分流人为制造了不平等，制约了学生长远发展。有的认为应该坚持普职分流，因为部分学生接受职业教育更适合于个人成长。不同观点和争论，折射了社会各界的困惑与焦虑。

普职究竟要不要分流？其实，国家政策导向已经明确。新修订的《职业教育

法》将"实施以初中后为重点的不同阶段的教育分流"这一表述改为"统筹推进职业教育与普通教育协调发展"。习近平总书记对职业教育的重要指示强调,要"推动职普融通"。党的"二十大"报告立足办好人民满意的教育,提出"统筹职业教育、高等教育、继续教育协同创新,推进职普融通、产教融合、科教融汇,优化职业教育类型定位"。中共中央办公厅、国务院办公厅《关于深化现代职业教育体系建设改革的意见》提出,"推动职普协调发展、相互融通,让不同禀赋和需要的学生能够多次选择、多样化成才"。这些新部署为进一步做好普职分流与融通指明了方向,即推动职普协调发展、相互融通。

党中央提出职普融通的要求,事关科技人才、工程人才、技术技能人才的选拔与发展,是"牵一发而动全身"的改革切入口,是"让每个学生都有人生出彩的机会"的重要关节,是解决当前诸多教育问题、办人民满意教育的重点要求,也是基础教育、职业教育转型发展的重大机遇。事实上,职业教育与普通教育二者之间密切相关,并非相互分离甚至相互对立,需要进一步澄清二者的关系。

其一,职业教育和普通教育有共通的地方,二者是统一历史进程中各有侧重的发展。不管是普通教育,还是职业教育,都是教育事业的重要组成部分,都遵循教育的基本规律,都是教育的下位概念,都是为了促进人的全面健康发展。在培养目标、课程编制、教学方法诸方面,两者可能有所不同,但可以相互借鉴、相互学习。其二,职业教育和普通教育有相互包含的方面。中职和高职的初衷是为了培养直接就业的技术技能型人才,但当前我国一些中职高职学校的很多学生就读不是以就业为目标,而是以升学为目标;反之,普通高校中有很多学生是以就业为目标,而不是以升学为目标。其三,职业教育和普通教育是会发生转化的。读写算等基本技能最初在英国工业革命时期,是职业教育的基本内容,但现在却是普通教育的重要内容;普通教育所推崇的人文艺术和通识教育,最早来源于满足佛罗伦萨精英的政治和经济需求,属于职业方面的需求。当前,职业教育与普通教育在课程上也存在交集,一是劳动教育的融通,二是基础教育课程对科学、技术、工程、音乐、数字等多学科融合的要求,三是职业教育课程对于职业综合素质和行动能力的要求。其四,职业教育和普通教育既有分野更有融通。之所以存在分流和分野是因为社会需要多样化的人才,学生的潜能存在差异,不同特点的学生需要因材施教。但同时更需要融通,是因为普职分流可能加剧阶层划分和阶层固化,过早分流限制了学生发展的可能性,可能影响育人成效。其五,职普在现实中已经表现出融通趋势。职普关系在历史发展的不同阶段具有不同特点,但由界限明确的职普分轨走向互相融通是全球教育发展趋势，不只是美、德、英、日等发达国家，我国部分省份也已经开展综合高中、课程等方面的融通探索。

目前，学界对于职普融通非常关注，主要研究方向体现在以下方面。

一是关于职普融通的意义探究。随着经济的发展、产业结构的调整，以及高中教育重心的逐步下移，打破普职壁垒、实现普职融通将成为新时期高中教育改革与发展的整体趋向。[1] 许建领认为，职普融通为学生提供多样化教育选择，促进学生全面发展，对推动教育高质量发展、建设教育强国意义重大。[2] 二是探讨职普融通的方式方法。从国际比较视角来看，职普融通形成了职普课程渗透式、职普互转式、彻底融通式三类主流模式。[3] 可以从课程互设、学校互融、学制互通三个层面进行设计。[4] 在实施主体层面，俞启定指出，普职融通实施的落脚点在普通中小学。[5] 日本综合高中将普通高中教育与中等职业教育进行了有机的沟通与融合，[6] 积极发展综合中学推进高中阶段教育职普融通是知识生产模式变迁与教育系统创生式发展的必然产物，具有突出的时代意义与教育价值。[7] 三是关注职普融通面临的问题挑战。目前，"普职比大体相当"作为强制性政策工具主导着高中教育的发展，普职融通仅仅表现为课程的初步融合。[8] 推进职普融通存在横向上职普"通而不融"、纵向上职普"贯而不畅"等现实困难。[9] 究其根源在于，我国普、职不等值，普、职壁垒森严，高考相关改革滞后，社会对职业教育认可度低，缺乏具体的实施建议和强有力的推进策略。[10] 四是分析职普融通困境突破的策略。学者们较多借鉴德国、日本、英国等发达国家经验，探索建立一体化的教育资格框架、提升职业教育的层次与质量、以延后分流实现学生多元化培养，逐步探索普职融通的"合轨制"高中体系。[11] 强调通过完善普职融通教育机制、探索普职融通发展新模式、转变学生成才观念等方式，突破普职融通教育改革中存在各种风险，实现普职融通深化发展。[12] 有学者认为教育评价改革是实现"三融"国家战略的重要抓手，要以完备的评价制度供给，重塑职普等值的人才发展观，构建职普纵横融通的新体系。[13]

20世纪80年代以来，我国开始推行"职普比例大体相当"政策，发展中等职业教育，培养技术技能人才。基础教育阶段职普比，通常指高中阶段教育的中职学校招生数与普通高中招生数的比例。在高中阶段教育发展的过程中，中职招生人数整体呈下降趋势。整体来看，2010—2023年，我国高中阶段职普比略有下降，中职招生数量呈下降趋势，详见表1。

表 1　全国高中阶段职普招生比例一览表

年份	中等职业学院校招生数（万人）	普通高中招生数（万人）	比例（%）
2010 年	870.42	836.24	51∶49
2011 年	813.87	850.78	49∶51
2012 年	754.13	844.61	47∶53
2013 年	674.76	822.70	45∶55
2014 年	619.76	796.60	44∶56
2015 年	601.25	796.61	43∶57
2016 年	593.34	802.92	42∶58
2017 年	582.43	800.05	42∶58
2018 年	557.05	792.71	41∶59
2019 年	600.37	839.49	42∶58
2020 年	644.66	876.44	42∶58
2021 年	488.99	904.95	35∶65
2022 年	484.78	947.54	35∶66
2023 年	454.04	967.80	35∶67

近年来，江苏、浙江、四川、山东、福建等省相继颁布职普融通政策，探索改革试点，举办综合高中试点校，开设职普融通班，中职与普通高中结对合作，推动招生方式改革，实行学籍转换成绩互认，等等。从实践中看，职普融通试点工作让职业院校的生源质量和社会声誉得到有效提升，满足了学生、家长及社会的多元化教育需求，为孩子们的成长成才拓宽了渠道。例如山东省加大投入，规范化、示范性及优质特色的学校占全省中职学校总数 52.4%，2021 年启动 100 所省级高水平中等职业学校和 300 个特色专业建设，按照每所高水平学校支持 1500 万元、每个特色化专业 300 万元给予支持。2021 年，山东省中考中有 2.95 万名学生超过了当地普高线的分数，但是这些学生主动选择到职业学校就读，有 1.7 万名普通高中在校的学生转入了中职学校。

（二）基础教育阶段职普融通面临的挑战

虽然我国职业教育取得显著成绩，职普融通也取得明显进展，但是对照人民群众的教育期待，对照教育高质量发展的要求，尚存在一些突出问题。

1. 职业教育相对于普通教育缺乏吸引力

英国学者麦克·扬曾经指出，职业课程总被视为比学术课程的地位低，更有人将其与能力低的学生联系在一起。普通教育与职业教育的分离缘于一种文化，这种文化里，体力劳动与较低的社会地位联系在一起，在经济上脑力劳动与体力劳动相分离。由于职业教育特别是中等职业教育的社会认可度不高，人们的认识有偏差，中职打上了"二流教育""被淘汰的教育"等负面标签。

一是职业院校教学体系较为滞后，适应性有待提升。职业院校教材更新较慢，教学内容陈旧，与职业岗位要求存在脱节，跟不上新技术新工艺。职业院校教学方法单一，教学手段落后，师生互动程度低，学生学习的内驱力与主动性没有被激发。二是职教师资结构不优，影响人才培养质量。当前职业院校存在生师比不达标问题，专任教师数量不足，造成教师教学工作量超标、力不从心，制约并影响职业教育整体质量提升。同时，"双师型"教师缺口较大，职教师资的来源渠道单一，从校门到校门的"两门"教师缺乏企业实践经历，难以适应高质量实践教学要求。三是中高职衔接不畅，制约职业教育体系的完整性。中职、高职与本科层次职业教育、专业硕士研究生教育衔接不畅，职业院校学生对未来发展仍然感到迷茫。调查发现，一些省份高职院校学生通过"专升本"考试进入普通本科高校学习，但是难以适应，因为没有专门有针对性的人才培养体系，导致学生英语四级通过率低，许多学生难以毕业。

2. 人民群众对过早普职分流反响强烈

当下中国社会分层的矛盾使得普通阶层家长强烈希冀下一代实现向上阶层流动，惶恐下一代面临同自己一样的境遇。随着我国高等教育进入普及化阶段，越来越多的学生具有接受高等教育的强烈愿望，对普职分流存在争议，引发社会争议和网络舆情。

首先，直接进入劳动力市场的中职毕业生比例过高，不符合长周期、多循环培养的高技能人才成长规律。新时代对人才的需求已经发生变化，市场对具有技术等级和专业技术职称劳动者的用人需求较大，对中职阶段直接就业者的需求不断减弱。有些地区为落实"职普比例大体相当"政策，地方教育行政部门通过指令性的方式下达招生计划，初中学校强制分流成绩差的初中生；有的地方动员初中教师为中职学校拉生源；有的地方甚至剥夺成绩薄弱的初中毕业生参加中考的机会，等等。与此同时，由于中职学校教育质量参差不齐，一些中职学校甚至打

着组织学生实习和推动校企合作的幌子向企业输送学生工。

其次,过早的普职分流不利于学生未来成长发展。初三毕业生的自我认知能力不高、对社会的了解比较浅显,在义务教育阶段又缺乏对职业知识的接触和学习。过早地将初中毕业生分流到中等职业教育中的不同专业,固定其未来的发展路径,不利于学生未来的全面发展与可持续发展。近年来,我国中职学校频频发生不稳定事件,乱象丛生,媒体多有揭露反映各种职业学校违规组织实习,仅2023年,全国职业学校学生因实习而引发的网络舆情就多达数十起。调查发现,中职学生犯罪案件数呈现上升趋势,引发社会关切,家长非常担忧。高中阶段的普通教育不仅有利于人的全面发展,也能够提高学生未来的适应性,有利于人的长远发展和可持续发展,促进学生以综合素养去应对各个职业领域的具体事务。

同时,职普比一刀切不符合各地教育发展实际。"职普比大体相当"在实践中往往被简单理解为职普比1∶1加以执行,片面强调职普比相当,甚至机械执行职普比1∶1,并不符合各地的教育发展实际,也给各地执行职普比大体相当造成较大的压力。随着高等教育步入普及化,普通高中毕业生就读高等教育的机会很多,普通高中参加普通高考的录取率达到95%,职业高中的升学比例一般在40%左右,导致社会上的"中考焦虑"远超"高考焦虑",因此,绝大多数初中毕业生在升学意愿上首选普通高中而排斥中职。

另外,强制性普职分流加剧教育竞争和不公平。在实践中,中等教育阶段的普职分流是通过强制性的"中招红线"实现的,进一步加剧了升学竞争,使升学的"独木桥"从高考前移至中考,这就导致了愈演愈烈的升学竞争和沉重的学业压力,"教育内卷"严重,在畸形竞争压力下,老百姓不可能放松对子女的学业投入力度,也成为"双减"政策和"三胎"政策难以落实到位的重要原因。强制性普职分流在事实上成为学制体系中的升学瓶颈,导致相当一部分初中毕业生向上流动的通道受阻,影响教育公平。

3. 推进职普融通面临制度设计困境

首先,目前的普职分流缺乏具有科学依据的理论解读,实践上更缺乏必要的弹性和灵活性。在现有的分流制度下,我国所执行的是初中后分流制度。一旦分流,缺乏灵活的转换渠道,往往分流定终身。我国普职分流政策在执行过程中还存在过于刚性的问题,实际上,不同地区经济社会发展阶段存在一定的差异,过于刚性的分流比例,无法满足学生接受多元化教育的需求。

其次，职普融通的层次较浅、形式单一。当前普通高中与职业学校围绕职普融通进行了有益探索，但仍然存在不够融合、没有贯通、层次较浅、形式单一的问题。普通高中进行融通的主要形式是开设技术类课程，以及参与职业体验日活动；中职学校主要开展职普融通班，普职两类课程的融合度不高，没有上升到人才培养体系高度，缺乏稳定性、持续性，存在临时拼凑、机械相加的现象，没有把"学术"知识与"职业"知识真正融合，二者之间存在壁垒。

同时，职普融通尚未做到整体布局、系统规划。目前各个学校所开展的职普融通比较分散、随机，尤其是缺乏更高层面（如教育主管部门、区政府等）的整体布局与系统规划。由于缺乏相应的协调，个别学校之间在进行职普融通时，会面临多方困难。例如，课时的限制问题、教师的激励与补贴问题、学生的交通安全问题、学校之间的距离问题等。此外，职普融通"双向互动"的校际改革较少。

（三）进一步优化职普融通的策略

每个国家由于国情和实际需要的不同，对于普职分流采取的模式亦不相同。世界上有代表性的如以德国为代表的普职分流双轨制，以美国为代表的职普融通单轨制，以及英国的国家教育资格框架模式等。尽管教育分流可能导致阶层分化，但学校的重要功能之一就是促进阶层流动。分流是职普类型化发展的必然前提，而融通则是职普协调发展的保障。因此，需要科学把握普职分流与融通的平衡点。

1. 加快职普融通顶层设计和统筹规划

教育分流是现代社会大分工发展的必然选择，不同职业和行业要求其从业人员具有不同的能力，必然要求学校培养不同规格的人才。职普融通的实质是我国教育双轨制的协调，最终促进学生个性化、多元化、长远化发展。

一方面，要改变中考"一次性"普职分流。我国各地区在经济发展水平、产业结构、民众教育诉求、中职办学质量与毕业生就业形势等方面均有较大差异。各地对中职生的需求，以及中职发展状况差异大，部分地区的一些产业需要中职毕业生，但是不宜要求全国所有地区都实行"大体相当"政策。因此，应探索由各地区根据当地经济发展需要、民众教育需求和教育规律、教育供给情况，自主确定职普比例。建议在初中后、高中后、本科教育阶段后实行多次分流。在高中招生阶段进行普职分流的基础上，学习国外综合高中，设立观察期，通过选修，

培养职业兴趣,引导学生自主分流,建立高二、高三阶段的"多梯次"普职分流,既体现人的全面发展教育方针,也符合经济发展对人才不断提高的要求,还有利于学生在未来漫长职业生涯中的可持续发展。从教育理论和国际趋势来看,普职教育的分流应当后延,并逐步形成基于学生自主自愿的自然分流形态,改变以单一学业成绩为标准的、强制性的中考分流制度。借鉴职业教育发达国家经验,建立系统的学生生涯规划与指导体系,不将学业成绩作为唯一标准,而是通过科学的生涯测评了解学生的职业兴趣、能力优势等,更加关注对学生的综合素质评价,并将之作为分流的重要依据。

另一方面,加快推进基础教育阶段职普融通。一是加快高中融通育人。进一步完善普通中学和中等职业学校资源共享、课程共建、课程互选、教师互通、学分互认、学籍互转等制度设计,搭建学生成才的"立交桥"。促进职业教育与普通教育之间资源互补,双方互聘教师、共建实验室、共享校园设施。二是大力开展职业启蒙教育。20世纪70年代和90年代,杜威提出的"职普融通"方案重新受到重视,职普融通被视为解决职业生涯教育问题的重要途径。我国应落实新修订的《职业教育法》,鼓励和支持普通中小学、普通高校增加职业教育相关教学内容,进行职业启蒙、职业认知、职业体验,开展职业规划指导、劳动教育。充分发挥职业教育活动周的作用,向广大中小学生宣传介绍职业教育,引导树立正确的职业观、教育观。三是健全职普融通协调机制。对职普融通事业进行整体布局,改革行政机构,可以考虑在教育行政部门增设专门的职普融通综合协调机构,在其统一安排之下,普通高中与职业学校之间的融通将会更加有序、有效。对职普融通事业划拨专项经费,为教师的工资待遇、基本的活动开支,以及相关的课程研发提供充足的经费保障。建立两种教育类型的学分互认机制,建立健全各级各类学校教育与职业培训学分、资历,以及其他学习成果的认证、积累和转换机制。此外,推进高等教育阶段职普融通。健全现代职业教育体系,打通高等职业教育与普通本科教育的贯通机制,增强人才供给与劳动力市场需求的匹配度和适应性。支持优质中等职业学校与高等职业学校联合开展五年一贯制办学,开展中等职业教育与职业本科教育衔接培养。

2."双向奔赴"推进综合高中建设

当前,一边是大学毕业生就业难,一边是用人单位招工难,难以招到适合的人才尤其是技术技能型人才,解决这一问题,需要加强人才培养供给侧改革。对此,不应该再拘泥于职普比、普职分流，而应该结合区域教育、社会、经济发展情况，推进综合高中建设，把多数高中都建设为融普高课程、职业课程于一体的综合高中，在综合高中实行学分制教学管理，由学生自主选择普高课程或职业课程，完成规定学分高中毕业。由于事实上存在的普职分流变普职分层问题，进一步扩大普高招生规模、提高普职比也难以缓解人民群众的普职分流焦虑。而从经济发达地区的人才需求看，对中等职业教育技术人才的需求量很小。综合考虑科技进步、生产组织、社会结构、劳动者、教育系统等因素，结合区域发展实际，应积极推动普通高中、中职学校"双向奔赴"探索发展综合高中。如果地方审批新建高中，建议设立一批兼具普通教育与职业教育特色的综合高中，开设普高与技能课程，让学生有机会选择更加多元的生涯发展道路，而不再局限于单一的生涯发展道路。同时，积极探索普高与中职合并重组，建设综合高中。如何举办综合高中，需要注重"做人＋做事"，开展"文化教育＋劳动教育＋技能教育"，切实提升学生的文化素养和职业素养，提升学生的专业能力和职业能力，促进两类能力协调发展，改变"高分低能"的现象。

3. 在职业教育高质量发展中促进职普融通

推动职普协调发展、相互融通，除了优化职普融通的政策，关键还在于深化职业教育供给侧结构性改革，优化职业教育类型定位，办优办强职业教育，坚持能力为重、质量为要，让不同禀赋和需要的学生能够多样化成才。

一是加大职业教育投入力度，提升职业教育办学质量。推进中职办学条件达标建设，按照《中等职业学校设置标准》的核心指标开展达标建设，解决校园占地面积、生均用地面积、校舍建筑面积、专任教师、仪器设备总值不足的问题。大力发展面向初中毕业生的新型五年一贯制高职，扩展五年一贯制专业覆盖面，创新五年一贯制体制。深化教学改革，重塑职业教育教学内容、路径和方式，强化做中学，提高职业教育质量和社会认可度。进一步深化产教融合、校企合作，引导企业深度参与职业学校课程与教材开发，推进职业学校课堂教学革命，不断改进教学内容与方法，完善职业教育教学质量保障体系，以此来提升职业教育对个体的内在吸引力。

二是建立职教高考制度，完善"文化＋技能"招考办法。把职教高考建设为和普通高考平等的高考制度，除了高职院校采用职教高考招生外，所有应用型本科院校，以及部分"双一流"建设高校培养应用型人才的专业，也通过职教高

考招生，以此提高综合高中职业课程的吸引力，为选择职业课程的学生提供平等的升学与发展机会。例如，上海可依托当前的春考制度，建设职教高考制度，允许所有高中毕业生，都参加职教高考，在统一测试基础上，由学校自主考察学生的专业知识与技能，扭转社会存在的崇尚学历、漠视技能问题。同时，在国家层面，加快制订全国统一的"职教高考"制度实施方案，指导各省开展省级"职教高考"制度改革试点，构建"国家统筹＋省级推进"模式，有效推进"职教高考"制度。"职教高考"应注重保持高考的严肃性，"文化素质"测试可以采取全国统一考试或省级考试管理部门统一组织的形式实施，职业技能测试可以采取省级层面统一命题、统一组织的形式开展。

三是加快发展本科层次职业教育，畅通学生发展渠道。发展职业本科教育，是健全"纵向贯通、横向融通"中国特色现代职业教育体系的重要环节。《关于推动现代职业教育高质量发展的意见》明确提出，到2025年职业本科教育招生规模不低于高等职业教育招生规模的10%。由于职业本科学校建设尚无先例可循，很多地方和院校都在"摸着石头过河"，建议国家层面继续强化宏观指导，全方位支持职业本科学校出新经验、新路径、新模式，尽快完善职业本科相关管理制度，部省共建职业本科，出台专项支持政策，支持部分"双高"高职院校升格为本科层次职业院校。

4. 优化职业教育与普通教育协调发展的社会环境

首先，国家层面进一步加强顶层设计。从法律、政策、资金、项目、人员、土地、信用、就业等方面加大对职业学校的扶持力度，建立现代职业教育体系建设部省协同推进机制，统筹职业教育、高等教育、继续教育协同创新，夯实职业学校高质量发展的坚实基础，统筹推进职业学校与普通学校协调发展。努力让教育资源全程伴随每个人、让教育成果平等面向每个人、让每个孩子都能通过接受教育获得人生出彩的机会。

其二，弘扬正确的职业教育理念和人才观。宣传部门要倡导媒体特别是主流媒体用科学、现代的教育理念和人才观，报道职业教育和职校青年的成长，突出技术、技能和工匠精神在产业发展中的重要作用，报道职校学生在各种技能大赛中的风采，传播大型国企和世界著名企业尊重蓝领技术员工的故事，让全社会"看见"职校青年阳光向上、脚踏实地、奋发进取的新时代新青年形象。注重对职业学校的正面宣传和推介，挖掘选树职业学校的宣传典型，提高职业学校的影响力和吸引力。

第三，积极提升技能型人才的社会地位。提升以职业学校毕业生为代表的产业工人的待遇，改善工作环境，保障合法权益，改善技能型人才的薪酬待遇，维护产业工人自身的尊严。营造尊重技能、尊重技能型人才的社会风尚。专项整治新媒体对职业学校的"污名化"，改变对技能型人才的歧视观念，摒弃技能型人才低人一等的社会偏见，优化技能型人才的工作环境。

参考文献

[1] 刘丽群，彭李. 普职融通：我国高中阶段教育改革与发展的整体趋向 [J]. 湖南师范大学教育科学学报，2013，12(05):64-68.

[2] 许建领. 职普融通在教育强国建设中的价值实现 [J]. 教育研究，2023，44(06):10-13.

[3] 匡瑛，李欣泽. 从国际比较的角度看高中阶段职普融通的三大主流模式 [J]. 苏州大学学报（教育科学版），2023，11(02):62-70.

[4] 徐国庆，余韵. 职普融通的当代涵义与实践框架 —— 基于技术及职业关系演变的分析 [J]. 教育研究，2024，45(02):4-15.

[5] 俞启定. 论普职融通实施的落脚点在普通中小学 [J]. 中国教育学刊，2019(03):17-21.

[6] 李润华. 综合高中：日本高中普职融通模式研究 [J]. 外国中小学教育，2016(03):33-38.

[7] 祁占勇，吴仕韬. 积极发展综合高中是高中阶段教育职普融通的关键之举 [J]. 中国教育学刊，2024(05):36-41+88.

[8] 常宝宁. 政策工具视阈下我国高中阶段普职融通政策研究 —— 基于1978-2018年政策文本的分析 [J]. 教育发展研究，2019，39(Z2):57-62.

[9] 曾天山，苏敏，李杰豪，等. 我国推进职普融通的实践探索、现实困难与应对策略 [J]. 中国教育学刊，2024(05):42-47.

[10] 刘丽群，刘家伟. 我国高中阶段教育普职融通困难的原因分析 [J]. 湖南师范大学教育科学学报，2015，14(02):75-79.

[11] 吕杰昕，陈晨. 高中阶段如何协调普通教育与职业教育 —— 英国普职融通的经验与启示 [J]. 比较教育学报，2022(04):29-41.

[12] 常宝宁. 高中阶段普职融通教育改革的利益博弈与风险规避 [J]. 中国教育学刊，2020(07):6-10.

[13] 朱德全，白虹雨. 新时代教育评价改革赋能"三融"国家战略的新动能 [J]. 现代远程教育研究，2024，36(03):55-63+86.

（执笔：胡卫、阙明坤、张晨）

二、优化教育布局,赋能产业科技

(一)优化上海高等教育布局结构

近年来,上海的教育改革发展取得重大成就,各项指标已进入全国乃至全球前列,但仍存在一些不容忽视的短板,尤其是教育与科技、产业、人才相互支撑和互相赋能方面存在明显不足,亟需优化布局、深化改革,以更好地驱动和引领城市发展。

就总体而言,上海高等教育实力处在全国前列,但不少普通高校办学定位不够清晰,表现为:盲目贪大求全,专业设置重复;优势学科专业缺乏,人才培养规格趋同;课堂教学模式陈旧,教育质量普遍不高。这些状况导致本市高校与区域主要新兴产业的发展急需对接度不高。

为此建议:调整重大专项资源配置重点,引导高水平大学超常规布局具有跨界、前沿、未来特征的学科,譬如集成电路、生物医药、人工智能、航空航天、新材料、新能源等。

合理规划同城不同类型大学学科专业布点。强化同城高校学科、专业和人才资源共享协同,打造特色鲜明、相互协同的学科专业集群。切实增加财政对人员经费的投入,健全绩效工资激励机制,大力提升市属高校特别是公办高职的造血能力。

建立专业设置与行业企业需求快速响应联动机制。在专业、课程和教材建设上,借助大数据平台,助推高校迅速对接行业企业需求,着力创建一批产教融合示范院校与示范项目,实现学科专业与产业链、创新链、人才链的相互匹配和相互促进。

（二）深化职业教育供给侧改革

除了切实优化本市高等教育布局结构，也要着力深化职业教育供给侧改革。上海虽然推进了中考改革，但中考后的"普职分流"按成绩操作为了"普职分层"，引发的焦虑加剧了考试竞争，影响了"双减"目标落实。另一方面，一边是大学毕业生就业难，一边是用人单位招工难，难以招到适合的人才，尤其是技能型人才。

为此建议：大力兴办综合高中。改变目前职业教育和普高教育泾渭分明的现状，在全国范围内率先全面探索建设综合高中。综合高中不是中职普高化，而是将高中学术课程与技职课程融为一校，在综合高中实行学分制教学管理，由学生自主选择普高课程或技职课程，完成规定学分高中毕业。

建议完善职教高考制度。加快建设两类高考制度。上海可依托当前的春考制度，建设职教高考制度，除了高职院校采用职教高考招生外，所有上海本科院校，以及部分"双一流"建设高校培养应用型人才的专业，也通过职教高考招生，为选择技职课程的学生提供平等的升学与发展机会。

深入推进产教融合。特别支持企业发挥自身资源优势，深度参与学校人才培养全过程，包括专业、教材、课程、双师型教师队伍建设，以及实习实训基地建设等。出台专门政策，鼓励高校开展校企合作、订单培养、建设产业学院等，尤其是要让高校师生到"闻得见硝烟、听得见枪声、看得见战场"的头部企业去学习、见习和研究，构建高校、科技、企业、人才循环联动的机制，解决人才培养与社会需求"两张皮"问题。

（三）大力提升上海教育国际化水平

上海正在着力打造国内大循环的中心节点和双循环的战略链接，加快建设开放枢纽门户。然而，本市国际教育资源短缺，导致一些在国际间移动的家庭很难找到符合自己需求的教育资源。

建议大力提升本市教育国际化水平，具体而言，建议扩大高校中外合作办学，鼓励理工医类高校在专业基础课程领域大胆引进、使用国际最新最前沿的原版课程教材，积极引进相关专业外籍教授来沪教学或科研。

还应加快双语教师队伍建设力度。上海要为"留学中国首选地"做好积极准

备，在加强市属高校全英文专业及课程开设的同时，采取内培与外引相结合的方式，补上双语师资不足这一短板。同时，优化境外人员子女就学政策，探索民办双语学校人才长程培养模式等。

（执笔：胡卫）

链接：筚路蓝缕的探索，玉汝于成的收获

党的"十八大"以来，党中央、国务院高度重视职业教育，召开重要会议，出台重磅文件，以前所未有的力度，推动职业教育取得令人瞩目的成就。10年来，我国职业教育从层次走向类型、从政府主体走向多元参与、从规模扩张走向内涵发展。

"纵观职业教育这十年的发展，职业教育走过了一段极不平凡的发展历程。这十年，既是一个筚路蓝缕的探索过程，也是一个玉汝于成的收获过程，成绩可以说令人瞩目。"谈起我国职业教育的发展成就，十年来一路见证职业教育发展的全国政协委员、上海中华职业教育社常务副主任胡卫发出由衷的感慨。

"2014年召开全国职业教育工作会议，2019年印发国家职业教育改革实施方案，2021年召开全国职业教育大会，2022年新修订的职业教育法正式实施……"在胡卫看来，党的"十八大"以来，党中央、国务院高度重视职业教育，习近平总书记亲自谋划和推动职业教育发展，作出一系列重要论述，为职业教育改革发展指明了前进方向，提供了根本遵循，也让职业教育发展的"中国特色"更为鲜明，书写了职业教育发展史上的壮丽华章。

1. 服务产业，职业教育和经济社会发展更加"同频共振"

在胡卫看来，职业教育是离经济社会发展最近的教育领域，因此面向市场、服务产业办教育，是职业教育的鲜明特征。但受种种原因的影响，长期以来，职业院校教学内容同产业岗位需求脱节，教育质量不高，社会吸引力下降，成为制约职业教育发展的堵点和痛点。

"我小时候，职业教育是大家眼中的香饽饽。那时对一名学生而言，参军和上技校是最自豪的事。而后来，学生拿到职业教育院校的录取通知书，自己和家长脸上都是无光的……"胡卫看来，职业教育被污名化，社会地位不高，很大原

因是所培养的毕业生不能很好地适应市场的需要。

"近十年,职业教育的发展实际上和我国的经济社会发展契合度最高,它既跟我们党和国家事业发展相适应,跟人民群众的诉求相契合,也和中国作为世界第二大经济体的国家形象高度吻合。"正如胡卫所言,为了疏通堵点、痛点,这十年来我国职业教育主动服务经济社会发展,适应经济结构调整和产业变革,两次调整专业目录,以产业、行业分类为主要依据,出台了《制造业人才发展规划指南》等专项规划,力求在服务面向上突出"全",在专业设置上突出"新",在目录架构上突出"特"。

据教育部给出的权威数据,十年来,职业教育淘汰落后专业108种,升级和补充专业1007种,更新幅度超过70%。目前全国职业院校,开设1300余种专业和12余万个专业点,基本覆盖了国民经济各领域,使人才培养结构调整与需求结构变迁更好对接。在现代制造业、战略性新兴产业和现代服务业等领域,一线新增从业人员70%以上来自职业院校的毕业生。

2. 顶层设计、提高质量,让职业生更有"学头"

回顾这十年发展历程,胡卫表示,职业教育之所以能够不断固根基、补短板、强弱项、扬优势,取得明显发展背后的原因,一方面是由于新时代我国经济社会发展取得的历史性成就给职业教育的发展提供了巨大需求和坚实条件,另一方面依靠党和国家领导,始终坚持在不同阶段出台职业教育有关法律法规和系列新政,为职业教育的发展织就了系统的顶层设计发展蓝图。

"26年来职业教育法首次大修,反映了党和国家对职业教育的高度重视,我们及时总结经验,及时归纳提炼,及时从法律法规方针政策当中对职业教育的发展加以引领。因此,国家也真真切切地看到了职业教育对经济社会发展的推动作用,以及对人的发展的促进作用啊!"胡卫颇为感慨地说,十年来,职业教育法完成26年来的首次大修,正式实行五位一体的职业教育国家教学标准体系,在顶层设计上为职业教育的发展和教学质量提供了保障。

十年来,职业教育十分注重专业的内涵发展。2021年,教育部发布新版职业教育专业目录,一体化设计了"中职 — 高职专科 — 高职本科"专业体系,并通过新增、更名、合并、撤销等方式,专业总体调整幅度超过60%。

"社会发展特别需要的是懂得大数据、人工智能、元宇宙的新型技能技术人才,如果职业院校培养的学生还是简单地拿一个钳子扳头,是不能适应社会需求

的。"在胡卫看来，原来的职业教育社会适应力差，一方面是课程体系和社会发展不衔接，一方面原因在师资上。"职业学校的老师们在黑板上去教所谓的技能、技巧，远离场景、远离工具、远离案例，这是收不到良好的教学效果的。"胡卫坦言，教师是办好教育的根本依靠。有高质量的职教教师，才会有高质量的职业教育。党的"十八大"以来，以习近平同志为核心的党中央对职业教育特别是职教教师队伍建设作出了一系列重大决策部署，广大教师把大有作为的殷切期盼转化为大有可为的生动实践，职教教师队伍建设取得长足进步。据教育部公布的资料，十年间，职业教育专任教师规模增幅达17%。

与此同时，在全民学习时代来临的今天，线上优质学习资源平台的建设在提升全民职业素养方面也发挥着巨大作用。十年来，职业教育用数字化赋能，不断拓展办学空间，支持先学习再就业、先就业再学习、边就业边学习，主动与继续教育、普通教育有机衔接，积极建设"人人皆学、处处能学、时时可学"的学习型社会。连续十年，中央财政支持建设职业教育国家专业教学资源库。在此基础上，今年3月"国家职业教育智慧教育平台"正式上线，覆盖了19个专业大类、396个高职专业，汇聚了660余个专业教学资源库、1000余门在线精品课和2000余门视频公开课，以及420余万条视频、图片、文档等资源，为全民学习提供充足数字资源。

3. 明确类型、体系畅通，让职教生更有"盼头"

在很长一段时间里，中职生因毕业后没有继续升学深造的空间，职业教育令人顾虑重重。即便后来有所改善，长期积淀的旧观念一时之间并未有效改变，很多家长和学生依然将职业教育视作"差生教育"。另外，由于社会地位不高，职教生的就业问题也受到一系列制约。

"2014年《国务院关于深化考试招生制度改革的实施意见》印发后，高职分类考试规模逐年扩大，目前已经成为职业学校学生和普通高中学生接受高等职业教育的主渠道。"在胡卫看来，今年5月新修订的职业教育法首次以法律形式明确职业教育是与普通教育具有同等重要地位的教育类型，通过顶层设计，真正实现职业教育从层次到类型的转变，走出了一条中国特色的发展道路。

"职业教育不是简单的一个层次，也不是某一类教育的组成部分，它本身就是单独的一种教育类型。"作为职业教育发展历程的亲历者，胡卫认为这一点尤为重要。在他看来，推进普职融通渗透是推动高质量教育体系的基本要求，也是提供更加公平、更高质量教育的客观要求。

"十年间，党和国家在积极采取相关举措，大力推进不同层次的职业教育有效贯通，中职的基础地位进一步巩固，专科的主体地位不断强化，职业本科稳步发展，'中职——高职专科——高职本科'一体化的职业学校体系基本建成，这为职教生的未来发展更充分地'加油补气'。"胡卫分析说，纵向贯通、横向融通的现代职业教育体系的构建，打破了职业教育止步于专科层次的"天花板"。

"在纵向贯通上，中职的基础地位进一步巩固，专科高职的主体地位得到强化。"胡卫表示，2019年以来，教育部先后批准32所学校开展本科层次职业教育试点，支持优质专科高职院校升级一批骨干专业举办职业本科教育，鼓励应用型本科院校举办职业本科专业，切实提高高层次技术技能人才供给能力。而2022年新修订的职业教育法为普通高等学校设置职业本科教育专业、专科层次职业学校设置职业本科教育专业预留了空间，职业学校的学生不仅可以读大专，还可以上本科，职业教育吸引力、影响力不断提高，"在横向融通上，要加强职业教育、继续教育、普通教育的有机衔接、协调发展。而推进职普渗透融合也是建设高质量教育体系的基本要求，也是提供更加公平更高质量教育的客观要求。"胡卫表示，在这样的畅通的体系中，学生们对未来的成长发展更有"盼头"了。

4. 校企合作、多元办学，让职教发展更有"奔头"

在2014年召开的全国职业教育工作会议期间，习近平总书记就加快职业教育发展作出十六字指示——产教融合、校企合作、工学结合、知行合一。

"习近平总书记的话精辟地总结了十年间职业教育的实践重点"，胡卫表示，学习习近平总书记对职业教育的系列指示精神后，他更加明白职业教育一定要跟产业的发展相结合，"也就是培养端和用人端要相结合，只在黑板上教技术是远远不够的"。胡卫进一步解释说，产教融合、校企合作是职业教育的基本办学模式，也是职业教育最突出的办学优势。工学结合、知行合一的实践理念也使得职业教育办学路走得更加宽阔。

胡卫大学毕业后任职上海教科院，当时就有一个中德合作项目，德国的职业研究所和上海教科院开展合作，引进德国双元制的模式。"当时，在上海、青岛等地，大量引进德国职业教育的先进思想、先进经验和先进做法，再结合中国的实际，探索实践了双元制教学模式。后来又探索校企合作、半工半读、工学交替等。"胡卫坦言，学生可以毕业以后去做工作，工作一段时间以后感到知识不够了，再

到学校去回笼学新的知识，等提高了能力，再回工厂工作。"半工半读、学以致用，把学习和就业结合起来，把技术学习和文化知识学习结合起来，我认为这是中国一条很重要的经验。"胡卫说。

正如胡卫所言，十年来，我国陆续出台并实施《关于深化产教融合的若干意见》《建设产教融合型企业实施办法（试行）》《职业学校校企合作促进办法》等一系列政策，开展现代学徒制、产教融合型城市等一系列试点，建立健全政府主导、行业指导、企业参与的办学机制，鼓励行业企业全面参与教育教学各个环节，推进产教融合、校企一体办学，校企合作已经呈现出多样化的格局，逐步形成了专业共建、人才共育、过程共管、资源共享、责任共担的校企合作新局面。

而作为上海中华职教社常务副主任，胡卫十分认同中华职教社发起人黄炎培先生所提出的"敬业乐群"思想。"在黄炎培先生看来，职业教育就是让无业者要有业、有业者要乐业。黄炎培职教思想还有重要一点就是：只从职业学校做功夫，不能发达职业教育；只从教育界做功夫，不能发达职业教育；只从农、工、商职业界做功夫，不能发达职业教育。"在胡卫看来，职业教育是党和国家的事业，和人民群众的诉求息息相关，和我们国际地位、国际形象密不可分，绝不是单靠教育一个领域和部门来推动就可以的，一定要靠整个社会来系统化地推进。

胡卫坦言，尽管十年来职业教育取得了突破性发展，但仍有一些亟待解决的短板和难点，"在未来发展中，我们既要拉长长板，也要补齐短板。"他对职业教育发展还有一个更新的憧憬：不是在职业类的学校当中才能进行职业教育，一定是横向的、是普职融通的。胡卫对职业教育发展的美好未来充满了向往。

（原载《人民政协报》2022 年 09 月 22 日）

三、上海推动职业教育类型化发展研究

（一）职业教育"类型"概念的提出与发展

1. 高等职业教育率先提出"类型"概念

（1）高等职业教育领域在 2006 年就率先提出"类型"概念。2006 年 11 月,《教育部关于全面提高高等职业教育教学质量的若干意见》（教高〔2006〕16 号，以下简称《若干意见》）明确提出："高等职业教育作为高等教育发展中的一个类型，肩负着培养面向生产、建设、服务和管理第一线需要的高技能人才的使命，在我国加快推进社会主义现代化建设进程中具有不可替代的作用。"

（2）高等职业教育提出"类型"概念，旨在扭转"层次"偏见。此时"类型"概念的提出相对的是"层次"概念，旨在明确区分专科高等职业教育是高等教育中的一个"类型"，而非仅仅是专科"层次"的高等教育（即俗称的"本科压缩饼干"）。因此，作为"类型"的高等职业教育，有着自身独有（不同于普通本科教育）的教育教学规律和人才培养模式。

（3）高等职业教育作为一种"类型"，与普通本科教育有区别。从《若干意见》可以看到，高等职业教育作为不同于普通本科教育的"类型"教育，包括但不限于以下几个方面：一是"在大学生思想政治教育"领域"强化职业道德"；二是以"服务区域经济和社会发展，以就业为导向，加快专业改革与建设"，而非强调学科建设；三是"加大课程建设与改革的力度"旨在"增强学生的职业能力"（而非研究能力等）；四是"大力推行工学结合，突出实践能力培养"以"改革人才培养模式"；五是尤其重视"校企合作，加强实训、实习基地建设"；六是"注重教师队伍的'双师'结构"（即"要增加专业教师中具有企业工作经历的教师比例"）

和"加强专兼结合的专业教学团队建设"(即"要大量聘请行业企业的专业人才和能工巧匠到学校担任兼职教师,逐步加大兼职教师的比例")等。

2. 职业教育与普通教育"不同类型""同等重要"

(1)《国家职业教育改革实施方案》明确"职业教育与普通教育是两种不同教育类型,具有同等重要地位"。2019年,国务院出台《国家职业教育改革实施方案》(国发〔2019〕4号),在文件第一自然段开宗明义:一是指出"随着我国进入新的发展阶段,产业升级和经济结构调整不断加快,各行各业对技术技能人才的需求越来越紧迫,职业教育重要地位和作用越来越凸显";二是看到"与发达国家相比,与建设现代化经济体系、建设教育强国的要求相比,我国职业教育还存在着体系建设不够完善、职业技能实训基地建设有待加强、制度标准不够健全、企业参与办学的动力不足、有利于技术技能人才成长的配套政策尚待完善、办学和人才培养质量水平参差不齐等问题";三是做出"到了必须下大力气抓好的时候"和"没有职业教育现代化就没有教育现代化"重大战略判断。

(2)《中华人民共和国职业教育法》规定"职业教育是与普通教育具有同等重要地位的教育类型"。2022年4月实施的新版《职业教育法》第三条明确提出"职业教育是与普通教育具有同等重要地位的教育类型,是国民教育体系和人力资源开发的重要组成部分,是培养多样化人才、传承技术技能、促进就业创业的重要途径",明确规定"国家大力发展职业教育,推进职业教育改革,提高职业教育质量,增强职业教育适应性,建立健全适应社会主义市场经济和社会发展需要、符合技术技能人才成长规律的职业教育制度体系,为全面建设社会主义现代化国家提供有力人才和技能支撑"。

(3)党的"二十大"报告明确部署,要"优化职业教育类型定位"。2022年10月,"二十大"报告在第五部分"实施科教兴国战略,强化现代化建设人才支撑"的第一点"办好人民满意的教育"中,对职业教育提出三点要求:一是"统筹三教协同创新",即"统筹职业教育、高等教育、继续教育协同创新";二是"推进三融",即"推进职普融通、产教融合、科教融汇";三是"优化职业教育类型定位"。此外,"二十大"报告还对终身教育做出部署,即"推进教育数字化,建设全民终身学习的学习型社会、学习型大国",职业教育包括"职业学校教育"(学历教育)与"职业培训"(即非学历教育),后者在教育行政部门管理范畴里往往称为"继续教育",或是"成人教育"和"终身教育"。

3. 习近平总书记关于职业教育的重要论述

（1）习近平总书记明确指出"职业教育前途广阔、大有可为"。2021年4月，习近平总书记对职业教育工作作出重要指示，强调"在全面建设社会主义现代化国家新征程中，职业教育前途广阔、大有可为"。明确提出三个坚持，即一要"坚持党的领导"，二要"坚持正确办学方向"，三要"坚持立德树人"；同时要求"优化职业教育类型定位"和"深化产教融合、校企合作"。明确指示"各级党委和政府要加大制度创新、政策供给、投入力度，弘扬工匠精神，提高技术技能人才社会地位，为全面建设社会主义现代化国家、实现中华民族伟大复兴的中国梦提供有力人才和技能支撑"。

（2）习近平总书记明确指出了职业教育的"办学方向"。2014年6月，习近平就加快职业教育发展作出重要指示，明确提出"要牢牢把握服务发展、促进就业的办学方向"，要求"深化体制机制改革，创新各层次各类型职业教育模式"，要求"坚持产教融合、校企合作，坚持工学结合、知行合一"，要求"引导社会各界特别是行业企业积极支持职业教育，努力建设中国特色职业教育体系"，要求"各级党委和政府要把加快发展现代职业教育摆在更加突出的位置，更好支持和帮助职业教育发展"。

（3）习近平总书记的职业教育办学理念是"不求最大，但求最优，但求符合社会的需要"。20世纪90年代，习近平总书记在福州工作期间，曾兼任闽江职业大学校长6年时间，提出"不求最大、但求最优、但求适应社会需要"的办学理念。2021年3月，习近平总书记来到闽江学院考察调研时强调，"不求最大，但求最优，但求符合社会的需要。就是这样！我现在在全国，我就是推这个东西"。习近平总书记进一步指出，"所以，现在就是把基础打好。过去我们理解的职业，就是适应社会需要，现在我们叫应用更准确，是适应社会的应用"。

4. 推动职业教育类型化发展应做到"五个必须坚持"

学习领会习近平总书记关于职业教育的重要论述，并结合相关法律、政策、文件要求和对职业教育基本办学规律的认识，上海推动职业教育类型化发展，不仅要全面贯彻落实党的教育方针，同时还要做到"五个必须坚持"。

（1）必须坚持"服务发展，促进就业"的办学方向。习近平总书记在2014年重要指示中明确要求"要牢牢把握服务发展、促进就业的办学方向"。黄炎培先生认为职业教育的要旨是"为个人谋生之准备""为个人服务社会之准备""为国家及世界增进生产力之准备"——这体现了职业教育"服务性"和"就业性"的本质特征。

（2）必须坚持"适应社会，应用为本"的办学理念。学习领会习近平总书记在闽江学院考察时关于"过去我们理解的职业，就是适应社会需要，现在我们叫应用更准确，是适应社会的应用"的讲话精神，把"适应社会需要"和"适应社会应用"作为职业教育的基本办学理念——体现了职业教育"重在应用"的基本价值特征。

（3）必须坚持"不求最大，但求最优"的办学方针。践行习近平总书记在闽江职业大学办学实践中提炼出的"不求最大，但求最优，但求符合社会的需要"的办学原则，这不仅体现了职业教育根据经济社会需求灵活办学的独特方法，也是职业教育作为"类型"教育的精神特征——即追求"精益求精"的工匠精神。

（4）必须坚持"产教融合，校企合作"的办学模式。习近平总书记在2014年和2021年两次对职业教育工作的重要指示中，都强调要坚持和深化"产教融合、校企合作"。《职教法》也规定"实施职业教育应当注重产教融合，实行校企合作"和"国家发挥企业的重要办学主体作用"——这是职业教育办学的重要模式特征。

（5）必须坚持"社会参与，多元协同"的办学形态。习近平总书记强调要"引导社会各界特别是行业企业积极支持职业教育"，《职教法》规定"推进多元办学，支持社会力量广泛、平等参与职业教育"，"二十大"报告也要求"统筹职业教育、高等教育、继续教育协同创新"——这是职业教育办学的重要形态特征。

（二）上海职业教育发展面临的挑战与问题

1. 教育结构失衡，导致职业教育类型定位弱化

从教育结构看：尽管《职业教育法》第三条明确指出"职业教育是与普通教育具有同等重要地位的教育类型"；但是，从上海高中阶段中等职业教育和高等教育阶段高等职业教育的办学规模都远小于普通高中和普通本科高校。

《2022年上海市教育工作年报》数据显示：2022学年，上海初中毕业生10.89万人，比上年增加16.4%；普通高中招生7.28万人，比上年增加20.4%；中等职业学校全日制招生3.19万人，比上年增加0.7%——普通高中招生规模和中职学校招生规模的2.3倍。

同年，上海普通本科招生 11.06 万人，比上年增加 6.0%；普通专科招生 4.65 万人，比上年减少 3.5%——普通本科招生规模是高等职业教育（专科）招生规模的 2.4 倍。同年，上海研究生教育共计招生 7.97 万人，其中：博士招生 1.27 万人，比上年增长 6.0%；硕士招生 6.70 万人，比上年增长 1.7%——这就是说：上海研究生教育招生规模已经超过了中等职业教育和高等职业教育招生总和（7.84 万人）。

2. 经费结构失衡，导致高职教育主体地位弱化

从职业教育占教育经费投入总盘子的比重看，尽管习近平总书记明确指示"各级党委和政府要把加快发展现代职业教育摆在更加突出的位置，更好支持和帮助职业教育发展"；但是，上海在各级各类教育中，对于职业教育投入力度相对偏弱，低于全国平均水平。《中国教育经费统计年鉴 2021》数据显示：2020 年，上海教育经费投入总量为 1400 亿元，其中 100 亿元用于职业教育，占比约 7.4%（全国为 10%）；上海国家财政性教育经费投入 1100 亿元，其中 83 亿元用于职业教育，占比约 7.5%（全国为 9.7%）。

从职业教育经费投入的内部结构看，尽管 2020 年 9 月教育部等九部门印发的《职业教育提质培优行动计划（2020—2023 年）》（教职成〔2020〕7 号）明确规定"巩固专科高职教育的主体地位"，要求"把发展专科高职教育作为优化高等教育结构和培养大国工匠、能工巧匠的重要方式，输送区域发展急需的高素质技术技能人才"，而且上海高等职业教育在校生规模为 13.85 万人，远远超过中职在校生 9.83 万人；但是，上海用于职业教育的 83 亿元国家财政性教育经费用于中职的比重却高达 79%——上海中职学校以较小的事业规模占据了较多的公共财政资源，高职的主体地位被明显弱化。

3. 供需匹配失衡，导致技能人才培养能力弱化

目前，上海中职毕业生以升学为主，上海高职尽管没有完成"把发展专科高职教育作为优化高等教育结构"的任务，但是作为"培养大国工匠、能工巧匠的重要方式"，能否承担起"输送区域发展急需的高素质技术技能人才"的重要功能？为此，本课题对标《上海市国民经济和社会发展第十四个五年规划和二〇三五年远景目标纲要》关于 3 大先导产业和 6 大重点产业布局，对上海高职专业设置和人才培养进行了调研，形成以下判断：

（1）从供给侧看，总体而言，上海高职八成专业点与"3+6"产业相关，六成强相关、两成弱相关。从近年招生趋势上看,强相关专业规模加大,弱相关规模持平,不相关专业规模减小。

对专业相关度的强弱判断,一是依据上海市人民政府发布印发《上海市产业地图(2022)》,以及相关产业政策,梳理了"3+6"产业涉及的20个重点领域和发展方向说明(见表1)。二是根据教育部发布的《职业教育专业简介(2022年修订)》中各专业的职业面向、培养目标、主要专业能力、职业类证书等要求;三是把上海高职院校已设置专业与20个重点领域进行匹配,其中"强相关"是指专业的职业面向与"3+6"产业重点领域一致,如"集成电路技术"专业职业面向是"集成电路版图设计、集成电路辅助设计、集成电路应用、FPGA应用、集成电路制造和封装测试等岗位(群)",此专业与集成电路产业要求一致,即为强相关;"弱相关"是指专业的部分职业面向或专业能力与"3+6"产业重点领域符合,如"大数据与会计"专业职业面向是"企事业单位及代理记账公司、会计师事务所、税务师事务所、管理咨询公司等中介服务机构的会计、审计及税务等岗位(群)",仅在专业能力中要求能应用大数据技术,此专业与大数据领域急需发展方向重合度不高,即为弱相关;"不相关"是指专业职业面向与"3+6"产业重点领域不重合,如学前教育、应用英语、社会工作等专业。

表1 "3+6"产业重点领域和发展方向

3+6产业			重点领域	说明
1	集成电路	1	集成电路	集成电路生产、装备、材料、设计、先进封装测试
2	生物医药	2	医药	1. 药品领域,主要包括抗体药物、新型疫苗、基因治疗、细胞治疗等高端生物制品,创新化学药及高端制剂,现代中药等。2. 其他领域,包括新型服务外包、数字化医疗(医药)产品和服务等
		3	医疗器械	1. 分子诊断试剂及配套检测设备、医学影像设备、植入器械、高端康复辅助器具、手术治疗设备、生命支持设备及微创诊疗器械等重点领域;2. 先进装备及材料领域,主要包括生命科学领域精密科研仪器、制药装备和高端原辅料等
3	人工智能	4	人工智能	1. 自然语言处理、计算机视觉、语音识别等通用技术,建设先进算法模型;2. 基础硬件;3. 关键软件;4. 产品创新
4	电子信息	5	5G	1. 重点发展5G关键芯片和5G智能终端。2. 智能制造、智慧交通、智慧枢纽、智慧医疗、金融服务、智慧教育、文创体育、智慧旅游、城市管理、智慧民生等十个垂直领域的5G创新应用示范。3. 加强5G技术与虚拟现实、物联网、车联网、超高清视频、边缘计算、安全技术等信息产业的深度融合及对本市5G应用创新的支撑作用

（续表）

3+6产业		重点领域	说明
	6	新型显示	中游以AM-OLED显示技术为主要方向，积极培育毫米发光显示（Mini-LED）、微型发光显示（Micro-LED）、微型有机发光显示（Micro-OLED）等新技术。上游加快推动产业核心技术瓶颈攻关联动，提升关键装备、材料、零部件供给能力。下游推动全息显示、虚拟现实、裸眼3D显示等新型显示终端应用的发展
	7	工业互联网	1. 工业互联网通过实现工业经济全要素、全产业链、全价值链全面连接，打造新型工业生产制造和服务体系，加快工业经济数字化、网络化、智能化转型，是推动实体经济高质量发展的必由之路。2. 集中突破工业软件、数字孪生、边缘计算、工业智能、工业知识图谱等关键核心技术；推动工业互联网平台与5G、人工智能、区块链等深度融合
	8	软件和信息服务业	1. 基础软件、工业软件、行业软件、平台软件。2. 激发在线新经济，协同办公、文化娱乐、金融科技、商贸流通、生活服务。3. 新一代信息技术融合应用：人工智能+大数据，云计算+边缘计算，5G+扩展现实，区块链+量子技术
	9	大数据	本市培育壮大数据收集存储、加工处理、交易流通等数据核心产业，发展大数据、云计算、人工智能、区块链、高端软件、物联网等产业
5 生命健康	10	健康服务业	健康医疗、健康服务（健康与互联网、旅游、养老等融合发展）、健康保险
6 汽车	11	新能源智能汽车	1. 核心技术攻关取得重大突破。动力电池与管理系统、燃料电池、驱动电机与电力电子等关键零部件研发制造达到国际领先水平。车规级芯片、车用操作系统、新型电子电气架构等网联化与智能化核心技术取得重大进展，形成完整供应链。2. 网联化智能化应用能力明显提升。有条件自动驾驶的智能汽车实现规模化生产，高度自动驾驶的智能汽车实现限定区域和特定场景商业化应用，智能交通系统相关设施建设取得积极进展，高精度时空基准服务网络实现全覆盖
7 高端装备	12	智能制造装备	机器人、高档数控机床、增材制造装备、智能物流与仓储装备、智能仪器仪表与传感器
	13	民用航空航天装备	民用航空装备、民用航天装备
	14	高端能源装备	风电装备、太阳能装备、核电装备、气电装备、清洁火电装备、智能电网与分布式能源装备、氢能装备
	15	民用船舶及海洋工程装备	民用船舶装备、海洋工程装备
	16	节能环保装备	高效节能节水装备、先进环保装备、资源循环利用装备

（续表）

3+6产业		重点领域		说明
8	先进材料	17	先进材料	1.先进基础材料：先进化工材料、先进钢铁材料、先进有色材料、先进无机非金属材料。2.关键战略材料：集成电路材料、生物医用材料、新能源汽车材料、高端装备材料、节能环保材料、特色攻坚材料、前沿新材料
9	时尚消费品	18	时尚消费品	服饰尚品、化妆美品、精致食品、运动优品、智能用品、生活佳品、工艺精品、数字潮品
		19	文化创意	支持影视、演艺、动漫游戏、网络文化、创意设计、出版、艺术品交易、文化装备等八大重点领域创新发展
		20	设计产业	工业设计、建筑设计、时尚设计、数字设计、服务设计

上海高职院校共有597个专业点与"3+6"产业相关，占比81.2%，覆盖89210名在校生，占比72.8%。其中："强相关"专业点432个，占比58.8%，覆盖64836名在校生，占比52.9%；"弱相关"专业点165个，占比22.4%，覆盖24374名在校生，占比19.9%（见表2）。

表2 按产业相关程度专业分布情况

相关程度	专业		专业点		在校生
	数量	占比	数量	占比	占比
强	150	61.0%	432	58.8%	52.9%
弱	48	19.5%	165	22.4%	19.9%
无	48	19.5%	138	18.8%	27.2%
总计	246	100.0%	735	100.0%	100.0%

从近年招生趋势上看，强相关专业规模加大，弱相关规模持平，不相关专业规模减小。从招生、在校生、毕业生规模比较来看，强相关专业招生占比56.5%，比毕业生、在校生数占比高5.5个、3.6个百分点；增长快的专业有新能源汽车技术、人工智能技术应用、护理、物联网应用技术等。弱相关专业招生占比20.5%，与毕业生数、在校生数基本持平。不相关专业招生占比23%，比毕业生数、在校生数降低4个、5个百分点，降低多的专业有应用英语、金融服务与管理、应用西班牙语等（见表3）。

表3 按产业相关程度学生规模情况

相关程度	在校生	招生	毕业生
	占比	占比	占比
强	52.9%	56.5%	51.0%
弱	19.9%	20.5%	20.6%
无	27.2%	23.0%	28.4%
总计	100.0%	100.0%	100.0%

此外，与"3+6"产业不相关的专业涉及8个专业大类48个专业和138个专业点，涉及3.3万在校生。上海高职院校共有138个专业点与"3+6"产业不相关，占比18.8%。其中交通、农林、住建等行业共有42个专业点，教育与体育（含语言类）专业点49个，财经商贸大类专业点37个，公共管理与服务、公安与司法等民生类专业点10个（见表4）。

表4 按专业大类不相关专业分布情况

	专业大类	专业数	专业点数
1	教育与体育	12	49
2	财经商贸	9	37
3	交通运输	12	25
4	农林牧渔	5	10
5	公共管理与服务	4	8
6	土木建筑	3	6
7	公安与司法	2	2
8	资源环境与安全	1	1
	总计	48	138

具体而言，上海高职专业与"3+6"产业对接的具体情况如下。

集成电路。上海高职院校专业中，集成电路技术、微电子技术两个专业与该产业强相关，共2所学校开设3个专业点，全日制在校生279人，目前年招生量107人，招生规模增长（见表5）。

表 5 服务集成电路产业相关专业

序号	重点领域	相关程度	专业名称	在校生占比	招生占比	毕业生占比
1	集成电路	强	集成电路技术	0.04%	0.13%	0.00%
2			集成电路技术	0.01%	0.04%	0.00%
3			微电子技术	0.17%	0.08%	0.16%
总计				0.23%	0.25%	0.16%

生物医药。上海高职院校专业中,5 个专业与该产业的医疗器械、医药两大领域强相关,共 4 所学校开设 5 个专业点,全日制在校生 1005 人,目前年招生量 463 人,招生规模增幅较大(见表 6)。

表 6 服务生物医药产业相关专业

序号	重点领域	相关程度	专业名称	在校生占比	招生占比	毕业生占比
1	医疗器械	强	智能医疗装备技术	0.04%	0.06%	0.01%
2			医用电子仪器技术	0.01%	0.12%	0.00%
3			药学	0.49%	0.55%	0.48%
4	医药		药品生物技术	0.20%	0.16%	0.21%
5			生物制药技术	0.08%	0.17%	0.00%
总计				0.82%	1.07%	0.70%

人工智能。上海高职院校专业中,人工智能技术应用和应用电子技术两个专业与产业强相关,共 5 所学校开设 7 个专业点,全日制在校生 902 人,目前年招生量 332 人,招生规模增长(见表 7)。

表7 服务人工智能产业相关专业

序号	重点领域	相关程度	专业名称	在校生占比	招生占比	毕业生占比
1	人工智能	强	人工智能技术应用	0.11%	0.13%	0.00%
2			人工智能技术应用	0.10%	0.11%	0.00%
3			人工智能技术应用	0.03%	0.08%	0.00%
4			人工智能技术应用	0.00%	0.21%	0.00%
5			人工智能技术应用	0.00%	0.00%	0.00%
6			人工智能技术应用	0.49%	0.24%	0.51%
总计				0.74%	0.77%	0.51%

电子信息。上海高职院校专业中，25个专业与该产业相关，共21所学校开设120个专业点，全日制在校生24105人，目前年招生量8503人，招生规模持平。其中15个专业强相关，共17所学校开设60个专业点，全日制在校生12947人，目前年招生量4402人；10个专业弱相关，共19所学校开设60个专业点，全日制在校生11158人，目前年招生量4101人（见表8）。

表8 服务电子信息产业相关专业

序号	重点领域	相关程度	专业名称	在校生占比	招生占比	毕业生占比
1	5G	强	现代通信技术	0.49%	0.25%	0.54%
2			现代通信技术	0.22%	0.21%	0.22%
3			现代通信技术	0.00%	0.00%	0.00%
4	大数据	强	大数据技术	0.30%	0.25%	0.32%
5			大数据技术	0.26%	0.17%	0.09%
6			大数据技术	0.21%	0.11%	0.18%
7			大数据技术	0.20%	0.18%	0.16%
8			大数据技术	0.20%	0.12%	0.23%
9			大数据技术	0.19%	0.14%	0.24%

(续表)

序号	重点领域	相关程度	专业名称	在校生占比	招生占比	毕业生占比
10	大数据	强	大数据技术	0.09%	0.05%	0.08%
11			大数据技术	0.06%	0.09%	0.00%
12			大数据工程技术	0.00%	0.18%	0.00%
13		弱	大数据与会计	0.48%	0.55%	0.49%
14			大数据与会计	0.44%	0.44%	0.46%
15			大数据与会计	0.41%	0.44%	0.34%
16			大数据与会计	0.39%	0.32%	0.43%
17			大数据与会计	0.39%	0.21%	0.31%
18			大数据与会计	0.36%	0.27%	0.34%
19			大数据与会计	0.36%	0.35%	0.32%
20			大数据与会计	0.31%	0.32%	0.33%
21			大数据与会计	0.26%	0.20%	0.31%
22			大数据与会计	0.25%	0.25%	0.20%
23			大数据与会计	0.24%	0.17%	0.21%
24			大数据与会计	0.22%	0.21%	0.21%
25			大数据与会计	0.21%	0.29%	0.16%
26			大数据与会计	0.13%	0.20%	0.19%
27			大数据与会计	0.12%	0.04%	0.12%
28			大数据与会计	0.00%	0.00%	0.00%
29			大数据与会计	0.00%	0.30%	0.00%
30			大数据与财务管理	0.16%	0.10%	0.08%
31			大数据与财务管理	0.03%	0.07%	0.00%
32	工业互联网	强	物联网应用技术	0.18%	0.21%	0.18%
33			物联网应用技术	0.16%	0.13%	0.16%
34			物联网应用技术	0.13%	0.16%	0.06%
35			物联网应用技术	0.13%	0.09%	0.11%
36			物联网应用技术	0.07%	0.13%	0.08%
37			物联网应用技术	0.00%	0.21%	0.00%
38			物联网工程技术	0.05%	0.18%	0.00%
39	软件和信息服务业	强	计算机网络技术	0.66%	0.46%	0.89%
40			计算机网络技术	0.45%	0.44%	0.41%
41			计算机网络技术	0.26%	0.29%	0.25%
42			计算机网络技术	0.24%	0.35%	0.31%
43			计算机网络技术	0.20%	0.19%	0.17%
44			计算机网络技术	0.11%	0.00%	0.13%

（续表）

序号	重点领域	相关程度	专业名称	在校生占比	招生占比	毕业生占比
45	软件和信息服务业	强	计算机网络技术	0.06%	0.19%	0.00%
46			计算机应用技术	0.61%	0.76%	0.41%
47			计算机应用技术	0.58%	0.60%	0.50%
48			计算机应用技术	0.53%	0.16%	0.62%
49			计算机应用技术	0.47%	0.43%	0.39%
50			计算机应用技术	0.45%	0.52%	0.27%
51			计算机应用技术	0.22%	0.18%	0.24%
52			计算机应用技术	0.21%	0.18%	0.21%
53			软件技术	0.42%	0.19%	0.46%
54			软件技术	0.22%	0.15%	0.15%
55			软件技术	0.19%	0.25%	0.17%
56			软件技术	0.11%	0.13%	0.11%
57			软件技术	0.11%	0.22%	0.11%
58			移动互联应用技术	0.26%	0.22%	0.22%
59			移动互联应用技术	0.09%	0.00%	0.24%
60			移动互联应用技术	0.08%	0.06%	0.11%
61			信息安全技术应用	0.45%	0.45%	0.49%
62			信息安全技术应用	0.23%	0.21%	0.21%
63			金融科技应用	0.00%	0.18%	0.00%
64			密码技术应用	0.02%	0.05%	0.00%
65			移动应用开发	0.00%	0.13%	0.00%
66			智能互联网络技术	0.29%	0.10%	0.27%
67	软件和信息服务业	弱	现代物流管理	0.31%	0.32%	0.34%
68			现代物流管理	0.30%	0.42%	0.47%
69			现代物流管理	0.24%	0.25%	0.18%
70			现代物流管理	0.22%	0.21%	0.23%
71			现代物流管理	0.14%	0.26%	0.16%
72			现代物流管理	0.11%	0.16%	0.07%
73			现代物流管理	0.10%	0.21%	0.10%
74			现代物流管理	0.10%	0.10%	0.10%
75			现代物流管理	0.09%	0.06%	0.10%
76			现代物流管理	0.08%	0.03%	0.05%
77			现代物流管理	0.05%	0.31%	0.00%
78			现代物流管理	0.00%	0.00%	0.00%

（续表）

序号	重点领域	相关程度	专业名称	在校生占比	招生占比	毕业生占比
79	软件和信息服务业	弱	酒店管理与数字化运营	0.79%	0.63%	0.83%
80			酒店管理与数字化运营	0.47%	0.42%	0.49%
81			酒店管理与数字化运营	0.17%	0.19%	0.22%
82			酒店管理与数字化运营	0.14%	0.12%	0.17%
83			酒店管理与数字化运营	0.08%	0.03%	0.10%
84			酒店管理与数字化运营	0.08%	0.05%	0.10%
85			酒店管理与数字化运营	0.08%	0.12%	0.14%
86			酒店管理与数字化运营	0.07%	0.06%	0.07%
87			酒店管理与数字化运营	0.06%	0.02%	0.07%
88			酒店管理与数字化运营	0.00%	0.08%	0.00%
89			酒店管理与数字化运营	0.00%	0.00%	0.00%
90			道路运输管理	0.10%	0.09%	0.09%
91			航空物流管理	0.39%	0.54%	0.48%
92			交通运营管理	0.10%	0.00%	0.10%
93			智能交通技术	0.09%	0.08%	0.08%
94	新型显示	强	虚拟现实技术应用	0.06%	0.12%	0.07%
95			虚拟现实技术应用	0.04%	0.05%	0.00%
96			虚拟现实技术应用	0.00%	0.05%	0.00%
97			虚拟现实技术应用	0.00%	0.00%	0.00%
	总计			19.68%	19.67%	19.24%

生命健康。上海高职院校专业中，13个专业与该产业相关，共有11所学校开设28个专业点，全日制在校生8409人，目前年招生量3325人，招生规模快速增长。12个专业强相关，共10所学校开设27个专业点，全日制在校生8275人；仅一所院校的1个专业为弱相关，全日制在校生134人，2022年未招生（见表9）。

表9 服务生命健康产业相关专业

序号	重点领域	相关程度	专业名称	在校生占比	招生占比	毕业生占比
1	健康服务业	强	护理	1.40%	1.20%	1.40%
2			护理	1.07%	1.09%	1.14%
3			护理	0.99%	1.13%	0.86%
4			护理	0.87%	0.83%	0.63%
5			护理	0.45%	0.41%	0.54%
6			护理	0.44%	0.45%	0.49%
7			护理	0.14%	0.42%	0.00%
8			护理	0.10%	0.41%	0.00%
9			护理	0.06%	0.28%	0.00%
10			护理	0.00%	0.20%	0.00%
11			智慧健康养老服务与管理	0.10%	0.10%	0.10%
12			智慧健康养老服务与管理	0.03%	0.05%	0.02%
13			智慧健康养老服务与管理	0.00%	0.00%	0.00%
14			健身指导与管理	0.24%	0.18%	0.27%
15			婴幼儿托育服务与管理	0.09%	0.10%	0.00%
16			健身指导与管理	0.05%	0.10%	0.00%
17			婴幼儿托育服务与管理	0.00%	0.09%	0.00%
18			助产	0.20%	0.18%	0.22%
19			医学检验技术	0.20%	0.20%	0.12%
20			卫生信息管理	0.15%	0.11%	0.17%
21			健康管理	0.10%	0.10%	0.09%
22			呼吸治疗技术	0.05%	0.09%	0.03%
23			现代家政服务与管理	0.01%	0.00%	0.03%
24			体育保健与康复	0.00%	0.00%	0.00%
25		弱	休闲农业经营与管理	0.11%	0.00%	0.12%
		总计		6.87%	7.69%	6.22%

汽车。上海高职院校专业中，9个专业与该产业相关，共有12所学校开设38个专业点，全日制在校生3436人，目前年招生量1771人，招生规模快速增长。其中6个专业强相关，共有9所学校开设21个专业点，全日制在校生1650人，目前年招生量1078人；其中3个专业弱相关，共有9所学校开设17个专业点，全日制在校生1786人，目前年招生量693人（见表10）。

表10 服务汽车产业相关专业

序号	重点领域	相关程度	专业名称	在校生占比	招生占比	毕业生占比
1	新能源智能汽车	强	新能源汽车技术	0.24%	0.42%	0.19%
2			新能源汽车技术	0.22%	0.29%	0.10%
3			新能源汽车技术	0.15%	0.21%	0.17%
4			新能源汽车技术	0.12%	0.20%	0.12%
5			新能源汽车技术	0.08%	0.19%	0.00%
6			新能源汽车技术	0.06%	0.05%	0.05%
7			新能源汽车技术	0.00%	0.32%	0.00%
8			汽车智能技术	0.09%	0.09%	0.08%
9			汽车智能技术	0.03%	0.00%	0.00%
10			汽车智能技术	0.00%	0.12%	0.00%
11			汽车电子技术	0.13%	0.16%	0.16%
12			汽车电子技术	0.09%	0.06%	0.07%
13			新能源汽车检测与维修技术	0.12%	0.15%	0.10%
14			新能源汽车检测与维修技术	0.03%	0.17%	0.00%
15			智能网联汽车技术	0.00%	0.06%	0.00%
16			智能网联汽车技术	0.00%	0.00%	0.00%
17			汽车制造与试验技术	0.00%	0.00%	0.00%
18		弱	汽车检测与维修技术	0.40%	0.47%	0.58%
19			汽车检测与维修技术	0.21%	0.10%	0.23%
20			汽车检测与维修技术	0.17%	0.26%	0.24%
21			汽车检测与维修技术	0.12%	0.15%	0.13%
22			汽车检测与维修技术	0.07%	0.04%	0.08%

(续表)

序号	重点领域	相关程度	专业名称	在校生占比	招生占比	毕业生占比
23	新能源智能汽车	弱	汽车检测与维修技术	0.07%	0.08%	0.05%
24			汽车检测与维修技术	0.07%	0.07%	0.08%
25			汽车检测与维修技术	0.06%	0.00%	0.08%
26			汽车检测与维修技术	0.00%	0.00%	0.00%
27			汽车技术服务与营销	0.22%	0.24%	0.26%
28			汽车技术服务与营销	0.01%	0.00%	0.04%
29			汽车服务工程技术	0.05%	0.19%	0.00%
			总计	2.81%	4.10%	2.81%

高端装备。上海高职院校专业中，27个专业与该产业强相关，共有16所学校开设75个专业点，全日制在校生11038人，目前年招生量4095人，招生规模增长（见表11）。

表11 服务高端装备产业相关专业

序号	重点领域	相关程度	专业名称	在校生占比	招生占比	毕业生占比
1	节能环保装备		环境工程技术	0.22%	0.23%	0.26%
2			环境工程技术	0.18%	0.17%	0.15%
3	民用船舶及海洋工程装备	强	航海技术	0.06%	0.16%	0.10%
4			航海技术	0.00%	0.00%	0.00%
5			船舶电子电气技术	0.00%	0.00%	0.00%
6			船舶工程技术	0.00%	0.00%	0.00%
7			港口机械与智能控制	0.09%	0.10%	0.09%
8			港口与航运管理	0.11%	0.12%	0.14%
9			轮机工程技术	0.00%	0.00%	0.00%
10			无人机应用技术	0.12%	0.11%	0.06%
11			无人机应用技术	0.04%	0.10%	0.00%

（续表）

序号	重点领域	相关程度	专业名称	在校生占比	招生占比	毕业生占比
12	民用航空航天装备		无人机应用技术	0.03%	0.08%	0.00%
13			飞行器数字化制造技术	0.48%	0.59%	0.41%
14			飞行器数字化制造技术	0.08%	0.09%	0.06%
15			飞机电子设备维修	0.28%	0.29%	0.31%
16			飞机电子设备维修	0.18%	0.19%	0.13%
17			飞机机电设备维修	0.81%	0.82%	0.86%
18			飞机机电设备维修	0.15%	0.07%	0.14%
19			飞机结构修理	0.21%	0.20%	0.23%
20			航空地面设备维修	0.26%	0.26%	0.27%
21			航空发动机装配调试技术	0.00%	0.09%	0.00%
22			通用航空器维修	0.20%	0.19%	0.21%
23	智能制造装备	强	机电一体化技术	0.77%	0.48%	0.91%
24			机电一体化技术	0.49%	0.53%	0.48%
25			机电一体化技术	0.42%	0.31%	0.49%
26			机电一体化技术	0.29%	0.29%	0.31%
27			机电一体化技术	0.22%	0.28%	0.18%
28			机电一体化技术	0.20%	0.11%	0.19%
29			机电一体化技术	0.19%	0.23%	0.20%
30			机电一体化技术	0.15%	0.12%	0.16%
31			机电一体化技术	0.10%	0.09%	0.08%
32			机电一体化技术	0.09%	0.10%	0.09%
33			机电一体化技术	0.08%	0.17%	0.08%
34			机电一体化技术	0.04%	0.00%	0.00%
35			机电一体化技术	0.02%	0.08%	0.07%
36			数控技术	0.31%	0.23%	0.30%
37			数控技术	0.14%	0.09%	0.19%
38			数控技术	0.12%	0.08%	0.13%
39			数控技术	0.09%	0.06%	0.10%
40			数控技术	0.04%	0.00%	0.00%
41			数控技术	0.02%	0.00%	0.06%
42			数控技术	0.00%	0.00%	0.00%
43			工业机器人技术	0.27%	0.16%	0.19%

(续表)

序号	重点领域	相关程度	专业名称	在校生占比	招生占比	毕业生占比
44	智能制造装备	强	工业机器人技术	0.14%	0.30%	0.00%
45			工业机器人技术	0.12%	0.17%	0.14%
46			工业机器人技术	0.03%	0.03%	0.07%
47			工业机器人技术	0.02%	0.04%	0.02%
48			工业机器人技术	0.00%	0.00%	0.00%
49			机械制造及自动化	0.29%	0.32%	0.27%
50			机械制造及自动化	0.08%	0.08%	0.08%
51			机械制造及自动化	0.01%	0.00%	0.00%
52			智能控制技术	0.32%	0.16%	0.31%
53			智能控制技术	0.09%	0.17%	0.00%
54			智能控制技术	0.00%	0.21%	0.00%
55			电气自动化技术	0.21%	0.20%	0.12%
56			电气自动化技术	0.05%	0.00%	0.15%
57			机器人技术	0.07%	0.19%	0.00%
58			智能机电技术	0.02%	0.07%	0.00%
59			智能机器人技术	0.00%	0.06%	0.00%
60			智能建造技术	0.00%	0.07%	0.00%
61			智能制造工程技术	0.00%	0.15%	0.00%
62			智能制造装备技术	0.00%	0.00%	0.00%
			总计	9.01%	9.47%	8.81%

时尚消费品。上海高职院校专业中，115 个专业与该产业相关，共 21 所学校开设 321 个专业点，全日制在校生 40036 人，目前年招生量 14695 人，招生规模增长。其中 81 个专业强相关，共 21 所学校开设 234 个专业点，全日制在校生 28740 人，目前年招生量 10608 人；34 个专业弱相关，共 16 所学校开设 87 个专业点，全日制在校生 11296 人，目前年招生量 4087 人（见表 12）。

表 12 服务时尚消费品产业相关专业

序号	重点领域	相关程度	专业名称	在校生占比	招生占比	毕业生占比
1	设计产业	强	艺术设计	0.39%	0.44%	0.48%
2			艺术设计	0.35%	0.36%	0.41%
3			艺术设计	0.32%	0.17%	0.30%

（续表）

序号	重点领域	相关程度	专业名称	在校生占比	招生占比	毕业生占比
4	设计产业	强	艺术设计	0.19%	0.16%	0.16%
5			艺术设计	0.19%	0.14%	0.23%
6			艺术设计	0.14%	0.11%	0.16%
7			艺术设计	0.13%	0.04%	0.16%
8			艺术设计	0.09%	0.08%	0.12%
9			艺术设计	0.09%	0.22%	0.07%
10			艺术设计	0.06%	0.00%	0.11%
11			艺术设计	0.03%	0.00%	0.08%
12			艺术设计	0.02%	0.11%	0.00%
13			艺术设计	0.00%	0.00%	0.00%
14			广告艺术设计	0.29%	0.22%	0.32%
15			广告艺术设计	0.27%	0.26%	0.24%
16			广告艺术设计	0.21%	0.12%	0.25%
17			广告艺术设计	0.15%	0.14%	0.14%
18			广告艺术设计	0.14%	0.16%	0.18%
19			广告艺术设计	0.13%	0.18%	0.16%
20			广告艺术设计	0.12%	0.14%	0.15%
21			广告艺术设计	0.07%	0.00%	0.07%
22			广告艺术设计	0.07%	0.06%	0.08%
23			广告艺术设计	0.06%	0.05%	0.00%
24			环境艺术设计	0.29%	0.22%	0.31%
25			环境艺术设计	0.16%	0.00%	0.20%
26			环境艺术设计	0.16%	0.16%	0.15%
27			环境艺术设计	0.13%	0.12%	0.13%
28			环境艺术设计	0.10%	0.14%	0.08%
29			环境艺术设计	0.08%	0.06%	0.10%
30			环境艺术设计	0.07%	0.07%	0.07%
31			环境艺术设计	0.06%	0.05%	0.06%
32			环境艺术设计	0.06%	0.34%	0.00%
33			数字媒体艺术设计	0.22%	0.22%	0.35%
34			数字媒体艺术设计	0.15%	0.11%	0.16%
35			数字媒体艺术设计	0.13%	0.07%	0.10%
36			数字媒体艺术设计	0.09%	0.18%	0.10%
37			数字媒体艺术设计	0.09%	0.15%	0.07%
38			数字媒体艺术设计	0.05%	0.07%	0.00%

（续表）

序号	重点领域	相关程度	专业名称	在校生占比	招生占比	毕业生占比
39			数字媒体艺术设计	0.04%	0.00%	0.05%
40			数字媒体艺术设计	0.02%	0.00%	0.00%
41			数字媒体艺术设计	0.00%	0.20%	0.00%
42			会展策划与管理	0.22%	0.19%	0.20%
43			会展策划与管理	0.20%	0.16%	0.19%
44			会展策划与管理	0.20%	0.14%	0.21%
45			会展策划与管理	0.17%	0.17%	0.14%
46			会展策划与管理	0.16%	0.05%	0.20%
47			会展策划与管理	0.14%	0.19%	0.16%
48			会展策划与管理	0.12%	0.09%	0.10%
49			会展策划与管理	0.00%	0.00%	0.00%
50			游戏艺术设计	0.15%	0.11%	0.16%
51			游戏艺术设计	0.14%	0.13%	0.16%
52			游戏艺术设计	0.09%	0.10%	0.09%
53			游戏艺术设计	0.09%	0.13%	0.13%
54			游戏艺术设计	0.08%	0.07%	0.09%
55	设计产业	强	游戏艺术设计	0.07%	0.07%	0.07%
56			游戏艺术设计	0.00%	0.11%	0.00%
57			室内艺术设计	0.28%	0.18%	0.32%
58			室内艺术设计	0.17%	0.11%	0.18%
59			室内艺术设计	0.15%	0.11%	0.13%
60			室内艺术设计	0.15%	0.10%	0.16%
61			室内艺术设计	0.08%	0.09%	0.10%
62			室内艺术设计	0.02%	0.07%	0.00%
63			风景园林设计	0.16%	0.15%	0.13%
64			风景园林设计	0.11%	0.16%	0.09%
65			风景园林设计	0.05%	0.00%	0.08%
66			风景园林设计	0.00%	0.10%	0.00%
67			视觉传达设计	0.24%	0.17%	0.34%
68			视觉传达设计	0.15%	0.14%	0.15%
69			视觉传达设计	0.00%	0.71%	0.00%
70			视觉传达设计	0.00%	0.00%	0.00%
71			产品艺术设计	0.14%	0.17%	0.16%
72			产品艺术设计	0.06%	0.04%	0.05%
73			产品艺术设计	0.02%	0.00%	0.07%

(续表)

序号	重点领域	相关程度	专业名称	在校生占比	招生占比	毕业生占比
74	设计产业	强	动漫设计	0.19%	0.21%	0.15%
75			动漫设计	0.14%	0.12%	0.14%
76			动漫设计	0.08%	0.07%	0.06%
77			建筑装饰工程技术	0.33%	0.43%	0.43%
78			建筑装饰工程技术	0.15%	0.16%	0.16%
79			建筑装饰工程技术	0.00%	0.00%	0.00%
80			人物形象设计	0.13%	0.14%	0.08%
81			人物形象设计	0.07%	0.11%	0.07%
82			人物形象设计	0.07%	0.05%	0.06%
83			园林工程技术	0.16%	0.14%	0.19%
84			园林工程技术	0.06%	0.16%	0.00%
85			园林工程技术	0.04%	0.00%	0.04%
86			展示艺术设计	0.20%	0.17%	0.22%
87			展示艺术设计	0.06%	0.06%	0.07%
88			展示艺术设计	0.06%	0.00%	0.08%
89			服装与服饰设计	0.13%	0.11%	0.17%
90			服装与服饰设计	0.13%	0.11%	0.10%
91			建筑设计	0.29%	0.25%	0.29%
92			建筑设计	0.09%	0.09%	0.08%
93			首饰设计与工艺	0.15%	0.20%	0.20%
94			首饰设计与工艺	0.06%	0.05%	0.06%
95			包装策划与设计	0.14%	0.20%	0.12%
96			包装工程技术	0.10%	0.00%	0.12%
97			雕刻艺术设计	0.11%	0.10%	0.11%
98			工艺美术品设计	0.27%	0.27%	0.31%
99			公共艺术设计	0.07%	0.05%	0.08%
100			建筑室内设计	0.38%	0.47%	0.39%
101			皮具艺术设计	0.05%	0.05%	0.05%
102			摄影与摄像艺术	0.13%	0.11%	0.12%
103			数字媒体艺术	0.00%	0.25%	0.00%
104			陶瓷设计与工艺	0.10%	0.09%	0.11%
105			玉器设计与工艺	0.06%	0.04%	0.08%
106			智慧城市管理技术	0.02%	0.07%	0.00%
107			智慧旅游技术应用	0.00%	0.07%	0.00%

(续表)

序号	重点领域	相关程度	专业名称	在校生占比	招生占比	毕业生占比
108	设计产业	弱	电子商务	0.42%	0.41%	0.32%
109			电子商务	0.35%	0.22%	0.38%
110			电子商务	0.25%	0.14%	0.34%
111			电子商务	0.20%	0.10%	0.22%
112			电子商务	0.20%	0.19%	0.21%
113			电子商务	0.18%	0.05%	0.16%
114			电子商务	0.17%	0.14%	0.17%
115			电子商务	0.16%	0.11%	0.19%
116			电子商务	0.15%	0.22%	0.11%
117			电子商务	0.10%	0.15%	0.21%
118			工程造价	0.55%	0.44%	0.71%
119			工程造价	0.22%	0.25%	0.24%
120			工程造价	0.22%	0.39%	0.21%
121			工程造价	0.19%	0.17%	0.18%
122			工程造价	0.11%	0.12%	0.13%
123			建筑工程技术	0.65%	0.58%	0.82%
124			建筑工程技术	0.19%	0.14%	0.17%
125			建筑工程技术	0.12%	0.10%	0.15%
126			建筑工程技术	0.12%	0.19%	0.08%
127			建筑工程技术	0.11%	0.08%	0.08%
128			跨境电子商务	0.09%	0.07%	0.00%
129			跨境电子商务	0.07%	0.04%	0.00%
130			跨境电子商务	0.07%	0.20%	0.00%
131			跨境电子商务	0.03%	0.04%	0.02%
132			跨境电子商务	0.02%	0.07%	0.00%
133			建设工程管理	0.24%	0.13%	0.24%
134			建设工程管理	0.12%	0.12%	0.11%
135			建设工程管理	0.00%	0.00%	0.00%
136			建筑智能化工程技术	0.21%	0.13%	0.22%
137			建筑智能化工程技术	0.18%	0.13%	0.21%
138			建筑智能化工程技术	0.06%	0.03%	0.06%
139			道路与桥梁工程技术	0.13%	0.14%	0.09%

(续表)

序号	重点领域	相关程度	专业名称	在校生占比	招生占比	毕业生占比
140	设计产业	弱	道路与桥梁工程技术	0.10%	0.09%	0.08%
141			给排水工程技术	0.07%	0.07%	0.09%
142			给排水工程技术	0.06%	0.08%	0.00%
143			建设工程监理	0.01%	0.00%	0.04%
144			建设工程监理	0.00%	0.08%	0.00%
145			市政工程技术	0.15%	0.15%	0.17%
146			市政工程技术	0.00%	0.08%	0.00%
147			装配式建筑工程技术	0.02%	0.07%	0.00%
148			装配式建筑工程技术	0.00%	0.00%	0.00%
149			城市燃气工程技术	0.16%	0.18%	0.21%
150			道路工程检测技术	0.00%	0.09%	0.00%
151			道路工程造价	0.03%	0.09%	0.00%
152			工程测量技术	0.12%	0.14%	0.15%
153			供热通风与空调工程技术	0.23%	0.27%	0.28%
154			建筑工程	0.07%	0.19%	0.01%
155			建筑经济信息化管理	0.13%	0.00%	0.19%
156			市场营销	0.00%	0.00%	0.00%
157	时尚消费、品	强	宝玉石鉴定与加工	0.14%	0.09%	0.13%
158			宝玉石鉴定与加工	0.00%	0.04%	0.00%
159			餐饮智能管理	0.22%	0.15%	0.30%
160			餐饮智能管理	0.08%	0.08%	0.08%
161			烹饪工艺与营养	0.17%	0.11%	0.15%
162			烹饪工艺与营养	0.09%	0.11%	0.15%
163			旅游日语	0.16%	0.16%	0.17%
164			旅游英语	0.25%	0.19%	0.26%
165			葡萄酒文化与营销	0.05%	0.07%	0.00%
166			西式烹饪工艺	0.19%	0.19%	0.18%
167			中西面点工艺	0.04%	0.05%	0.00%
168			珠宝首饰技术与管理	0.04%	0.00%	0.08%

（续表）

序号	重点领域	相关程度	专业名称	在校生占比	招生占比	毕业生占比
169	时尚消费、品	弱	食品检验检测技术	0.31%	0.31%	0.45%
170			食品检验检测技术	0.09%	0.10%	0.09%
171			食品检验检测技术	0.09%	0.10%	0.08%
172			食品质量与安全	0.19%	0.18%	0.17%
173			食品质量与安全	0.15%	0.37%	0.03%
174			食品质量与安全	0.14%	0.20%	0.15%
175			国际邮轮乘务管理	0.01%	0.02%	0.04%
176			国际邮轮乘务管理	0.00%	0.00%	0.00%
177			花卉生产与花艺	0.00%	0.09%	0.00%
178			农产品加工与质量检测	0.17%	0.25%	0.21%
179			农产品流通与管理	0.08%	0.00%	0.05%
180			农业生物技术	0.02%	0.19%	0.00%
181			设施农业与装备	0.14%	0.23%	0.16%
182			生物产品检验检疫	0.09%	0.10%	0.00%
183			食品智能加工技术	0.24%	0.23%	0.31%
184			水产养殖技术	0.04%	0.00%	0.05%
185			现代农业经济管理	0.25%	0.19%	0.36%
186			种子生产与经营	0.10%	0.00%	0.06%
187			作物生产与经营管理	0.04%	0.00%	0.07%
188	文化创意	强	数字媒体技术	0.51%	0.18%	0.55%
189			数字媒体技术	0.39%	0.55%	0.00%
190			数字媒体技术	0.26%	0.32%	0.21%
191			数字媒体技术	0.15%	0.55%	0.05%
192			数字媒体技术	0.14%	0.16%	0.10%
193			数字媒体技术	0.05%	0.07%	0.00%
194			数字媒体技术	0.04%	0.20%	0.00%
195			数字媒体技术	0.03%	0.00%	0.00%
196			数字媒体技术	0.02%	0.00%	0.07%
197			旅游管理	0.39%	0.26%	0.39%
198			旅游管理	0.19%	0.16%	0.23%
199			旅游管理	0.14%	0.14%	0.12%
200			旅游管理	0.09%	0.06%	0.11%
201			旅游管理	0.07%	0.02%	0.06%

(续表)

序号	重点领域	相关程度	专业名称	在校生占比	招生占比	毕业生占比
202	文化创意	强	旅游管理	0.06%	0.11%	0.08%
203			旅游管理	0.02%	0.00%	0.06%
204			影视动画	0.29%	0.34%	0.31%
205			影视动画	0.14%	0.27%	0.12%
206			影视动画	0.11%	0.19%	0.07%
207			影视动画	0.09%	0.00%	0.09%
208			影视动画	0.07%	0.08%	0.08%
209			影视动画	0.00%	0.04%	0.00%
210			影视多媒体技术	0.20%	0.29%	0.21%
211			影视多媒体技术	0.07%	0.14%	0.08%
212			影视多媒体技术	0.07%	0.12%	0.06%
213			影视多媒体技术	0.05%	0.00%	0.07%
214			影视多媒体技术	0.02%	0.06%	0.00%
215			戏剧影视表演	0.21%	0.25%	0.20%
216			戏剧影视表演	0.10%	0.08%	0.08%
217			戏剧影视表演	0.09%	0.08%	0.08%
218			戏剧影视表演	0.04%	0.04%	0.03%
219			影视编导	0.23%	0.24%	0.18%
220			影视编导	0.22%	0.20%	0.23%
221			影视编导	0.09%	0.10%	0.08%
222			影视编导	0.06%	0.07%	0.06%
223			电子竞技运动与管理	0.18%	0.08%	0.09%
224			电子竞技运动与管理	0.14%	0.12%	0.13%
225			电子竞技运动与管理	0.01%	0.03%	0.00%
226			传播与策划	0.15%	0.11%	0.13%
227			传播与策划	0.07%	0.06%	0.06%
228			广播影视节目制作	0.19%	0.20%	0.17%
229			广播影视节目制作	0.16%	0.17%	0.13%
230			融媒体技术与运营	0.00%	0.10%	0.00%
231			融媒体技术与运营	0.00%	0.07%	0.00%
232			摄影摄像技术	0.01%	0.00%	0.00%
233			摄影摄像技术	0.00%	0.12%	0.00%

（续表）

序号	重点领域	相关程度	专业名称	在校生占比	招生占比	毕业生占比
234	文化创意	强	文物修复与保护	0.21%	0.23%	0.22%
235			文物修复与保护	0.07%	0.06%	0.06%
236			舞台艺术设计与制作	0.05%	0.03%	0.07%
237			舞台艺术设计与制作	0.05%	0.00%	0.05%
238			新闻采编与制作	0.20%	0.16%	0.21%
239			新闻采编与制作	0.08%	0.04%	0.10%
240			音像技术	0.08%	0.06%	0.09%
241			音像技术	0.06%	0.00%	0.10%
242			播音与主持	0.11%	0.12%	0.10%
243			出版策划与编辑	0.04%	0.00%	0.13%
244			出版商务	0.33%	0.31%	0.32%
245			定制旅行管理与服务	0.00%	0.07%	0.00%
246			钢琴调律	0.05%	0.06%	0.04%
247			歌舞表演	0.06%	0.00%	0.04%
248			公共文化服务与管理	0.04%	0.00%	0.04%
249			国际标准舞	0.04%	0.03%	0.04%
250			民宿管理与运营	0.00%	0.09%	0.00%
251			全媒体广告策划与营销	0.06%	0.07%	0.00%
252			时尚表演与传播	0.06%	0.04%	0.04%
253			数字出版	0.19%	0.20%	0.19%
254			数字图文信息处理技术	0.34%	0.28%	0.36%
255			数字印刷技术	0.15%	0.14%	0.13%
256			文化产业经营与管理	0.15%	0.12%	0.14%
257			文化创意与策划	0.00%	0.15%	0.00%
258			舞蹈表演	0.04%	0.12%	0.03%
259			休闲服务与管理	0.10%	0.12%	0.08%
260			休闲体育	0.11%	0.09%	0.14%
261			音乐剧表演	0.08%	0.09%	0.08%
262			印刷媒体技术	0.36%	0.30%	0.42%

（续表）

序号	重点领域	相关程度	专业名称	在校生占比	招生占比	毕业生占比
263	文化创意	强	印刷设备应用技术	0.20%	0.12%	0.27%
264			印刷数字图文技术	0.04%	0.07%	0.07%
	总计			32.69%	34.00%	33.17%

（2）从需求侧看，"3"大先导产业对技术技能人才需求旺盛。课题组围绕三大先导产业对技术技能人才需求情况，于5月22日和26日会同上海市医药学校调研上海市医疗器械行业协会、上海市生物医药行业协会和上海市生物医药产业促进中心；5月25日会同上海电子信息职业技术学调研上海市集成电路行业协会、上海市人工智能行业协会及代表性企业。发现以下情况。

生物医药：对技术技能人才需求旺盛，从业人员专科及以下从业人员占比超过一半。数据显示，[1]2021年上海生物医药产业从业人员共27.8万人。从产业链区分，制造业和服务业从业人员教多，分别占71.2%和14.1%。专科及以下从业人员占比超过一半。硕士博士占比15.8%，本科占比30.9%，大专以下占比36.3%，而大专仅占17.1%。

——从产业领域看，需要大量化学药品、医疗器械领域人才。从"十四五"末从业人员的需求情况分析来看，未来几年内上海生物医药产业对化学药品、医疗器械领域人才需求量较大，平均超过10万人（见表13）。

表13 上海市"十四五"生物医药各领域人才需求预测

产业领域	人力资源需求预测（万人）
化学药品	9.9-11.9
医疗器械	10-12.5
生物制品	7.3-8
药物研发服务外包	3.9-4.6
制药专用设备	2.8-6.7
中药	1.5-1.8
医疗服务	1.4-2.1
总计	36.8-47.7

——从招聘情况看，除研发企业外，对技能人员占比接近一半甚至达到六

成以上。2022年度企业计划招聘人员中，技能人员占到45.5%，研发人员占到34.3%，其他类别人员占到20.2%。从细分领域对技能人员和研发人员的需求来看，医药研发类对研发人员的需求较大，占比为54.6%；中药类、医药设备类制造业、服务业对技能人员的需求较大，占比超过45%（见图1）。

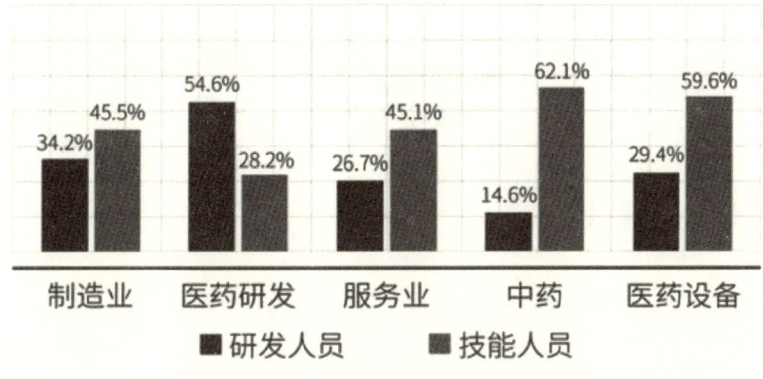

图1　2022年细分领域预计招聘人员情况

集成电路：从业人员集中设计、封装测试、设备材料环节，四分之三以上从业人员为本科及以上学历。数据显示，[2]2021年上海市集成电路产业从业人员总数为29.99万人，比2020年增长了5.44万人，增幅为18.77%。从业人员中，四分之三以上从业人员为本科及以上学历；其中本科学历占比最多，为44.29%，硕士占比27.61%，博士及以上占比3.26%，大专及以下学历占比24.84%。

——从产业链各环节看，设计、封装测试、设备材料等从业人员较多，占比分别为14.4%、15.5%、30.0%（见表14）。

表14　2021年上海市集成电路产业从业人员各环节分布情况

产业链环节		设计	芯片制造	封装测试	设备材料	其他	合计
单位	数量/家	339	13	50	162	210	774
	占比	43.8	1.7	6.5	20.9	27.1	100.0
从业人员	数量/人	41849	20762	44890	86957	95434	289892
	占比	14.4	7.2	15.5	30.0	32.9	100.0

——从人才需求看，主要集中在设计、设备、封装测试环节。2022年，上海集成电路产业人才需求总数10.46万人，其中各环节需要占比是：设计57%、设备16%、封装测试12%、制造8%、材料7%。2022年，上海集成电路产业校

招 7.09 万人，较上年增长 80%，其中设计、制造、设备等环节增长分别为 84%、118%、87%。预计 2025 年，从业人员总数达到 40 万人（见图 2）。

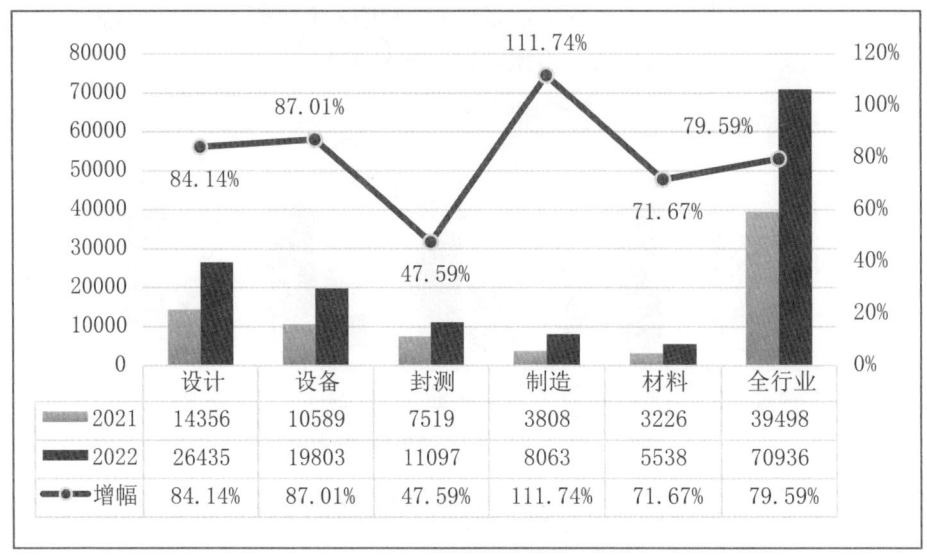

图 2　2021-2022 年上海集成电路行业校招情况

人工智能：本、专科人才需求占比高达 85%，本科为 45.91%，专科为 39.16%，主要集中在应用型岗位。2021 年人才招聘网站数据显示，[3] 上海对人工智能人才需求规模近 6000 人，位列全国第二。上海对销售岗位需求量最高，达到 2 千人以上；数据分析、算法工程师、产品经理等方面人才需求量也达到 700 人以上（见表 20）。

应用类岗位以专科层次人才为主。总体来看对产业对本科人才需求占比最高，为 45.91%，其次是专科层次 39.16%。本科层次需求占比高的岗位主要集中在后端应用开发、架构专家、产品经理、前端应用开发、售前和解决方案等，占比超过 60%；专科层次需求占比高的岗位主要集中在销售、售后及技术支持、数据标注、交付和实施、数据处理、数据采集、人工智能训练师等，占比超过 40%。

（3）基本判断：上海高职院校服务、支撑"3+6"产业需求的力度、水平和能力均有较大提升空间。主要表现在以下三个方面。

比如：对接集成电路产业，上海目前仅有 2 所学校（上海电子信息职业技术学院、上海东海职业技术学院）开设 3 个专业点，全日制在校生 279 人，其中东海职院在校生仅为 16 人，与数以十万计的从业人员和招聘需求相差甚远。

又如：对接生物医药产业，上海目前有4所院校5个专业与该产业的医疗器械、医药两大领域强相关，全日制在校生1005人，不仅与该产业数以十万计（近30万）的从业人员和超半数专科及以下人才结构现状相差甚远，而且从办学水平和能力看，相关院校（上海民远职业技术学院、上海震旦职业学院、上海农林职业技术学院和上海中侨职业技术大学）均难以支撑相关专业的高水平建设。

再如：对接人工智能产业，上海目前有5所高职院校2个专业（人工智能技术应用、应用电子技术）6个专业点与该产业强相关，全日制在校生902人，但是有1所院校（上海思博职业技术学院）的在校生、招生和毕业生均为0。

（三）上海推动职业教育类型化发展的对策建议

1. 抬高底座，盘活中职资源

（1）大力发展新型高职，既是**盘活中职资源**的必然选择，也是化解即将到来的高考升学压力的关键一招。《上海统计年鉴2022》数据显示：当前本市户籍高考适龄人口正处在"相对低位"，并将在未来10年达到"峰值"和保持15年增长。因此，无论是高中阶段还是高等教育阶段，招生都将迎来保持10—15年的增长期（见图3）。

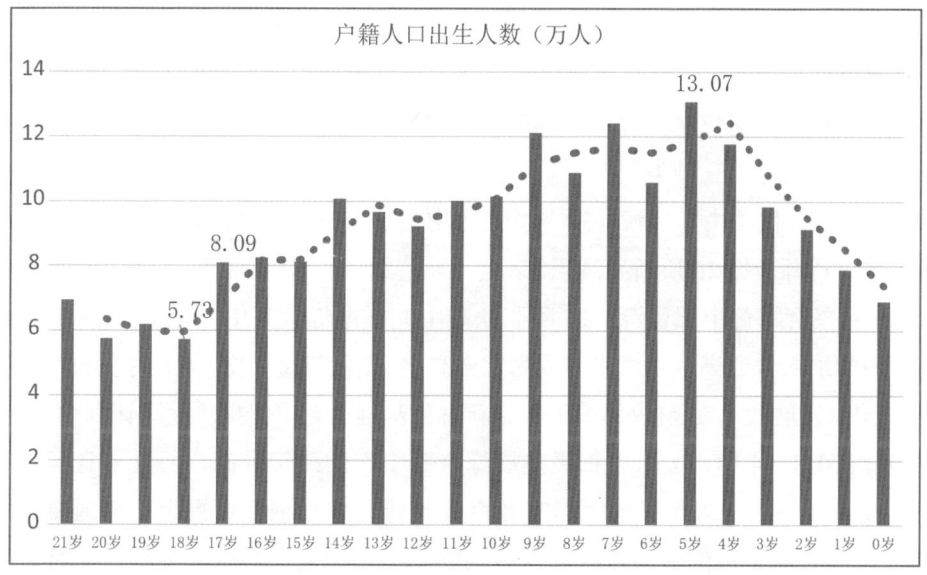

图3　上海户籍出生人口年龄分布（2021年），数据来源：《上海统计年鉴2022》

按照上海市人民政府办公厅印发《上海职业教育高质量发展行动计划（2019—2022年）》（沪府办〔2019〕128号），提出"到2022年，建成……10所左右新型（五年一贯制）职业院校"，目前上海已经新设6所五年一贯制高等职业院校（以下简称新型高职），分别是南湖、科创、闵行、现代化工、建设管理和浦东职业技术学院。

市教委官网"上海职业教育质量年度报告"专栏公开信息显示：目前，上海共有20所专科高等职业学校，其中8所是公办高职学校。在8所公办高职中，有2所列入"十四五"升职业本科计划，剩下的公办高职只有6所，远远不能满足未来招生需要。

因此建议：整合现行65所（信息来源同上）中职学校，把新型高职的建设数量从目前的计划10所提高到20所左右，这样使得上海公办专科高职的数量保持在25所左右，再加上目前12所民办高职，使上海专科高职的学校数量保持在40所左右（公办高中应占主体，目前民办比重太大，全国不到三分之一，上海超过60%）。以每所高职每年上海招生1500人（校均办学规模5000人左右）测算，40所专科高职的年招生规模可达6万左右——这样，不仅可以至少解决10年后本市学龄人口峰值一半的入学需求，而且不需要投入新的教育资源，同时还盘活了中职教育资源，是一举多得的改革举措。

（2）择机发展综合高中，为缓解中考升学社会焦虑和满足人民群众日益增长的对普通高中教育需求提供有效供给。事实上，当前中考压力引起全社会广泛关注和各阶层"普遍焦虑"，在现有市教委网站公开披露办学质量信息的65所中职学校中，可以分为三种类型：

——整合优质中职资源（30所中专和技校）申办新型高职：整合30所中职学校优质资源新设20所新型高职。

——整合特色中职资源（16所职业高中）举办综合高中：将16个区的职业高级中学纳入普通高中管理序列成为综合高中，不仅符合2023年8月发布的《教育部 国家发展改革委 财政部关于实施新时代基础教育扩优提质行动计划的意见》（教基〔2023〕4号）关于"积极发展综合高中"的政策导向，而且节省了新设综合高中（正在征求意见的《国家教育强国建设规划纲要》提出：全国要新设5000所综合高中）的资源投入，同时也满足了广大人民群众对多样化、特色化普通高中教育的需求，也是一举多得的改革举措。

——剩余20—30所中职学校（《2022年上海市教育工作年报》数据显示：上海有75所普通中职学校。但公开披露办学质量信息的只有65所），继续提供特色化优质中等职业教育。

2. 优化结构，做强专科高职

（3）优化上海财政性教育投入经费结构。一是把投入职业教育的财政性教育经费比重从目前的7.5%，在"十四五"期间逐步提高到至少不低于全国平均水平（10%）；二是优化职业教育内部经费投入结构，使之至少与中职和高职的办学规模相匹配。

（4）优化上海高等教育招生规模结构。按照《职业教育提质培优行动计划（2020—2023年）》（教职成〔2020〕7号）关于"把发展专科高职教育作为优化高等教育结构和培养大国工匠、能工巧匠的重要方式"的明确要求，稳步扩大本市专科高职招生规模。

（5）优化上海专科高职院校专业结构。抓紧启动三项工作。

一是尽快启动专业建设质量检查，引导优化供给侧结构性改革。具体包括三个方面：一要对"3+6"等重点产业相关专业质量进行重点检查和指导，引导资源集中到切实响应产业需求、切实开展专业建设和人才培养的院校及其所办专业。二要对重复设置率高尤其是市场需求不高专业质量评价，发布专业年度排名，引导院校避免低水平重复建设。三要对高职院校新设专业的质量评价，进行基本办学条件、师资力量、实训条件、招生规范度等方面检查。建立市级层面的"绿牌、黄牌、红牌"专业预警退出机制，加强跟踪检查与督促限期整改，并根据整改情况及时调整或暂停专业招生。

二是抓紧建立"科研引领的有组织教学建设机制"，破解"市场有需求、政府有导向，响应效果差"难题。在供给侧（教育部门、职业院校）和需求侧（行业企业）之间，嵌入科研机构作为供需对接的桥梁，发挥协同效应。首先，教育行政部门加强政策聚焦，把资源配置到积极响应重点产业需求的院校和专业上去。其次，高职院校主要领导要围绕产业需求和政策导向，整合各方资源、深化产教融合、加强校企合作，做强、做实品牌专业。第三，行业主管部门（或者行业协会）、企业要发布人才需求信息，积极支持职业院校开展产教融合、校企合作办学。第四，科研机构要发挥研究专长，分析技术技能人才需求与供给之间的差异，一方面要配合教育行政部门优化顶层设计、细化政策执行、强化过程指导；另一方

面,要与相关院校一起优化推进专业设置和专业建设,为政府部门优化调整专业布局和职业院校专业设置与专业建设提供决策咨询研究支撑。

三是在较短时期内提升相关院校的人才培养能级,打通本市生物医药产业技术技能人才"供给瓶颈"。调研发现,生物医药产业从业人员的主体是技术技能人才。从需求侧看,企业(研发企业除外)招聘人员中技能人员占比接近一半或超过一半,有的甚至超过六成。从供给侧看,目前本市只有唯一一所中职学校"上海市医药学校"(上药集团企业办学),这就是说上海一所中职学校将承担全产业一半从业人员的技术技能培养与供给,这可能是造成该产业从业人员队伍出现"蜂腰"现象(研究生15.8%,本科30.9%,专科17.1%,专科以下36.3%)的重要原因。因此建议:尽快积极推动上海市医药学校申办新型高职的进程,使该校具有培养专科乃至本科层次技术技能人才的资质,为上海生物医药产业主体人才队伍建设做出新的更大贡献。

3. 弯道超车,创新职业本科

(6)抓住发展职业本科的契机,引导本市应用型本科高校转型到职业本科新赛道,重振上海职业教育新辉煌。贯彻落实习近平总书记关于"稳步发展职业本科教育"的重要指示,在本市40余所普通本科高校中,按照"适应社会,应用为本"和"不求最大,但求最优"的导向,锚定"服务发展,促进就业"的办学方向,有序引导5—10所高水平地方大学坚持和优化"应用型"办学方向,转型成为职业技术大学,引领上海现代职业教育体系建设,并再次奠定上海职业教育在全国的龙头地位——这也是投入较小,而改革收益极大的一举多得的改革举措。

(7)开辟体现"类型定位"特征的职业院校分类管理与评价"新赛道",引导职业教育创新发展。借鉴上海高校分类管理评价经验,构建符合职业教育办学和技术技能人才培养规律的"分层分类"评价"新框架",引导本市职业院校将呈现"相互衔接、各安其位、形成体系"的发展态势(见表15)。

表15 上海职业院校分类管理与督导评价体系框架及院校定位矩阵

职业学校分类管理"十二宫格"		分类				对应学校	
		普职融通型	应用技能型	技术技能型	应用技术型		
分层	本科职业教育			■	■	1	应用本科高校
				■	■	2	职业本科高校
	专科高职教育		■	■		3	应用本科高职学院
			■	■		4	专科高职学校
			■	■		5	新型（五年一贯制）职业院校
	中等职业教育	■	■			6	职业高中学校
		■	■			7	普通中专学校
		■	■			8	技工学校
		■	■			9	成人中专

注：表中阴影部分为右侧"对应学校"在分层分类管理评价框架中的可能定位。

——以本科职业教育为引领：应用型本科高校（比如：版专升本）和职业本科大学（比如：中侨职业技术大学等）定位在应用技术型和技术技能型，引导本科职业教育从技能型人才培养转向技术技能人才和应用型技术人才培养。

——以专科高职教育为主体：以独立设置的专科高职学校、和正在转型的新型（五年一贯制）职业院校为主体，定位在应用技能型人才和技术技能型人才培养。应用型本科高校下属高职学院，可以发挥本科高校应用技术型人才培养优势，定位在技术技能型人才培养。

——以中等职业教育为基础：把中职学校定位在普职融通和应用技能型，一是通过普职融通积极探索综合高中试点，满足人民群众就读高中的需求，缓解社会压力和焦虑；二是通过文化知识和实践教学并重，为做强高等职业教育夯实基础；三是培养技能型人才。

具体而言：一要明确定位，构建体系。依据《上海职业教育高质量发展行动计划（2019—2022年）》（沪府办〔2019〕128号）关于"构建上海职业教育新体系"和"完善符合职业教育发展要求的评价体系"等要求，建立健全中职、专科高职、职业本科学校分类评价体系。二要重点切入，分层分类。借鉴现行上海高校分类评价体系中，"应用技能型"高校（专科高职）评价改革的经验得失，以专科高职为切入点，向上拓展到职业本科和应用型本科（明确职业教育办学定位），向下延伸到中职学校，构建起分层分类的评价体系框架。三要导向清晰,促进发展。

按照"推进不同层次职业教育纵向贯通""促进不同类型教育横向融通""大力提升中等职业教育办学质量""高标准建设职业本科学校和专业"和"做精中等职业教育，做强高等职业教育，做实应用型本科"等政策导向，促进职业院校发展。四要兼收并蓄，便于操作。按照国家"完善职业教育督导评估办法，加强对地方政府履行职业教育职责督导，做好中等职业学校办学能力评估和高等职业学校适应社会需求能力评估"和"健全国家、省、学校质量年报制度"等要求，整合相关指标，减轻学校评估负担。

参考文献

[1] 生物医药相关数据均源自：上海市生物医药产业促进中心编制《上海生物医药产业人才发展白皮书（2022 年）》.

[2] 集成电路相关数据均源自：上海市集成电路行业协会编制《上海集成电路产业人才发展白皮书（2022 年）》.

[3] 人工智能相关数据均源自：上海市人工智能行业协会统计数据.

（执笔：张晨）

四、以新《职教法》实施为契机，深化上海职业教育改革

（一）赛道切换，上海职业教育发展"由强转弱"

自《国务院关于大力推进职业教育改革与发展的决定》（国发〔2002〕16号）和《国务院关于大力发展职业教育的决定》（国发〔2005〕35号）发布以来，我国职业教育改革发展进入快车道，其间有三次大的发展契机，而上海职业教育发展却由盛入衰。

1. "十一五"期间，以国家示范性高职院校建设为抓手率先破局，上海在全国居于领先位置

2006年11月，教育部、财政部启动"国家示范性高等职业院校建设计划"（简称"国示范"，又称"专科985"），安排20亿元央财资金支持100所示范校，上海有4所院校入选（医药高专、旅游高专、公安高专和工艺美院）。

之后，教育部和财政部于2010年7月联合下发《关于进一步推进"国家示范性高等职业院校建设计划"实施工作的通知》，在原有已建设100所国示范基础上，新增100所左右国家骨干高职院校（简称"骨干校"，又称"专科211"），上海有3所院校入选（医疗器械高专、电子信息职院和出版印刷高专）。

《2006年中国教育统计年鉴》数据显示，上海有普通高等专科院校30所（全国1147所）。这就是说，当时上海有近1/4的高职高专院校进入"国家队"。此外，上海的教育科研机构（市教科院职教所）和一批专家从顶层设计、绩效监测和制度建设等方面全程指导、引领了国示范建设，体现了上海在职业教育改革的整体实力。

2. "十二五"期间，国家中职改革发展示范校建设压茬推进，上海在全国中

职改革发展中发挥了示范引领作用

2010年，教育部、人社部和财政部出台《关于实施国家中等职业教育改革发展示范学校建设计划的意见》（教职成〔2010〕9号），从2010年到2013年，通过中央财政重点支持全国1000所中等职业学校改革创新，上海有18所中职学校入选。

《2010上海教育年鉴》和《中国教育统计年鉴2010》数据显示，当年上海有中职学校101所（普通中专65所、职业高中26所、技工学校10所），中职"国家队"占了18%左右，远超全国平均水平（全国中职学校12667所，"国家队"占7.8%）。

3. "十三五"期间，职业教育改革进入"中特高""部地共建高地"和"职业本科"新赛道，上海悄然落后

2019年，国务院发布《国家职业教育改革实施方案》，提出实施"中国特色高水平高等职业学校和专业建设计划"（简称"中特高"），在全国1460余所专科高职学校中遴选出56所中特高"院校建设"单位（A档10所、B档20所、C档26所）和143所中特高"专业建设"单位，上海仅有一所专科高职学校入选中特高院校建设C档（工艺美院）。

2020年9月，教育部等九部门印发《职业教育提质培优行动计划（2020—2023年）》，明确提出"实施职业教育创新发展高地建设行动"的政策导向，将重点推进5个左右"省域试点"和10个左右"样板城市"的"职教高地"建设，同时明确了教育部、试点省市和样板城市在高地建设中的重点任务分工。目前，山东、甘肃、江西、江苏、广东、浙江和福建等7个省份已参与试点。

此外，教育部网站显示，自《国家职业教育改革实施方案》提出"开展本科层次职业教育试点"至今，已有10余所职业技术大学获批，上海仅有1所民办职业大学上榜（中侨职业大学）。

（二）上海职业教育发展面临的突出问题

1. 上海中职、专科高职的学校数量和办学规模出现"双降"，从一个侧面反映出职业教育对广大人民群众的吸引力不高

《中国教育统计年鉴》《中国教育经费统计年鉴》和《上海市教育工作年报》数据显示：上海专科高职学校数量从 2010 年的 31 所下降到 2020 年的 23 所，在校生从 16 万下降到 10 万人；中职学校数量从 111 所下降到 79 所，在校生规模从 15.75 万人下降到 9 万人。

与职业教育学校数和在校生数的"双降"形成对比的是，同期上海普通本科的学校数量从 36 所上升到 40 所，在校生规模从 35.49 万人上升到 40 万人；同为高中阶段的普通高中学校数量和在校生数量则保持相对稳定，稳定在 260 所和 16 万人。

此外，需要引起高度重视的是，在上海高职高专学校的经费收入结构中，学杂费占比相对较高（2020 年占 33%），尽管与 2010 年（62%）相比已有大幅下降，但是在全国看仍居高位。2020 年高职高专学校学杂费占比的全国平均水平是 24%。上海高职学杂费占比在全国各省份中与重庆并列第一。如果再加上 5 座计划单列市，全国也仅厦门一地高职学校的学杂费（44%）占比超过上海。2020 年上海高职学校教育经费收入中国家财政性教育经费占比为 56%，尽管比 2010 年的 29% 有明显上升，但是仍然低于 66% 的全国平均水平。

2. 全国职业教育的事业发展和经费保障重心向高职（专科）转移，但是上海对专科高职的支持力度相对偏弱

近 10 年来，全国高职学校（专科）在校生数从 2010 年的 966 万上升到 2020 年的 1163 万人；中职在校生数从 2026 万人下降到 1663 万人，中、高职学校在校生之比从 7∶3 变成为 6∶4。

与办学规模变动相适应，在全国职业院校的国家财政性教育经费总量中，中职学校和高职高专学校之比也从 7∶3 调整为 6∶4。也就是说，从全国范围看：高职（专科）在校生规模占中职和高职学校在校生总量的 40%，用于高职高专学校的国家财政性教育经费也占其总量的 40%。

与全国情况不同，2020 年上海高职学校（专科）在校生占中、高职在校生总量的 53%，而国家财政性教育经费只占其总量的 21%。具体到数字：上海高职高专学校的国家财政性教育经费总量为 17.76 亿元，中职学校为 69.94 亿元；上海高职的生均一般公共预算教育事业费和基本建设支出为 3 万元/生，中职为 6.22 万元/生。

3. 总体上看，上海在各级各类教育中对职业教育发展的支持力度相对偏弱，低于全国平均水平

具体表现在三个方面：一是总体财政支持力度相对偏弱。2020年，上海全市教育经费收入接近1400亿元，其中约100亿元用于职业教育，占比约7.4%（全国为10%）。国家财政性教育经费约1100亿元，其中83亿元用于职业教育，约占7.5%（全国为9.7%）。

二是中职占用公共财政资源偏多。目前上海中职和高职办学规模出现"倒挂"现象，中职在校生9万，高职10万（如果加上普通本科高校招收的专科生则超过14万），但是在上海83亿元的国家财政性教育经费中，用于中职的比重高达79%。

三是民办高职院校所占比重偏高。2020年全国高职高专院校有1468所，其中民办院校为337所，占23%。按照教育部职业教育与成人教育司《关于做好2022年职业教育质量年度报告编制、发布和报送工作的通知》（教职成司函〔2021〕37号）的要求，上海共有21所高职学校社会公开发布本校的《2022高等职业教育质量年度报告》，其中有11所是民办院校，上海高职的民办学校占比超过一半。

（三）抓住新《职教法》实施契机，依法重振上海职业教育

1. 统一思想、提高认识、知行合一，依法大力发展职业教育

当前阻碍上海职业教育发展的最大问题是认识问题——上海要不要发展职业教育？新《职教法》第一条开宗明义，要求从"提高劳动者素质和技术技能水平，促进就业创业，建设教育强国、人力资源强国和技能型社会，推进社会主义现代化建设"等角度出发，"推动职业教育高质量发展"。其中"技能型社会"的提出，更是把职业教育从教育的微观领域上升到全社会的范畴，职业教育已经不是一种教育类型而是社会形态。第三条进一步明确"职业教育是与普通教育具有同等重要地位的教育类型"，并把"国家大力发展职业教育"以法律条文形式固定下来。因此，上海职业教育已经不是要不要发展，而是必须依法"大力发展"。正如习近平总书记批示"在全面建设社会主义现代化国家新征程中，职业教育前途广阔、

大有可为"（2021年4月），"各级党委和政府要把加快发展现代职业教育摆在更加突出的位置，更好支持和帮助职业教育发展"（2014年6月）。

实践中，建议把职业教育的国家财政性教育经费占比和在校生规模占比作为检验指标，作为考核"各级党委和政府要把加快发展现代职业教育摆在更加突出的位置"的参考依据之一。

2. 依法加强市、区政府层面"提级管理"和统筹领导职能

新《职教法》第八条明确了职业教育的各级管理主体及其管理职责，规定在国家层面由"国务院教育行政部门负责职业教育工作的统筹规划、综合协调、宏观管理"，在地方层面则要求"省、自治区、直辖市人民政府应当加强对本行政区域内职业教育工作的领导，明确设区的市、县级人民政府职业教育具体工作职责，统筹协调职业教育发展，组织开展督导评估"。由此可见，仅仅由地方教育行政部门负责职业教育管理职能是不全面和不准确的。

建议由市委、市政府主要领导、分管领导牵头，组建上海职业教育联席会议，定期研究职业教育改革发展问题。

3. 优化教育结构，科学配置资源，调整工作重心，加快构建"服务全民终身学习的现代职业教育体系"

新《职教法》对原第十二条"国家根据不同地区的经济发展水平和教育普及程度，实施以初中后为重点的不同阶段的教育分流"，进行了补充完善，在第十四条明确提出"国家优化教育结构，科学配置教育资源，在义务教育后的不同阶段因地制宜、统筹推进职业教育与普通教育协调发展"。

结合上海实际，一是要加快整合中职优质资源，转型举办专科层次高等职业教育，充实上海公办专科高职学校的力量；二是要抓紧时机，支持若干所有条件的公办专科高职转型成为本科层次的职业大学，尽快完善上海现代职业教育体系的框架；三是要优化高等教育布局结构，引导本市优质应用型本科高校转型举办本科层次职业教育，进而在较短时间内整体提升上海职业教育的综合实力；四是对于不具备转型举办专科高职的中职学校，由各区人民政府根据区域经济社会发展需要，统筹中职和高中协调发展；五是对于不具备转型举办本科层次职业教育的高职学校，在支持其特色发展的同时，按照十九届四中全会《决定》关于"完善职业技术教育、高等教育、继续教育统筹协调发展机制"的要求，鼓励引导其

向终身教育和职业培训等领域发展。

4. 深化放管服改革，优化上海职业教育治理，激发院校改革活力

新《职教法》第八条明确规定了各级政府管理职业教育的主要职能，一是规划，二是协调，三是督导评估。

因此建议上海职业教育一方面要"抓大放小"，加强和优化宏观管理，适当弱化具体的过程性、事务性管理，更加注重宏观绩效和结果导向，为基层院校干事创业留出空间；另一方面要尽快构建职业院校分类管理与督导评价制度，指导各级各类职业院校特色发展。

5. 依法"举办企业、开展经营活动"，推进产教融合、校企合作

新《职教法》第四十条明确要求"职业学校、职业培训机构实施职业教育应当注重产教融合，实行校企合作"。第四十一条进一步规定"职业学校、职业培训机构开展校企合作、提供社会服务或者以实习实训为目的举办企业、开展经营活动取得的收入用于改善办学条件"。

建议研究制定相关政策和制度，依法支持、鼓励和规范职业院校"开展校企合作、提供社会服务或者以实习实训为目的举办企业、开展经营活动"，依法支持和落实"收入用于改善办学条件，收入的一定比例可以用于支付教师、企业专家、外聘人员和受教育者的劳动报酬，也可以作为绩效工资来源，符合国家规定的可以不受绩效工资总量限制"等法条尽快落地实施。

（执笔：张晨）

五、强化高职院校类型特色，服务新质生产力发展

类型特色是高职院校高质量发展的生命力，因地制宜发展新质生产力为高职院校特色发展带来新挑战与新机遇，将激发不同区域特点、不同产业类型、不同资源禀赋、不同发展水平的高职院校都能够发挥不可替代的独特作用。围绕产业、立足地方是高职院校发展的主要特色，离开这两个特色，高职院校就没有发展的必要性。只有与地方发展、产业发展同频共振，高职院校才能迸发强劲的生命力。

（一）因地制宜发展新质生产力要求高职院校特色发展

新质生产力发展需要大批高技能人才对职业院校提出新挑战。新质生产力代表着科技革命和产业变革的新方向、新趋势，开辟了马克思主义生产力理论新境界，是引领强国建设和推动中国式现代化的新的理论指南。劳动者、劳动资料、劳动对象是生产力的三大要素，新时期构成新质生产力的三要素有了新内涵，尤其是劳动者，新质生产力对培养新型劳动者提出新挑战。党的"十九大"即已提出要建设知识型、技能型、创新型劳动者大军，党的二十大进一步将高技能人才作为人才强国战略的重要组成部分，这一系列前瞻性部署蕴含了新质生产力对新型劳动者的新要求。习近平总书记在今年两会期间强调"要实实在在地把职业教育搞好，要树立工匠精神，把第一线的大国工匠一批一批培养出来"，一针见血，职业院校的人才培养目标面临新挑战。

新质生产力发展呼唤教育、科技、人才综合改革对高职院校提出新要求。新时期，在一系列新技术驱动下，科技赋能新型生产工具推动劳动资料跃升，数据作为新型生产要素成为重要劳动对象，新质生产力催生了技术含量更高、覆盖范

围更广、智能化绿色化水平更突出的劳动资料和劳动对象。只有新型劳动者、劳动资料、劳动对象协同配合，才能激发更强劲的生产力，这对教育科技人才一体推进、建设高质量教育体系提出更高要求。习近平总书记强调，要深化科技体制、教育体制、人才体制等改革，打通束缚新质生产力发展的堵点卡点。作为高质量教育体系的组成部分，高职院校培养的是将"图纸"落地的高水平高技能人才，是将科学技术创新转化为技术成果应用、实现产品批量化生产的关键人才，是熟练应用劳动资料改造劳动对象的一线劳动者。"没有金刚钻揽不了瓷器活"，面对生产力三要素的跃升和质变要求，高职院校需要更好落实职普融通、产教融合、科教融汇，优化类型定位，发挥不可替代的独特作用。

因地制宜发展新质生产力为强化高职院校类型特色带来新机遇。习近平总书记指出，要牢牢把握高质量发展这个首要任务，因地制宜发展新质生产力；发展新质生产力，不是忽视、放弃传统产业，要防止一哄而上、泡沫化，也不要搞一种模式，各地要坚持从实际出发，先立后破、因地制宜、分类指导。可见，因地制宜是发展新质生产力的方法论，也是新时代高职院校高质量发展的基本遵循。正如林宇博士提出的"不要为了10%的升本目标带偏了90%的发展方向"，不是所有高职院校都要求大、求全、求高，不是所有专业都要服务高端产业、产业高端，也不是所有高职院校都要一哄而上服务新质生产力。高职院校既要服务新兴产业壮大，也要服务未来产业培育，还要服务传统产业升级；既要服务先进制造业等新型工业化需求，也要服务养老护理等美好生活产业所需。因此，服务因地制宜发展新质生产力，需要坚持战略思维、辩证思维、系统思维、精准思维，推动高职院校强化类型特色。

（二）围绕产业、立足地方是高职院校特色发展的重要特征

产业属性、地方属性是高职院校改革发展的重要特征，这是高职教育类型特色的集中体现。《职业教育法》第六条规定"职业教育实行政府统筹、分级管理、地方为主、行业指导、校企合作、社会参与"，体现了地方、行业企业在发展职业教育中的重要作用，这是由职业院校的地方属性、产业属性决定的。姜大源教授近日在《中国教育报》发表文章提出，实实在在把职业教育搞好有四个"离不开"，一是离不开产业、二是离不开企业、三是离不开就业、四是离不开定位。

四个"离不开"归根到底就是离不开职业院校类型特色的定位，而这个离不开本身也需要因地制宜。我们曾经受教育部督导局委托开展"全国高职院校适应社会需求能力评估"调研发现，东部地区高职院校主要面向的是高新技术产业、先进制造业和现代服务业等，重点服务地区推进现代化发展；中部地区高职院校不仅面向承接转移产业，也在服务新兴产业发展与乡村振兴，努力推动中部地区加快崛起；西部地区高职院校更多着力面向资源型产业、特色农业等，主动适应西部大开发形成新格局。正是各地区因地制宜推动产业不断发展和变化，使得国家区域发展战略得到深入实施。只有更好地围绕产业、立足地方，高职院校才能更好适应国家对构建优势互补的区域经济布局的需要。

各地发展投入与资源禀赋存在差异，需要高职院校因地制宜提升适应性和灵活性。《中国统计年鉴》数据显示，2022年31个省份地区生产总值最高值与最低值的倍数达到60.5倍，人均地区生产总值、地方一般公共预算收入、企业数量的最高值与最低值倍数分别达到4.2倍、73.8倍、106.7倍，显示了各地不同的发展水平、财政保障力度，以及市场规模等。广东、江苏、浙江、上海、山东、北京等前6个省份的地方一般公共预算收入占地方合计数的比例达到46.9%，京津冀、长三角、粤港澳等城市群、都市圈正在成为高质量发展的动力源。面对迥异的区域经济社会发展环境，不同地区、不同产业的劳动资料、劳动对象差异明显，高职院校服务因地制宜发展新质生产力的最大底气应该就是针对不同地区的灵活性与适应性。调研中发现，无锡职业技术学院主动策应江苏制造强省战略，最近五年服务了1000多家当地中小制造企业实现"智改数转"（智能化改造数字化转型），学校从传统的机电类专业"单打冠军"实现转型升级，走向服务智能制造的高职排头兵。

高职院校面向地方服务产业，正在为地方经济发展、产业升级做出重要贡献。"全国高职院校适应社会需求能力评估"发现，高职院校设置专业点超过4.3万个，基本覆盖三次产业各领域各行业，其中，超过三分之一的专业点对接当地支柱产业，五分之一以上的专业点对接当地紧缺行业，九成以上院校专业人才培养方向定期根据地方经济发展调整。尤其是围绕战略性新兴产业、制造业发展重点方向，现代农业、生产和生活性服务业等重点领域和地方经济社会发展需要，在高铁、交通、建筑、通信、制造、化工、轻纺食品、农业、生化药品、医药卫生、艺术设计传媒等领域，形成一批对接产业发展的优秀院校群体和专业集群，集聚了服

务新质生产力和现代化产业体系的巨大能量。"双高"建设五年期间，上海工艺美术职业学院立足区位优势，努力克服疫情影响，积极传承创新传统文化与非遗技艺，连续承办 5 届国际（上海）非遗论坛、中国传统艺术一带一路巡展等，被央视、新华社，以及 NHK 等国际有影响力的媒体报道 200 多次，体现了党中央"着力加强国际传播能力建设、促进文明交流互鉴"的全国宣传思想文化工作新要求。上海电子信息职业技术学院围绕航天特种部件制造需求，创新校院所联动培养模式，先后为上海航天八院培养了 1600 余名毕业生，留用率达 95% 以上，占据下属各所技术技能核心岗位 80% 以上，毕业生连续负责神八到神十三的部件研制调试检测，适应了航天技术战略新兴产业升级需要。

（三）推动高职院校特色发展服务新质生产力的若干思考

龙头院校带动是探索服务新质生产力的有效路径，需要国家持续推进双高院校项目建设。"双高计划"的重要政策导向是推动学校支撑国家战略、融入区域发展、服务产业升级，作为职业教育高质量发展的"龙头"，一批双高院校正在主动服务区域产业高端化、智能化、绿色化，以高水平、有组织的专业布局、高技能人才培养，以及技术创新与转化，努力从服务单一领域的"单项冠军"走向服务行业高质量发展的"排头兵""领头羊"。因此，建议持续推进双高院校建设，立足地方、围绕产业、面向人人，通过创新驱动专业群建设，研发引领三教改革，进一步强化类型特色，更好发挥龙头带动作用，为加快发展新质生产力增势赋能。

紧贴区域产业发展是高职院校服务新质生产力的有力举措，要求持续发力深化产教融合。因地制宜发展新质生产力，需要立足地方实际，促进创新链产业链资金链人才链深度融合，解决研究和生产"两张皮"问题。面对新任务新挑战，建议因地制宜、因产制宜、因校制宜，持续推动高质量产教深度融合，引导高职院校主动参与供需对接和流程再造，将代表新质生产力方向的产业技术、产业文化、产业需求融入教育教学资源和教育教学过程，增加技术技能人才培养的有效供给，增强科技创新、产业创新发展的技术技能支撑能力，服务科技创新成果走上生产线、迈向大市场，助力科技创新转化为现实生产力。

提高技能人才待遇条件是打通高职发展堵点卡点的关键环节，呼唤加快推进技能型社会建设。习近平总书记和"二十大"广西代表团讨论的时候，向国家级技能大师代表询问,"职称走哪个序列""收入怎么样"?一针见血,切中了职业教育发展面临的最大堵点卡点。老百姓不愿意选择职业教育,技术技能人才的社会地位和待遇条件不受认可是关键原因。习近平总书记今年两会期间再次指出,大国工匠的"待遇条件要搞好",又是一针见血。如果社会普遍认为技术技能工作不够体面或回报不高,职业教育就缺乏吸引力和认可度。只有真正搞好技术技能人才的待遇条件,推进技能型社会落地落细落实,形成"三百六十行、行行出状元"的价值认同,才能真正推动各类人才按兴趣求学就业择业,突破职业教育高质量特色发展的底层束缚,让各类人才真正迸发创新创业创造活力,在全社会汇聚新质生产力生成的澎湃动力。

改革分类评价是高职院校特色发展服务新质生产力的重要抓手,建议加快探索高职教育分类评价体系。新时期服务现代化产业体系建设和新质生产力发展,既需要国家"双高"院校引领,也需要各省级高水平、高质量院校支撑,还需要一大批行业特色院校推动。教育评价事关教育发展方向、事关教育强国成败,因地制宜促进高职院校特色发展,发挥分类评价的导向作用是关键。改革分类评价重在立足类型特色,加快构建体现高职教育类型特征、符合技术技能人才培养规律的多元分类评价体系,引导和激励各类高职院校在不同区域、不同领域各展所长,立足自身定位做好服务关键领域发展的一流院校,实现"百花齐放",更好服务现代化产业体系和多样态新质生产力。

(执笔:郭文富、马树超)

六、建立跨区域产业学院，助力长三角经济一体化发展

（一）长三角经济一体化发展基本背景

2023年11月30日上午，习近平总书记在上海主持召开深入推进长三角一体化发展座谈会并发表重要讲话，强调指出，深入推进长三角一体化发展，进一步提升创新能力、产业竞争力、发展能级，率先形成更高层次改革开放新格局，对于我国构建新发展格局、推动高质量发展，以中国式现代化全面推进强国建设、民族复兴伟业，意义重大。

长三角洲区域一体化发展离不开政治、经济、科技、教育等要素的一体化发展。电子信息产业作为长三角三省一市共有的重点产业，在长三角经济一体化高质量发展中发挥举足轻重的作用，其布局高度依赖技术、人才等创新要素，主要集中在科教资源丰富、科研能力雄厚、产业基础扎实的长三角核心区和中心城市。然而，随着长三角区域产业结构布局的优化调整，一些中小城市如安徽省广德市等正承担着重要的产业承接转移任务，其生产一线技术技能人才短缺和产业工人劳动生产力整体水平不高等问题亟待解决。

（二）中小城市承接产业转移亟需大量高素质技术技能人才

以安徽省广德市为例，该市地处沪苏浙皖交汇区域，是长三角三省一市唯一无缝对接的天然板块，拥有电子电路、汽车零部件、智能装备制造、新材料等"四大百亿"产业，其中规上工业企业500家，而其中80%以上的企业来自苏浙沪。在长三角一体化进程中，广德市正积极承接上海市非核心功能疏解和中高端产业转移，力争将产业园区打造成为长三角先进制造业的配套基地和高端服务拓展延伸的重要承载地。

然而，调研发现，广德市电子信息产业现有的产业工人以劳务工人为主，学历层次普遍在高中及以下学历；在职业教育办学方面，广德市目前仅有 1 所中职学校（宣城市机械电子工程学校），每年毕业生人数在 1500 名左右。一方面，现有产业工人数量难以满足产业快速发展的需要，仅有的 1 所中职学校在培养规模上也难以在短时间内满足企业的用工需求。另一方面，现有员工的学历层次和综合能力难以满足产业数字化转型升级和高质量发展的要求，技术骨干短缺已成为制约广德市重点产业发展的瓶颈。

与此同时，为了更好地服务地方经济、产业的发展需要，广德市政府正在大力推进宣城市机械电子工程学校的转型升格，这对该校来说既是机遇也是挑战，亟需借助外力助推其成功转型发展。

（三）建立跨区域长三角电子信息产业学院的实践与思考

针对安徽省广德市产业人才紧缺、现有职业教育培养规模无法满足产业需求的现象，上海电子信息职业技术学院与广德市人民政府、宣城市机械电子工程学校联合共建长三角电子信息产业学院，整合长三角职业教育资源，开展校地、校园、校企等战略合作，为其电子信息产业提供技术技能人才储备和技术创新智力支撑，为长三角一体化国家战略高质量实施提供新动能。

1. 顶层设计：精准定位，成为长三角电子信息产业高素质技术技能人才培养的"金色摇篮"

产业学院聚焦广德市电子电路、汽车零部件、智能装备等重点产业领域的技术发展和人才需求，整合双方教育、行业、企业资源，深化产教融合，提升产业人才技能水平，提高产业工人学历层次，促进产业技术创新，助力长三角经济一体化高质量发展；力争建设成为长三角电子信息产业高素质技术技能人才培养的"金色摇篮"，成为思想政治引领、技能培训提升、技术创新、成果孵化展示交流转化的重要平台和载体。

2. 中层机制：创新实体化运作模式，建立决策议事机构，地方政府提供政策和经费等保障

建立实体化运作机制。广德市人民政府为产业学院提供财政经费支持，宣城市机械电子工程学校提供办学用地（前期已投入 1500 平方米，后期将投入 20 亩）、设施设备、师资、后勤保障等支持，上海电子信息职业技术学院提供师资等智力支持。产业学院合作各方根据投入比例回收投入成本，净收益全部作为学院的各项办学经费支出。学院实行独立核算制度，建设经费独立列账、独立使用。

实行学院理事会领导下的院长负责制。学院理事会由知名人士、广德市政府、学校、企业、产业园区等人员组成，为学院的决策机构，对学院的发展规划、建设方向、建设内容、建设计划等重大项目进行决策。学院领导班子成员由上海电子信息职业技术学院和广德市人民政府分别选派，负责学院的日常运行管理和业务发展。

地方政府给予经费和政策支持。广德市人民政府落实职工教育经费用于职工培训政策，各级工会优先向产业学院购买服务，由产业学院承担有关部门的技能培训工作。对产业学院组织开展的职工技能竞赛的获奖选手和参加培训提升技能等级的职工给予奖补，广泛动员、组织驻广企业参与数字化管理与生产改造等新技术、新工艺等培训。落实科技政策，给予技术研发经费支持，为行业企业、职业院校开展技术创新、技术服务、技术转化等提供载体和平台。上海电子信息职业技术学院提供专项经费支持，用于长三角电子信息产业学院的团队建设、培训资源建设、专家咨询指导等。

3. 底层落实：以项目为抓手，推进落实长三角电子信息产业学院的建设任务和目标

助力学校转型发展。整合沪广两地资源，发挥上海电子信息职业技术学院的高等职业教育办学经验，与宣城市机械电子工程学校共同研制学校转制方案和行动计划，结合学校和区域实际情况和需求，量身定制学校未来五年发展规划，稳步推进宣城市机械电子工程学校成功转型为全日制专科层次高职院校。

创新人才培养模式。开展电子信息技术领域现代学徒制、订单培养、定向培养等人才培养模式，开展定位式培训、定制式培育，提升在校生和企业员工的职业素养和专业技能，促进其职业发展，打造能工巧匠，选树卓越工匠。

开展学历教育进修。依托区域内职业院校优势资源，为电子电路等重点产业领域的企业在职员工提供覆盖专业硕士、职业本科、专科高职、中职等不同层次的学历进修，完善产业工人队伍的学历结构，夯实产业工人的专业理论与技能基础，促进产业工人的可持续发展。

组建劳模导师团。整合三省一市电子信息产业领域的劳模、高级技师、技师等具有一技之长的各类能工巧匠，以及职业院校的相关专业优秀教师，建立"劳模工匠库",设立劳模导师团。开展劳模工匠进企业、进校园活动,让劳模、工匠"现身说法",提升劳模精神、工匠精神的感染力、感召力。

建设技能训练基地。建设首席技师工作室,打造长三角电子信息高技能人才大师工作室联盟,依托职业院校建设劳模工匠实训基地,推进完善电子信息产业工人技能体系,全面提升电子信息产业工人的整体素质。

建立创新赋能中心。打造电子信息技术技能竞赛创新服务平台,将"创新"同劳动竞赛相融合,逐步搭建起技能竞赛、技能比武、"五小"创新等平台,促进技能人才之间的技术交流、创新对接。利用三省一市工匠资源,开设大国工匠讲堂,举办工匠沙龙,承办电子信息产业领域职工技术创新成果展示交流活动等。

搭建线上培训平台。建设"互联网+"职业技能培训平台,开发立体化、可选择的电子信息产业技术课程和职业培训包,涉及电子信息新技术讲座、技能提升、公益课堂、普法课堂等板块,集技能学习、网上测试、竞赛闯关功能等为一体,有效解决企业职工在教育培训、技能提升上存在的工学矛盾问题。

(执笔:赵坚)

链接:新质生产力助推长三角职业教育产教融合创新发展

近年来,随着中国经济的快速发展和产业结构的不断升级,职业教育的重要性日益凸显。特别是在长三角地区,职业教育与产业发展的深度融合成为推动区域经济高质量发展的关键因素,新质生产力助推长三角产教融合创新发展成为一个热门话题。

1. 新质生产力与职业教育的关系

新质生产力是指在现代科技革命和产业变革背景下,涌现出的新型生产力要素,包括信息技术、人工智能、大数据、云计算等。这些新质生产力要素不仅改变了传统的生产方式和产业结构,也对职业教育提出了新的要求。

技术驱动教育变革,新质生产力的快速发展要求职业教育不断更新教学内容和方法,培养能够适应新技术环境的高素质技能人才。例如,人工智能和大数据技术的应用,需要职业教育机构开设相关课程,培养具备数据分析和智能系统操作能力的专业人才。

新质生产力的发展促使职业教育与产业的联系更加紧密,教育与产业深度融

合。职业教育不仅要传授理论知识，更要注重实践能力的培养，通过校企合作、产教融合等方式，使学生在真实的生产环境中学习和成长。

2. 长三角城市群一体化的重要任务

长三角城市群一体化是国家战略的重要组成部分，其核心任务之一是实现产业布局合理、产业转型创新，避免同质化竞争，实现高质量发展。这就需要一批既懂产业经济发展，又懂职业教育规律的复合型职教人才尽快涌现。

长三角地区各城市应根据自身的产业优势和特点，合理布局职业教育资源，形成错位发展、优势互补的格局。在产业布局与职教资源同步配套的基础上，上海大都市圈可以先行探索，建立"上海大都市圈产教融合创新示范区"。

为了尽快实现产业转型和创新及紧密的产教融合共同体等，需要培养一批既懂产业经济发展，又懂职业教育规律的复合型人才。这些人才不仅要具备扎实的专业知识，还要了解职业教育的教学规律和方法，能够及时敏捷地了解产教融合的新需求，在产业和教育之间架起桥梁，推动产教融合的深入发展。

3. 长三角城市群为新质生产力助推产教融合提供广阔空间

长三角城市群一体化为新质生产力助推产教融合提供了广阔的空间和携手参与国际合作的机会。职业教育作为培养高素质技能人才的重要途径，将在新质生产力的助推下，迎来更加广阔的发展前景。同时在整个社会的大教育系统中树立新的地位和影响力。

长三角地区拥有丰富的科技资源和创新要素，各城市可以通过协同创新，共享科技成果和教育资源，推动职业教育与新质生产力的深度融合。例如，区域性的职业教育联盟需要有实质性的大力推动，促进校企合作和资源共享，共同开发新兴产业所需的职业教育课程和培训项目。

长三角地区作为中国经济最具活力的区域之一，具备参与国际合作与交流的优势。通过与国际先进职业教育机构和企业的合作，引进先进的教育理念和技术，提升职业教育的国际化水平，培养具有国际视野和竞争力的高素质技能人才。

对新质生产力的高度重视及快速崛起，为长三角职业教育与产教融合提供了新的机遇和挑战。通过合理布局产业和教育资源，培养复合型职教人才，推动区域协同创新和国际合作，长三角地区有望在职业教育与产业发展的深度融合中实现新的突破，助力区域经济的高质量发展。

（执笔：施蕾生）

七、共同体理论视角下的产教融合质量评价指标体系构建

《职业教育产教融合赋能提升行动实施方案（2023—2025年）》明确提出，围绕"赋能"和"提升"，让职业教育产教融合在经济社会发展中做出重大贡献。产教融合不仅是优化职业教育类型定位的必由之路，同时也是实现行业产业转型升级的有效途径。产教融合质量评价具有重要的引导、调节、诊断、激励与管理等功能，是实现产教融合利益相关者的多元主体利益与产教深度融合集体责任对接的重要推动力量，是实现职业教育产教深度融合的有力保障。科学、适切的产教融合质量评价体系，有利于提升产教融合质量，实现产教融合共同体内的利益共享、责任共担、协同育人。共同体理论能为建构产教融合质量评价指标体系，推动产教融合的深度发展提供了非常有价值的视角。

（一）共同体理论的主要观点

英国齐格蒙特·鲍曼（Zygmunt Bauman）在著作《共同体》中指出，共同体是指由共同的历史、文化、价值观和彼此间的关系构成的一个群体或团体。共同体的形成通常基于人们的归属感和互助意愿，成员之间共享相似的经验和共同的目标。在鲍曼看来，共同体的建立需要基于包容、对话和互助的原则。这意味着人们需要尊重和理解他人的差异，并为实现共同的利益而合作。共同体的建立需要三个基本共性条件：（1）具有"共同利益"。马克思理解的"共同体"是现实的个人基于某种共同性或关系所形成的一个结合体，他从共同利益中人的关系和社会发展进程两个角度阐述共同体理论。一方面，认为群体采取"共同体"的形式是基于共同体利益的考虑，共同关系是在共同利益的基础上产生的。另一方面，

他认为真正意义上的共同体应该是一个人人都能自由全面发展的"自由人联合体"。在马克思的诠释角度下,共同利益构成了共同体生存的根基,共同体意识构成了维持其生存的关键性因素,所以共同体是人的基本生存方式,共同利益是建立共同体的核心内容之一。(2)承担"集体责任"。鲍曼认为责任是共同体内活动的原则,其功能是用集体的力量摆脱个人的生存困境,这种责任将人与人连接起来,并成为集体为个人解决问题的重要机制。因此,群体成员承担"集体责任"的意识是共同体治理的重要内驱力。(3)具备"公共精神"。在西方,古希腊将公共精神理解为城邦公民所具的政治德性,表现为公民对城邦的集体认同感与归属感。在当代,人们认为公共精神是公民的价值共识、文化素养和思想品格,是建设和谐社会发展的内在要求、精神动力。公共精神与公共利益、共同体利益息息相关。公共精神是建立在育人目标、价值共识、使命感三者协调一致基础上的育人共识。表现在产教关系上,即政府、学校、企业、行业等产教融合共同体主体以价值共识为基础,以共同的育人目标为牵引,以各方使命担当为纽带,增强共同体内部的凝聚力和向心力,实现共同体内各成员的紧密结合。

(二)共同体理论视角下产教融合质量评价指标体系的结构

作为一个开放性的理论体系,共同体理论在新的历史时期被赋予新的内涵,其基本要义被广泛应用于诸多领域。以滕尼斯为代表的研究者们对"共同体"及其构成要素作出了不同的解释,但基本围绕群体的共同特征展开,将"共同利益""集体责任""公共精神"界定为共同体建立的必要条件,并指出产教融合共同体对于深化产教融合具有促进作用。产教融合质量评价体系的建设需要企业、学校、政府和行业等多元主体参与,建立多方合作共赢生态圈,保障各参与主体的共同利益。同时,深化产教融合需要共建专业、课程、师资、基地,增强多元融合与协同创新,形成以创新为链条,链接校企资源、价值和利益的协同机制。职业院校要不断提高产教融合的服务质量,为企业输送高质量的技术技能人才。共同体理论中的共同利益和集体责任着重突出主体间的利益及双方共同建立、共同管理和共同承担的机制,公共精神主要体现在产教融合过程中各主体对于协同育人成效的愿景。

基于共同体理论,我们可以形成职业院校产教融合质量评价体系的如下结构框架，具体如图1所示。

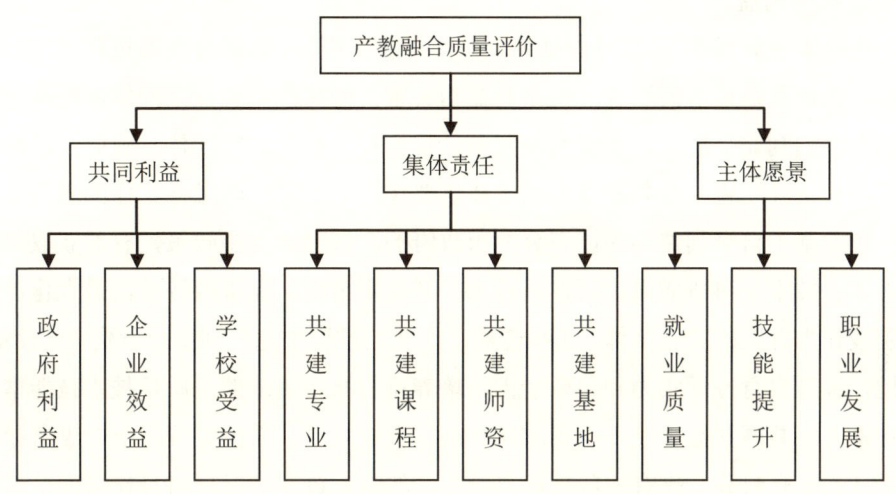

图 1 产教融合质量评价指标体系结构框架

共同利益是指政府、企业、学校等不同主体通过产教融合获得的成效，共同体内各主体的共同利益是推动共同体形成和发展的关键因素与根本力量，共同体合作的完成度往往取决于各方主体利益的满足程度；在产教融合过程中，共同利益具体表现为政府、学校、企业共同的利益。集体责任是指政府、企业、学校、行业主体等在深化产教融合过程中的责任担当，主要包括专业、课程、师资、基地的共同建设，共同管理，在建设过程中，基地、专业和课程建设是基础，教师培养是关键；在共同管理过程中，需要各主体承担相应责任，共同为深化产教融合做出努力，做到"成果共享、责任共担"。主体愿景主要表现为各主体在产教融合建设过程中，对技术技能型人才的期冀，通过人才的培养可以实现政府的战略目标、企业的效益目标，以及个人的发展目标，具体可通过学生的就业情况、技能提升情况及未来职业发展前景等维度予以体现并进行判断。

（三）基于共同体理论的产教融合质量评价指标体系的构建

基于已有学者在产教融合质量理论模型、评价主体、评价方法等方面对产教融合质量评价指标体系开展的相关研究成果，下面基于共同体理论，从共同利益、集体责任、主体愿景三个维度科学选取指标，具体论述并构建产教融合质量评价

的指标体系（具体见表1）。

1. 共同利益

共同体基于利益共识，对内外统一发挥重要作用。产教融合发展过程中，政府、学校、企业既是价值创造者，也是利益相关者。构建产教融合共同体需精准把握不同主体的利益交汇点，实现利益共赢，建构长久有效的共同体。政府在承担政策供给和资源配置、公共服务方面发挥重要作用，引导产教融合工作的规范化开展；企业基于自身利益诉求，充分利用政府的产教融合支持政策，有效获取学校的人才、技术及科研成果，研发新技术、开发新市场，促进经济效益最大化；职业院校作为育人的实施主体，在社会需求迭变的过程中充分利用企业资金、设备、场地，提升自身办学实力和科研能力，培养符合社会需求的高质量技术技能型人才。本文在共同利益维度下设置政府利益、企业效益、学校受益三个二级指标。

（1）政府利益。政府利益是指政府在产教融合过程中发挥自身作用而获取的利益。产教融合质量评价体系构建过程中，政府主要关注产教融合的产业支撑价值、社会服务价值、协同创新价值三方面。政府出台产教融合相关政策的目的在于助力区域产业转型升级，发挥产教融合的产业支撑价值。社会服务价值体现在校企共建共享教育与培训资源，面向社会提供高质量多频次的职业技能培训服务以满足政府期冀。政府对于产教融合经费的投入，有利于校企联合形成协同创新机制，实现产教融合的协同创新价值。基于上述分析，在政府利益这一维度，设置产教融合相关政策实施质量、校企提供职业技能培训情况、财政推动产教融合协同创新绩效三个三级指标。

（2）企业效益。产教融合质量中的企业效益是指企业通过参与产教融合过程所获得的收益。具体体现在通过校企合作，院校能为企业输送优秀毕业生，满足其用工需求。这也是企业参与订单班、现代学徒制、产业学院等产教融合形式的内在动力。同时，企业依托产教融合过程进行新产品研发，获取技术和经济效益，提高技术创新能力。因此，在企业效益这一维度，可具体设置毕业生到合作企业就业人数、产教融合新技术或新产品的数量、产教融合创造的经济效益三个三级指标。

（3）学校受益。学校受益是指学校在参与产教融合发展过程中自身能力和价值的提升，通过科研成果和毕业生就业情况予以体现。职业院校开展产教融合的主要目的是通过科研能力的提升增强科研成果的转化率，通过输送符合企业用工需求的高质量毕业生提高就业率。在学校价值这一维度，可设置科研成果数量、科研成果转化率、毕业生就业率、用人单位对毕业生的满意度四个三级指标。

2. 集体责任

集体责任是维护共同体稳定发展的治理工具。打造产教融合共同体意味着各主体共同建设、共同管理。共同建设是指产教融合共同体应在政府引导下，校企共同建设产教融合专业和实训基地，共同制订教学计划和课程标准，共同打造"双师型"教师队伍；共同管理是指政府、行业企业围绕学校高素质技术技能型人才的培养，共同完善人才培养方案、课程及教材开发、教师教学和人才培养质量评价等制度。共同体成员通过专业、课程、师资、基地的共同建设，达到深化产教融合共同体的目的。根据上述分析，在集体责任维度下可设置专业建设、课程建设、师资建设、基地建设四个二级指标。

（1）**专业建设**。专业建设是对接区域经济发展的必要途径，专业和产业融合发展有利于提高职业院校服务区域经济发展的能力。院校的专业设置应与产业需求相匹配，能够反映行业的发展趋势和最新动态。专业建设旨在培养更高质量的人才，在专业建设中，企业也需参与到人才的培养及院校的专业设置之中，做到校企共建专业，共育人才。着眼提升产教融合质量，在专业建设这一维度，本文设置企业参与人才培养方案制定程度、产教融合专业占比两个三级指标。

（2）**课程建设**。在产教融合背景下，课程建设是校企双方共同制定教材，共同开发课程，保证教授学生的内容符合企业实际需求。院校与企业要根据行业的人才需求及其对学生实践创新能力培养的要求，改革优化原有课程体系，科学设置课证融通课程，有效培养学生职业技能，提升学生综合实践能力和问题解决能力，提升学生职业技能等级证书（以下简称"X"证书）的通过率。因此，在课程建设这一维度，可设置产教共建课程占比、学生"X"证书获取率、课证融通课程占比三个三级指标。

（3）**师资建设**。师资建设是保障人才培养质量的核心要素，在产教融合背景下，表现为高职教师和企业技术员等共同协作培养技术技能型人才。一方面，职业院校要加强教师队伍建设，优化教师结构，积极培育"双师型"教师，提升教师专业素养。另一方面，院校要重视职业教育教师的企业实践能力培养，要求教师具备服务企业发展的现场技术能力。因此，产教融合质量提升视域下的师资建设维度，可具体设置来自合作企业的兼职教师数、教师到企业践习的人数占比、双师型教师占专任教师比例三个三级指标。

（4）基地建设。实训基地是产教融合必不可少的物质载体，是院校和企业利用自身资源为学生提供的实践场地。院校和企业要将教育和产业实践结合，联合建立和完善校内实训基地或校外实习基地，致力于提升学生实践创新创业能力。在基地建设这一维度，本文设置校内实训基地建设数和校外实习基地数两个三级指标。

3. 主体愿景

共同体的核心在于激发并凝聚共同体的"主体愿景"，共同的育人目标和强烈的使命担当是凝聚"主体愿景"的有力导引。新时代背景下，培养高素质技术技能型人才是政、校、企三方主体接受并认同的组织愿景，是各主体共同的育人目标。职业院校的毕业生就业质量，在校学生的职业技能提升情况及其未来职业发展规划等作为检验共同体成员育人成效的重要手段，使共同体的价值得以内化和深化。基于上述理解，在主体愿景维度下设置了"就业质量""技能提升""职业发展"三个二级指标。

（1）就业质量。就业质量是指院校毕业生就业的岗位、行业、地区、收入等方面的相关情况，就业质量的保证依赖于政校企等多元主体的共同配合。院校要在贯彻国家关于职业人才培养指导思想的基础上，依照人才培养方案培养学生的就业能力。企业要为学生提供实习机会，使其通过实践提升实战技能。校企联合培养的毕业生就业后的薪资水平及未来晋升的概率也是激励学生努力提升自身技能和综合实力的动力源泉。因此，着眼产教融合质量评价，在就业质量这一维度，本文设置毕业生薪资收入均值、高质量就业学生人数、毕业生三年职业晋升比例三个三级指标。

（2）技能提升。加快培养高素质技术技能型人才是建设技能型社会的必由路径。高素质技能人才的培养亟需学生职业技能的提升，职业技能大赛作为检验学生职业技能的重要渠道，学生的参与度对学校的发展及自身能力的提升具有重要意义。学生参加职业技能大赛的获奖情况，在校获取职业技能等级证书，尤其是获得高等级职业技能证书的情况折射出院校的人才培养质量状况。因此，在技能提升这一维度，可设置学生参与职业技能大赛的人数、学生职业技能大赛获奖、学生获取高等级职业技能证书比例等三个三级指标。

（3）职业发展。职业发展作为影响学生学习意愿的重要因素，对促进校企深度合作具有深远意义。产教融合背景下,校企合作有助于优化并完善教育与培训体系,促进学生未来职业发展。学生的职业发展前景在较大程度上取决于学校对学生综合能力的评定及企业在招聘过程中对优秀大学生的认可录用。因此,着眼产教融合质量评价,在职业发展这一维度,可设置学校对毕业生的综合能力评价情况、企业对毕业生的认可度两个三级指标。

表1 基于共同体理论的产教融合质量评价指标体系

一级指标	二级指标	三级指标
共同利益	政府利益	产教融合政策的实施质量
		校企开展职业技能培训情况
		财政推动产教融合协同创新的绩效
	企业效益	产教融合的新技术/产品数(个)
		企业产教融合经济效益(万元)
		毕业生到合作企业就业人数(人)
	学校受益	科研成果的转化率(%)
		毕业生的就业率(%)
		合作企业对毕业生的满意度(%)
集体责任	专业建设	企业参与人才培养方案程度
		产教融合专业占比(%)
	课程建设	产教共建课程占比(%)
		课证融通课程占比(%)
		学生X证书获取率(%)
	师资建设	来自合作企业的兼职教师数(人)
		教师到企业践习的人数占比(%)
		双师型教师占专任教师比例(%)
	基地建设	校企共建校内实训基地数(个)
		校企共建校外实习基地数(个)
主体愿景	就业质量	高质量就业学生人数(人)
		毕业生薪资收入均值(元)
		毕业生三年职业晋升比例(%)
	技能提升	参与职业技能大赛学生人数(人)
		学生职业技能大赛获奖(等级)
		学生获高等级X证书的比例(%)
	职业发展	学校对毕业生综合能力的评价
		企业对毕业生职业发展的认可

产教融合的关键在于形成紧密的共同体,上述基于共同体理论,从共同利益、集体责任、主体愿景三个维度构建的评价指标体系,对于提升产教融合质量具有实践指导价值。基于这一指标体系,可对职业院校产教融合质量情况进行分析判断。在具体的操作实践中,可通过构建科学的评价主体,采用定性加定量的评价方法,探索优化评价指标的权重分布,以实现对产教融合质量的科学、有效评价。

[基金项目] 第一届黄炎培职业教育思想研究规划课题重点项目"新时代黄炎培职业教育思想传承与创新研究"阶段性研究成果。(课题编号:ZJS2022Zd41,项目主持人:胡卫)

(执笔:罗尧成、吴爽)

八、行业办学模式下新型职业院校发展实践若干思考
——以上海建设管理职业技术学院为例

2019年12月，上海市人民政府办公厅印发《上海职业教育高质量发展行动计划（2019—2022年）》，提出建设一批新型（五年一贯制）职业院校（简称新型高职），由此拉开了上海新型高职建设序幕。2021年底，上海市教育委员会等六部门出台《关于印发〈新型高等职业院校建设与管理的指导意见〉的通知》，在法人财产权、学校内部治理、办学自主权等方面制定了建设与管理要求。上海住建行业通过整合资源申报获批上海建设管理职业技术学院，成为本市第一所行业新型高职。本文在对上海新型高职建设背景、实践现状、住建行业新型高职申办实践特征等进行分析的基础上，结合上海建设管理职业技术学院办学实际，提出行业新型高职未来发展的思考与建议。

（一）上海新型高职建设背景与改革价值

1. 贯彻落实总书记重要指示和"二十大"报告相关部署的实践创新

2021年，习近平总书记对职业教育工作作出重要指示，要求稳步发展职业本科教育，建设一批高水平职业院校和专业，推动职普融通，增强职业教育适应性，加快构建现代职业教育体系，培养更多高素质技术技能人才、能工巧匠、大国工匠。2023年，习近平总书记在中共中央政治局第五次集体学习时强调，要把服务高质量发展作为建设教育强国的重要任务。2020年《政府工作报告》提出高职大规模扩招的战略任务，教育部等九部门印发《职业教育提质培优行动计划(2020—2023年)》，强调要巩固专科高职教育的主体地位。2022年党的"二十大"报告进一步明确，加快建设高质量教育体系，统筹职业教育、高等教育、继续教

育协同创新。上海新型高职不仅涉及职业教育和高等教育（专科）人才培养，而且区办新型高职整合了区业余大学的成人继续教育办学资源，行业办新型高职承担了行业从业人员非学历继续教育与培训任务等。因此，新型高职试点是贯彻习近平总书记对职业教育的重要批示，落实国家关于巩固专科高职主体地位及"二十大"精神关于"统筹职业教育、高等教育、继续教育协同创新"的前瞻部署和实践创新。

2. 践行"人民城市"重要理念和服务"3+6"产业体系的迫切需求

2018年11月6日，习近平总书记在浦东新区调研"城市精细化管理"时进一步强调："一流城市要有一流治理"，"希望上海继续探索，走出一条中国特色的超大城市管理新路子"。党的"二十大"报告提出，"坚持人民城市人民建、人民城市为人民，提高城市规划、建设、治理水平，加快转变超大特大城市发展方式"，人民城市重要理念首次被写入报告。十二届市委三次全会强调要强化高端产业引领功能，聚焦三大先导产业和未来产业打造世界级产业集群，以六大重点产业为主推动智能化、绿色化、融合化发展。在此背景下，全面建成"五个中心"和具有世界影响力的社会主义现代化国际大都市，新一轮产业革命推动产业链、岗位群和工作方式深刻变化，对打造更高层次的上海工匠提出新需求。时代发展使职业教育必须主动抓住"人才新风口"，要求职业教育加快打造与上海高质量产业体系和高端制造业发展相适应的技术技能人才培养体系。

3. 盘活中等职业教育优质资源和创新发展高等职业教育的重要举措

历史上，上海职业教育引领全国职业教育发展。上海中等职业教育曾经一度辉煌，但是面对全国职业教育工作重心不断向专科高职和职业本科转移，中职教育受适龄人口下降、社会对教育预期提升等多种原因，导致吸引力不足，发展动力缺乏。中等职业学校后续转型发展需要打破发展中的新瓶颈，围绕区域发展需求办学，上海以建设新型职业院校的方式，使一批优质中职资源补充进高职领域，既为中职转型发展找到道路，也成为探索省域现代职业教育体系建设新模式、巩固高职主体地位的创新之举。新型高职试点不仅可以盘活上海中职资源，而且可以做实、做大、做强上海专科高职板块，进而整体提升上海职业教育人才培养能级，为本科层次职业教育发展奠定基础、抬高基座。

（二）上海新型高职改革试点的基本现状

1. 已审批 5 所、认定 4 所新型高职

《上海职业教育高质量发展行动计划（2019—2022 年）》要求到 2022 年，建成 10 所左右新型（五年一贯制）职业院校。根据《上海市职业教育发展"十四五"规划》，要建成 5—10 所新型高职学校，支持行业企业围绕智能制造、生物医药等产业整合资源新建新型高职学校，支持五个新城围绕高端装备、现代服务业等产业新建新型高职学校。目前全市已审批上海南湖职业技术学院、上海科创职业技术学院、上海闵行职业技术学院、上海现代化工职业学院、上海建设管理职业技术学院等 5 所，认定上海电子信息职业技术学院、上海交通职业技术学院、上海农林职业技术学院、上海震旦职业学院等 4 所新型高职。

2. 已设置一批三年制专科专业

《上海职业教育高质量发展行动计划（2019—2022 年）》要求，深化职业教育办学体制改革，总结中高贯通培养长期探索实践的经验，结合中职学校布局调整优化，建设一批新型（五年一贯制）职业院校，推动中高贯通人才培养由中职、高职双主体实施向新型职业院校单一主体转变，提升技术技能人才贯通培养质量。目前，上海审批的 5 所新型职业院校已设置 40 余个三年制专科专业。

3. 试点建设中若干共性问题

建设路径不清，内涵、模式不明。发展新型职业院校的核心要义是盘活优质中职资源、创新发展高职，而不仅仅是"总结中高贯通培养长期探索实践的经验"。新型高职建设之初，存在具体改革路径、主要内涵、发展模式、发展路径不够清晰的问题，致使在申办新型高职过程中只注重达到设置标准，学校与专业定位存在路径依赖，而并未真正想清楚新型职业院校是什么、为什么办、怎么办的问题。

建设经验缺乏，理念、条件薄弱。中职学校普遍缺少高等职业教育办学经验，比如，在办学理念上，人才培养模式、课程体系建设、评价模式、学校治理等各方面，过去的中职办学方式不能直接应用于高职。在办学条件上，教师队伍存在明显短板，领军人才、教学名师不足，原有教师团队实践性强但理论薄弱，新进应届高学历教师理论强但操作能力差，离高职院校高水平教师团队还有较大差距等。

系统谋划不足，治理、保障欠缺。新型职业院校建设是一项新的改革探索，但尚缺少专业科研机构科学性研究支撑，导致系统谋划不足，新型职业院校的实

践探索更多是在"摸着石头过河"。比如,新型高职治理面临难题,参照中等教育管理模式对新型高职进行管理的方式,难以适应高职办学要求。新型高职学生管理难度较大,同一学校里既有三年制中职、五年制学生,还有三年制大专,学生群体的复杂性给学校日常管理与教育教学增加了难度等。

(三)住建行业新型高职申办的主要经验

1. 需求明确:服务住建行业发展

全球城市、智慧城市建设对从业人员提出新需求。在2018年,上海建筑业、房地产业、水利环境和公共设施管理业从业人员分别达到100万人、52万人、20万人,其中,建筑业总产值已超过7100亿元(占全市生产总值的21.8%),建筑业全员劳动生产率达到57.7万元/人,是2010年的1.7倍、2000年的5.3倍、1990年的31.1倍。上海谋篇布局2035发展,提出建成"五个中心"、建设智慧城市、迈向卓越的全球城市,将在综合管理、智慧城市、空间利用、环境改善、区域协调等方面采取更大力度的政策举措。面对城市建设向存量优化和有机更新的转变、向综合管理与服务方向的转变,对城市建设、管理与房地产从业人员提出新需求。

城市建设、城市管理质量提升急需新型技术人才。《中共中央国务院关于进一步加强城市规划建设管理工作的若干意见》提出"适用、经济、绿色、美观"的方针,并提出大力推广装配式建筑、绿色技术、建筑节能技术;《中共上海市委、上海市人民政府关于加强本市城市管理精细化工作的实施意见》明确以全覆盖、全过程、全天候和法治化、社会化、智能化、标准化为着力点,把精细化管理的理念、手段和要求贯彻落实到城市管理领域的各项工作。城市建设与管理正处于质量提升、品牌打造的转型发展时期,新技术加速行业转型升级速度,对新型技术人才提出需求。

新时代住建行业发展对"更高层次""本土化"劳动者和技术技能人才队伍需求旺盛。调研显示,行业企业对技术技能人才的学历和能力要求普遍提高,高职专科学历成为入职起点,而上海目前高职专科院校专业开设规模有限,很难适应当前行业企业快速发展对技术技能人才的需求。具体表现,企业用人存在"两难"现象,即中职层次不高、企业不要,本科不愿去一线干活;企业"一线缺人,高职供不应求",一线高素质劳动者和技术技能人才紧缺,企业需要高职生干活,高职生供不应求；城市建设、管理一线劳动者流动性大，一旦突发"极端"情况，需要一支"本土化"一线劳动者基本队伍，维持城市运行和管理底线。

2. 底盘稳健：整合资源稳妥推进

住建行业所属两所中职学校历史悠久，为行业人才培养做出了积极贡献。上海住房和城乡建设管理委员会（简称"市住建委"）下属曾有两所中等职业学校：一所是直接隶属于市住建委的"上海市城市建设工程学校（上海市园林学校）"（简称"城校"）；一所是隶属于市住建委下属"上海市房屋管理局"的"上海市房屋管理局教育中心（上海市房地产学校）"（简称"房校"）。"城校"建校66年，培养了林元培、谭庆琏等卓越校友和两位世界技能大赛金牌选手，有"城市建设者摇篮"美誉；"房校"是上海第一所现代化标志性职业学校，是国家建设部、国土资源部上海培训基地和市房地产业教育培训中心。

两所中职校积极开展中高、中本贯通，已经具备高职办学实践经验。自2013年起，两校积极开展中高、中本贯通试点，目前已有1个中本贯通试点专业，9个中高职贯通试点专业。此外，"房校"曾与两所本科学校合作办学，很早就有高等教育办学经验，1999—2002年市房地局与同济大学联合举办同济大学高等技术学院房地分院，为高职学历教育。2004—2009年市房地资源局与上海大学联合举办上海大学房地产学院，为本、专科学历教育。两次联合办学，校部皆设在"房校"青浦校区。

整合两校资源达到高职设置标准。对照教育部《高等职业学校设置标准（暂行）》（教发〔2000〕41号），两所中职学校都存在一定不足，但整合两校资源后，超过教育部标准要求，两所学校已经具有举办高等职业学校的基本办学条件。

3. 决策科学：科研机构全程指导

政府协同指导。行业主管部门成立筹建工作领导小组，成立"行业职业教育改革领导小组"，统筹协调、督促落实顶层设计、编制机构、基础设施、师资等相关事宜。申办工作同时得到市教委相关职能部门的大力指导与支持，有力发挥了教育部门、行业部门的协同作用。

科研全程引领。近20年来，上海市教育科学研究院职业技术教育研究所与学校长期合作，指导规划发展路径，助力学校发展不断迈上新台阶。2020年以来，上海市住房和城乡建设管理委员会整合委属优质职业教育资源申办新型高职，职教所对这一行业办学典型样本进行伴随研究和全程指导，通过科研支撑引领学校

实现跨越式发展。

健全工作机制。领导小组下设"住建行业高职申办建设工作小组",学校、主管部门、研究机构建立定期会商机制,统筹指导和推进相关工作。各部门依托科研机构专业支撑,以申办报告、五年发展规划为基础,制定实施计划和工作方案,确保申报与建设工作科学有效落实。

(四)住建行业新型高职建设的重点内容

1. 锚定办学方向:凸显行业办学定位

以习近平新时代中国特色社会主义思想为指导,全面贯彻党的"二十大"精神,全面贯彻落实人民城市重要理念,以"服务行业、产教融合、数字赋能"为主线,对接"聪明住、智慧建、数字管"发展趋势,建成与上海人民城市建设相适应的高水平产教融合型高等职业院校,为守住人民城市运行底线打造自有人才队伍、积累数以万计的"住建行业子弟兵"。力争用五年时间,建成服务上海、长三角住建行业的高质量技术技能人才培养培训高地。

2. 优化专业布局:打造特色品牌专业

探索面向城市智慧管理、现代物业管理等领域开设新专业。加快城市治理与精细化管理类专业培育,建设数字市政、生态园林、智能建造、城市运维四大核心专业群,培育国家、上海市级专业群。在师资建设、技术研发推广平台、职业培训等各方面创造更多有利条件,形成由品牌专业引领专业群、二级学院建设的局面。建设跨二级学院、服务导向的工程技术服务专业群,对接产业、动态调整、自我完善的发展机制,面向市场提供全面解决方案和专项服务包。打破专业壁垒,发挥集聚效应和服务功能,实现人才培养、教学科研、教学资源等的融通共享。全面修订专业人才培养方案,将数字能力作为课程与教学的核心目标之一,促进学生以数据驱动的方式作出决策、加强自我管理,更好地适应工作岗位要求。

3. 改革培养模式:创新育训并重模式

做好顶层设计,结合专业特点和人才培养目标,制订五年一贯制人才培养方案,五年校企双方全程设计、分阶段实施。在培养目标、人才规格、课程设置等方面准确把握五年制人才培养的定位。在学籍、学生、教学管理等方面积极争取政策突破,努力打破前三年归中职、后两年归高职管理的阻碍。在《未成年人保护法》的范围内,探索实施以专科学生的方式管理五年制学生,提倡"入学即是大学生"的理念。申办新型技师学院，依托行业、联合大型企业组建长三角住建行业职工培训联盟，开展补贴性培训、中小微企业职工培训和市场化社会培训。以教育评价改革为牵引，以"数的素养、智的能力、匠的品质、国的情怀"为主线，探索将数字素养、资格证书、创新创业等融入培养方案、纳入学生评价。

4. 优化学校治理：完善新型治理框架

学校将在上海市住建委领导和帮助下，组建由举办方、知名职教专家、行业协会专家、龙头企业专家、科研院所负责人、住建行业和教育行政部门有关负责同志等组成的学院战略发展咨询专家委员会，对学校的教学、科研和服务社会等重大事务进行咨询、协调和指导。制定严格的《章程》修订程序，形成规范科学的内外部管理制度体系。推进二级管理模式，对二级学院实行差异化管理。以破"五唯"推动固定岗和流动岗相结合的人事管理制度改革，建立以创新价值、业绩贡献和能力水平为导向的绩效工资动态调整机制，健全教师荣誉体系，设立以教书育人为导向的奖励，激励教师潜心育人。

5. 突出科研助力：发挥科研支撑牵引

加强科研指导，充分发挥合作企业、高校、科研院所等的决策咨询功能。加强科研工作，对标高等职业教育要求，持续加大学校科研引导与支持力度，建立校内科研资助体系，推动教师将科研成果、教研成果转化为教学项目。开展住建行业、上海北斗产业园区产教融合共同体建设，与上海建工集团共建"上海建工新型建筑工业化产业学院"，与上海隧道工程股份共建"隧道股份数字市政产业学院"，与上海市房科院，以及上海大学共建"上海城市更新技术创新实验中心"，将先进的生产与技术标准融入教学大纲和课程内容，推动产业元素深度融入人才培养过程。

（五）对行业新型高职未来发展的思考与建议

1. 必须坚持服务行业

以住建行业新型高职申办建设为例，就是要对接人民城市建设、服务住建行业发展需求，尤其是聚焦城市建设运行、精细化管理和市政公共服务等需求，整合政府、行业、企业和职业院校等各方资源，建立健全多形式衔接、多通道成长、可持续发展的行业梯度职业教育和培训体系，打造技术技能人才培训中心或开放实训中心，为行业企业提供人才培养、职业培训和技能鉴定服务。坚持服务行业，

是行业新型高职发展的逻辑起点。

2. 必须坚持产教融合

以住建行业新型高职为例,要建立健全以学院为基点、行业为支点、企业为重点的产教融合改革推进机制,促进学校教育和产业体系人才、智力、技术、资本、管理等资源要素集聚融合、优势互补。瞄准技术变革和产业优化升级的方向,推动行业企业先进生产元素深度融入人才培养,推动科研、技术服务、职业培训与教育教学融合发展。坚持产教融合,既是上海职业院校办学的基本方向,更是行业新型高职的独特优势。

3. 必须坚持数字赋能

以住建行业新型高职为例,要坚持整体性转变、全方位赋能、革命性重塑,全面推进学校数字化转型,提升数字治理能力、数字教育胜任能力、数字学习与创造力、数字资源供给能力、数字转型支撑能力,推动数字思维、数字素养、数字能力融入教育教学的各个环节。坚持数字赋能,既是时代对教育转型的要求,也是行业新型高职服务产业升级的必然选择。

4. 必须坚持内涵建设

积极探索新型高职的办学模式、管理模式等,重点做好专业、课程、教材、师资、实训等教学建设,积极探索形成新型高职发展的全新模式。全面深化人才培养模式改革,促进人才培养供给侧和产业需求侧结构要素全方位融合,培养大批高素质创新人才和技术技能人才。坚持内涵建设,是每一所职业院校的本职工作,更是职业教育高质量发展的应有之义和明确要求。

5. 必须坚持科研引领

以住建行业新型高职为例,与科研机构开展长达20年的合作,充分发挥了科研机构的专业性、前瞻性、系统性作用,形成了可供借鉴的实践案例。因此要注重深化与科研院所合作,强化战略合作伙伴关系,发挥智库决策咨询功能,加快推动办学理念向高等职业教育转变。坚持以研促教,持续提升教师整体理论水平、科研与服务能力,推动行业先进元素有效融入教育教学之中。坚持科研引领,是跳出学校看学校、跳出教育看教育的重要举措,也是推动学校发展迈上新台阶的秘密武器。

(执笔:林明晖)

九、黄炎培职业教育思想对职业学校教师专业化发展的现代启迪

职业院校教师的专业化程度,直接关系到职业教育的质量和水平。黄炎培是中国现代教育事业的奠基人之一,其教育思想对于职业教育的发展有着深刻的启迪。本文将围绕黄炎培职业教育思想对职校教师专业化发展的现代启迪展开论述。

(一)黄炎培职教思想渗透的方法论

黄炎培职业教育思想的基本特点是关注实践和应用。他认为,职业教育是为了培养学生掌握一定职业技能,适应社会经济发展需要的教育形式。因此,职业教育的核心是实践和应用,而不是理论和概念。他主张职业教育要注重实践教学,使学生在实践中掌握技能,从而提高职业素质和能力。在黄炎培看来,职业教育的目标是培养学生的职业素养,使其具备适应社会经济发展的能力。因此,职业教育应该注重职业素养的培养,而不是单纯的知识和技能的传授。

1. 以人为本

黄炎培先生将"以人为本"的价值观引入职业教育理念之中,并提出"谋个性之发展""为个人谋之准备""为个人服务社会之准备""为国家及世界增进生产力之准备"的职业教育目的,旨在实现"使无业者有业,使有业者乐业",点明了职业教育以就业为导向、服务社会的根本宗旨,也深刻反映出黄炎培职业教育思想把握民族发展轨迹、致力于中国现代化道路探索且顺应世界发展趋势的特征,同样展示出了职业教育为国家培养人才的本质。此处的"以人为本"也体现出,黄炎培的职业教育思想不仅仅是取得某种社会职业资格的教育,而是一种

综合职业能力的培养,它包括品德、职业道德、职业知识、职业技术技能技巧,以及从事这种职业所必需的实践经验,是以提高全民族职业素质为宗旨的。总之,无论是他的"职业陶冶教育"的观念还是其"职业补习教育"的思想都渗透了浓浓的"以人为本"的理念。

2. 敬业乐群

周汉民主编的《敬业乐群:黄炎培职业教育思想读本·教师篇》收集整理了黄炎培在指导、实践和研究职业教育的过程中形成有关职业教育教师观的书信、言论、观点,内容深刻且丰富。敬业乐群体现了教师的职业态度:"敬业"就是要热爱从事的职业,树立正确的职业观,并尽心尽责地干好,为社会和人类做贡献;"乐群"就是要有高尚情操和群体合作精神。同时,"敬业乐群"也是黄炎培提出的职业道德教育的基本规范,"所谓'敬业',是指'对所习之职业具嗜好心,所任之事业具责任心'……所谓'乐群',是指'具优美和乐之情操及共同协作之精神'"。[1] 黄炎培在提倡职业教育时十分注重道德教育,他在《〈学生自治号〉发行的旨趣》一文中明确提出只教学生职业,而不重视精神陶冶,这种"器械的教育"最好的结果"不过造成一种改良的艺徒,决不能造成良善的公民"。[2] 黄炎培的职业教育思想,尤其是其职业道德教育也随着教育实践的深入和社会的进步发展,不断地充实和丰富。他始终将职业教育与道德教育紧密联系,力戒只见物不见人、只见个人利益不见民族大义的狭隘的职业教育。

3. 做学合一

黄炎培职业教育思想的基本特点是关注实践和应用。他认为,职业教育是为了培养学生掌握一定职业技能,适应社会经济发展需要的教育形式。因此,职业教育的核心是实践和应用,而不是理论和概念。他认为当时中国教育最大问题是学校教育中存在重理论轻实践的弊病,因此他提出"实习非所注重,则能力无自养成"[3] 的观点,应"打破平面的教育,而为立体的教育。……改文字的教育,而为实物的教育"。[4] 他提出通过"手脑并用""做学合一""理论与实际并行,知识与技能并重",才能让学生们得到真正的职业训练,才能掌握所需的职业技能。他主张职业教育要注重实践教学,在实践中掌握技能,从而提高职业素质和能力。这一倡导在当时的中华职业学校实施后获得了极大的成功,也深受实业界的欢迎。而"做学合一"对现代职校的教师和学生都同样受用。对于教师来说,从单方面的"讲授"转化为"讲做合一",要通过走入行业、生产管理或者服务第一线,锻炼成为"双师型"的教师。对于学生来说,要从单方面的"听学"转化为"做学合一",在校企合作、产教融合中突破学校的小环境,在更大的场域内获得模拟训练或者真实的实践操作。

4. 科学至上

"职业教育,直接求百业的进步,间接关系民生国计大问题,并不会在科学以外,别有解决的新办法"。[5]他认为可以用科学的态度,以及科学的方法解决职业教育上的种种问题,他的"用科学解决百业有进步。不用科学解决,百业无进步。"也充分体现了他"科学至上"的理念。他还提倡运用职业心理学来选择和介绍职业标准。在实践中,中华职业教育社重视科学,学习德国的先进方法,制作了七种职业心理测验器,运用到招生工作中去,提高了中国职业教育的科学化。

(二)职校教师专业化发展的现实困境

教师是学校的灵魂,学校的教育质量直接取决于教师的质量。只有加强职业教育教师的专业化发展,大力提高职业教育教师的专业素质,才能打造高质量的职业教育品牌。相反,如果没有一支素质精良、乐于奉献的职教师资队伍,就不能培养出满足现代化生产需要的高技能、高技术人才。随着产业结构的不断优化升级、科学技术的进步、信息技术的飞跃、高新技术产业的不断涌现、新型服务业的层出不穷,社会对职业教育培养的人才技术含量要求在不断提升,从而对职校教师的知识结构体系及层次等都提出了新的要求。要发展现代化的职业教育,就要求教师的专业化程度不断提高。而且,鉴于职业教育的职业性、实践性、技术性和社会性等,不仅要求教师要具备职业教育理论与专业知识,而且还要具有一定的专业技术或技能,同时教师们必须在其专业教学实践中不断地进行学习,学习新的职教精神与理念,学习新的专业知识和专业技能,以促进个人的可持续发展,进而实现职校教师专业化的发展。在研究黄炎培职教思想的过程中,笔者也在本单位进行了简要的调研与访谈,以了解当下教师专业化发展的主要困境,以小窥大,就本单位的调研与访谈可以看出以下几个问题。

1. 教师队伍结构有待进一步优化

虽然本科学历居于中上水平，但也没有达到《教育改革发展纲要》提出的"中等职业学校本科以上学历的教师必须达到百分之百"目标，不利于教师专业化发展，影响教师整体专业水平的提升。另一方面，职校教师职称层次不高，高级职称教师占比较少，且其中以副高职称居多。教师的学历和职称水平与教师专业化发展息息相关，一般高学历、高职称教师的专业知识、专业能力相对较高，专业发展目标也较为清晰。尤其是参与调研的教师以中青年为大多数的情况下，高级职称教师占比不高，可见教师专业化发展的路径有待进一步畅通。

2. 专业化发展意识有待进一步强化

大部分教师主要通过参加培训或者会议的方式来了解职业教育发展的情况，基本属于被动接受的状态，而没有通过文件、网络或者其他主动学习的方式来汲取政策或者理论知识。在访谈中也了解到，教师主要通过校内外培训等途径大概了解相关政策，主要靠专家讲座中了解到的，或者在新闻中略有耳闻，真正研读并思考的情况比较少，即便少部分教师有过相关思考，但未能与自身专业化发展联系起来，说明教师专业理念认识不足，专业化发展意识淡薄、较为被动，没有内化为自身需求。

3. 专业技能有待进一步提升

作为一名新时代教师，又正值"互联网+"时代，信息化教学手段普及率越来越高，教师们参与信息技术培训的机会也越来越多，但是培训的效果，或者说教师们后期自己复习巩固的效果有待进一步考量。尤其是当下在线教学、在线辅导都比较常态，还需要教师们将培训的技能切实转化为实际的运用。此外，当前大部分教师表示已经可以胜任基本的教育教学工作，但科研能力是自身弱势，很多教师科研基础薄弱、科研方法匮乏，加上教学任务繁重空余时间少，很少参与相关课题和论文写作，只有在职称评定或学校硬性要求时，才会打起精神来应付。随着教育现代化进程持续推进，"科研兴校""科研兴教""科研强校"的观念深入人心，学校加大教育科研力度，教师提高科研能力已经成为迫不及待的事情。虽然职业教育突出职业性，但是通过教学研究才能更进一步提升教育教学水平与质量，教师们有教科研的压力，同时也要进一步转化为内生的动力，从而更好地实现教科研能力的提升。

4. 专业发展态度有待进一步端正

多数教师还未能认清当前发展现状与自身专业水平，缺乏专业发展动力。对自身发展和学生学习效果没有过多想法，缺乏长远的职业生涯规划，或者有想法，但是缺乏有效的实施思路和合理科学的适合自身的发展路径。相反，教师们最关心的莫过于职称评审问题，因为职称与工资待遇、社会地位等切身利益直接挂钩，算是给他们本就枯燥的教学生活增添一丝希望。然而，职称评审只是教师专业化发展的一部分，即使职称评得快、工资涨得高，远不及提高教师自身水平的要求。

（三）黄炎培职业教育思想的现实启迪

1. 提升专业化发展的主体意识

黄炎培先生秉承"实业救国"与"教育救国"理念，在实践"职业教育"理想的道路上不畏艰险、勇于探索、孜孜不倦。黄炎培先生穷毕生精力奉献于我国的职业教育事业，为现代教育制度的建立，特别是现代职业教育的创建和发展，作出了不朽的功勋。正如有研究者所说的那样，"当前世界经济飞速发展时代变化日新月异，各种思潮和不良风气正在涌现，职业教育界也出现急功近利、唯利是图、浮夸不实等苗头，职业教育发展还存在许多现实问题，正因为如此，黄炎培先生的职业教育精神才像一面镜子、一股清流，是职业教育发展的一盏明灯，借着它的光辉，可以把职业教育的目标和使命找回来正本清源，使职业教育真正还原为现代化人才培养的平台，真正成为中国和平崛起的动力。"[6]黄炎培先生始终以民族复兴为己任以"教育救国"为理念，在困境和磨难中坚持不懈推进职业教育，这种思想境界和探索精神是值得我们每一位教育工作者学习的。为此，本单位专门组织教师们前往黄炎培故居，开展参观学习活动，教师们认真观摩，通过图片、实物、影像等丰富史料的展现，重温了黄炎培先生当年工作、生活的场景，回顾了黄炎培先生为国奔走的一生，感受了职业教育的魅力，更重要的是希望教师们从直观的观摩见微知著，继续发扬心系祖国、热爱教育事业的崇高情怀，坚定初心如磐的理想信念，勇担教书育人的使命和职责。

2. 创设专业化发展的实践氛围

黄炎培职业教育思想的另一个重要特点是注重实践教学。他认为，职业教育

的核心是实践和应用,而不是理论和概念。职校教师应当注重实践教学的设计和实施,将理论知识与实践技能相结合,为学生提供真实的职业场景和实践经验,从而更好地帮助学生掌握职业技能和提高职业素质。实践教学能力的提高是职校教师专业化发展的重要标志,对培养高素质技术技能人才也极其关键。在这个信息时代,科技不断发展,新的教学方法和教育理论也在不断涌现,各个技术领域的知识内容不断进步,技术难度不断提升,针对这一现实状况,除了最基本的下企业行业实践锻炼以外,作为教师培养培训的主体,学校也可以发挥更多的能动性。比如,第一,邀请行业内的专家来学校开展专题讲座或研讨会,让教师们了解最新的行业动态和教育理念;第二,建立教师分享平台,鼓励教师们分享自身的实践教学经验和教学技巧,例如,教师可以在平台上分享自己的实践教学课堂教学设计和教学案例,以便其他教师可以参考和借鉴;第三,以赛促教,通过各类技术技能大赛的指导、教学比赛等设立教师奖励与评价机制,为教师的专业发展提供良性竞争平台,从而帮助教师们不断掌握最新的技术和实践方法,积累足够的实践经验。

3. 建立专业化发展的保障措施

在外部环境不断优化的同时,职业学校本身也要从内部制度或者机制上,保障教师专业化发展有畅通且合适的路径。笔者所在单位十分重视教师专业发展工作,有健全的教师队伍建设领导小组和管理团队,学校制定了《教师专业发展四年规划》,对规划的落实情况进行评价和监督。学校从提高教学质量和教育科研水平、促进教师专业发展、完善校本研修组织实施等方面着眼,制定了具有统领性、全局性的校本研修总目标,并分解为相关职能部门目标—教研组目标—教师个体目标,保证学校有序开展校本研修。学校制订了教师专业发展工作的年度研修计划,计划具有可操作性、发展性。组织全体教师撰写个人专业发展的三年规划,并为教师个人规划建立档案、对其进行跟踪考评。学校初步建立了校本研修的考勤制度、考核评价制度、交流制度和奖励制度、年检制度,且实施成效显著。此外,学校设有教师专业化发展方面的师资培训专项经费,专款专用,为研究经费、教师培训、研训设备添置及维护等方面给予充分的保障,并确保师资培训经费逐年提升。教师外出培训,按规定报销有关费用。同时,学校每年向区教育局申报教师专业化实践能力提升项目,用于校外教师培训基地建设,开展教师企业实践培训，邀请企业优质人才到学校举办讲座，担任校外专家，以促进学校教师向"双师型"师资的转化。在工作开展中，成立了由校长室、校办、教务处、教科研室、人事办、政教处共同组成的校本研修领导小组，加强对研修工作的领导、协调、管理。由校长亲自挂帅任组长，学校分管教学副校长、德育副校长任副组长，学校教务处副主任兼任师训专管员，负责具体师训工作。政府教育管理部门也非常支持，每年的项目申报都能成功立项，严格监督教师专业化发展项目开展的过程。

参考文献

[1] 田正平，周志毅. 黄炎培教育思想研究 [M]. 沈阳：辽宁教育出版社，1997：243.
[2] [3] [4] 成思危. 黄炎培职业教育思想文萃 [M]. 北京：红旗出版社，2006：185，209，6.
[5] 黄炎培. 我来整理整理职业教育的理论和方法 [J]. 教育与职业，1928(100).
[6] 徐国立. 黄炎培职业教育思想及其对高职人才培养的启迪 [D]. 福州：福建师范大学，2010.

（执笔：张华、魏魏、王薇、李青青、陈扬兴）

链接：我国职教立法前围绕职教命名问题开展的十年学术争鸣回顾

回顾 20 世纪的 90 年代初，笔者在华东师范大学原教育科学研究所就读职业技术教育学专业的研究生，毕业后到原上海职业技术教育研究所工作，由此与原国家教委职业技术教育中心研究所及其主办的《中国职业技术教育》杂志结下了不解之缘。1995 年《中国职业技术教育》的"探索与争鸣"栏目专门发表了费重阳和严雪怡两位老先生针对"是否存在培养技术工人的高等教育"这一问题的不同意见，当时曾给我留下颇为深刻的印象。

我与费重阳先生并不相识，但却早闻其大名且仰慕已久，记得我 20 世纪 80 年代在技工学校任教期间就曾粗览过他主持编写的《技工学校管理简明教程》。严雪怡先生则是我后来就读研究生时结识的华东师大教科所兼职研究员，也是再后来我担任上海职教研究所科研秘书后需要经常联系的所学术委员会委员，而他主编的《中专教育概论》一书更是作为当时职教专业研究生的主要教材和职教所

科研人员必备的专业文献及工具书。[1]当时我作为一个刚从企业技校教师转到专职科研岗位上不久的年轻人,对这些圈内的名人围绕一些基本理论问题进行的学术争论比较有兴趣,于是通过关注和追踪并顺而寻觅一些其他的相关文献资料,发现二位前辈的此番笔战可以看作是早在十年前学界就已开展的关于我国职教如何命名的概念之争的延续。具体而言,以中华职业教育社的老同志为代表的一派主张使用"职业教育",而以华东师大等部分高校学者为代表的一派则主张使用"职业技术教育"或"职业和技术教育",两派之间的学术争鸣到这个时候已经持续了整整十年之久。

众所周知,自从黄炎培先生1917年在上海发起成立中华职业教育社之后,"职业教育"(Vocational Education)这一名称在我国使用了几十年。但在新中国成立后的一段时间内,职业教育曾经被人们普遍看作是资本主义社会特有的产物,因此当时大家往往都有意或无意地回避甚至排斥这个概念,而对于计划体制下分工培养技术工人和技术员的学校教育也并没有一个综合性的名称,只是分别称为技工教育和中等专业教育。直到"文革"结束后经过拨乱反正进入改革开放的新时期,特别是1985年5月《中共中央关于教育体制改革的决定》发布以后,原有的中等专业学校、技工学校与各地作为新生事物大量涌现出来的职业高中乃至地方职业大学一道,如沐春风般得到了日新月异的迅速发展并为经济建设作出了令人瞩目的积极贡献,很快发展成为一种相对自成体系的教育大类。但对于这一大类教育如何命名的问题,国内学界一直是争论不休。

在始于1985年的第一轮争鸣中,中华职业教育社的一批老同志极力主张采用黄炎培先生创业时使用的"职业教育"作为这一大类教育的综合名称,如王艮仲、饶博生二位先生专门撰文提出四大根据:一是我国1982年宪法中提及了"职业教育"的概念;二是在当时清除"左"的错误影响的形势下必须巩固拨乱反正的成果;三是现代化建设不仅需要具有良好技术技能的技术人员和技工,也急需大批掌握科学经营管理知识的管理人员;四是职业教育应该囊括职业基础知识、职业技术、职业管理和职业道德四个部分内容,如果用"职业技术教育"代替"职业教育"则是以偏概全、逻辑不通。他们还认为称作"职业教育"还是"职业技术教育"不只是名词或概念之争,实质上"关系到职业教育发展的指导思想;也是关系到如何建设具有中国特色的职业教育的实践问题"。[2]又如高奇先生明确做出界定:"'职业教育'概念反映了作为每一个就业或从业人员都应接受和受到的某种专业教育的实质,是与普通教育相对的另一种普及教育;技术教育则是指职业教育的一部分(大专水平部分)或指一部分内容(技术教育),与职业教育并称容易引起一些误解"。所以她认为从我国的教育传统和社会现状来看,用"职业教育"来统称这一类型教育有利无弊。[3]而费重阳先生当时作为中华职教社研究工作委员会委员和天津中华职教社研究委员会的副主任,其思想观点自然也是属于职教社这一派的,1984年天津职业技术师范学院内部出版的职教专业教材《职业教育概论》一书就是由高奇主编、费重阳等人参与编写的。

但是,坚持使用"职业技术教育"的学者们也有着非常充分的理由。20世纪80年代初华东师大教科所受教育部委托承担我国职教体系研究的课题组指出,这一大类教育培养的是技术工人类和技术员类这两种类型的人才,"由于这两类人才各自工作的性质、对象不同,因此在知能结构上有很大差异。这种差别即知识数量或技能熟练的要求有明显的不同。反映在培养目标、培养计划结构、课程设置、实践性教学内容及要求等方面,也有着质的区别。因而培养这两类人员的教育也有明显的类别之分",即一类是以培养职业技能为主的"职业教育",另一类是以实施专业技术为主的"技术教育"(Technical Education),"如果把这两类不同性质的教育混淆或合并起来,就难以按客观需要进行针对性的培养和训练,更谈不上发挥两类教育的各自的特色,最后必然会影响人才的合理使用"。[4]我的研究生导师黄克孝和严雪怡等人正是该课题报告的主要作者,他们的观点得到了委托方教育部相关领导的高度认可。1982年教育部将分管职业中学的职能由普教司划到中专司,并将中专司改设为对全国中专(指中技,不含中师)与职业中学进行综合管理的业务部门时,最初起名为"职业教育与技术教育司",以同时彰显这两类教育。其主要理由,一方面是认为该司除了将属于职业教育的职业中学纳入综合管理外,还应该对劳动部所属的技工学校负有宏观管理的责任;而中专学校的培养目标从来都是中级技术人员和管理人员,是20世纪50年代初学习苏联教育体制的产物,本来就归属于技术教育而并非职业教育。另一方面的理由,是了解到1974年联合国教科文组织召开的第18届大会上曾建议各国采用TVE(Technical and Vocational Education)即"技术和职业教育"作为一个综合的术语,包括"技术教育"和"职业教育"两类教育,所以我们以"职业教育与

技术教育司"命名也比较便于国际交往。但后来为了简化这一过长的名称而几经周折,先改为"职业和技术教育司",又改为"职业、技术教育司",最终由部领导定名为"职业技术教育司"。[5]此后,"职业技术教育"一词便得到了官方文件及其他各方面的普遍应用,包括在1985年《中共中央关于教育体制改革的决定》中,除有两处用到"职业和技术教育"外,基本上全都采用了"职业技术教育"的名称。在80年代最早正式出版的几部职教专著中,1985年华东师大教科所编著的《技术教育概论》和1988年严雪怡主编的《中专教育概论》在说明研究对象"以工科类的中等专业学校为主,兼及技工学校"[6]的前提下都统一使用了"职业技术教育"一词。而随着1986年全国教育科学规划领导小组设立职业技术教育学科组,[7]同年刘鉴农等主编《职业技术教育学》、梁忠义主编《职业技术教育手册》、刘春生等编著《职业技术教育管理》,1987年于清涟等编著《职业技术教育管理》,1988年门振华编著《职业技术教育概论》,1989年刘春生著《职业技术教育导论》、王金波著《职业技术教育学导论》、董操主编《职业技术教育手册》等著述,则更为明确地在书名上就直接亮明了"职业技术教育"这一作为教育学二级学科的学术概念。

根据《教育与职业》杂志1985年的报道,在中华职业教育社举行的第二次理论研究座谈会上,"与会者对'职业教育'(广义和狭义)、'技术教育'(广义和狭义)、'职业和技术教育'、'职业技术教育'等几个名称及其涵义作了认真的探讨"。[8]也正是在1985年这一年,当时仍由严雪怡担任校长的上海电机制造学校经国家教委批准,在原有初中后4年制中专的基础上试办5年制高等技术专科(后来统一改称为五年制高职),更名为上海电机制造技术专科学校(不久又调整为上海电机技术高等专科学校)而开始进行"高等技术教育"的实践探索。[9]1987年严校长退休后更是集中精力专注于技术人才与技术教育思想的理论探索,并逐步归纳出其核心内涵:首先,技术教育与职业教育是有重要区别的,职业教育的主要功能是培养技术工人类的技能型人才,而技术教育的主要功能是培养技术员类的技术型人才;其次,区分二者的依据是技术型人才相对于技能型人才的独立性,技能型人才的主要职业活动是设备操作,而技术型人才则主要从事技术的应用与运用,如承担设备维护维修与工艺设计等任务,是把工程师的设计意图转化为技术工人实际生产的"中间型人才";此外,在当时高等职业技术教育开始得到发展的新形势下，更应明确对两类人才、两类教育做出区分，确立技术教育的独立地位，大力发展技术教育。[10] 关于这一大类教育如何命名问题的争论遂于1990年进入第二轮，黄大能先生在《教育与职业》上发表的《"职业教育"正名问题商榷》一文再次引发学界的争鸣，随即严雪怡先生也以《职业教育、技术教育、职业和技术教育——谈"职业教育"的正名》一文作出了回应。[11]

　　由于进入20世纪90年代后我国开始推进职教立法的特殊背景，分别以中华职教社与部分高校学者为代表的两派意见持续不断的争鸣讨论很快于1995年进入到第三轮。就我个人的认识来看，费重阳和严雪怡二位前辈在《中国职业技术教育》上的那次笔战，实际上也正是这一轮争鸣中的一个组成部分。当时费老针对严老提出由于"我国的高等职业技术教育应当是在中等技术教育之上延伸的高等技术教育"故而"不存在培养技术工人的高等职业教育"的观点进行了质疑，认为不能将以培养高技能人才为目标的高级技工学校排除在高等职业教育之外；[12] 严老则从具体的产业岗位调研与国际上不同学制的比较相结合的高度，对人才分类与教育分类作出了进一步的理论阐述，指出20世纪中叶世界各国普遍出现培养技术员类人才的学制后，人才分类与教育分类出现了新的变化，需要对新时期条件下高级技术工人的类型属性进行具体分析，无论是智能型、技能型、技艺型还是复合型的高级技工，都要从实际出发客观分析判断其是否实际转型变成了技术员类人才，[13] 而这对于当时尚处于起步阶段的高等职业教育发展来说是至关重要的。也正是从1995年这一年开始，严雪怡老校长与原国家教委职教司的孟广平、杨金土两位老司长在上海发起组织了一个系列性的课题研讨活动，这就是后来被命名为"上海职教论坛"的非正式民间研究团体，先后在《教育研究》上发表了《对发展高等职业教育几个重要问题的基本认识》和《论高等职业教育的基本特征》这两篇在国内职教学界产生重大影响的长篇论文，我也有幸曾经作为该论坛核心组中最年轻的一员参与其中。经过持续数年的多次研讨，论坛成员们都普遍认可严老关于人才分类与教育分类的思想，论坛所产出的一系列研究成果基本上也都是围绕这一问题展开的。如在我参与撰写的《论高等职业教育的基本特征》一文中，就明确提出了人才分类和教育分类可以相对应地分成四类，即培养学术型人才的学术教育、培养工程型人才的工程教育、培养技术型人才的技术教育、培养技能型人才的职业教育，而"高等职业教育具体的培养目标比较多

样,几乎覆盖社会的各行各业,但就其人才类型而言,主要是技术型人才"。[14]

1996年《中华人民共和国职业教育法》的首次正式颁布,宣告了关于我国职教命名问题的学术争鸣就此画上了句号,最终是中华职教社这一派学者的意见得到了采纳,"职业教育"的概念自此从法理上取代了"职业技术教育"。但不可否认的是,职教法文本中对"职业教育"内涵的界定所体现的完全是一种"大职业教育"的观念,它既与黄炎培先生早在1925年就已提出的"大职业教育主义"思想一脉相承,也与联合国教科文组织在面临世纪之交的1999年提出以TVET(Technical and Vocational Education and Training)替代原来的TVE一词的建议不谋而合,[15]这一点也是让主张以"职业技术教育"命名的另一派学者们能够感到欣慰和鼓舞的。但与此同时,另一个不可否认的客观现象是,当人们的脑子里只剩下单一的职业教育概念时,现实中的技术教育则似乎出现了被逐渐淡忘的倾向,部分决策者甚至有的研究者几乎根本就不知道还有技术教育这一类别的客观存在,以致于往往片面地强调既然是职业教育那就是培养技能型人才,故而一味地把教育教学的目标单纯定位于技能训练之上,甚至有意或无意地把职业学校教育简单化地等同于岗位技能培训,尤其是在一些高职院校的课程改革中出现了技术型人才培养被大大削弱的现象。有学者指出:"从今天看来,这一担心决不是多余的,事实上技术教育概念的缺失已使得高职教育的定位产生了极大的迷惘,职业院校在教学资源建设过程中过于重视操作设备的建设,而忽视了认识与理解层面教学资源的建设,有些地区甚至极端化到只知盲目地建设所谓生产性实训基地。实践已在证明那些片面强调生产性功能的实训基地建设的错误,然而大量的办学经费已被浪费"。[16]

如今,回顾1985—1995年那一场关于我国职教如何命名的问题展开三个轮次的十年学术争鸣,笔者认为对于我们当前加快现代职业教育体系建设、推动现代职业教育高质量发展仍有积极的意义和重要的启示。特别是2022年在《中华人民共和国职业教育法》经过大幅度修订后付诸实施的新形势下,党的"二十大"报告中进一步提出了"统筹职业教育、高等教育、继续教育协同创新"的新要求,我想这也意味着我们需要更加清醒地认识到现代职业教育内涵的深化和外延的拓展。新时代的中国式现代化道路上,我们要深化现代职业教育体系建设改革,单一培养技能型人才的传统职业教育就必将为全面培养多样化技术技能人才的"大职业教育"所取代，职业院校作为 Vocational Education 的办学功能也必然要向 TVET 两端的两个 T 延伸。[17] 笔者个人理解前一个 T（Technical）就是向高等教育的延伸，要求在专科层次高等职业教育的基础上稳步发展职业本科教育，培养更高层次的技术型人才；后一个 T（Training）则是向继续教育的延伸，要求逐步完善面向全社会的职业继续教育体制和机制，承担更多的产业培训与社会培训任务，使职业院校服务全民终身学习的功能得到更为充分的发挥。由此以职业教育为核心，向高等教育和继续教育两端拓展延伸，从而在统筹协同创新中形成以"大职业教育"为特征的 TVET 体系，这样才能真正切实有效地推动现代职业教育高质量发展。

参考文献

[1] 郭扬. 忆念职教研究的楷模严雪怡先生 [J]. 职教论坛，2012(13).

[2] 王艮仲，饶博生. 为职业教育正名定位 [J]. 教育与职业，1985(1).

[3] 高奇. 职业•职业观•职业教育 [J]. 教育与职业，1985(1).

[4] 华东师大教育科学研究所职业技术教育体系研究组. 关于我国职业技术教育体系的探讨 [J]. 教育研究，1986(9).

[5] 刘猛. 治学当问出处：学术组织中的教育思想生成 [M]. 上海：上海社会科学院出版社，2021: 204-205.

[6] 华东师范大学教育科学研究所技术教育研究室. 技术教育概论 [M]. 上海：华东师范大学出版社，1985: 1.

[7] 黄尧. 职业教育学 [M]. 北京：高等教育出版社，2009: 19.

[8] 少钧. 理论研究面临新的课题——中华职业教育社举行第二次理论研究座谈会 [J]. 教育与职业，1985(2).

[9] 上海市地方志编纂委员会. 上海市志•教育分志•职业教育卷（1978-2010）[M]. 上海：上海古籍出版社，2021: 560-561.

[10] 郭扬. 职教名家谈职教 [M]. 上海：华东师范大学出版社，2016: 196.

[11] 瞿葆奎，钱景舫. 社会科学争鸣大系（1949—1989）•教育学卷 [M]. 上海：上海人民出版社，1992: 612.

[12] 费重阳. 谈高级技工学校的定位——与严雪怡先生商榷 [J]. 中国职业技术教育，1995(10).

[13] 严雪怡. 人才分类与教育分类——答费重阳同志 [J]. 中国职业技术教育，1995(12).

[14] 杨金土，孟广平，严雪怡，吕鑫祥，郭扬，黄克孝，成永林. 论高等职业教育的基本特征 [J]. 教育研究， 1999(4).

[15] 郭扬."职业教育"="Vocational Education"？[J]. 职教通讯， 2007(1).

[16] 徐国庆. 严雪怡论技术人才与技术教育 [J]. 江苏教育（职业教育版）， 2011(9).

[17] 兰小云， 郭扬. 扩招背景下的高职院校转型发展：从对接走向融合 [J]. 教育发展研究， 2019(13/14).

（执笔： 郭扬）

第三部分　社务工作

一、2023年上海中华职业教育社工作概况

2023年是全面贯彻落实党的"二十大"精神的开局之年。上海中华职业教育社在市委统战部的领导和中华职业教育社的指导下,以习近平新时代中国特色社会主义思想为指导,全面贯彻落实党的"二十大"精神,紧紧围绕市委、市政府重点任务、统战重点工作,以换届为契机,立足"统战性、教育性、民间性"的性质定位,充分发挥联系广泛、人才荟萃优势,以建立联系合作机制增强发展动能,以凝聚职教力量服务中心工作,坚持在"融入国家重大战略任务、融入区域经济社会发展"中发挥独特作用,突出职教社特色,彰显使命担当,为服务上海职业教育高质量发展和统一战线工作大局作出了积极探索。

以换届工作为引领,大力推动自身建设。召开第七次代表会议,全面总结近5年工作,选举产生新一届社务委员会,集中完成区级职教社换届。开展学习贯彻习近平新时代中国特色社会主义思想主题教育,完善"第一议题"制度,加强政治理论学习,围绕基层组织建设等问题开展深入调研。完成党总支、机关党支部、退休党支部和机关工会换届。开展社史展志愿讲解服务,全年共接待来访94批1519人次。开展机关建设年活动,完善项目制,为干部锻炼成长搭建平台,促进党建和业务深度融合,着力提高学习能力、研究能力、表达能力和工作落实能力。建立健全7项规章制度,形成长效机制。充分发挥"一刊一微一网"宣传阵地作用,全年出版上海社讯12期,上海中华职教社门户网站刊登稿件400余篇,社微信公众号发布信息360余条。

以调查研究为突破口,深化调查研究与建言献策。着眼强化职教社智库功能,组织社员中的人大代表、政协委员在各级"两会"上建言献策。聚焦"上海'新型高职'改革的进展、问题与对策研究"议题,举办第八期职教沙龙。着力深化

课题研究，举行调研工作培训班，表彰先进，部署工作，对建言献策、课题调研工作开展能力培训。全年推进课题项目42个，其中社常务副主任胡卫牵头的《新时代黄炎培职业教育思想传承与创新研究》被市委统战部确定为年度重点选题。向市委统战部报送的课题成果《推进中职学校开展筑牢中华民族共同体意识教育工作研究》获2023年度全市统战理论政策研究创新成果三等奖，实践创新成果材料《大力加强社史展示厅建设 打造职教社统战文化高地》获全市统战工作实践创新成果特色奖。

以新班子新作为为目标，大力推动职业教育实践。出版发行《2023上海职业教育事业蓝皮书》，全面反映职业教育最新研究成果，宣传推动上海及长三角职业教育事业。推动"中华牌"学校复学和办学，探索上海中华职业技术学院整改路径，在上海商业会计学校举行中华职业学校原址纪念牌揭幕式，宣传倡导黄炎培职业教育思想。举办第十一届"中华杯"职业技能竞赛，吸引来自长三角的625位选手同台竞技，268人获得"中华杯"奖项，达到了以赛促训、以赛促学、以赛促教的预期目标。举行2023年度"中华助学金"发放仪式，惠及来自上海和西部地区在沪就读的250名困难学子，并现场募集捐款138万元。

以多元联动为手段，加强对外交流与对口合作。举办第11期港澳台职业院校师生和大学生研习营，吸引52名台湾、澳门师生来沪参加活动。参与市委统战部2023年港澳台侨青年实习计划，组织30名澳门城市大学优秀毕业生来沪交流考察。落实长三角一体化发展战略，由社第一工作委员会在上海组织承办"新起点、新征程，同谱助力长三角一体化高质量发展新篇章"2023长三角区域中华职业教育社基层组织暨社员单位联席会议全体会议，由社常务副主任胡卫带领调研组赴安徽省就推动长三角职业教育高质量发展进行调研。参与上海三明对口合作，同三明中华职教社签订合作意向书，在人员培训、帮困助学等方面达成协议，并联合云南、三明中华职教社在沪举办云南省、福建省三明市职业院校长研修班。

二、上海中华职业教育社2023年度重点工作

（一）完成社务委员会换届

2023年是职教社换届年。在市、区党委统战部的领导和中华职教社的指导下，市、区中华职教社圆满完成换届工作，顺利实现领导班子新老交替。

1. 前期准备工作

5月，中央统战部下发《关于指导中华职业教育社做好换届工作的意见》，中华职教社召开2023年地方组织换届工作会，对换届工作提出要求。上海中华职教社第一时间响应，研究谋划换届工作。7月，召开六届十七次主任会议和六届十一次社务委员会（扩大）会议，对换届工作进行具体部署。成立换届工作领导小组，并印发相关文件，正式启动换届。

在市委统战部指导下，函请各民主党派市委、市教卫工作党委、市人社局、各区委统战部等，严格按照人选提名条件，推荐第七届社务委员会委员初步人选。班子初步人选上报总社和市委统战部，7月市委统战部部务会讨论通过了主任、副主任名单，8月总社下发同意班子初步人选的批复。由市委统战部牵头，对人选进行综合考察。在市委组织部的指导下，按照相关规定完成兼职审批程序。

2. 区职教社先行完成换届

5月16日至9月7日，首次在3个多月时间内集中对全市16个区中华职教社进行换届。为保障区社换届工作顺利完成，第一次由市委统战部召开分管副部长出席、各区委统战部分管副部长参加的区社换届工作动员会议；第一次制定区社换届工作路线图、明确节点任务和要求；第一次由上海中华职教社集中开展区社换届工作全覆盖调研，排摸情况，传达要求。新一届区中华职教社班子成员选

任较好贯彻了中央、市委文件要求，体现了职教社"统战性、教育性、民间性"特点，在年龄、类别、文化结构上进一步优化，促进了区职教社组织的规范化建设。

3. 上海中华职教社召开换届大会

图1　上海中华职业教育社第七次代表会议

图2　第七届社务委员会领导班子合影

根据中央意见精神，本次换届吸收职业教育界、民办教育界代表人士进入班子队伍，涵盖民建、民进、民盟、民革等多个民主党派，搭建了党和政府联系、团结职业教育界和民办教育界人士的桥梁纽带，体现了统一战线的大团结、大联合特点。10月13日，上海中华职教社召开第七次代表会议，全国人大常委会副委员长、中华职业教育社理事长郝明金出席会议并讲话，在本轮全国31个省级中华职教社换届中尚属首次。会议选举产生了以上海市副市长解冬为主任、胡卫为常务副主任，李国华、毛丽娟、丁光宏、孙真荣、叶才福、丁祖昱为副主任的新一届领导班子。此次大会，全体会议代表出席率达91.9%，七届一次社务委员会出席率达94.7%，全部候选人在两轮选举中全票当选。

（二）举办"中华杯"职业技能竞赛

第十一届"中华杯"职业技能竞赛由上海中华职业教育社联合上海市人力资源和社会保障局、上海市教育委员会共同主办。本届竞赛以"守初心、筑匠心、育师心"为主题，主要面向本市及长三角地区职业院校专业教师、社会培训机构培训教师与企业培训教师。对标上海战略性新兴产业和新兴业态的发展需求，竞赛共设立26个职业技能竞赛项目，包括元宇宙——虚拟展厅搭建、现代智慧厨房创新菜烹饪、互联网综合选品运营等12个新赛项，覆盖餐饮服务、健康护理、现代加工、信息技术、数字经济等领域。竞赛自11月12日启动，并于2024年1月6日举行闭幕式暨颁奖大会，共有625名专业教师和企业培训师参赛，268人获得"中华杯"奖项，达到了以赛促训、以赛促学、以赛促教的预期目标。

1. 启动仪式

图3　解冬、王平、董怡雯共同启动竞赛

11月12日下午，第十一届上海市"中华杯"教师职业技能竞赛启动仪式暨"黄炎培诞辰145周年"主题展在浦东新区青少年活动中心举行。上海市副市长、市职教社主任解冬出席，并与市政府副秘书长王平、市委统战部常务副部长、市政府侨办主任董依雯一起启动竞赛。市人社局副局长张岚，市教委二级巡视员杨伟人，浦东区委常委、统战部部长张峰，区人大常委会副主任、市职教社副主任、区职教社主任李国华等领导出席。市职教社常务副主任、市政府参事胡卫主持仪式。

解冬在讲话中指出，"中华杯"职业技能竞赛是在新时代秉承践行职教社"使无业者有业，使有业者乐业"的办社宗旨、继承弘扬黄炎培职教思想的生动实践。竞赛本着"面向社会、面向青年、面向技能"的宗旨，已为本市、长三角，以及香港、台湾地区的数千名技术技能人才提供了展示技能、切磋技艺的平台，激励更多青年怀抱"双手万能、手脑并用"信念，走技能成才、技能报国之路。她希望广大职教从业者积极参与职业技能竞赛活动，汇聚起推进上海高质量发展的坚实力量。

张峰代表浦东区委致辞。江苏省统战部二级巡视员、省职教社秘书长倪南，浙江省职教社秘书长、秘书处处长梁成岗，安徽省职教社秘书长金兆勇应邀出席仪式。沪苏浙皖中华职教社代表共同为首批长三角中华职教社职教师资培训基地的十家企业授牌。整场活动在《中华职业教育社社歌》声中拉开帷幕，表演者们身着民国风服装，以快闪形式唱出"将使无业者咸有业兮，使有业者乐且无疆"的职业教育初心使命。

图4　第十一届"中华杯"职业技能竞赛启动仪式领导合影

2. 闭幕式暨颁奖大会

1月6日，第十一届上海市"中华杯"教师职业技能竞赛闭幕式暨颁奖大会在上海南湖职业技术学院举行。上海市副市长、市职教社主任解冬出席并讲话。

市政府副秘书长王平，虹口区委书记李谦，市中华职教社副主任、浦东新区人大常委会副主任李国华，市中华职教社副主任、上海体育大学党委副书记、校长毛丽娟，市中华职教社副主任丁光宏，市中华职教社副主任、市教委副主任孙真荣，市就业促进中心主任周国良，虹口区委常委、统战部部长郑宏，市中华职教社副主任叶才福、丁祖昱等领导出席活动。市职教社常务副主任、市政府参事胡卫主持活动。

解冬代表主办方向所有支持、参与"中华杯"竞赛活动的单位和个人表示衷心感谢。她指出，"中华杯"职业技能竞赛的举办，在全社会大力弘扬劳模精神、劳动精神、工匠精神，努力营造"劳动光荣、技能宝贵、创造伟大"的时代风尚，为加快建设国家重视技能、社会崇尚技能、人人享有技能的技能型社会作出了积极贡献。希望上海中华职教社不忘初心，发扬光大黄炎培职业教育思想，不断提高"中华杯"办赛水平，不断扩大竞赛影响力和溢出效应，让越来越多的青年在"中华杯"的舞台上书写技能成才、技能报国的精彩篇章。

图5　上海市副市长、上海中华职教社主任解冬闭幕讲话

王平、李国华、毛丽娟共同启动上海中华职业教育社"上海市虹口区产教联合体—创新研究基地"，李谦代表虹口区委致辞。活动现场为获奖选手代表进行了颁奖，对突出贡献单位和优秀组织单位进行了表彰。

活动外场设有"职技匠心•沪创未来"职业技能成果主题展，现场展示了蜡染、传统香道制作技艺、葫芦雕刻等非遗项目，以及智能新能源汽车5G+XR虚拟仿真等新兴技术。现场由上海精武体育总会带来的中华武术《精武飞扬》，充分展现了虹口区作为国家级非物质文化遗产"精武武术"发源地的独特魅力，诗朗诵

《请党放心，强国有我》，生动展示了走上技能成才、技能报国之路的青年学子们誓把青春献给党的决心。

图 6 上海中华职教社常务副主任胡卫为浦东社、虹口社颁发突出贡献单位奖

（三）编撰《2023 上海职业教育事业蓝皮书》

1. 编撰概况

《2023 上海职业教育事业蓝皮书》由上海中华职业教育社组织编撰，2023 年 11 月由上海科学技术文献出版社向全社会正式出版发行。

全国政协常委、时任上海中华职教社主任周汉民任《蓝皮书》主编，上海中华职教社常务副主任胡卫、前副主任张岚、副主任毛丽娟任副主编。全书由上海职业教育改革发展报告、专题研究、案例分析、2022 年上海中华职业教育社事业报告四个部分组成，共计 43 万余字。

图 7 《2023 上海职业教育事业蓝皮书》初稿讨论会

这本《蓝皮书》是上海职业教育事业蓝皮书年度丛书的第十本。十年耕耘，十年坚守，十年磨一剑。2023年是全面贯彻落实党的"二十大"精神的开局之年，是实施"十四五"规划承前启后的关键一年，也是全面建设社会主义现代化国家开局起步的重要一年。《蓝皮书》就是在这样的背景下编撰完成。全书深入贯彻中共"二十大"精神、中央统战工作领导小组关于职教社的意见精神，充分反映年度特征，突出总结性、现实性和前瞻性，兼顾组织发展、创新转型、民生关切，展示了职业教育理论与实践的最新高度，体现了十年里程碑的特殊意义。

2. 核心内容

《蓝皮书》梳理了上海职业教育改革发展总体情况，指出扎实推进"三全育人"综合改革，打造特色育人新格局；对接上海产业发展需求，实现专业与产业深度融合发展；"引育用管"并举，推动"双师"建设体系化；强化课程教材建设，夯实人才培养根基；加强对外合作交流，巩固国际化发展路径，既是上海推进职业教育改革的经验总结，又是职业教育发展的成绩体现。

《蓝皮书》提出，要统筹"三教"推进"三融"，优化职业教育类型定位，着力贯彻职普融通新理念、践行产教融合新模式、构建校企深度合作有效机制、探索科教融汇新路径。要面向"四新"优化专业设置，培养新型职业技能人才，主要是通过科学引领职教专业改革发展，深化专业建设与培养模式改革，推动专业与产业协同发展，持续优化院校专业设置等手段，不断巩固上海国际大都市建设人才支撑。要积极落实新修订的《职业教育法》，推进职业本科院校建设，探索新型高职院校改革，破解职教高质量发展"瓶颈"。

《蓝皮书》建议大力推进职业教育数字化转型，提升数字技术赋能人才培养质量，主要从四个方面入手：一是发挥数字化平台功能，解决职业教育教学问题；二是利用信息技术手段，构建线上教学质量保障体系；三是搭建论坛交流平台，营造教育数字化改革环境；四是重视网络安全防护，保障教育数字化平稳转型。主张确立全局观点和协同思维，加强统筹联动、系统推进，聚焦数字化、智慧化、高质量，最终全面实现中国职业教育弯道超车。

《2023上海职业教育事业蓝皮书》，作为系列丛书的第十本，既是十年编撰工作的阶段性总结，更是对未来美好画卷的隆重开启。《蓝皮书》提出，上海中华职教社将以中共"二十大"精神为指引，与时俱进，锐意创新，聚焦现代职业教育高质量发展，持续彰显职业教育理论研究和实践探索的广度和深度，使本书逐步成为放大职教社智库功能的重要平台和载体。

3. 十年编撰工作总结座谈会

12月27—28日，上海中华职教社常务副主任胡卫主持召开贯彻落实深入推进长三角一体化发展座谈会精神研讨会暨《上海职业教育事业蓝皮书》出版10周年总结座谈会。江苏省委统战部二级巡视员、省中华职教社秘书长倪南，江苏护理职业技术学院原党委书记吉文桥，浙江省中华职教社理论研究与专家工作委员会副主任杨悦梅、安徽省中华职教社专家委员会副秘书长沙其富等应邀出席会议。

会议认为，十年蓝皮书编撰，绵绵不断、生生不息，离不开长三角各方的相互支持和共同探索。下一步要推动《蓝皮书》编撰工作合作，聚焦地方经济发展，加强数据共享，深化实证研究，优化升级长三角职教宣传和研究品牌。要立足当下，着眼未来，坚持先立后破，更好发挥先行探路、引领示范、辐射带动作用，努力把长三角职业教育一体化带到一个新高度。会议对后续蓝皮书撰写提出要求，包括凸显内容为王、工作为主、功能为纲、落地为要、先立后破原则，突出上海在长三角区域的战略定位，反映长三角一体化优势，加强组织、聚焦政策、做大做深，不断彰显职教社智库功能。

图8 贯彻落实深入推进长三角一体化发展座谈会精神研讨会暨《上海职业教育事业蓝皮书》发行10周年总结座谈会

28日上午，聚焦上海先导产业发展情况，与会人员前往位于上海自由贸易试验区临港新片区的上海邦芯半导体科技有限公司参观学习，深入了解企业产教融合情况和发展前景。

（四）发放"中华助学金"

1. 基本情况

本次"中华助学金"发放是上海中华职教社该类活动的第十一批，被纳入上海统一战线民生实事项目，是新时代职教社统一战线工作的创新。本次活动共向本市62所职业院校的250名困难学生发放助学款50万元。其中，本地生137名，来自云南、四川、新疆、西藏、贵州、重庆、青海、福建、湖北等地的学生113名，同时共收到5家单位捐款138万元。86岁高龄的市政协老委员、田林中学退休教师林黛文女士，经实地考察，向温暖工程基金会捐赠30万元，用于"中华助学金"项目。12月21日下午，2023年度"中华助学金"发放仪式在上海教育会堂举行。

图9　2023年度"中华助学金"发放仪式

发放仪式上，上海中华职教社常务副主任胡卫代表上海市副市长、上海中华职教社主任解冬向获助学生表示祝贺，向长期以来关心、支持职教社和温暖工程事业发展的有关单位和社会各界致以感谢。他指出，十多年来每逢冬至时节举行的"中华助学金"发放仪式为学生帮困疏难、传递温暖，受到广泛好评，影响力持续扩大，是职教社服务社会民生，传承发扬"使无业者有业，使有业者乐业"的立社初心，踏实践行温暖工程"灯亮一盏，光洒成片"理念宗旨的有力举措。

数据显示（如下表），"中华助学金"对少数民族和对口帮扶地区的支持力度

基本上呈逐年递增趋势，资助覆盖范围总体上也是不断扩大的，标志着上海职业教育统一战线的进一步延伸。

2013-2023 年少数民族和对口帮扶地区受助学生分布情况

年度	受助学生人数											
	新疆	西藏	贵州	宁夏	青海	云南	四川	重庆	湖北	甘肃	福建	小计
2013	30	10	15									55
2014	20	10	15									45
2015	20	10	40									70
2016	26	10	34	20	5							95
2017	41	18	51	25	19	18	13	6		1		192
2018	26	10	16	30	9	25	3					119
2019	25	10	12	20	8	19	13			2		109
2020	22	10	21		4	27	15	2	3			104
2021	20	12	14		10	35	11	5	4			111
2022	27	10	14		5	27	16	2	5			106
2023	18	10	8		6	34	23	8	2		4	113
合计	275	120	240	95	66	185	94	23	14	3	4	1119

2. 活动效果

2023 年度"中华助学金"发放活动在各媒体上刊登后，引起社会广泛关注。特别是仪式上受助学生的发言，令人动容。有受助学生说，自己在陌生的上海，感受到了珠峰这个大家庭带给所有雪域学子的融融暖意，表示将倍加珍惜在上海学习的时光，用更出色的成绩、更全面的发展、更大的抱负和追求去实现自己的理想和价值；也有受助学生说，各位的善举将激励困难学生的学习斗志，帮助改善学习环境，激发自己努力改变现状，不断追寻梦想，创造职业奇迹；还有受助学生说："上海中华职教社的无私帮助如雪中送炭，解决了我们的经济困难；你们的关心更是春风化雨涤除了我们心头的灰暗；你们的抚慰像大海中的航标指引着我们在生活的海洋里扬帆远航。"

（五）献策各级"两会"

上海中华职教社社员中的各级人大代表、政协委员，坚持立足本职，在专业岗位和人大、政协履职中找到结合点,在各级"两会"平台上踊跃建言,参政议政,实现双岗建功。各级人大代表、政协委员聚焦社会热点难点,深入开展理论研究,积极建言献策,提交的议案、提案,以及大会发言累计达200余项,真正做到"平时有建言,两会有声音"。其中,在2023年全国两会期间,上海中华职教社社员中的5位全国政协委员聚焦经济、科技、人才、产业政策等精准建言,被各大主流媒体争相报道,引发社会广泛关注。

周汉民建议尽快制定新一轮支持民营经济发展政策。他提出,要让惠企政策更精准高效,通过以重大事件为引领,推动更多具体项目的落地,最大幅度释放政策效应。要重视法治,推动平等,建立统一开放、竞争有序、公开透明的市场体系,依法保护国有、民营、外资等各种所有制企业产权、自主经营权和企业家权益。要为数字化浪潮做准备,搭建由政府主导、企业参与、成果共享的数字化转型公益平台,积极推动民营企业拥抱数字化转型,从而抓住数字经济新赛道,融入数字化应用场景和产业生态。

李国华建议加强顶层设计,尽快成立国家级新型研发机构。应由科技部牵头,组建一批国家级新型研发机构,积极对接科技领军企业等创新主体的共性技术和关键核心技术的研发需求,做好研发外包服务。加快完善国家战略科技力量体系并加强系统合力,在国家级新型研发机构中率先试点示范改革政策。

陈伟志建议逐步取消体育中考统一测试,代之以过程性考核。第一,通过深入改革,逐渐降低体育中考统一测试分值及权重,直至取消体育中考统一测试。第二,要落实和扩大教师的体育教学自主权,建立健全专业同行评价体系。第三,把学校开展体育过程评价的情况,纳入专项督导,从根本上解决学校、学生及家长重视体育的问题。

汪胜洋建议在数字化浪潮扑面而来之际,国家层面应出台促进服务业数字化指导意见,指导服务业数字化转型升级,出台专项政策降低小微企业享受数字化红利的门槛和成本,遴选并重点扶持一批服务业企业,发挥标杆引领作用,加大对服务业企业数字化升级的财税支持力度。

陶璐娜建议将激光训练仪列入体育教育器材,作为体育课堂教学的辅助设备,为体育课和体育培训服务。在全运会和学青会等重要赛事中设置激光训练仪射击项目,制定相关竞赛体系和标准。制定激光训练仪的行业标准。在中小学和大学普及推广激光训练仪射击课程,丰富学校体育内容,打牢青少年体育根基。

（六）推动长三角职教一体化

1. 赴安徽开展职教调研

为进一步落实沪苏浙皖中华职业教育社长三角一体化发展合作协议，共同推进长三角职业教育高质量一体化发展，11月29日—12月2日，上海中华职教社常务副主任胡卫带领调研组赴安徽省就推动长三角职业教育高质量发展，深化产教融合、校企合作，加强长三角三省一市交流合作等开展调研。安徽省中华职教社秘书长金兆勇、黄山市中华职教社主任方颖等陪同调研。

图10 胡卫一行在黄山炎培职业学校调研座谈

调研组一行先后深入合肥理工学校、合肥经济学院、安徽新东方烹饪高级技工学校、黄山炎培职业学校、安徽省行知学校等5所院校开展调研。实地参观了合肥理工学校智慧大厦、未来中心、实训室；合肥经济学院办学成果展、艺术设计学院学生作品展、图书馆、实践教学中心重点实训室；安徽新东方烹饪高级技工学校标准化教学示范厅、操作大厅、模拟餐厅、西点、西餐、面点、多媒体教室、各类综合专业教室；黄山炎培职业学校学生学习、实训基地；安徽省行知学校非遗中心及徽雕民间传统工艺非遗传习所等地。听取了有关特色专业建设、产教融合、校企合作工作的情况报告，并围绕人才培养培训、实习就业、社会服务、文化传承等内容与各院校进行了探讨交流。在皖期间，调研组与安徽省、黄山市中华职教社就加强组织建设，校校、校企合作等进行工作交流，并实地参观了孙起孟故居陈列馆。

通过此次调研，调研组一行深受启发。大家认为安徽职教主动适应当地经济社会发展需要，成为地方经济发展的重要推动力量，为上海职业教育改革发展提供了宝贵经验。上海中华职教社要站在推进长三角职业教育一体化发展的高度，加强与安徽省中华职教社的联合联动，推动沪皖两地学校之间的互学互动，共同践行黄炎培职业教育思想，推进区域职业教育高质量发展。同时要立足上海职业教育发展实际，认真学习借鉴安徽职业院校发展经验，在深入推进产教融合、校企合作，服务上海经济社会发展中展现新作为。

2．市社一工委对长三角职教一体化的探索和实践

（1）召开2023联席会议全体会议。2020年12月，上海中华职业教育社第一工作委员会会同安徽省黄山市中华职业教育社、江苏省南京中华中等专业学校、浙江省杭州计算机学校等4家职教社基层组织和社员单位，发起成立长三角区域中华职业教育社基层组织暨社员单位联席会议。2023年10月20日，在上海召开"新起点、新征程，同谱助力长三角一体化高质量发展新篇章"2023长三角区域中华职业教育社基层组织暨社员单位联席会议全体会议。长三角三省一市中华职教社，包括陕西、湖北、山西、甘肃等部分外省市区县中华职教社、统战部、教育局等相关部门负责人，职业院校长、职教协会和有关组织企业单位的负责人及代表共计70多人与会。会议全面总结了联席会议成立以来的工作，探讨了下一步拟开展的工作和活动。会上，对接企业和学校签署了长三角区域电商人才就业创业金华基地共建项目协议。会议期间，与会人员赴位于上海市金山区的社员单位宏润集团股份有限公司机施公司（轨道交通产教融合技能培训服务基地）参观考察。

图11　长三角基层组织联席会议2023年全体会议合影

（2）努力整合长三角职教力量。通过推动长三角区域中华职业教育社基层组织暨社员单位联席会议平台的运作，积极争取长三角三省一市中华职教社等部门的支持，专程赴南京、杭州、合肥和苏州、南通海门、金华及兰溪、湖州、黄山等地，走访联系南京中华中等专业学校、杭州计算机学校、黄山旅游管理学校等联席会议成员单位、相关职业院校及企业单位，开展互动交流，实施产教融合及校企合作相关项目，推动长三角苏浙皖三省所属市区县职教社组织的成立，做好金华市中华职教社等长三角相关地区职教社组织来沪考察交流工作。

（3）积极开展与安徽六安的对口合作。与安徽六安市霍邱县中华职业教育社对接开展战略合作。通过在沪协助举办霍邱县中华职教社骨干社员培训班，联合长三角区域中华职业教育社基层组织暨社员单位联席会议其他成员单位共同赴霍邱县学习考察，与霍邱县委、县政府、县人大及县委统战部和职教社交流探讨助力县域经济和社会发展的途径思路、参观考察皖西经济技术学校和淮河临淮岗洪水控制工程管理局水利枢纽工程现场，赴大别山金寨县革命博物馆和红军广场等地开展红色传统教育活动，开展形式多样的交流互动，助推上海与六安对口合作走深走实。

图12　赴安徽六安市霍邱县考察调研

（七）举办职业教育沙龙

1. 基本情况

9月27日，上海中华职教社聚焦"上海'新型高职'改革的进展、问题与对策研究"议题举行第八期职教沙龙。全国政协常委、时任上海中华职教社主任周汉民出席并讲话。9名来自市教委职教处、市职业教育协会、市教科院职业教育研究所和"新型高职"等单位负责人,围绕上海新型高职建设的政策背景、思想内涵、共性特点、未来趋势,结合上海新型高职的发展现状,以及在师资培养、经费管理、内涵建设上所面临的挑战进行了充分交流与探讨,进行了深入的思想碰撞和交流。

图13　第八期职教沙龙

沙龙认为,新型高职的重点在于新,目前上海多所新型高职的建设已取得阶段性成果,形成了多方参与的新管理体制、服务发展的新专业设置与产教融合的新办学模式。下一阶段新型高职要立足产业特色和区位优势,以"一校一策"的发展模式,围绕上海的三大先导产业与六大重点产业,加大引进人才的力度、强化校企合作的深度、拓宽校校合作的广度,培养出经济社会发展所需的高素质技术技能型人才。

2. 沙龙成果

根据沙龙上各位专家学者的交流情况,通过汇总整理形成了一篇名为《上海"新型高职"改革现状、问题与建议》的成果材料,全面介绍了上海"新型高职"建设进展情况,总结了上海"新型高职"试点存在的问题:民心所向,但数量太少;区办高职多,行业企业办学少等。同时提出了如下建议:

(1)持续推进,扩大范围。整合上海中职资源,把新型高职试点数量从目前的10所提高到20所左右,使上海公办专科高职的数量保持在25所左右(加民办高职,总量保持在40所左右)。

（2）整合资源，统筹推进。一是整合土地资源。整合专业背景相近中职学校，以解决设置标准中150亩土地达标问题。二是统筹干部资源。应当有序引导有高职教学和管理经验的干部（最好是即临近退休的高职副校长或教务处长），充实到新型高职领导班子。三是统筹师资培训。组织实施中职教师获取高校教师资格证书的培训工作。

（3）对接产业，完善布局。尽快推动上海市医药学校申办新型高职，使之具有培养专科乃至本科层次技术技能人才的资质，为上海生物医药产业主体人才队伍建设做出新的更大贡献。

（4）科研引领，加强指导。集聚高职院校专家资源成立"上海新型高职建设工作指导协作组"，通过科研引领和专家指导，帮助新型高职开展"有组织教学建设"，在较短时间内实现"中职转型"和"跨越式发展"。

（八）深化课题调研

1. 举办课题调研工作培训班

2月16—17日，上海中华职教社调研工作培训班在松江举行。上海中华职教社常务副主任胡卫出席开班式作动员讲话，并为学员作了首场"做好建言献策提升履职能力"的专题讲座。

图14　上海中华职教社调研工作培训班开班式

本次培训班是积极贯彻落实党的"二十大"精神和市委统战部机关建设年部

署要求，加强研究能力提升的重要举措。培训班为期2天，围绕如何做好建言献策、开展课题调研、做好新时代统战工作、贯彻新《职业教育法》四个重要版块，共安排了4场专题讲座、1次大组交流、1次现场教学。由职教社各级组织推荐的骨干社员，以及市社机关干部40余人参加了培训。

培训班提出做好建言献策工作的具体要求，包括具备顶天立地、守正创新、问题导向、系统观点的思维；要不断坚持学习和积累；要重点修炼关联思维能力、联系实际能力、换位思考能力等8项基本功；要密切关注民生，履行好政协委员为民发声、为民请愿的使命担当。培训班上解读了党的"二十大"对职业教育的新要求，提出贯彻执行新版职教法的系列思考，系统讲述了做高质量调研、写高质量报告的基本要求和方法技巧，阐释了"习近平总书记关于做好新时代党的统一战线工作的重要思想"，介绍了新时代爱国统一战线的新理念新思想、新时代各领域统战工作的新要求新实践。同时，对2022年度一工委提交的《对接行业需求，推进校企合作，上海市养老护理行业人才培养实践探索与优化对策》等15篇优秀课题调研成果进行了表彰，并对2023年上海中华职教社调研工作计划进行了说明。

2. 重点推进课题

重点开展了由社常务副主任胡卫牵头负责的课题《新时代黄炎培职业教育思想传承与创新研究》、马庆发负责的《以黄炎培为代表的中国近代职业教育先驱人物思想研究》。前者同时被市委统战部征集为全市重点选题。

（1）课题《新时代黄炎培职业教育思想传承与创新研究》。本课题是第一届黄炎培职教思想规划课题的重点课题，在2023年8月举行的中期评审会上向中华职教社总干事王晓光作了汇报。目前，已接近完成全部结题工作。课题阐述了黄炎培职业教育思想的现实意义，总结了上海对黄炎培职业教育思想的传承与发展。指出了上海职业教育改革发展面临的主要问题与挑战，包括专业结构与区域产业发展需求之间存在错位、1+X背景下上海职业院校试点专业书证融通受阻、课程体系与技能型人才成长规律不匹配、"双师型"教师队伍建设有待加强等。课题建议，践行黄炎培职教思想，推动上海职业教育高质量发展，一要健全职业教育专业随着产业发展动态调整机制；二要针对问题开展多维建设；三要探索1+X书证融通机制突破路径；四要优化课程体系与教学模式；五要探索具有上海特色的"双师型"教师队伍建设路径。

图 15　第一届黄炎培职业教育思想研究规划课题上海立项课题中期评审会议

（2）课题《以黄炎培为代表的中国近代职业教育先驱人物思想研究》。本课题基于"48位中华职业教育社发起人"开展的职教先贤、统战先贤研究，是第一届黄炎培职教思想规划课题的重大课题项目。此课题亦在中期评审会上作了汇报。课题聚焦研究主题，通过系统梳理黄炎培与职教先贤职教思想，完整揭示中国近代职业教育思想内涵、职业教育基本理论、职业教育公共政策与经济社会发展互动的"三圈"理论（价值圈、能力圈和支撑圈），内容框架为：①近代职业教育思想萌芽（包括洋务运动、维新运动康有为、梁启超、严复等代表人物职教思想）；②维新派与实业教育思想；③实业家实业救国与实业教育思想；④黄炎培与中国职业教育思想的肇基和发展；⑤中华职业教育社先贤职教思想；⑥平民教育思想家及其职业教育思想；⑦近代职业教育思想研究与透视。本课题预期成果包括一份研究报告、两篇相关论文、一部专著《近代职业教育思想谱系》等，正进行最后的结题准备。

3. 市社年度课题申报推进情况

建立课题立项申报制度，形成课题发布、组织申报、申请立项、专家评审、成果验收、评比表彰闭环。聚焦统一战线、职业教育、组织发展等重点难点问题，全年共组织区级组织开展课题研究42项。向市委统战部上报3篇统战理论研究成果。其中，《推进中职学校开展筑牢中华民族共同体意识教育工作研究》获2023年度全市统战理论政策研究创新成果三等奖，实践创新成果材料《大力加强社史展示厅建设　打造职教社统战文化高地》获全市统战工作实践创新成果特色奖。中青年工作委员会提交的《职业教育服务乡村振兴促进共同富裕策略和案例研究》等 15 项课题被上海中华职教社分别授予一、二、三等奖。

上面提到的《推进中职学校开展筑牢中华民族共同体意识教育工作研究》课题，提出一系列新观点新思路新举措，包括注重调研实施的过程性资料积累和分析，了解中职学校开展铸牢中华民族共同体意识教育工作现状，强调中职生中华民族共同体意识教育工作的必要性、重要性和紧迫性。同时，提出中职生中华民族共同体意识培育的策略，即融入思政课程、融入校园文化、融入校园媒介、融入校园活动和融入图书馆建设等。

此外，上海中华职教社还积极推动中华职教社规划委托课题的申报和开展，共推荐上海有关职业院校申报的课题 11 项，其中有 3 项被成功立项为一般课题，目前正抓紧结题中。

（九）举办职业院校长研修班

1. 基本情况

11 月 19—25 日，上海中华职教社在上海科管院举办为期一周云南省、福建省三明市职业院校长研修班，通过专题报告、现场教学、院长沙龙等多种形式，88 位来自云南省 48 所中高职院校和培训机构，以及福建省三明市 15 所职业院校的校级领导，围绕宏观政策、职业教育、乡村振兴等主题进行了沉浸式的学习探讨。

图 16 云南省、福建省三明市职业院校长研修班开班式

上海中华职教社原主任周汉民为学员作了首场专题报告。安排了"一大"会址、中华职教社旧址、上海城市数字化转型体验馆、市百蒂凯现代农业生态园、上海城市规划馆及移动智地产业园等5场现场教学。

2. 与福建三明的交流合作

本次研修班最突出的特点是福建三明职教界的参与，标志着沪明中华职教社对口合作进入新阶段。早在2023年，上海中华职教社落实上海市委统战部部署，按照市对口支援与合作交流工作领导小组办公室要求，开始与三明市中华职教社进行对接。

（1）签订合作意向书，推动沪明合作走深走实。2023年10月27日下午，上海中华职教社与三明中华职教社在社所大楼举行合作意向书签约仪式。上海中华职教社常务副主任、市政府参事胡卫，三明市委常委、统战部部长黄冠华出席并讲话。三明市委统战部和上海市委统战部协调处对两地职教社签约非常重视，将其纳入了两地党委统战部的对口合作协议，并到签约仪式现场见证签约。

图17　沪明中华职业教育社合作意向书签约仪式

（2）开展对口合作座谈会，发挥特色实现双向奔赴。2024年1月，由上海中华职教社常务副主任胡卫带队赴福建省社和三明市社开展学习调研，先后参观了三明市农业学校沙县小吃产业学院、无人机、汽车维修产教融合实训基地，以及三明医学科技职业学院物流管理标准化教学室、校舍、学生事务中心、教学楼、人文茶艺馆。

（十）组织港澳台职业院校师生和大学生研习营

2023年，结合实际组织了第11期港澳台职业院校师生和大学生研习营，52名台湾、澳门师生在沪参加为期一周的研习活动，通过企业参访、高校联谊、特色场馆参访等活动，让台澳青年师生了解上海、了解中华文化，培养爱国情怀。

图18　第十一期港澳台研习营合影

1. 突出主题设计，在交流活动中传递中华民族复兴、祖国统一的美好愿景

研习营主要突出三大主题。一是"民族魂"主题。安排参观四行仓库抗战纪念馆，师生在"八百勇士"和谢晋元抗战英雄的塑像前缅怀先烈，激发爱国情怀；参观岳王庙，感知"还我河山""精忠报国"历史厚重。二是"同胞情"主题。安排在沪就读台生、大学生志愿者进行全程陪同，不仅增进了两地青年彼此的理解、互信与融合，也加深台湾青年学生对"中华文化同根同源"的认同；参观校园、学习五禽戏、举行沪台学生联欢会，激发师生"两岸一家"的情愫；参观台资企业，以台胞到大陆就读、创业、就业的实例，表达大陆政府和人民对同胞的深厚情谊。三是"中国梦"主题。通过青年讲坛《从历史地理解读上海》等对近代史解读的报告来"说梦"，通过展示上海经济社会发展和城市现代化建设的巨大成就来"详梦"，通过深入浅出地解读、分析和阐述"一带一路"的历史意义和现实进程，培养台湾青年人以更加宏观的视野、创新进取的态度、迎难而上的精神，积极迎接新世界的挑战与竞争，共同在推动中华民族伟大复兴进程中承载

使命,努力"筑梦"未来。每个主题活动,都蕴含着两岸关系和平发展的弥足珍贵,都能感悟到中华民族伟大复兴的历史潮流。

2. 突出职教特色,在技艺切磋中拉近距离增进融合

台湾的职教同仁广泛认同中华职教社"使无业者有业,使有业者乐业"的职志,对践行"手脑并用双手万能"的职教思想非常赞同,这是职教社开展对台交流工作的基石。据统计,台湾达德商工、员林家商、雾峰农工、南开科大等学校连续两年派师生参团,均有师生参与技能邀请赛。台湾海峡两岸教育交流促进协会认为,让师生们参加中华职教社的研习营,大家职业相近、理念相通,有共同话语,很有益处。

3. 突出文化交流,在感知文化的体验中增进了解

据统计,台湾师生中近85%是首次到访上海,近70%是首次到访大陆,约80%表示对大陆包括上海的发展不甚了解或知之甚少,且台湾民进党执政后进行的课改,弱化学校课本中的中华元素。研习营注重文化交流,努力在传承和弘扬中华文化中凝聚共识。周汉民教授为营员作《"一带一路"战略和前景》的专题报告;葛剑雄教授作《从历史地理解读上海和海派文化》的授课;参访城市文化地标,前身感受现代化城市建设;参观企业生产科研项目。师生们通过聆听报告和参观考察,深刻感受到上海这座历史文化名城所拥有的深厚文化底蕴和海派文化魅力,亲眼见证台商在沪投资和发展的成绩。问卷调查显示,80%的师生非常喜欢上海,对上海持积极态度者约占75%,25%的学生有意愿来上海继续深造或工作,对未来两岸发展充满了信心。

此外,为配合研习营的开展,上海中华职教社还积极参与市委统战部2023年港澳台侨青年实习计划。自2023年3月计划启动以来,积极发动企业参与、持续联系港澳台合作单位,成功组织30名澳门城市大学优秀毕业生来沪交流考察。同时,积极发动社员企业参与实习计划,这也是此类实习计划工作的首次探索。共推荐6家单位20个实习岗位,4个参访点位,2名台湾学生参与为期六周的实习。其中1名台湾学生获优秀实习生荣誉。

(十一)推进"中华牌"学校办学

社办学校办学继续加强探索。其中,指导社办培训机构之一的上海市中华职

业第二进修学院（下简称"二进修"），深入践行黄炎培职业教育理念，不断创新发展，通过整合统战系统资源，不断扩圈、破圈、融圈，发挥自身优势，成为传承黄炎培职业教育思想的示范学校、特色鲜明的一流民办培训机构、职业教育和统一战线的创新实践基地。

鼓励二进修主动服务中心工作，在融入国家重大战略任务、融入区域经济社会发展中，找准业务方向，关注紧缺民生行业的人才培养，紧扣对口协作地区干部素质能力提升需求，积极培养高素质劳动者队伍。主要对外培训工作如下：

① 参加中华职业教育社总社在福建闽江学院举办的学习班；

② 继续对2022年10月来沪的云贵班20名学生提供全额教育帮扶；

③ 深化与兰坪县、福贡县的教育帮扶项目，帮扶60余名学生来沪接受中职教育和成人学历教育；

④ 参与实施"沪滇协作"相关项目，为云南学生来沪就业创建平台，已解决60余名云南学生来沪就业，并配套实施"1+1+1"（就业＋学历＋技能）就业帮扶，在就业的同时提供学历教育和技能提升服务；

⑤ 参与实施"沪滇协作"云南省乡村振兴干部培训、教师培训等，为近200名云南兰坪县、福贡县、勐宋乡等地的部分干部、骨干教师提供来沪培训服务；

⑥ 开展企业员工通识类、职业技能培训，共计1000余人次；

⑦ 向云南泸水市、贡山县等捐赠物资14万元、现金3万元。学院教育基地获批挂牌"浦东新区铸牢中华民族共同体意识实践创新基地""金石榴工作室"等。

国家民委民族团结促进司一级巡视员李钟协一行在2023年7月调研学校工作时，对学校将职业教育与民族团结工作深度融合的做法给予了充分肯定。

三、上海中华职业教育社自身建设

（一）深化思想建设

2023年是集中学习贯彻习近平新时代中国特色社会主义思想主题教育年。上海中华职教社充分利用上海是党的统一战线政策的提出地，中华职教社发祥地，社机关大楼是中华职教社旧址、民建总会在沪旧址这一独特地位和资源禀赋，深入开展主题教育活动，结合推进"党的统一战线政策提出地工程"，积极参与"上海统战文化周"活动，以"一线、一队、一团"为核心，推出大团结精神——"统战文化＋职教精神"参访项目，开展"从兴业路出发"统战文化资源寻访、"从雁荡路出发"职教先贤足迹寻访活动，加入"大思南统战合作共建机制"，社所大楼、中华职业教育社旧址被纳入上海市统战历史文化资源目录；努力做好统战历史文化资源的挖掘梳理、保护利用和理论研究，组织7次"学思践悟"人人分享、"学社史、研业务、爱生活"人人阅读活动，人人撰写读书体会，其中5篇上报市委统战部，荣获"优秀组织奖"。

（二）夯实组织建设

1. 专门工作委员会建设全面铺开

新一届上海中华职教社社务委员会履职后，结合新时代职教社使命职责和上海组织建设实际，为加强多元联动，实现循环赋能，探索成立多个专门工作委员会，将其作为未来开展工作的重要抓手、广大社员和社务委员发挥作用的重要平台、团结联系职业教育界和民办教育界人士的重要纽带。计划在2024年新年伊始就一次性成立建言献策、社会服务、学校改革发展、校企合作、长三角合作、老年工作、青年工作等7个专门工作委员会。加上几年前已经成立的专家工作委员会，目前共有8个专委会。

2. 组织规模取得突破性进展

坚持数量质量兼顾，把好职教社入口关。继续稳步发展新社员，扣除自然减员，全年净增个人社员317名(其中党外151名)，增长率为6.45%；新发展团体社员12个，增长率为3.47%。截至2023年底，上海中华职业教育社共有个人社员5232名（其中党外2946名），首次突破5000人大关；新增团体社员358个。

（三）强化能力建设

上海中华职教社第七次社员代表大会刚一完成换届，提升新任社务委员履职能力就提上了议事日程。11月27—28日，在市社会主义学院举办"上海中华职教社第七届社务委员会委员任职学习班"。上海中华职教社常务副主任，市政府参事胡卫出席开班式和结业式并讲话。

图19　上海中华职业教育社第七届社务委员会委员任职学习班开班式

两天的学习班共安排专题辅导报告5次，分别是全国政协常委、前上海中华职教社主任周汉民讲授"当好改革开放排头兵——习近平上海足迹"；中华职教社党组成员、副总干事李英爱解读关于加强和改进新时代中华职教社工作的

意见；上海中华职教社常务副主任、市政府参事胡卫作"职教社社史导读"；市社院原副院长马俊生讲授"开创新时代上海统战工作的新局面——学习贯彻习近平总书记在上海工作期间关于党的统一战线工作的重要思想"；市社院教研部主任、教授刘晖主讲"以中国式现代化全面推进中华民族伟大复兴——深入学习贯彻中共'二十大'精神"。还安排1次分组讨论，学员们围绕"新形势下如何推动职教社工作"展开热烈讨论，谈感悟、讲体会，找问题、想对策。

总之，在过去的一年里，上海中华职教社迎来了新的领导集体，直属组织机构也迎来巨大变化，事业推进载体越来越丰富，各项事业高质量发展并呈现新的亮点，中国式职教现代化探索迈出新的步伐，百年老店在上海展现出新的青春活力。

链接：2023年度上海中华职业教育社优秀课题调研成果一等奖获奖课题

职业教育服务乡村振兴促进共同富裕策略和案例研究

课题组：上海中华职教社中青委课题组

摘要 随着国家乡村振兴战略的提出与实施，职业教育作为一种重要的教育方式在促进乡村发展和实现共同富裕方面发挥着重要的作用。然而，目前对于职业教育如何服务于乡村振兴的研究还相对较少，因此有必要深入研究职业教育在乡村振兴促进共同富裕中的具体策略和案例。本研究旨在探讨职业教育服务乡村振兴促进共同富裕的策略和案例，以期为乡村振兴工作提供理论和实践的有益建议。通过对相关理论和实践案例的分析和研究，总结和提炼出适合乡村振兴促进共同富裕的职业教育策略，并通过具体案例研究探索实践中的有效模式和经验。首先，本研究对国内外关于职业教育与乡村振兴的相关文献进行了系统综述，并对乡村振兴背景下职业教育的战略意义进行了深入分析。其次，选择了六个典型案例进行深入研究分析，包括职业教育与乡村振兴有效融合的案例。研究表明，职业教育在乡村振兴中具有重要的战略意义，可以通过提升人才质量、促进产业转型升级等方面发挥积极作用。同时，通过案例分析，发现了一些成功的职业教育服务乡村振兴促进共同富裕的策略和模式。通过研究发现，职业教育在乡村振兴促进共同富裕中具有巨大的潜力和广阔的前景，因此，未来应注重加强职业教育与乡村振兴的结合，提高职业教育的质量和水平，创新职业教育的培养模式，进一步推动乡村振兴进程，并为共同富裕作出更大贡献。

关键词：职业教育服务；乡村振兴；共同富裕；策略；案例研究

一、绪论

（一）研究背景

近年来，我国乡村振兴战略逐渐成为国家发展的重要议题。实现乡村振兴与共同富裕是当前我国面临的重要任务。职业教育作为一种重要的教育形式，在乡村振兴中扮演着重要的角色。职业教育服务乡村振兴的目标是通过产教融合，促进乡村产业的发展，缩小城乡差距，实现共同富裕。如下图1所示，职业教育承载着多维价值，职业教育技能供给与乡村社会技能需求之间存在着天然匹配关系，赋能乡村振兴，促进共同富裕。

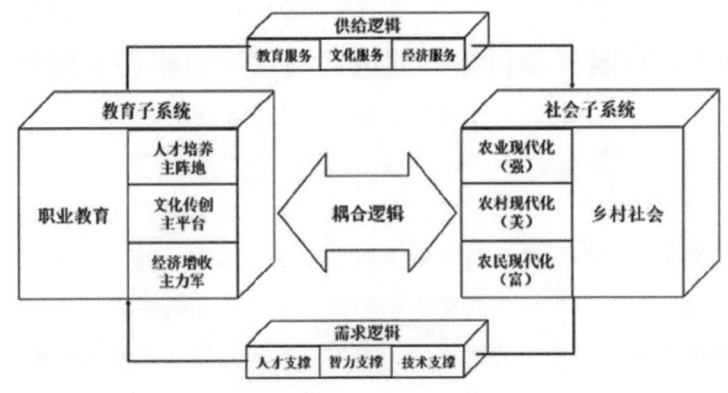

图 1　职业教育服务乡村振兴的耦合机理

目前，关于职业教育服务乡村振兴的研究已经取得了一些进展。例如，田真平、王志华、张珍的《职业教育服务乡村产业振兴的江苏实践——机理分析、耦合测度与模式构建》一书提出了职业教育服务乡村产业振兴的要义，探讨了耦合机理、激励机制和服务模式等方面的问题，从多维视角展现对农村职业教育进行多方面的前沿探索，及时回应了当前国家对提升现代职业教育的迫切需要和要求，凸显出职业教育对助推农民农村共同富裕大有可为；高树平的《定向培训：职业教育在乡村振兴中的发展进路》聚焦乡村振兴与个体发展下的职业教育发展，提出需成立多方协作的培训帮扶共同体，设计"定岗—定培—定技能"定向培训框架，开发"志智技"的模块化课程体系，构建职业教育定向培训模式，从而有效推进我国乡村振兴的实现；中国职业技术教育学会乡村振兴与城市可持续发展工作委员会的《乡村振兴，中国职教在行动——职业教育服务乡村振兴典型案例》以乡村振兴案例为例，讲述乡村振兴的发展历程，粮食安全始终是国家经济社会稳定和发展的基础，在全面推进乡村振兴的过程中，确保国家粮食安全是首要任务。此外，还有研究认为通过构建农村职业教育联合体、优化专业结构布局、深度开发课程教学资源等措施可以推进乡村振兴的进程。

然而，目前的研究存在问题有：对于职业教育服务乡村振兴的具体路径和策略还缺乏系统性的研究，缺乏对实践案例的深入研究。因此，有必要对职业教育服务乡村振兴的策略和案例进行深入研究，为实现乡村振兴和共同富裕提供有力的理论和实践支持。

为了解决上述问题，本研究将采用多种研究方法，包括文献综述、案例分析、比较研究等，对职业教育服务乡村振兴的策略和案例进行全面深入的研究。通过对不同地区的职业教育服务乡村振兴的案例进行比较和分析，找出职业教育服务乡村振兴促进共同富裕的最佳实践和可行策略。

本研究的意义在于为职业教育服务乡村振兴提供科学的理论支持和实践指导。通过研究职业教育服务乡村振兴的策略和案例，可以为政府部门、教育机构和企业提供参考，促进乡村产业的发展和乡村居民的共同富裕。同时，本研究也有助于推动职业教育的发展，提升职业教育的质量和水平，为乡村振兴提供更加有力的人才支持。

（二）研究内容和创新点

本研究旨在探讨职业教育如何服务于乡村振兴，促进共同富裕。通过分析乡村振兴的背景与现状，结合职业教育的优势和特点，解析职业教育在乡村振兴中所扮演的角色，深入分析职业教育在乡村振兴中的作用与问题，并提出有效的解决对策，为乡村振兴提供理论和实践指导。

本研究通过案例分析的方式，深入研究职业教育在乡村振兴中的实践案例，总结成功经验和问题所在。从农村产业发展、农民就业创业、乡村人才培养等方面，分析职业教育在乡村振兴中的作用和影响，并探讨其具体实施路径与策略。

本研究的创新点主要体现在以下两个方面：第一，通过研究职业教育服务乡村振兴的案例，可以为乡村振兴提供具体可行的实践指导，具有实际操作价值。第二，本研究将深入探讨职业教育在乡村振兴中所面临的问题与挑战，并提出相应的对策，为乡村振兴提供可借鉴的经验与建议。通过这些创新点，希望能够为乡村振兴和职业教育的发展提供有益的思考和借鉴。

二、职业教育服务乡村振兴的战略意义

（一）乡村振兴的背景与需求

乡村振兴是当前我国经济社会发展的重要战略，旨在实现城乡发展的协调和全面建成小康社会的目标。乡村振兴战略的背景可以从多个方面来看。随着城市化进程的加快，农村人口向城市转移，加剧了农村资源的流失和农村经济的萎缩，这也凸显了乡村振兴的紧迫性。农业产业结构的不合理和农村产业发展的不足，使农村经济发展的潜力受限。乡村基础设施和公共服务水平的不足，制约了农村经济的可持续发展。农村人力资源的流失和农村劳动力的结构性失业，使乡村经济面临着人才短缺的问题。

如下图2所示，乡村振兴的需求主要体现在以下四个方面：第一，乡村经济的持续发展需要更多的技术人才和创新人才的支撑，而这正是职业教育的优势所在；第二，农村产业升级和转型需要一大批适应市场需求的职业人才，以推动农业现代化和农村产业的发展；第三，乡村基础设施的改善和公共服务水平的提升需要一批专业的职业教育人才来提供技术支持和服务；第四，面对农村人力资源的流失和结构性失业的问题，职业教育可以为农村劳动力提供再培训和转岗的机会，提升其就业能力和创业能力，促进乡村劳动力的再就业和增收。

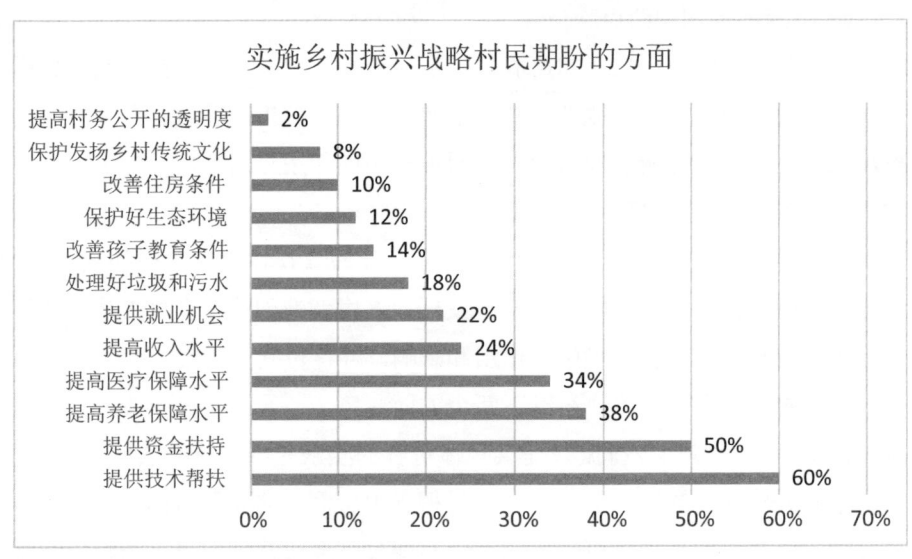

图2 实施乡村振兴战略村民期盼的方面

资料来源：国家统计局

乡村振兴战略需要职业教育的支持和助力,职业教育可以通过培养技能人才、提供市场需求的创新人才、提供技术支持和服务等方面,促进乡村经济的发展。在乡村振兴促进共同富裕的背景下,职业教育的作用不可忽视,为乡村振兴提供了重要的人才支持和技术支持。为了更好地实现乡村振兴和共同富裕的目标,需要制定和实施相应的策略来促进职业教育的发展和乡村振兴的实施。

(二)职业教育在乡村振兴中的作用

职业教育在乡村振兴中扮演着重要的角色,主要作用主要体现在以下三点:

1. 职业教育为农村人才培养提供了有效途径

在乡村地区,由于教育资源的相对匮乏和就业机会的有限,许多年轻人面临着进城务工或留守乡村的选择。而职业教育的介入,为乡村青年提供了以技术和职业技能为基础的培训和教育,使他们能够在家门口获得高质量的教育,并通过掌握实用技能提高就业竞争力。这不仅促进了乡村人才的培养,也为乡村经济带来了新的活力。

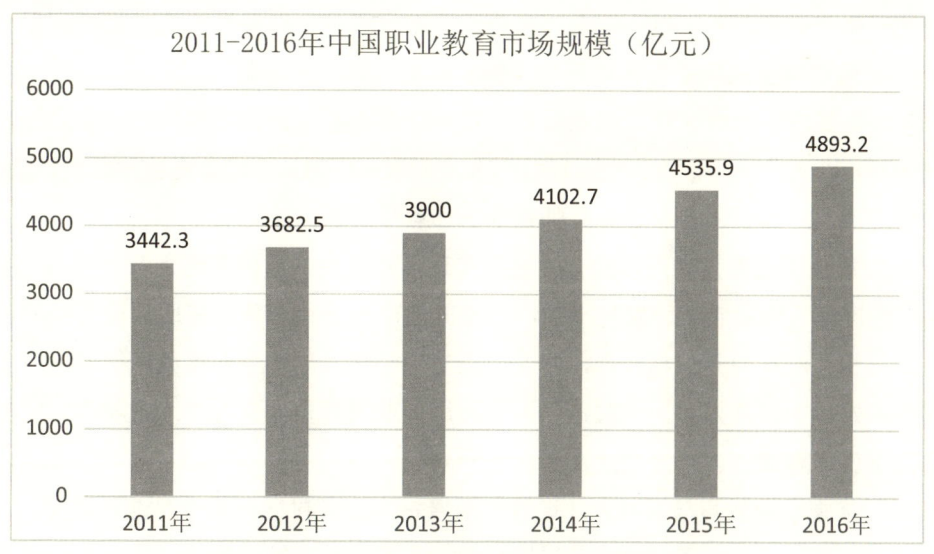

图3 2011-2016年中国职业教育市场规模(亿元)

资料来源:前瞻产业研究院

2. 职业教育可以促进农民的就业创业

乡村经济的发展离不开农民的就业创业能力,而职业教育恰恰可以提升农民的技能水平和创业能力。通过职业技能的培训,农民能够获得更广泛的就业机会,

例如农业产业化经营、乡村旅游、特色农产品加工等领域。同时，职业教育还可以激发农民的创业潜能，帮助他们从传统的农业生产转向农业产业链中的其他环节，实现更稳定、可持续的发展。

3. 职业教育有助于促进农村经济结构的优化升级

乡村振兴的目标之一是推动农村经济的结构调整和升级，从传统的农业经济向现代农业和农村产业转型升级。职业教育通过培养农村人才，传授现代农业技术、农村产业经营管理等知识，为农村经济结构的优化升级提供了坚实的人才支撑。只有通过培养一批有技术、有技能的人才，农村经济才能顺利实现从传统模式向现代农业和农村产业转型的跨越。

在乡村振兴战略中，必须充分重视和支持职业教育的发展，为乡村振兴注入新的活力和动力，为乡村振兴战略的顺利实施提供了重要的支持。

（三）职业教育服务乡村振兴的策略

为了实现乡村振兴的目标，职业教育作为一项重要的支持措施，需要制定有效的策略来提供服务，以下四个方面是职业教育服务乡村振兴的关键策略。

1. 建立健全的职业教育体系是实施乡村振兴策略的基础

这需要在乡村地区建设职业教育学校和培训中心，提供多样化的职业技能培训课程，以满足不同层次、不同领域的人才需求。同时，应建立完善的师资队伍，引进专业人才和技术专家，提高师资水平和教学质量。

2. 加强职业教育和产业融合发展是实现乡村振兴的重要策略之一

通过与当地的农业、农村工业，以及其他产业进行合作，将职业教育的培训内容与相关产业的需求相结合，开设适应当地经济发展的专业课程，培养适应乡村产业发展的技能人才。同时，还可以利用职业教育资源，为当地企业和农民提供技术咨询和服务，提升产业发展水平和效益。

3. 加强职业教育与农村人才培养的衔接是实施乡村振兴策略的重要举措

要根据乡村人才需求的特点和特殊性，在职业教育的培养计划中加入农村特色课程，强化对农村经营管理、农产品加工等方面的学习和培训。同时，要积极探索实施农村青年就业创业扶持政策，为农村人才提供就业、创业支持和指导。

4. 加大政策支持和资金投入是实施职业教育服务乡村振兴策略的关键

政府需要提出有针对性的政策，鼓励和支持职业教育在乡村地区的发展。同时，也需要加大对职业教育的资金投入，提供更多的经费用于职业教育机构的建设和发展，确保乡村地区的职业教育能够得到充分的支持和推动。

制定适合乡村振兴目标的职业教育策略是推动乡村振兴的关键措施之一，建立健全的职业教育体系、加强职业教育和产业融合发展、加强职业教育与农村人才培养的衔接，以及加大政策支持和资金投入，将为乡村振兴带来新的动力和活力。只有充分发挥职业教育的潜力和作用，才能真正推动乡村振兴，实现共同富裕的目标。

三、职业教育服务乡村振兴的案例分析
（一）案例一：搭建农民经营管理人才培养平台
1. 项目背景

我国正处在传统农业向现代农业转变的关键时期，农业流通产业作为连接生产和消费、农民和市场的桥梁与纽带，在推动农业现代化发挥着重要作用，而人才是农业现代化发展的关键要素。乡村振兴，关键在人。2017 年 3 月，习近平总书记提出了要"就地培养更多爱农业、懂技术、善经营的新型职业农民"。2018 年的中央 1 号文件，立足实施乡村振兴战略重大需求，对培育新型职业农民作出了明确部署，为全面推进乡村振兴、加快农业农村现代化提供有力人才支撑。而现代农业流通的产业化、市场化、专业化和经营业态多样化趋势急需一批高素质复合型农村经营管理人才。与此同时，当前面向现代农业流通产业的高职农村经营管理人才培养，在学生培养、教师能力和教学条件等方面面临着诸多的不足。具体来看，学生培养方面，存在着教学理念和方式单一，与多元化的产业人才需求不匹配、不契合，呈现人才供给数量不足、质量不高的现象。教师能力方面，存在着实践教学能力与行业实践能力要求脱节，导致高职培养的人才缺乏复合型，与高质量多元化人才的现实需求不一致的问题。教学条件方面，存在着教学基本条件配置与人才培养方案实施的脱节，教学平台和资源相对缺乏，不能满足多方面宽领域的复合型人才的培养的问题。

因此，作为涉农人才培育培训的主要场所的高职院校，应为农业流通产业、乡村振兴承担起更大的责任与使命，亟须在保障人才供给、提升人才素质和能力上下功夫。为此，浙江经贸职业技术学院依托供销行业办学背景，聚焦农村流通领域和现代农业经营新主体，坚持"立足浙江、依托系统、服务三农"的理念，开展了现代农业流通产业人才培养的研究与实践，形成了"校社联动、多维驱动"

的农村经营管理人才培养模式，有力满足了乡村振兴背景下现代农业流通产业对农村经营管理人才的多元化需求。

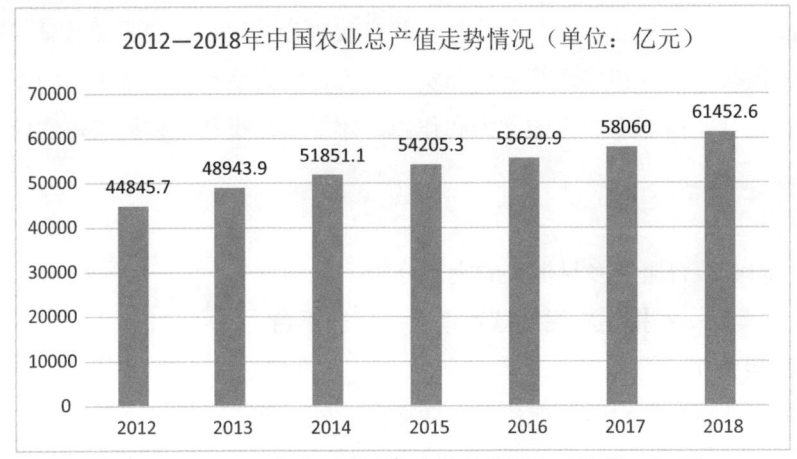

图4 2012-2018年中国农业总产值走势情况（单位：亿元）
资料来源：国家统计局

2. 项目实施

（1）搭平台，建机制，构建"校社联动、多维驱动"的人才培养体系。

发挥全国供销行业指导委员会的指导优势，依托省市县乡四级农民合作经济组织联合会（简称"农合联"）的供销社组织网络体系优势，将为农服务延伸到基层供销社、农业龙头企业、专业合作社、家庭农场制定人才需求预测、专业建设标准，精准开展农村经营管理人才需求调研和供给对接，促进专业发展与产业需求的深度融合，建立校社协同育人的办学机制。

（2）对接产业链，分析岗位群，创新实施"3+3"分类培养复合型农经人才的培养模式。

校社联动依托供销社优质资源，聚焦以服务技能和对象为"内核"，以产业链流通业态为"外延"，搭建蓝莓、农资、安厨三大平台，构建"服务＋技术、服务＋经营、服务＋创业"三方向和"基础技能、专业技能、复合技能"三递进的"3+3"复合型农经人才培养模式。

（3）聚焦方向，打造平台，构建"3+3+3+3"教师能力提升的良性转化机制。

校社通过整合校社优质资源，联合一系列实践教学平台，组建培养课程联合开发、实践教学、学徒制等团队，着力提升教师课程开发、实践教学和技能竞赛能力；通过整合行业服务平台，组建团队，着力提升教师人才培育、流通服务和政策咨询等能力；通过整合各种技术研究平台，组建农产品电商研究、农产品品牌与标准研究、合作经济研究等团队，着力提升教师学术交流、应用对策和基础理论等能力，形成了以政策倾斜、经费保障、人员支持等方面为核心要素的平台保障机制，以组织管理、团队协作、绩效激励为核心要素的团队运作机制，以评价标准、评价制度、评价方式为核心要素的能力评估机制，形成了聚焦三大方向、提升三大能力、打造三大平台、组建三类团队的"平台保障、团队运作、能力评估"的"4个3"良性转化机制。

（4）定制度，搭载体，构建"育训合一、双向互动"学生能力再提升路径，解决如何留住人才的问题。

学校不断充实"技术＋服务"型、"经营＋服务"型、"创业＋服务"型涉农人才培训项目智库，并依托行业系统优质资源和高端平台，持续深挖有供销行业特色的系列培训资源，创新构建了基于农产品特色品牌服务模式和涉农全产业链服务模型的"育训合一，双向互动"学生能力再提升路径。

3. 项目成果

与供销社社属企业合作共建蓝莓（特色）学院、兴合学院等产业（特色）学院，与"农合联"体系成员共建集"人才培养、师资交流、实习实践、就业创业、技术服务"于一体的多合一基地，解决农村经营管理人才培养过程中的实验实训、师资培养、学生高质量就业、技术服务等培养渠道问题，多形式，多维度地推进农村经营管理人才培养。

面向生产环节，与社属企业浙江农资集团股份有限公司共同组建农资订单班，成功联合申报教育部职业教育校企深度合作项目，创新融入作物全程解决方案等技术类课程，搭建师友计划等项目平台，夯实基础服务能力，重点强化农资技术服务管理能力，培养服务农业企业、合作社和种植大户的"服务＋技术"型人才；面向流通环节，通过与社属企业浙江蓝美科技股份有限公司共同成立蓝莓（特色）学院并组建蓝莓学徒制班。创新融入生产基地经营管理、农产品品质管理等经营类课程，搭建舒禾农产品展销中心等项目平台，夯实了苗木和农产品营销、客户服务等基础服务能力，重点强化农产品生产、加工、营销等经营服务管理能力，培养服务农业企业、合作社和消费者的"服务＋创业"型农经人才；面向全产业，通过与社属企业杭州安厨电子商务有限公司共同组建安厨学徒制班，创新融入电

商商城与微店运营等课程，搭建创业大讲堂、消费合作社等平台，夯实了农产品销售、客户服务等基础服务能力，重点强化农产品电商创业运营能力，培养服务农业企业、合作社、种植大户和消费者的"服务＋经营"型农经人才。

率先尝试"短期与长期结合，线上与线下互补"的"育训合一"招生及培训试点，面向退役士兵、下岗失业人员、农民工、新型职业农民、既往培训农民学员等涉农全方位、多类型，多层次社会人员启动农村经营管理、农产品加工与质量检测等专业招生，开展不同类型和多种层次的农村经营管理类培训。同时，通过创新发展"农民点菜，学院送餐"品牌服务模式为切入，探索构建了"五个一"涉农全产业链服务联动模型，全面开展"教"与"学"双向互动，精准对接农村农业实时需求，为6大专业群联动开展师生涉农全产业链服务搭建舞台。

4. 项目成效与社会影响

（1）成果在国内同类院校的推广应用。

浙江经贸职业技术学院首创了"3+3"人才培养模式，成果的建设思路、运作模式、管理机制已得到国内许多高职院校认同和借鉴。成果以课程、教材、论文、会议等多种形式在校内营销与管理专业群内多个专业，以及国内30多所高职院校推广应用，其中国家级精品在线开放课程1门、省级精品在线开放课程1门、国家规划教材2部、省新形态教材1部、核心论文9篇等。近五年，到校参观的职业院校达80多所，近500人次。在浙江省高校慕课教育创新大会等会议作专题发言。

（2）成果得到政府、行业企业高度认可。

校社形成了产教深度融合，已在校内建成产业（特色）学院3个、内刊1个、国家级协同创新中心1个、研究所2个、合作经济智库1个、现代学徒制班3个。其中《浙江合作经济》杂志出刊30期，向各级党委政府、供销社、专家学者等发行7万余册。成果多次在第四届、第六届中国合作经济中青年学者工作坊、中国供销合作经济学会等国内学术研讨会进行交流，得到省内外好评。

（3）成果形成的人才培养新模式和办学机制效仿应用。

实施前后增量显著，专业学生在生源质量、就业质量、专业各项内涵指标数据等方面明显进步，教师在教学、服务、研究等方面能力明显提升。人才培养模式受到社会媒体的广泛关注和报道，其中2016年《浙江日报》以"创业学院，更多收获是历练"为题报道农资班的班长汪洋的在校创业经历。2018年《浙江教育报》以"浙江经贸职院建成校园农耕文化馆"为题报道培养涉农专业学生"爱农村、善经营、懂管理、很专业"的新途径。

（二）案例二：坚持举办校长研修班

1. 项目背景

2016年，国务院印发《"十三五"脱贫攻坚规划》强调，要大力开展职业培训，完善技能培训制度，提高培训精准度。这一时期，在政策引导下，职业教育扶贫行动也遵循"依靠教育脱贫"理念，通过精准培训，提升就业能力，阻断贫困代际传递。这一时期，职业教育扶贫的治本价值更加明显。党和人民披荆斩棘、栉风沐雨，发扬"钉钉子"精神，敢于啃硬骨头，攻克了一个又一个贫中之贫、坚中之坚，脱贫攻坚取得了重大历史性成就。

参与国家扶贫开发，是统一战线围绕中心、服务大局的重要内容。上海中华职教社作为统一战线群团组织，立足自身"统战性、教育性、民间性"优势，主动服务国家精准扶贫战略，把发展作为解决贫困的根本途径，将"扶志、扶智、扶技"作为激发脱贫内生动力的重要着力点，瞄准教育扶贫、就业脱贫，培育职教扶贫项目。自2016年起，上海中华职业教育社着力打造了以中西部地区职业院校长培训为抓手，重点对接上海结对帮扶相关省、市、自治区，旨在通过组织相关职业院校负责人和业务骨干来沪开展研修，提升中西部职业院校职业教育水平和学院管理能力的院校长研修班平台，为服务国家脱贫攻坚战略，推进东西部扶贫协作和对口支援工作贡献了积极力量，取得了积极成效，收获了广泛好评。

2. 项目实施

（1）借力教育"精准扶贫"。

2013年，"精准扶贫"理念落地促使扶贫项目精准聚焦于依靠教育脱贫一批，政策上更加强调贫困人口的内生动力提升。在此背景下，2015年上海中华职业教育社启动与贵州省中华职业教育社的合作，推动实现贫困地区职业教育提质增效，进而促成贫困地区职校学生提升个人谋生能力，改善家庭生活条件的"精准扶贫"目的。

在随后的2016年和2019年，上海中华职业教育社又将职业院校长研修班的培训范围拓展到宁夏、云南两省（自治区），利用上海作为改革开放前沿城市和国际化大都市的天然优势，将本市先进职教经验和全球前沿资讯以研修的形式传授给来沪研修的院校长，以期这些院校长回到各自所领导的职业院校后能将研修

成果转化为提升学校办学质量、教学水平和优化专业设置的实际管理能力,从而综合职业教育师资队伍、经费投入、对口支援、专业设置、就业岗位等多方面为职业教育提升贫困人口内生动力、阻断贫困代际传递实现精准扶贫和职教扶贫。

(2)职教扶贫,发挥校长"头雁效应"。

为助力推动中共中央、国务院脱贫攻坚战略和上海市委市政府"民生为本、教育为先、产业为重、人才为要"的方针,落实"精准扶贫,教育先行"的要求,牢固树立"两个大局"思想,以更大的担当、更高的要求,更加扎实地做好"结对支援,帮困扶贫"工作,同时,紧盯这一群体,抓住"关键少数",激发"头雁效应",发挥上海职业教育的特色辐射作用,成为上海中华职业教育社举办院校长研修班这一平台的初衷和工作方向。

(3)发挥上海职教先发优势,搭建职业交流平台。

自上海中华职业教育社 2014 年 5 月 23 日第五届社务委员会成立以来,在社主任周汉民同志的领导下,始终秉承黄炎培等老一辈职教先贤提出的"使无业者有业,使有业者乐业"的宗旨,关注国家重点战略,围绕中心、服务大局,着力推动省际职业教育交流发展,推动合作、促进交流,并以此为工作指导,推动上海中华职业教育社各项工作的开展。为此,带着"如何发挥好上海的先发优势,通过交流互动,与西部欠发达地区,特别是上海对口支援地区,加强职业教育工作者的交流协作,相互促进,从而提高这些地区职业教育水平、办学质量"的思考,充分发挥上海中华职教社实施"温暖工程"开展"职教扶贫"的作用,积极推进上海—贵州中华职教社的交流合作,实现优势互补,合作共赢。

3. 项目成果

近几年来,上海中华职教社积极找准自身定位,推动、落实统一战线和总社对口支援和精准扶贫工作,积极参与统一战线"同心·智力支持工程"项目,与贵州毕节、铜仁、遵义等地区开展联合办学和骨干教师培训、筹措资金设立了温暖工程"中华助学金",资助在上海职业学校就读的本市和新疆、西藏、贵州、宁夏、云南、青海等少数民族地区的贫困学生,至今,累计资助金额达 497 万元,受助学生达 2495 人,产生了良好社会影响,受到了广泛好评。与贵州、宁夏、云南省级职教社间的结对合作,加深了省级职教社组织间的协作交流。通过合作协议明确各方责任和工作目标,结合不同省份的特点和需求,打造了沪黔、沪宁、沪滇等上海与上海结对帮扶省市、自治区合作举办针对职业院校长办学和管理能力提升的院校长研修班这一全新协作模式，使学员"见其所未见，闻其所未闻，想其所未想"，各地学员来沪后通过潜心研修，互相交流，收获了良好效果。参训学员普遍认为，通过一周的研修和学习，拓宽了视野、学习了经验、提升了能力，未来在职业教育的路上将走得更加坚实、更加自信。

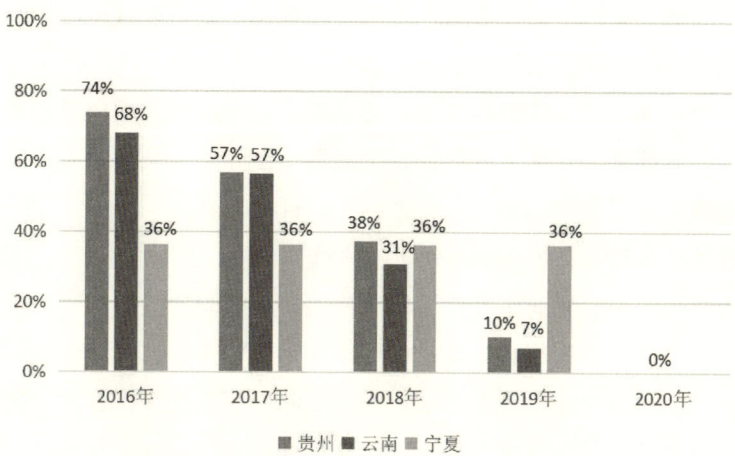

图 5　研修班对口省份的历年贫困县占比情况

资料来源：《事必求是，行必踏实——上海中华职业教育社的创新九章》

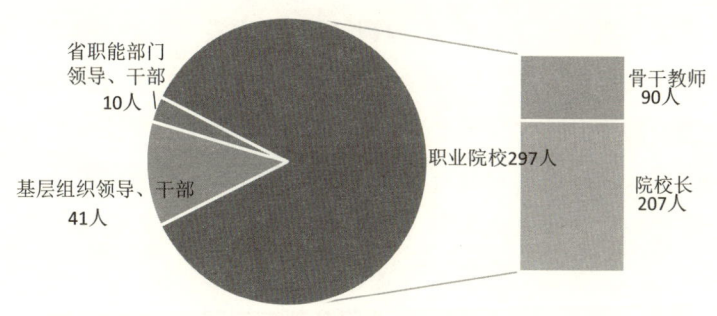

图 6　研修班学员构成分布情况

资料来源：《事必求是，行必踏实——上海中华职业教育社的创新九章》

4. 项目发展

（1）通过职业教育交流合作，实现地区优势互补。

上海地处长三角入海口，地理位置优越，有着得天独厚的优势，也有着巨大的人才需求，特别是现代服务业从业人员的需求。近年来，上海职业教育着眼专业建设与经济社会发展的协调匹配，主动对接上海经济社会发展的产业地图，增

强职业教育对城市建设的支持力和贡献度，打造与上海城市地位相适应的高质量职业教育。特别聚焦重点产业和社会民生事业的急需领域，引导学校加强区域有需求、行业有地位、国内有影响的专业（群）建设。加紧布局人工智能、生物医药、集成电路、航空航天、汽车制造、船舶制造等战略性新兴产业与先进制造业，以及家政、养老、护理、学前教育、酒店管理等民生事业领域和现代服务业领域的相关聚焦重点产业和社会民生专业。这些领域和专业的人才需求正好可以与中西部地区大量的人力资源优势相匹配，通过职业教育培养大量合格和卓越的技术技能型人才和现代服务业人才既能满足上海这个国际化大城市的人才需求，也能为中西部地区解决就业问题和实现改善民生的目标。

（2）通过职业教育交流合作，促进人才培养提质。

随着当前我国中职毕业生升学比例大幅提高，中职招生培养采取贯通衔接模式不仅有利于提高中职吸引力，推动中职培养定位转变，也有助于提高技能人才培养质量，上海中华职业教育社将继续通过省际间职教社交流合作，发挥上海优势，将上海在推动中高职贯通衔接培养，支持优质中等职业学校与高等职业学校联合开展五年一贯制办学，推进中等职业教育与职业本科教育的衔接培养的经验做法，通过院校长研修班这一平台，加强与中西部地区职业院校院校长沟通交流，取长补短，帮助实现西部地区职业院校长综合能力素养提升和拓展其前瞻视野，进一步落实深化现代职业教育体系建设改革的意见精神，推动中西部地区职业院校综合办学能力的提升，建立健全适应社会主义市场经济和社会发展需要、符合技术技能人才成长规律的职业教育制度体系，畅通职业院校学生升学通路，为全面建设社会主义现代化国家提供有力人才和技能支撑，从而造福一方人民，促进共同富裕。

（三）案例三：建立技能培训与就业服务教育集团

1. 项目背景

上海海川剑鑫教育集团成立于2005年，坐落于上海浦东新区川沙新镇。目前拥有上海市浦东新区海川剑鑫幼儿园、上海市浦东新区张江利生幼儿园、上海市浦东新区海川之星幼儿园等3所幼儿园，拥有上海浦东剑鑫实业公司、上海剑鑫服饰有限公司、上海海川剑鑫教育投资有限公司等3个实业和投资公司，上海市中华职业第二进修学院作为从事高等及高等以下职业教育培训的独立学院，另有1个上海海川剑鑫教育集团实训基地。

多年来，上海海川剑鑫教育集团秉承黄炎培"责在人先，利居众后"职业教育思想和利益观，紧跟时代步伐，秉持"以企带校、以校促企、产教结合、服务社会"的办学宗旨，积极开展农民工随迁子女就读、参与东西部对口支援和协作、成立上海海川宏善教育扶贫项目，开展贵州省毕节市、铜仁市和湖南怀化市、永州市等市县和地区的教育扶贫合作，帮助贫困家庭学生完成学业，为西部地区脱贫攻坚和培养人才做了一些工作，积极响应国家东西部扶贫协作战略和民进中央"彩虹行动"号召，携手参与"精准扶贫"，实施"温暖工程"，充分发挥东部地区的优势，送文化、送温暖，促进中西部教育文化交流和合作。

2. 项目实施与具体成果

（1）贫困家庭学生就业帮扶。

2016年10月下旬，在民进中央社会服务部刘文胜副部长带领下赴湖南怀化等市、县开展教育扶贫考察调研。2017年7月上海海川剑鑫教育集团通过"助学、助技、助业"的一体化模式，创建了"上海海川宏善教育帮扶项目"，利用浦东的教育资源和先进教育、创业理念，先后帮扶贵州、湖南、云南等地150多名贫困家庭学生（20名云南学生在读中，130人已毕业就业），其中少数民族贫困学生共33人来沪就读五年制大专学历教育，通过学习，使学生走出大山，走向城市，通过一人就业，全家脱贫，达到帮一个、算一个的教育帮扶效果。同时积极帮助外来务工人员子女在沪就读。帮助中西部农民工随迁子女在沪就读幼儿园和小学，据初步统计，共帮助3600多名农民工子女就读，在费用上尽量向公办学校靠拢，以减轻学生家庭的经济负担，经费不足部分由企业出资资助。

（2）全额资助中西部贫困学生完成学业。

积极响应党的"十八大"提出的"精准扶贫"的号召，集团进一步深化了与上海电视中专——开放大学的联合办学，通过成人教育、技能教育与就业服务参与精准扶贫工作。2010年至2017年6月先后3批帮助共80名贵州毕节市、铜仁市的贫困学生（孤儿、单亲、残疾、特困）来沪就读电视中专——开放大学直通车，学生毕业取得大专文凭，费用全部由企业出资，共730余万元。

（3）就业帮扶与合作模式。

集团通过在贵州设立分公司，以及集团内招聘、推荐就业、大学生征兵等途径，解决了127名学生就业，另外3人根据个人意愿自行解决就业。

为不断探索和完善办学机制，坚持和深化校校合作、校企合作模式，上海海川剑鑫教育集团，以及上海市中华职业第二进修学院加强与川沙新镇经济园区的战略合作，深化了与上海开放大学浦东东校合作办学的机制和内容。本着"优势互补、资源共享、互惠双赢、共同发展"的原则，双方建立长期、紧密的合作关系，探索成人高等教育与企业协同发展的新型合作模式，实现适应社会发展需求的人才培养、人力资源开发及支持服务等全方位一体化链接。对接合作项目，为园区企业及员工开展电视中专、中专—大专一体化招生项目（精准扶贫项目）、学历教育进园区项目、非学历技能培训进园区等四个方面的服务。

（4）中西部少数民族学生教育帮扶。

与此同时，集团还发动上海企业家援建希望小学，与中西部对接办学。组织浦东新区有关企业为安徽滁州、贵州铜仁、毕节等市（地区）援建11所希望小学，给边远地区送去温暖。集团帮助近400余名中西部少数民族学生到上海临港科技学校、上海振华职业技术学校学习。帮助湖南怀化新晃职中（海川班）13名少数民族贫困生完成学业。2019年3—11月，帮助5位少数民族残疾学生来上海接受缝纫技能培训和实习。自2010年来，通过"走出去，请进来"的方式，为西部少数民族贫困地区开展职业教育培训活动，1000余名少数民族学生受益。

（5）积极开展对接办学。

上海临港科技学校、上海市振华职业技术学校等10所学校与贵州毕节市工业学校、毕节大方县综合职业学校等10所学校对接，帮助2000余名学生来沪就读和就业。

3. 项目荣誉和意义

上海海川剑鑫教育集团目前已经成为一个融合幼教、普教、职教、高教和服饰、科技企业为一体的、以教育服务为核心的企业集团。其办学特色之一就是理论学习与技能实践"一体化""接地气"。学生在学习中，做到理论学习与实践操作相结合，文化知识与技能训练相融合，学生学到的知识可以不出校门就能在金融部和实训基地内进行训练，提升了知识学习的有效性。

集团以解决农村劳动力技能不足和就业问题为宗旨，通过提供专业化的技能培训和就业服务，为农村人才的培养和就业创造了良好的条件。通过全方位的技能培训和个性化的就业服务，有效地提高了农村人才的技能水平和就业能力。他们为农村振兴和共同富裕目标的实现作出了积极的贡献，不仅为农村人才的成长打下了坚实的基础，也为农村经济的发展注入了新的活力。

（四）案例四：科产教融合帮扶

1. 项目背景

东坑村位于浙江省衢州市常山县北部山区，距离县城 25 公里，球川镇政府所在地 13 公里。村庄地理位置偏僻、人均耕地不到 0.5 亩、产业不兴，大量土地抛荒，大部分有劳动力村民外出打工谋生，是典型的"空心村"。该村集体经济十分薄弱，2018 年仅房屋出租费收入 300 元。村内有一条 2300 年历史、保存较好的"古道"，传承 300 年的修路节是衢州市非物质文化遗产，自然景观优美、人文景点丰富，但得不到有效开发。2019 年 1 月，浙江省供销社、浙江经贸职业技术学院根据浙江省委、省政府要求，派出干部进村开展帮扶。

2. 项目实施

（1）产业帮扶。

2019 年，学院教师指导东坑村通过比选争取中央、省扶贫项目，累计金额 140 万元；指导该村整合省供销社帮扶资金 40 万元，完成了 5 亩香菇大棚、45 亩香椿苗种植，以及相关配套烘房、冷库建设，推动农特产业发展。另外，浙江省供销社落实资助 1200 万元建设蓝莓产业园，折合投入该村 200 万元。

根据东坑村风景秀丽、人文积淀深厚的特色，指导实施省社资助项目资金，挖掘人文景观资源，开发景点三个、改造展馆一个，使该村成功获评"省 AAA 级景区村"。学院还组织专业人员考证村庄红色血脉，挖掘红色故事，进一步丰富景点文化内涵，推动"文旅兴村"。

（2）人才帮扶。

学院派出教师常驻，对接校、社、村资源，带动村干部谋发展、建项目，全面完成各项工作任务，获得了省委、省政府主管部门驻村工作考核优秀，先后三次获当地政府先进或优秀荣誉。

（3）科技帮扶。

学院设立扶贫服务专项，立项、实施"'网红＋直播＋扶贫'新模式带动特色农产品推广"等 10 个项目，推动解决农产品滞销等实际困难，提升帮扶效果。学院还积极发动师生参与扶贫专项申报与实施，先后撰写《东坑村情调查及发展建议》等调研文章，指导当地发展。

（4）消费帮扶。

2019 年，学院开展"土鸡进校园"活动，牵线搭桥将村内企业的土鸡引入校内学生社会实践平台销售；2020年起，在校内设立"农产品扶贫专柜"，通过引导教职工采购、工会集中采购等方式，实现消费超30万元，有效解决了农产品滞销难题。

（5）教育帮扶。

2020年以来，学院先后举办食用菌生产经营技术、蓝莓技术、美丽乡村建设带头人培训班等，共3期，培训105人次，助力当地村镇人才振兴。2021年，学院成立了全省供销系统暨山区26县共同富裕人才培训教育基地，将结对镇村纳入服务范围，实施人才、科技服务助力村庄发展。

（6）文化帮扶。

学院通过"文艺下乡"、暑期大学生社会实践等活动，进村支教、捐书、制作墙绘，进一步提升帮扶效果。

3. 项目成果

项目推动东坑村村庄实现产业美、人文美、景观美。

一是产业美：推动蓝莓、食用菌、香椿种植，民宿、光伏等六大产业协调发展，村集体经营性收入从2018年300元到2021年50万余元（见下图7）；10余名有劳动力低收入户年人均收入超20000元，实现了快速增长；吸引3名乡贤回村发展，引进3名人才入村创业。

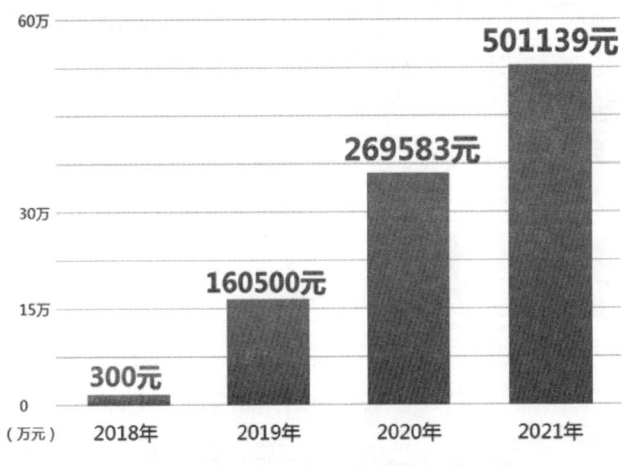

图7 东坑村集体年经营性收入增长图

二是人文美：指导发掘村庄红色文化与古道文化特色，开发人文自然景观3处，收集整理红色故事4个，成功助推该村获评浙江省AAA级景区村。

三是景观美：协调与落实"古村落建设"等项目，指导争取了"美丽乡村实施村"、"古道修复"等项目，涉及资金300余万元，进一步提升了东坑景区风光与文化内涵。

4. 项目经验

（1）坚持需求导向，因时制宜推进帮扶。

学院组织专业人才深入村庄调查，分析村庄资源禀赋，制订规划，明确发展思路；谋划、争取与实施8个政府项目，推动村庄经济发展与景区建设；安排后续服务项目10个，解决如农产品难卖、账目混乱等问题。

（2）重视优势发挥，挖掘整合校、社、村、政资源。

学院发挥营销、旅游等专业人才优势，累计派出师生50余人次进村开展帮扶，指导该村谋划建设方案，并立项推动解决发展中的困难。学院教师深入调研，挖掘当年红军活动历史，指导开发红色文化与自然景，点明"文旅兴村"方向；在推进省社资助项目蓝莓产业园建设的同时，指导申报争取国家、省政策项目6个，涉及资金400余万元。

（3）融合科创产教，积极推进村庄"消薄""扶贫"。

通过大学生社会实践、专业科技服务、暑期社会服务等活动载体，将科技服务、创新创业、生产实践、人才培养融合于一体，组织教师30余人次，学生20余人次入村服务，助力"古道特色农业产业园"等项目实施，推动村集体经济壮大与低收入户增收。

（4）注重人才培育，推动从扶持到持续发展。

根据需求开办生产经营技术培训、乡村建设技能培训等，培养高素质农民，强化村庄队伍建设。同时，推动实施美丽乡村建设项目，发展经济产业，吸引人才回流，推动村庄可持续发展。

（五）案例五：人才保障，技术支撑

1. 项目背景

乡村振兴，关键在人，重点是产业振兴。眉山职业技术学院（以下简称"学院"）立足区域需求，对接产业发展，共建产教融合共生平台；组建"种养加检"全产业链专业群、构建"两平台四方向三拓展"课程体系、创建"双主体四融通三牵引"人才培养模式，搭建"四维一体"人才供给体系；政行企校四方协同，多元合作赛事驱动，探索农技推广新途径；构建"人才保障、技术支撑"新范式，助推地方特色农业产业发展，为乡村振兴战略赋能。

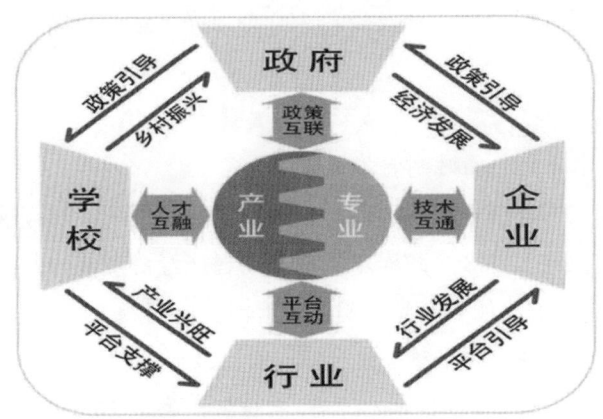

图8 "四维一体"人才供给体系

四川省眉山市是重要的粮经作物生产基地，是全国最大的泡菜和晚熟柑橘生产基地，正在做大做强粮油、生猪两大战略产业和眉山泡菜、眉山春橘等特色支柱产业，打造"味在眉山"千亿产业。学院对接四川现代农业产业体系，立足地方特色农业产业发展，深入推进办学改革，坚持对接产业建专业（群），时刻把握专业发展新方向；人才培养对接需求的层次性，构建立体人才供给体系；技术推广以关键技术攻关为纽带，以生产竞赛活动为载体，形成新的推广模式；构建"人才保障、技术支撑"职业教育助力乡村振兴新范式。

2. 项目实施与成果

（1）生产竞赛助推，保障乡村人才振兴。

学院立足地方农业产业发展和扶贫技术帮扶，采取"关键农时季节常进村、农民需求常到村、产业发展常联村"的方式开展技术推广和帮扶活动，走村串户推广种植技术，解决生产难题。学校长期与四川农业大学等大学，以及市县农技部门、涉农企业合作，联合申报农业科技攻关项目、开展技术研发等。政府动员组织，业主积极参与，企业提供服务，学校师生全程提供技术指导，开展新品种、新技术、新方法的试验、示范、推广，开辟了"多元合作、赛事驱动"农技推广新路径，助推农业产业振兴。

学院深入实施"藏粮于地、藏粮于技"战略，作为主要承办单位，连续7年开展水稻"一优两高"生产竞赛活动，组建专家团队，着力从竞赛活动方案制定、新品种新技术示范推广、职业农民专题培训和生产技术问题化解等方面推进，师生全程参与"耕、栽、种、收"，保障竞赛活动落地生效，形成水稻产业发展新模式。学院与丹棱生态源水果专业社合作，联合攻克晚熟柑橘生产技术，制定行业标准，助推眉山晚熟柑橘成为全国首批50个产业集群之一；与盘鳌乡政府携手合作，连续举办柚子品鉴会，编制蜜柚产业发展规划，打造了"中国蜜柚之乡"；与秀芳葡萄专业合作社合作，连续开展"葡萄文化节和品质大赛"，打造"秀芳"葡萄品牌。

学院强化生产实践锻炼，提升教师双师素质，培养产业领军人才，专业教师先后有30余人次入选省、市农业专家服务团队，成为产业领军人才；依托合作育人平台，根据用人单位对人才培养要求，使专业的人才培养质量显著提高，先后为乡村振兴培养技术技能人才1万余人；依托四川省现代农业技术培训基地和高技能人才培训基地，大力开展基层农技人员提能培训40余期，培养技术推广人才5000余人；育训并举，大力开展技术培训，培养乡土实用人才8000余人次。

（2）政行企校联动，服务产业振兴。

学院作为承办单位，与岷江现代农业示范园区、四川农业大学水稻研究所等单位合作，组织专业合作社等规模种植户，连续7年开展水稻"一优两高"生产竞赛活动，搭建1个水稻产业发展平台，瞄定优质、高产、高效3大目标，构建"政行企校"4方同盟，强化制度、资金、专家3项保障，创新形成了"1343眉山稳粮提质增收推广模式"。

通过竞赛，学院在眉山市太和镇永丰村建成了四川省面积最大的水稻新品种中试基地1500亩，累计试验新品种400余个，筛选并推广本地宜栽品种30余个，培育种粮能人380余人，集成推广机插秧"基缓追速"等30余项技术，其中"吨粮田"高产攻关达到亩产969公斤/亩，创造了四川盆地浅丘水稻高产纪录；集成熟化"稻—鸭（鱼）"绿色种养等3项技术体系。

新品种新技术推广应用实现区域水稻单产增加12.21公斤/亩，亩均节省成本209元，累计节省成本7538.63万元，累计增收节支20531.46万元。

（3）校企项目共建，服务产业发展。

学院与四川省眉山万家好种猪繁育有限公司校企共建省级生产性实训基地——动物疾病诊断中心，进行猪、禽、牛、羊等动物疫病的实验室检测工作，检测项目20余个。中心自建成以来，辐射四川眉山、乐山、雅安等区域，服务养殖企业（户）200余个，累计检测样品3万余份，并长期为20余家养殖企业（户）

制定疫病防治方案，提供专业技术咨询、出诊及技术培训等服务。合作企业四川省眉山万家好种猪繁育有限公司被农业农村部遴选为国家生猪核心育种场。

学院联合四川农业大学果蔬研究所，推广晚熟柑橘新品种栽培技术 5 项、新技术 8 项，辐射面积 30 万亩，助力眉山晚熟柑橘被农业农村部、财政部确定为优势特色产业集群；培育、推广柚子新品种 4 个、技术 6 项，辐射面积 4 万亩，助推东坡区盘鳌乡认定为"中国蜜柚之乡"；推广葡萄新品种 3 个、新技术 5 个，辐射种植户 30 余家，辐射面积 3000 多亩，年产值 2000 多万元，打造"秀芳"葡萄品牌。2021 年，学院与四川果怡农业科技有限公司合作项目"积极探索鲜食葡萄生产信息化发展之路"入选农业农村部农业机械化总站 16 个设施种植机械化典型案例。

3. 项目意义

（1）为乡村振兴提供咨询指导。

学院助推眉山成为全国最大的晚熟柑橘基地，组建了眉山泡菜产业学院，挖掘泡菜产业关键技术，推进泡菜标准制定，推动泡菜行业高端化发展，打造"东坡泡菜"成为具有国内外影响力的引领型产业。承接"四川省衔接推进乡村振兴科技专项"项目，负责眉山市和东坡区"四川乡村振兴科技在线"平台建设与运行维护，为农业产业发展及乡村振兴提供咨询指导。

（2）扩大农业产业人才供给。

学院精准对接产业发展人才需求，以及眉山现代农业产业体系，服务眉山建设"粮油保障基地、生猪生产基地"，对接发展粮油、生猪两大战略产业对人才的需求，重点建设现代农业技术、畜牧兽医专业，保障全产业链持续发展，配套建设农产品加工与质量检测、食品检验检测技术专业，构建省级现代农业技术高水平专业群，从产业需求端和人才供给端入手，教育链衔接产业链，以强农兴农为己任，培养知农爱农新型人才。

（3）适应农业产业转型升级和技术进步需要。

学院构建现代农业技术专业群"两平台四方向三拓展"课程体系，将新技术、新标准、新工艺、新资源纳入教材，以真实应用驱动教学改革，以实际生产任务为载体，真学真做掌握真本领，使人才培养更加符合行业、产业、企业实际用人需求。

（4）校企共建实践教学基地和产教融合基地。

校企按照实际生产过程开展教学，企业技术人员作为兼职教师，实施"现代学徒制"教学，教师作为企业的技术顾问护航生产全程，形成让学生在田间地头学习技术技能，实现农业技术从教室到田间的有效衔接。

（六）案例六：深入基层，培养人才

1. 项目背景

水利是农业发展的命脉，是巩固农村地区脱贫攻坚成果，全面助推乡村振兴的关键。培养基层水利人才培养是水利职业院校办学的职责和使命。如何紧密对接现代水利行业发展对人才能力需求，创新基层水利专业技术人员培养培训模式，破解基层水利人才瓶颈，推进广西民族地区水利事业改革发展，为农村脱贫地区乡村振兴提供坚实的水利支撑和保障，成为新形势下摆在水利职业院校面前的突出难题。

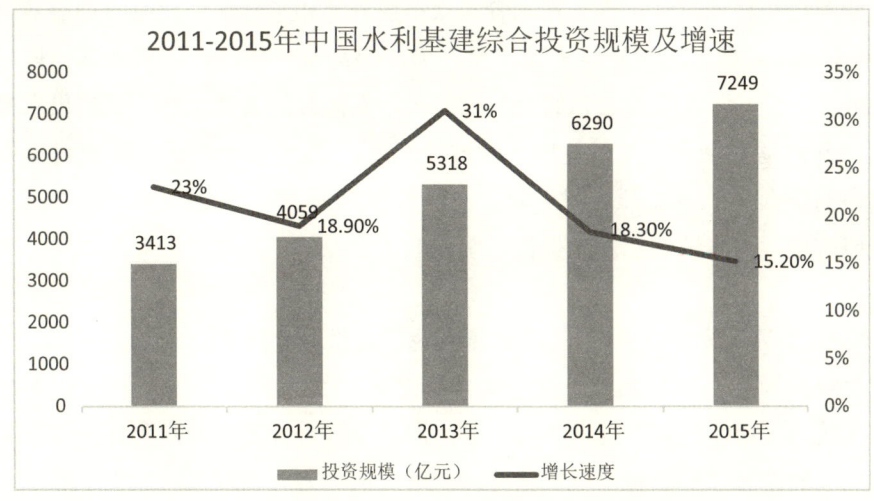

图9　2011-2015年中国水利基建综合投资规模及增速

资料来源：国家统计局

2. 项目实施

（1）"基地＋订单式培养"，精准培养基层水利人才。

自2020年起，学院主管单位广西省水利厅开展"三定三免"基层水利人才培养特色学徒制模式实践，通过"定向招生、定向培养、定向就业"和省级及地方财政支持实施的免除学费、住宿费、教材费的"三免"扶贫政策，"量身订做"基层水利人才培养方案。针对订单班学生既是基层水利用人单位准员工又是学生

的"双重"身份，实施"学校学习—寒暑假定向单位实习—学校实训—定向单位跟岗实习、顶岗实习—共同考核—准员工"的"多段式"教学组织模式，为推进基层水利人才建设工作、实现壮乡振兴提供人才支撑和坚实保障。

（2）"基地＋技术服务"，解决脱贫山区农村饮水安全问题。

学院与广西省水利厅共建广西水利人才培训基地，积极发挥教师专业优势，为乡村振兴提供智力支持。学院的教学科研团队通过技术服务马山县脱贫村龙昌村人饮安全工程，当地受益人数达 175 户共 870 人；科研技术成果应用于广西大化县等岩溶贫困山区，解决了贫困山区 1000 余人饮水安全问题；为对口精准扶贫点河池市九圩镇制定白山、大田洞防洪排涝工程方案，解决两村农田逢大雨必涝的问题等等，成为助力乡村振兴的技术智库。学院利用少数民族地区水利人才培养基地的优势，组建技术团队，进驻广西农村投资集团水务有限公司等企业，开展水质安全技术服务、水务技术管理水平提升等相关科研和技术咨询服务等项目 10 余项，将技术成果转化为现实生产力，提高水厂效能，降低能耗、增加效益 300 余万元。依托校企共建智慧实训基地，共同开展智慧水利、城镇供水技术研究，共同举办企业职工技能培训和技能竞赛，连续 4 年组织广西农村投资集团水务有限公司等企业开展职工职业技能竞赛 10 余项，助力企业产业升级和人才战略实施，为乡镇供水发展提供了坚强的人才保障，实现校企双赢，助力乡村振兴。

（3）"基地＋素质提升"，为乡村振兴地区提供人才保障。

学院作为广西水利系统干部职工培训基地，大力开展基层水利技能人才培养，实施"学历＋培训"提升工程，与河海大学联合开展面向水利行业推荐考核择优入学的在职学历教育，免试培养在职基层水利人才 360 名；加强干部专业化教育培训，根据不同培训对象的不同需求，按需施教，分层次、分类别有针对性地设置培训课程"菜单"，侧重职业技能和专业化水平提升；组织编写通俗易懂、务实管用的水利业务培训教材，其中《广西农村饮水安全工程建设与管理》《农村饮水安全宣传手册》等培训教材和《水处理工程》《农村饮水安全建设与管理》等在线课程，填补了广西水利系统农村人饮工程规范化建设培训的空白。学院利用国内知名高校平台开展"订单式选学"培训，采取"送培下乡"方式加强基层水利干部教育培训，组织开展广西基层水利乡村振兴培训班、广西水文系统中心水文站站长培训班、大中型水库管理单位技术负责人培训班、水利工程建设稽查业务培训班等培训工作。近三年来，培训水利系统职工 2500 多人次，为乡村振兴培养了一批高素质的基层水利人才。

3. 项目成果

（1）面向基层水利人才培养质量高。

多年来，学院发挥水利专业优势，培养了"全国脱贫攻坚先进个人"陆政、全国"人民满意的公务员"莫建英等一大批"水利工匠"，他们奋战在少数民族地区的脱贫摘帽和乡村振兴战略工作一线，为实现人民群众安全饮水和粮食丰收目标贡献力量。学院连续2年招收来自全区21个市县"订单式"定向培养学生共208人。面向少数民族、山区、边境县、地方专项、精准扶贫计划考生招生，其中壮族、瑶族、苗族、侗族、仫佬族等少数民族学生占43%，为西部少数民族地区乡村振兴水利保障提供人才支持，促进各民族共同团结进步、共同繁荣发展。

（2）校企协同提升科学技术研究强。

学院依托八桂水利产业学院的产学研服务平台，与广西灌溉试验中心站等共同开展助力乡村振兴的课题技术攻关和申报，荣获广西科技进步二等奖、三等奖10项，广西天湖水利科学技术奖一、二等奖等12项。以服务脱贫攻坚和乡村振兴为研究内容的《水利发展新形势下高职高专给排水专业建设模式研究与应用》《全科融通育全人：高职院校培养基层水利人才的广西模式》等项目分别荣获2019年和2021年广西职业教育自治区教学成果奖一等奖。

（3）发挥办学优势承担社会服务多。

学院发挥水利电力专业优势，主动服务广西脱贫攻坚，先后选派驻村工作队7个，选派各类干部近百人次，设立新农村水电服务示范点7个，解决贫困山区2万多人的人饮安全问题，推广农村水电科技项目3项，义务培训农村水电技术人员1000多人次。同时技术助力学院所在地"广西东盟经济技术开发区"的经济发展，开展与广西现代特色农业核心示范区共建1021亩智慧生态节水灌溉示范园等技术指导与合作，成为经开区中小企业的"技术保姆"，为助力乡村振兴提供了有力的技术支撑保障。

四、职业教育服务乡村振兴的问题与对策

（一）问题一：资源不均衡的现状

资源不均衡是职业教育服务乡村振兴面临的首要问题之一。当前，我国职业教育资源地域分布不均，城乡差异明显，主要集中在经济发达地区和大中城市。乡村地区的职业教育资源严重匮乏，无法满足农村人才培养的需求，制约了乡村

振兴战略的实施。

1. 乡村地区缺乏职业教育师资力量

在资源有限的情况下，乡村地区往往无法吸引高素质的职业教育教师，导致教学质量不高。此外，缺乏相关教育培训机构的支持，乡村学生接受职业教育的机会大大减少，难以获得一流的教育资源。

2. 职业教育资源投入不足

当前，国家职业教育的投入主要集中在城市地区，而乡村地区的职业教育相对较少。乡村地区缺乏大型职业教育设施和现代化的实验室设备，这使得乡村学生难以接触到先进的教学技术和实践操作，限制了他们的职业发展。

3. 乡村地区的职业教育机构发展滞后，缺乏与现代产业需求相匹配的专业设置

乡村地区的发展需求多样化，但职业教育机构的专业设置却相对单一，无法满足乡村人才培养的多样化需求。这种资源匮乏的状态，不仅限制了乡村学生的选择范围，也限制了乡村地区的经济发展。

为了解决资源不均衡问题，首先要加大对乡村地区职业教育资源的投入力度。国家应制定相应的政策，加大财政投入，增设乡村职业教育机构，提高教师队伍的素质，完善学校设施和实验室设备。其次，乡村地区要加强与城市地区的合作，借助城市的职业教育资源优势，引进优质教育培训机构，提供更多的职业教育机会。同时，应加强产业与职业教育的对接，建立与乡村经济需求相匹配的职业教育专业，培养更多适应乡村经济发展需要的人才。

解决资源不均衡问题是职业教育服务乡村振兴的关键一环。只有加大资源投入，优化资源配置，才能真正实现乡村振兴战略的成功。因此，政府、教育机构、企事业单位等各方应共同努力，建设全面、均衡、可持续的职业教育体系，推动乡村振兴事业的蓬勃发展。

（二）问题二：培训质量与效果不稳定

在职业教育服务乡村振兴过程中，面临着一个重要的问题，即培训质量与效果的不稳定性。这一问题的存在对于实现乡村振兴和促进共同富裕目标构成了阻碍。

1. 培训质量的不稳定性主要表现在教学方法和内容方面

在某些地方，由于资源匮乏或者缺乏创新思维，教学方法仍然停留在传统的理论教学模式下，无法真正激发学生的兴趣和培养实际操作的能力。此外，培训内容的设置也需要进一步优化，根据不同地区的需求和特点，制定具有针对性和实用性的培训方案，以确保培训的有效性和可持续性。

2. 在培训的过程中，培训效果的不稳定性也是一个令人担忧的问题

存在着一些培训机构师资力量薄弱的情况，导致培训质量参差不齐。一些培训项目在初期可能能够取得良好的效果，但随着时间的推移，效果逐渐衰减甚至消失。这种情况对于学员来说是非常不利的，他们不能获得持久的技能提升和职业发展的支持。

要解决这一问题，需要采取一系列的措施。首先，应加强教师队伍的培养和管理。通过提高教师的专业素养和教学水平，使其具备创新能力和针对性教学的能力，从而提升培训质量与效果的稳定性。同时，也要加强对培训机构的监管和评估，确保他们能够按照标准和规范进行培训，提供高质量的教育服务。其次，政府应加大对乡村振兴的职业教育服务的支持力度。通过出台相关政策和措施，鼓励和引导更多专业人才和培训机构进入乡村，提供高品质的教育资源和培训服务。此外，建立健全的管理体系和评估机制，加强对培训质量和效果的跟踪和监测，及时发现问题并采取相应的措施加以解决。

培训质量与效果的不稳定性是影响职业教育服务乡村振兴的重要问题之一。只有通过加强教师队伍的培养和管理，加大政府对职业教育服务的支持力度，才能有效提升培训的质量和效果稳定性，从而为乡村振兴和共同富裕目标的实现提供有力支撑。

（三）问题三：政策支持与管理体系不完善

在实施职业教育服务乡村振兴的过程中，一个重要的问题是政策支持和管理体系的不完善。虽然国家已经出台了一系列支持乡村振兴和职业教育发展的政策文件，但是在实际执行中仍存在许多不足之处。

1. 政策支持不够明确

目前的政策文件对于职业教育服务乡村振兴的要求和目标并没有明确的规定，也没有具体的指导和实施细则。这导致各地在推行职业教育服务乡村振兴时存在理解和执行的差异，造成政策实施的不统一和效果的不确定性。

2. 管理体系不够完善

职业教育服务乡村振兴涉及多个部门和机构的合作与协调，但是目前的管理体系相对分散，缺乏整体性和协同性。各个部门和机构之间信息沟通不畅，协作机制不健全，导致政策落实时出现问题和矛盾。

3. 管理主体缺乏专业性和责任感

在职业教育服务乡村振兴的过程中，涉及教育部门、农业部门、地方政府等多个管理主体，但是这些主体在职责划分和协作方面存在不协调的情况。缺乏专业性和责任感的管理主体往往难以有效地推进政策的执行和效果的评估。

面对以上问题，需要采取一系列的对策来完善政策支持和管理体系。首先，政府部门应加强对职业教育服务乡村振兴的政策指导，明确政策要求和目标，并制定具体的实施细则，加强对政策的解读和宣传，提高政策执行的一致性。其次，应建立更加协调和高效的管理体系。各个部门和机构应加强沟通与协作，建立联动机制，共同制定工作计划和目标，明确职责分工和协作事项，形成合力。同时，要加强信息共享和管理，建立完善的监督和评估机制，确保政策的执行效果。最后，需要提升管理主体的专业性和责任感。政府部门和管理机构应加强人员培训和能力提升，提高管理者的专业水平和管理能力，增强责任感和敬业精神。同时，要加强对管理主体的监督和评价，激励其积极参与和推动政策的落实。

要解决职业教育服务乡村振兴中政策支持和管理体系不完善的问题，需要政府部门加强政策指导，建立协调高效的管理体系，提升管理主体的专业性和责任感。只有这样，才能够更好地推动职业教育服务乡村振兴，促进共同富裕的实现。

五、总结与展望

（一）研究总结

本研究旨在深入探讨职业教育如何服务乡村振兴并促进共同富裕。通过案例研究，对职业教育在乡村振兴中的地位和作用进行了全面的剖析，取得了一些有意义的发现和结论。

1. 职业教育在乡村振兴促进共同富裕中具有重要的推动作用

乡村地区的经济发展离不开人才的培养和技术的支持。职业教育通过向乡村学生提供与当地经济需求相匹配的实用技能，为他们进入就业市场做好准备。同时，职业教育还通过开展实训基地和产学研合作等形式，为乡村地区的经济发展提供了切实的支持。

2. 职业教育不仅有助于提升乡村居民的就业能力，还能带动全面的乡村产业发展

职业教育培养了大量的技术工人和管理人才，为乡村的农业、农村产业和乡村旅游等领域注入了新的活力。通过技能的传授和创新意识的培养，职业教育提升了乡村居民的创业意愿和创新能力，进一步推动了乡村产业的升级和转型。

另外，研究结果还表明，职业教育在乡村振兴中的发展面临着一些挑战和问题。其中，乡村教育资源的不均衡分布、职业教育的师资力量不足、职业教育与地方经济需求之间的脱节等问题制约了职业教育在乡村振兴中的发展。因此，在未来的发展中，需要关注和解决这些问题，为职业教育的发展提供更好的环境和支持。

在总结研究成果的基础上，对未来发展方向提出了几点建议。首先，应加大对乡村职业教育的投入力度，加强师资队伍建设，提升教育质量和水平。其次，要加强职业教育与产业需求的对接，建立更加紧密的产学研合作机制，为乡村经济发展提供更多的技术支持和人才保障。最后，要加强乡村职业教育的国际合作与交流，借鉴国际先进的经验和模式，推动我国乡村职业教育的创新和发展。

本研究的发现和结论对于推动我国乡村振兴战略的实施和实践具有重要的参考价值，然而，也要正视其中存在的问题和挑战，并积极探索对策和解决方案，为职业教育的发展创造更好的环境和条件。

（二）未来发展方向与建议

职业教育服务乡村振兴促进共同富裕的未来发展方向可考虑以下四点：

1. 全面提升职业教育质量

职业教育是乡村振兴的重要支撑，而提升职业教育质量是实现共同富裕的关键。为此，应加强师资队伍建设，提高教师的专业素养和教学水平；加强课程建设，结合实际需求，开发适合乡村发展的职业教育课程；加强实践教学环节，提供更多实际操作和实习机会，培养学生的实际技能。

2. 拓宽职业教育的发展渠道

为了更好地服务乡村振兴和促进共同富裕，应积极拓宽职业教育的发展渠道。一方面，可以与乡村产业和企业合作，建立实训基地和实习基地，为学生提供更多实践机会和就业机会。另一方面，可以加强与城市职业教育机构的合作，促进城乡教育资源的共享，让乡村学生能够接触到更好的教育资源。

3. 强化乡村职业教育与产业融合

乡村振兴需要职业教育的支撑，而职业教育也需要与乡村产业相结合，实现良性循环。因此，在未来的发展中，应加强乡村职业教育与产业的深度融合，根据乡村产业发展的需求，调整和优化职业教育专业设置，培养符合乡村产业发展要求的高素质人才。

4. 加强政策支持与投入

乡村职业教育的发展需要政策的支持和资源的投入。政府应制定相关政策，给予乡村职业教育优惠政策和经费支持，鼓励更多的学生选择乡村职业教育，同时也鼓励企业参与乡村职业教育的建设和发展。

参考文献

[1] 张蓓. 共同富裕背景下职业教育推动乡村振兴策略研究 [J]. 智慧农业导刊，2023，3（02）: 118-119.

[2] 刘芳. 乡村振兴背景下榆林市乡村旅游高质量发展路径研究 [D]. 宁夏大学 .2022.

[3] 田雅娟，甄力. 迈向共同富裕：收入视角下的演进分析 [J]. 统计学报，2020，1(05):61-68.

[4] 朱璇. "共同富裕" 目标下教育阻断贫困代际传递的现状及路径探究 —— 基于江西省各教育阶段家庭经济困难学生调查 [D]. 华东交通大学，2022.

[5] 肖润花. 高等职业教育服务乡村振兴现状与策略研究 [J]. 智慧农业导刊，2023，3(08):169-170.

[6] 中国教育科学研究院编写组 .2020 中国职业教育质量年度报告 [EB/OL]. (2021-05-25). https://www.tech.net.cn/news/show-93894.html.

[7] 王晓红，陶红艳. 职业教育服务乡村振兴战略的路径探索 [J]. 河北北方学院学报 (社会科学版).2022，38(06):84.

[8] 贺会团. 职业教育助推乡村振兴共同富裕策略 [J]. 中南农业科技，2023，44(1)：206-207.

[9] 火盼盼. 乡村振兴背景下隆德县防止致贫返贫路径研究 [D]. 宁夏大学，2022.

[10] 李志，谢梦华. 人力资源服务助推乡村振兴发展研究 —— 基于实现共同富裕目标视角 [J]. 重庆大学学报 (社会科学版)，2023，29(02):287-291.

[11] 李珍珍. 乡村振兴战略下我国农村职业教育推进研究 [D]. 山西大学，2020.

[12] 王政武，郭雅玲，陈春潮. 以乡村振兴促进共同富裕：逻辑内涵，现实困境与政策框架 [J]. 南宁师范大学学报 (哲学社会科学版)， 2022，43(02):14-17.

[13] 周汉民主编. 事必求是，行必踏实 —— 上海中华职业教育社的创新九章 [M]. 上海人民出版社，2023 年 6 月 .

[14] Dwayne Benjamin，Loren Brandt.Paul Glewwe. Guo Li：Markets，Human Capital，and inequality：Evidence from Rural China.SSRN Electrinic Journal，2000.

[15] Theodore W.Schultz. Education and economic growth in N.B. henry. Social forces influencing American education. Chicago：University of Chicago Press.1993.

[16] Jacob A. Mincer. Schooling, Experience an Earnings. Columbia：Columbia University.

（课题组成员：吴芹　方孟梅　朱懿　黄婷婷　章继刚　张西华　韦弘　于晓虹　周红丰）

下篇 典型案例

第一部分　立德树人

依托职业教育资源开展区域劳动教育的路径初探
——以上海市金山区劳动教育为例

迮育彪　王晓华　孙　峰

劳动教育作为中国特色社会主义教育制度的重要内容，是全面发展教育体系的重要组成部分，决定社会主义建设者和接班人的劳动精神面貌、劳动价值取向和劳动技能水平。

一、强化劳动教育是人才培养战略的现实需要

中共中央国务院《关于全面加强新时代大中小学劳动教育的意见》提出"坚持立德树人，坚持培育和践行社会主义核心价值观，把劳动教育纳入人才培养全过程，贯通大中小学各学段，贯穿家庭、学校、社会各方面，与德育、智育、体育、美育相融合，紧密结合经济社会发展变化和学生生活实际，积极探索具有中国特色的劳动教育模式，创新体制机制，注重教育实效，实现知行合一，促进学生形成正确的世界观、人生观、价值观"。

近年来一些青少年中存在着缺乏劳动观念、轻视劳动者、不珍惜劳动成果、劳动技能低下等现象。究其原因，一是家庭教育忽视劳动教育与培养；二是学校劳动教育的弱化，尽管均开设劳动技能课程，但缺乏对学生劳动观念培养的总体规划和要求，往往还受到其他课程的挤压。三是社会对劳动培养人、劳动创造财富，以及弘扬劳模精神、工匠精神的宣传力度不够，劳动伟大、劳动光荣的氛围尚未真正形成。对此必须高度重视，切实加强劳动教育刻不容缓。

二、面向普通教育开展劳动教育是职业院校的职责所在

《国家职业教育改革实施方案》中"鼓励中等职业学校联合中小学开展劳动和职业启蒙教育，将动手实践内容纳入中小学相关课程和学生综合素质评价"，将职业院校的劳动资源面向普通教育开放，帮助普通学校开展劳动教育是职业院

校义不容辞的职责。

近年来,职业院校经过的大力建设,无论是场所条件、教学设施还是师资力量等各种资源均有大幅度提升,具备了开展多样化劳动实践的条件,况且职业教育因其"职业"的特征,以培养学生综合素养和实践技能为目标,教学上充分体现知行合一,这与劳动教育培养学生劳动精神面貌、劳动价值取向和劳动技能水平的目标相一致。因此,发挥职业院校资源优势面向普通教育开展劳动教育,对于探索具有中国特色的劳动教育模式,拓展职业院校的教育功能,完善现代职业教育体系,促进职业教育高质量发展具有重要意义,也是职业院校的职责所在。

三、区域劳动教育现状初析

金山教育制订了七大行动路径,第一就是"坚持立德树人,着力学生综合素质提升",包括"推进中小学一体化德育、提升青少年科技素养、促进青少年身心健康、培育青少年艺术素养、加强青少年劳动教育"。调研发现,金山区劳动教育的现状距离区域经济发展对人才培养的要求还有一定差距,主要体现在:

(一)中小学劳动教育资源总量不足

目前区内仅有金山区劳技学校作为上海市金山区中学劳动技术课重要教学基地及学生职业体验中心,开设近10项课程,需要承担全区中小学生的劳动技术课,无论从场地及设备、师资等都相形见绌。而区教育学院仅有一名劳动教育教研员,远远不能兼顾劳动教育研究和活动指导,更无法从区级层面对劳动教育进行统一研究和规划。

(二)劳动教育时代特征彰显不足

金山区劳技学校目前主要开设的课程项目有:电子电工、工艺木工、编织工艺、布艺制作、金属加工、电脑拆装、实体设计、数码影像、陶艺等。课程项目种类较少;且受到场地及设备、师资等的限制,除了编织工艺、布艺制作、陶艺等传统工艺类课程外,电子电工、工艺木工、金属加工、电脑拆装等项目已与当今时代发展脱节。

(三)劳动教育区域特色不明显

金山区作为上海西南具有厚重历史文化的地区,有农民画、黑陶工艺等文化遗产,现代化工、先进制造和绿色农业是区域的产业支柱,形成了鲜明的区域文化和产业特色。区内劳动教育在培养学生整体素质的同时，也承担着增进学生对自己家乡了解、培养热爱家乡、建设家乡的情感和意愿的重要任务。然而，现在区内劳动教育缺少区域特色方面的课程和内容。

四、金山区职业院校面向普通教育开展劳动教育的路径初探

金山区内有上海石化工业学校和上海食品科技学校两所中职校。上海石化工业学校是"国家级重点中等职业学校"，形成了以化工类专业为龙头，以机电类和财经商贸旅游类专业为两翼的专业布局结构，化工和智能装备技能人才培养是学校的特色。上海食品科技学校是"上海市重点中等职业学校"，设有食品与安全检测和汽车与智能制造两大专业群，农产品及食品加工及检测是学校专业特色。两校的办学资源为链接普通教育的劳动教育奠定了坚实基础。

（一）区域中职学校开展劳动教育的构想

1. 整体规划中职教育资源，系统化设计劳动教育

区内中职教育资源丰富，可以为区内中小学生劳动教育提供巨大支持，应当充分利用。中职学校开设有不同的专业，与生活、生产非常贴近，便于劳动教育内容的丰富；中职学校有较为开阔的场所和实训资源，便于劳动教育的落实；中职学校有多样的实习基地，便于劳动教育范围的拓展；中职学校有"双师型"的教师团队，便于劳动教育的指导。因此，区域中职学校要在保证中职教育的前提下，将面向普通教育开展劳动教育作为重要工作之一，将其纳入学校的总体教育之中，整体规划教育资源，系统化设计劳动教育。

2. 阶段化设计劳动教育内容

针对不同教育对象，体现劳动教育的不同侧重，开展适合的劳动教育内容。《大中小学劳动教育指导纲要（试行）》中提出"小学低年级要注重围绕劳动意识的启蒙，让学生学习日常生活自理，感知劳动乐趣，知道人人都要劳动。小学中高年级要注重围绕卫生、劳动习惯养成，让学生做好个人清洁卫生，主动分担家务，适当参加校内外公益劳动，学会与他人合作劳动，体会到劳动光荣。初中要注重围绕增加劳动知识、技能，加强家政学习，开展社区服务，适当参加生产劳动，使学生初步养成认真负责、吃苦耐劳的品质和职业意识。普通高中要注重围绕丰富职业体验，开展服务性劳动、参加生产劳动，使学生熟练掌握一定劳动技

能，理解劳动创造价值，具有劳动自立意识和主动服务他人、服务社会的情怀。"

根据不同年龄学生，结合区内中职教育资源，可以采用"三级递进"目标，按照"体验生活""体验劳动""体验职业"三个层面逐渐深入，贴合不同年龄学生的学习基础和学习特点。

根据不同年龄学生，结合区内中职教育资源，可以采用"三级递进"目标，按照"体验生活""体验劳动""体验职业"三个层面逐渐深入，贴合不同年龄学生的学习基础和学习特点。

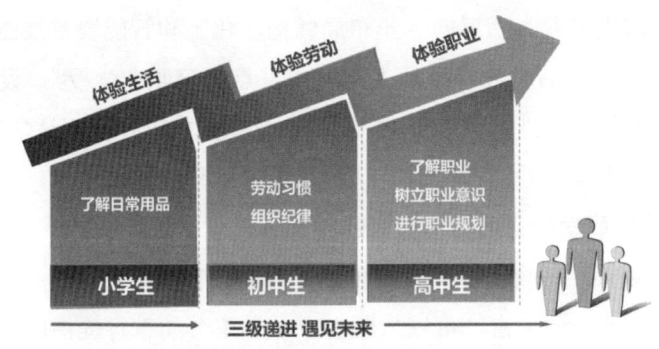

图2 "三级递进"劳动教育内容

"体验生活"层面，主要针对小学生群体，帮助其了解日常用品来源和掌握基本生活技能，使其搭建劳动和生活之间的联系，产生劳动的喜悦感；"体验劳动"层面，主要针对初中生，通过产品的制作和加工，培养其劳动习惯和良好的组织纪律，搭建劳动与自律之间的联系，产生劳动的责任感；"体验职业"层面，主要针对高中生，通过企业参观和生产问题的解决过程，帮助其了解生产和职业，逐步树立职业意识，增强钻研和解决问题能力。

3. 多样化实施劳动教育

考虑到不同学段学生学习的特点和教学安排，开展职业教育形式应当多样化。可以依托中职实训中心开展中小学生动手操作体验；依托中职实习基地开展中小学生实践参观；依托中职校内外师资开展"送教上门"讲座；依托中职校名师工作室开展"发明创造"指导。例如可以采用"学校开放日"的形式进行职业体验；采用企业生产参观的形式，走进真实生产情景；借用网络资源，进行"线上"生产直播；采用企业人员讲座形式，了解组织纪律重要性；利用展示厅，了解生产与生活的关系。依托职教资源开展劳动教育的途径要灵活化。可以采用集中一段时间的统一课程体验，类似现在劳技学校进行的课程；也可以采用模块化组合，针对一个阶段开设可供选择的项目清单，每个学生选取当中的 2—3 个项目。

4. 体现金山特色，打造金山劳动教育"名牌"

金山的劳动教育应当逐渐打造体现区域特色的劳动教育"铭牌"，特色的体现离不开与区域产业的结合。而区域中职教育无论从专业设置还是办学过程均紧密结合区域产业发展状况。现代化工、精密制造和现代农业在金山中职教育中均为主力专业，因此依托金山中职资源，必然可以打造有金山特色的劳动教育"名牌"。

（二）提升区域劳动教育的保障措施

区域教育行政主管部门牵头负责劳动教育，合理制订区域劳动教育规划，统筹协调区内各中小学、职业院校的教育资源，保障各中小学学生课程合理安排；建立健全促进区域劳动教育发展的各项制度，完善其运行、考核和激励机制；加强区域劳动教育的科研、教学师资队伍建设，优化团队配置，强化培训；完善优化劳动教育的实验实训设施配备，合理配置具有区域特点的，体现区域特色的教育项目所需的设施设备。

青少年劳动观念的形成、劳动能力的培养是全社会的责任，更是各级各类学校责无旁贷的任务。作为国家教育体系的重要组成部分，职业院校理应为此做出努力，为新时代义务劳动教育作出职教人的贡献。

参考文献

[1] 中共中央国务院《关于全面加强新时代大中小学劳动教育的意见》.

[2] 国务院《关于加快发展现代职业教育的决定》.

[3] 《国家职业教育改革实施方案》.

[4] 《大中小学劳动教育指导纲要（试行）》.

[5] 刘红兵，郭辉.论现代综合高中普职融通的教育理论模型[J].成人教育，2014（5）：76-77.

[6] 李婕.美国中等教育阶段普通教育与职业教育的融合研究——基于加利福尼亚州的实践[D].广西师范大学，2014.

[7] 周京树.高中阶段普职融通的实现路径研究[D].南京师范大学，2013.

[8] 张明，齐云.普职渗透 实现双赢[J].工业和信息化教育，2013（1）.

（作者单位：上海现代化工职业学院）

实践助劳　劳技促业
——中职生家班共育下的劳动教育实践研究

俞媛媛

劳动教育是构建德智体美劳全面培养的教育体系中的重要一环，对学生的全面发展有着重要的意义。新时代背景下，青年学生对劳动的理解模糊，劳动经验不足，劳动教育的意义更加凸显。在家班共育背景下，通过实践进行劳动教育，让学生在实践中领悟劳动的价值，践行劳动的使命。

一、劳动教育的意义

中共中央国务院《关于全面加强新时代大中小学劳动教育的意见》指导纲要（后文简称纲要）中指出，劳动是创造物质财富和精神财富的过程，是人类的基本社会实践活动。当前实施劳动教育的重点是有目的、有计划地组织学生参加日常生活劳动、生产劳动和服务性劳动，让学生动手实践、出力流汗，接受锻炼、磨炼意志，培养学生正确劳动价值观和良好劳动品质。

高中阶段的学生，正处于三观形成的关键期。而当下学生对劳动理解模糊，对劳动的内涵和意义理解比较浅薄。在家校沟通的过程中，家长也反映了学生不爱劳动、不会劳动的问题。大多数学生对自己的专业发展方向比较迷茫，对本专业高素质就业人才的目标和要求不够明确。从某种意义上来说，职业教育本身就是一种劳动教育，是学生踏入社会前的一堂必修课。

二、劳动教育实践活动实施过程

通过对《纲要》的解读，劳动的具体内涵非常广泛。学校在劳动教育中处于主导地位，学校、社会与家庭之间相辅相成、联系紧密，共同引导着学生树立正确的劳动观。结合职业教育的特点，本文认为职业教育下的劳动教育可以分为家庭劳动教育实践、社会劳动教育实践、专业技能实训。

（一）家庭劳动教育实践项目的开展

劳动扎根于日常生活中，是创造幸福生活的必然途径。劳动教育应有效发挥家庭的基础作用，引导孩子掌握基本的生活技能，同时促使其形成正确的劳动价值观，厚植劳动情怀。家庭劳动实践可以培养学生的责任心，促进家庭和谐。众所周知，父母是孩子的第一任老师，家长的教育观念直接影响着孩子终身。因此，家长要不忘自己是孩子第一任老师的角色，从小重视孩子的劳动观念教育和劳动行为习惯的养成。

基于问卷调查和学生周记，本文通过线上家长会的形式对劳动教育的内涵进行了简单的讲解，并进行如下家庭劳动教育实践项目：

（1）家长如实填写《家庭劳动情况记录表》，为期一个月。表中涵盖了洗碗、做饭、打扫卫生、洗衣服、扔垃圾、照顾老人、照顾小宝、照顾宠物等常见的家庭劳动分工，通过一个月的记录，让学生养成主动参与家庭劳动的习惯，并作为一个指标进行班级"劳动模范"的评比。

（2）学生参与"今天我当家"的家庭劳动体验，作为一家之主管家至少一周。通过管家，让学生了解家庭正常运转背后的方方面面，理解当家的不易和父母的辛劳，也锻炼了学生的生活技能、自理能力和管家本领。学生撰写周记"今天我当家"活动感受，家长提交活动反馈。

本文通过家庭劳动教育实践项目的开展，抓住了家庭作为劳动教育的主阵地，促进了家庭劳动分工的合理化，增长了学生的居家劳动技能，为劳动教育打下良好的基础。

（二）社会劳动实践项目的开展

劳动教育具有突出的社会性，必须加强学校教育与社会生活、生产实践的直接联系，发挥劳动在个人与社会之间的纽带作用，引导学生认识社会，增强社会责任感。劳动教育还具有显著的实践性，必须在真实的生活世界和职业世界中引导学生以动手实践为主要方式，获得有积极意义的价值体验，学会建设世界，塑造自己，实现树德、增智、强体、育美的目的。

1. 社会劳动实践项目分类

通过对纲要文件的解读，劳动的外延非常广泛，学生参与社会劳动的内容和方式很多。本文将劳动分为三类：学生身体力行的劳动实践，学生在亲身经历劳动过程中收获直接经验和劳动感悟；学生在观察他人进行传统劳动、传统工艺项目、新科技或新时代劳动工具等所收获的间接经验或劳动感悟；通过强化劳动精神和劳动文化和榜样力量去激励学生的劳动精神。因此本文将社会劳动实践分为

以下三个项目：

（1）参与一项职业体验或志愿者服务，体验思考，撰写反思交流；

（2）观察一项劳动技能（职业技能，传统工艺，居家生活，农业活动，智慧劳动，劳动新科技等），观察思考，撰写反思交流；

（3）走访一位劳动模范，撰写劳动者事迹。

2. 家班资源共享，促成学生社会劳动实践项目的完成

社会实践项目的完成需要孩子走出家门，走出校门，因此，社会实践项目的完成离不开家班合作，资源共享。家班合作为孩子搭建了不同的平台，保证社会实践项目能够顺利完成。

第一组参与职业体验或志愿者服务，学生利用知识、技能为他人和社会提供服务，树立了服务意识，实践了服务技能，强化了社会责任感。

第二组学生通过观察感受劳动的艰辛和收获的快乐，增强获得感、成就感、荣誉感，学生也在学习和借鉴他人丰富经验、技艺的基础上，尝试新方法、探索新技术，打破僵化思维方式，推陈出新。

第三组学生在近距离接触劳动模范或普通的劳动者的过程中，感受并领悟勤勉敬业的劳动精神，争做新时代的奋斗者。

（三）专业劳动技能的培养

对职业学校的学生来说，劳动和职业完美地结合在一起，劳动教育也是职业教育。学生学习专业劳动技能就是为了投身到专业对应的社会岗位上，练就工匠精神，成为在自己行业里高素质的劳动者。因此专业劳动技能的培养和鼓励是职业学校劳动教育重要的一环。具体有以下内容：

1. 鼓励学生参加专业相关的社团活动和比赛项目

比如国际商务专业的UUstar电商平台，直播社团，各类国际贸易类的比赛，都让学生在学校提供的实训岗位或比赛的大平台上展现了自我，提供了自我。

2. 树立榜样的力量

学校要主动与家长沟通，挖掘家长中的劳动教育优势资源，让学生身边的"能工巧匠"走进课堂，现身说教。与此同时，可以通过本专业的学长和学姐的励志奋斗故事来激励学生树立正确的劳动意识，明确自己的奋斗目标。

3. 校企合作

通过校企合作让学生提早熟悉职场、了解职业发展需要，为自己准确定位。

同时校企合作也让学生在真实的职场环境中学习到优秀的职业精神,为提升自我的职业素养打下良好的基础。

三、劳动教育实践效果案例

劳动教育实践在家班合作下顺利开展,学生走向社会,走进田间地头,走进大街小巷,投身到劳动和劳动者中,收获满满。下面以两个案例来谈谈学生通过实践而收获的劳动教育成果。

案例1 王同学在一家亲子餐厅进行了职业体验,负责陪伴照顾孩子。看似简单的一个工作,却让她感悟颇多。首先她感受到了劳动的艰辛,也收获了一笔工资,获得了劳动的回报和成就感;其次,她总结了自己在经验和技巧上的不足,收获了劳动经验和技能;第三,她还感受到了这份平凡劳动中的责任,家长把孩子交给她,她要努力保证孩子的安全,让孩子的家人可以安心用餐。最后,她在亲身经历中感受到育儿的不易,表达了对父母的感恩之情。

由此可见,实践让学生收获有经验,有智慧,有感情。实践促劳,孩子通过亲身体验所受的劳动教育是最直接有效的形式。

案例2 陆、张、陈、朱四位同学结伴去了七宝老街,观察了海棠糕、蒸糕、葱油饼、冰糖葫芦四种本地传统小吃的制作工艺。他们询问了四种小吃的制作过程,细致观察了劳动者制作小吃的过程,感受到劳动者娴熟的技艺,灵活的双手,感受到实物从原材料到色香味俱全摆在橱窗里的奥妙。在交谈的过程中,孩子们了解到这些劳动者都是凌晨就要起来准备原材料,才能保证白天可以正常营业,满足大量的游客前来探店寻访美食的需要。因此,他们认为,美食背后离不开劳动者的技艺和辛劳,而她们也开始担心新一代的青年可能会遗失一些传统的技艺,也提出要保护传统技艺的观念。

由此可见,学生在观察劳动者的劳动行为时,也对劳动进行了一次的深入探究,形成了积极的劳动价值观,并有意识地去践行劳动职责。

案例3 张同学对居委会陈女士进行了采访。陈女士获得了年度"十大杰出员工"的称号。在访谈中,她了解到陈女士在居委会工作十年了,在荣誉的背后离不开她日积月累的默默付出。她平时早上6点会在小区清理垃圾并督促居民做好垃圾分类。疫情期间也坚守岗位,为居民测温、消毒和进行情绪疏导。在人口普查工作中,她会挨家挨户地和居民讲解,还提醒居民谨防诈骗。她做的工作是平凡的,她的工作也是职责所在,但她乐于为居民服务,希望小区越来越好，这就是一种职业精神和敬业态度。而这样平凡人的兢兢业业对张同学是一种感染和教育。

总之，家庭劳动实践促进了学生养成良好的劳动习惯和主动参与劳动的意识，从而进一步改变劳动观念，促进劳动实践；社会劳动实践促进了学生参与劳动的热情和积极性，也正面引导了劳动光荣、劳动伟大的劳动精神。

四、结语

职业是因劳动而生，没有职业就没有职业教育，因此，劳动是职业教育的逻辑原点。职业教育围绕职业技能、职业态度展开，促进职业发展并推动劳动进步。家班共育下的劳动教育是职业学校的一堂必修课。

参考文献

[1] 杜玉萍.发挥家庭基础作用，厚植孩子的劳动情怀[J].教育科学论坛，2020（11）.

[2] 耿协萍.职业教育与劳动教育的关系[J].河南农业，2020（10）.

[3] 焦兰萍.高职劳动教育与思政课实践教学契合研究[J].职业教育研究，2020（11）.

[4] 刘春博."双创"背景下的新时代高职院校劳动教育初探[J].农家参谋，2020.

[5] 刘华，许忠林.家校同频，让劳动教育落地生根[N].江苏教育报，2020（3）.

[6] 刘向兵.新时代高校劳动教育的新内涵与新要求——基于习近平关于劳动的重要论述的探析[J].中国高教研究，2018(11).

[7] 孙振军.劳动教育在"复兴"[N].中国教师报，2020（14）.

[8] 王玮.劳动就是劳动教育的最佳方式[N].中国教育报，2020(5).

[9] 王玮.习近平新时代劳动教育观的文化底蕴[N].北京联合大学学报，2020（10）.

[10] 习近平.习近平谈治国理政(第2卷)[M].外文出版社，2017.

[12] 习近平.在知识分子、劳动模范、青年代表座谈会上的讲话[N].光明日报，2016-4-30.

[13] 习近平.在同全国劳动模范代表座谈时的讲话[N].光明日报，2013-4-29.

[14] 中共中央国务院《关于全面加强新时代大中小学劳动教育的意见》，2020.

[15] 教育部《大中小学劳动教育指导纲要（试行）》，2020.

（作者单位：上海市西南工程学校）

提升思想政治课程教学有效性的实践探索
——践行思政课价值性与知识性融合统一

范 伟

立德树人是教育的根本任务，是新时代中国特色社会主义教育事业的发展方向，为民族的进步和国家的发展提供合格的人才支撑。如何在思政课教学中实现有效教学，始终是思政教师探讨的重要问题

一、实施背景

习近平总书记在2019年主持召开了学校思想政治理论课教师座谈会，并发表题为"思政课是落实立德树人根本任务的关键课程"的重要讲话，提出了"坚持政治性和学理性相统一""坚持价值性和知识性相统一"等"八个统一"。在习总书记讲话精神的指导下，《中等职业学校思想政治课程标准（2020年版）》对中职思想政治课程教学进行了新一轮的规范与明确，强调增强课程意识与学科的知识结构，扭转重教学轻课程的观念。充分发挥语言文字、活动、文化的载体功能，拓展其在思想政治教育中发挥的功能与作用，确保其生动性、形象性和渗透性，引导学生形成与社会主义现代化建设相适应的社会主义核心价值观。

二、思政课程教学的特点与存在的问题

在当前思政课教学过程中，客观上存在着一些误区和不足。从教师和学生视角来看，均存在一些问题，简要概括起来包括以下四个方面。

（一）思政课教学实践中难以区分学生的"知道"与"理解"

在教学目标分类体系中，"知道"和"理解"分别代表两个不同水平的学习目标。与其他学科相比，思想政治课程教学倾向于强调"理解"，新课标对于学科知识结构的重视和对学生学习的理解层次和深度要求也在明显提升。但是在实际教学的过程中，往往会遇到这样的情况：学生明明已经知道了某些知识点，然而当需要学生去进行深入分析或者说出自己的观点看法时，学生却没有令人满意的表现，很有可能是我们把学生对某些知识点的"知道"误以为是"理解"。

（二）新课标中部分议题较大，需要进行再次分解与设计

如何让学生在知道某些知识点的基础上能够进一步地运用自身的思维去对知

识进行加工,并将其在认知体系中有效地去进行理解和融会贯通呢?在思政新课标中,每个模块都给出了特定的议题,这些议题都是结合教学内容精心设计与打磨的,意在提升学生的思考层次,加深理解。但是仔细研读之后会发现这些议题的特点往往是比较大,包含和对应着诸多知识点或者诸多小的议题。这需要教师对议题进行反复揣摩和有效分解,这是关系到教学能否成功、有效开展的关键。

(三)思想政治课程的学习缺乏系统性

"课程思政"是以思想政治教育为主线,将其融入各个学科中,旨在培养学生正确的世界观、人生观和价值观,因此在其他学科进行课程思政的过程中,教学并不会影响该学科自身知识体系的系统性;而思政课程则是专门为了实现思想政治教育而设立的独立必修课程,其教学设计一般都是主题式,在学生看来思政课程仅仅就是为了引导其价值观的形成,而忽略了课程本身的知识性。

(四)思政教学的价值性和知识性难以统一

在思想政治课程的教学中,价值及价值观的传递是思想政治课的灵魂,教师往往会更加倾向于价值性,这是该课程自身的特点所决定的。但值得重视的是,知识性也是思想政治课重要的组成部分。只有以政治、经济、文化、历史等方面的基本知识和理论为载体,学生才能够建立起自己对社会的认知和理解,在此基础上方能自然而然升华为价值观的形成和塑造。

三、实施方法与过程

以教材第一单元第一课"社会主义在中国的确立与探索"为例,呈现本课第一课时"夺取新民主主义革命伟大胜利"的教学实施过程。

(一)知学情——把握学生认知层次及特点

在教学设计开展之初首先对学情进行充分把握,学生为中职一年级新生,通过初中阶段相关内容的学习,他们对中国近代内忧外患、人民处境悲惨的历史情况、对西方资本主义的发展也有了初步了解;但对近代中国历史任务的认知不深,对于为什么近代中国资本主义道路无法行得通尚没有明确的认识,甚至感到疑惑不解。本课时的学习需要在学生已有近代史知识的基础上,依托历史和政治相关知识,透过问题和现象去寻求本质的答案。

(二)定目标——确保价值性和知识性的融合统一

在了解学情的基础上,确定了如下的三维教学目标。知识目标:了解近代中国社会的历史背景和主要矛盾，知道当时的背景下中国人民为了实现民族复兴进行的各种探索，了解中国共产党领导广大人民群众完成新民主主义革命的历程；能力目标：理解并认同中国共产党成立的重大历史意义，有一定的历史分析能力和批判性思维；情感态度价值观目标：认同中国共产党成立、领导人民夺取新民主主义革命伟大胜利、建立新中国的重大历史意义，认同中国共产党领导是历史和人民的选择，拥护党的领导。明确教学目标是教学设计的关键。

（三）搭梯子——为学生学习发展搭建支架

通过学习新课标，可以看到在《社会主义在中国的确立与探索》一课，确定了"为什么社会主义是中国历史发展的必然"为其中一个议题，目的在于让学生去领悟只有社会主义才能救中国，只有中国共产党才能救中国的道理。在实际教学中，如果直接将其抛给学生，学生的反馈会是"我怎么知道呢？"或者是"这就是必然啊，很显而易见啊"之类的回答，教师将很难组织后续的教学，议题教学难以有效展开。将议题有效分解，为学生搭建思维的桥梁，层层递进，从而引导学生去一步一步地进行分析、学习，理解逐步加深，是议题教学的关键。以下是在教学中开展的议题分解的尝试。

表1　"为什么社会主义是中国历史发展的必然"议题分解

课标确定的大议题	议题分解	分解的意义和理由
为什么社会主义是中国历史发展的必然	新旧民主主义之争是怎样的	了解中国近代的国情，明白为什么资本主义道路在中国的土地上行不通，感受旧民主主义革命失败的悲怆，进一步理解新民主主义革命的胜利。
	中国人民为什么选择中国共产党	中国共产党应运而生的具体条件：外部条件和内部条件，这些为当时苦苦寻找救亡图存解救中国的中华民族指明了方向。
	中国共产党为什么能领导人民取得胜利	背后隐含着需要学生深入分析的理论知识，如马克思列宁主义、毛泽东思想正确思想理论的指导；坚持中国共产党作为革命的主心骨；坚持群众路线；坚持农村包围城市等适合中国国情的革命道路。

（四）重探究——以丰富的活动调动学生研究的积极性

在议题分解后，结合教材与新课标的相关要求，把每个议题的开展设计出对应的活动，调动学生积极参与探究。以下是具体的活动设计。

表2 分解议题后的具体教学活动设计

分解后的议题	教学活动	设计意图
新旧民主主义之争是怎样的	1. 学生课前观看《超然中国近代史》视频，课堂上进行讨论，从国际视野看中国当时内忧外患的历史背景与发展形势。 2. 课堂上分小组梳理和讨论1840年后到五四运动时期，中国经历的各种变革。	对新旧民主主义革命的历史事件对比分析，包括太平天国运动、洋务运动、戊戌变法、五四运动，引导学生明确近代中国的历史任务。
中国人民为什么选择中国共产党	1. 阅读文字材料"四个伟大成就"，重点关注"救国"这一伟大成就，中国共产党的成立，给灾难深重的中国人民带来了光明和希望。 2. 从救国——兴国——富国——强国这一线索，了解一百年来中国共产党不负人民众望，向人民和历史交上了满意的答卷。	十月革命送来的马克思列宁主义和国内五四运动促进了中国共产党的发展，内外部的共同作用促进了中国共产党的萌芽和发展。进一步了解中国共产党在当时受到无产阶级拥护的原因。
中国共产党为什么能领导人民取得胜利	1. 观看视频《开国大典》，了解中国共产党带领人民取得胜利的发展过程。 2. 教师引导学生进行史实分析。	充分考虑到中国共产党诞生的特定历史条件，把握中国共产党发展的历史，让学生明白只有社会主义才能救中国，只有中国共产党才能救中国的道理。

四、实施成效

（一）将科学文化素质融入思想政治素质的培养之中

通过本课教学，学生应该能够深入了解近代中国社会的历史背景和主要矛盾，以及社会主义在中国的发展脉络和必然性。同时，通过课堂议题讨论和相关活动，能够培养学生的历史分析能力和批判性思维，实现"入脑""入心"。

（二）从关注"点状"的知识走向关注知识体系

思政新课标要求教师主动变革教学实践，从关注知识技能的"点状""传输"自觉变革为关注学生对知识技能的主动学习和思考，特别是关注教学的关联性、整体性。本课通过议题自身的知识体系的梳理，让学生形成整体观。如果学生没有关注具有持久价值的大概念的知识，那么他们很难真正领会其中深意，也会很容易忘记那些知识碎片。

（三）通过议题分解明确学生是否从"知道"走向"理解"

议题分解为学生向上攀爬提供支点，学生会感觉到思想政治学习并不难，每一个分解的议题就像是学生爬楼梯时可以借助的扶手，在层层递进的分解议题探索过程中，学生敢于思考敢于发表观点，能够深入剖析、思考和领悟，把握事物发展的内在规律，便是理解了知识。这也正是学习的意义，把已有知识作为推理的起点，推导出更为丰富的知识，实现知识的有效迁移，透过现象看本质。

五、结语

新课标对教师的教与学生的学都提出了更高的要求，这也是当前教育发展积极的转变和提升。我们可以看到，在思政课程的教学中，通过将知识性和价值性进行融合与统一，学生在探究闯关的学习氛围中去学习思想政治课，这一方面有助于学生思维的训练，让学生感受到思政课程的活力，把学生作为人而不是作为机器去培养，更加关注学生在主动活动中所形成的知识、技能、过程、方法、态度、品格、境界的综合效应，关注学生核心素养的养成，助力立德树人教育目标的实现。

参考文献

[1] 习近平. 思政课是落实立德树人根本任务的关键课程 [J]. 求是，2020(17).

[2] 中华人民共和国教育部. 中等职业学校思想政治课程标准（2020年版）[S]. 北京：高等教育出版社，2020.

[3] 郑华鑫. 高中思想政治教学中坚持价值性和知识性相统一的策略研究 [J]. 考试周刊，2024（20）.

[4] 郑青岳. "知道"和"理解"的辩证关系 [J]. 物理教学探讨. 2019.

[5] 格兰特·维金斯，杰伊·麦克泰格. 追求理解的教学设计 [M]. 华东师范大学出版社，2017.

（作者单位：上海市医药学校）

劳动教育与综合实践活动的关系研究

倪智扬　黄旭坚　金继荣　施海刚　张　宏　郁志刚

习近平总书记在文化传承发展座谈会上明确指出，劳动是推动中华民族现代文明建设的重要力量，是伟大精神的孕育者和推动者。他强调，要通过劳动教育传承和发扬中国经验，巩固文化自信，走中国特色文化之路。探讨劳动教育与综合实践活动的内在联系,旨在揭示劳动教育在提升学生实践能力、培养职业素养,以及促进综合素质中的作用,为职业院校劳动教育提供更深入的实践指导。

一、劳动教育对职业院校学生的意义

首先,职业院校学生是我国未来重要的人才队伍,对我国经济建设和社会发展具有不可估量的作用,他们的劳动意识和素养直接影响其工作态度和效率。然而,因学生受社会多元价值观影响、学校对劳动教育重视不够、家庭对劳动教育缺乏引导等原因,导致学生劳动意识不强、劳动观念缺乏。[3]因此,开展劳动教育对于强化劳动意识,增强劳动观念具有积极意义。

其次,劳动教育有助于培养学生的职业素养。通过参与劳动教育,能够培养学生吃苦耐劳、自立自强等优秀品质,使他们具备良好的职业道德和职业素养。这种素养的培养不仅对学生未来的职业生涯有益,也对他们的个人成长起到重要作用。

最后,劳动教育促进了学生综合素质的提升。劳动教育有利于提高实践能力,劳动教育不仅注重技能培养,还注重学生的思维品质、团队合作能力等方面的培养,从而提升学生的综合素质。这种综合素质的提升使学生在未来的社会生活和职业发展中更具竞争力。

二、劳动教育的目的与实践意义

劳动教育在职业院校中的推广旨在全面提升学生的职业素养和社会责任感。在劳动教育实践中,学生可以通过参与多样化的劳动活动,不仅提升自身的职业技能,也能增强社会责任感和团队协作能力。这种教育方式帮助学生认识到,通过劳动不仅能学到技能,还能培养解决实际问题的能力和促进个人全面发展。[6]通过这种实践,学生不仅学习具体的技能,而且理解劳动的社会价值,从而更好地准备他们为社会作出贡献。

劳动教育不仅是技能培训,更是一种价值观的培养和人格的塑造。杜威的"学习通过做"理论强调,知识应通过活动和经验来获得,这与劳动教育中的"动手实践"精神高度契合。在中职教育中,通过将理论与实践相结合,不仅可以提高学生的操作技能,还可以培养学生的问题解决能力和创新思维。

三、中职学生对劳动教育的认知现状与问题分析

（一）调查概况

为了更好地了解当前中职院校学生对于劳动教育的认知情况，以及所存在的问题，本文以上海电机学院附属科技学校（上海市临港科技学校）理工科专业与烹饪专业为调研对象，进行问卷调研，通过问卷星创建调查问卷，通过QQ、微信，以及纸质调查文件等方式对学生进行邀约调研，调查涵盖了237名中职学生的基本情况，其中男生占比73.39%，女生占比26.61%。

（二）认知现状分析

在对劳动教育的了解程度方面，结果显示大部分学生对劳动教育有基本了解，数据占比为53.22%，而完全了解者占比19.74%。这说明学校对劳动教育的宣传和教育取得了一定成效，但仍有8.15%的学生对此不清楚，可能需要进一步加强宣传和教育工作。另外，91.85%的学生认为学校足够重视劳动教育，这显示了学校对劳动教育的重视程度，但仍有8.15%的学生认为劳动教育得不到足够的重视，可能需要进一步调查原因并加以改进。84.12%的中职学生认为劳动教育显著提升了他们的实践能力。

（三）问题分析

调查结果还显示了一些问题存在。首先，在实践方面，有58.8%的学生不了解实训场所的6S管理要求，这可能导致实训过程中的安全隐患和效率低下。其次，在实习实训环境方面，65.24%的学生认为环境不完善，这可能限制了他们的实践能力和学习效果。另外，67.81%的学生认为学生的学习态度和能力不足，这可能影响了实习实训的效果和学生的综合素质提升。

四、中职学生劳动教育实践经历调研情况

根据调查数据，有155名学生参与了暑期社会实践，占比为66.52%，是各项实践方式中占比最高的，居于各项实践经历中的首位。暑期社会实践能够让学生接触到不同的社会环境和工作岗位，拓展了视野，增长了见识，培养了解决问题的能力。

在校外兼职的学生占比为63.52%，居于各项实践经历中的第二。校外兼职是一种较为常见的实践方式，学生通过在外工作，接触社会实践，培养了自己的劳动技能，提升了实践能力和经验。

有135名学生选择了志愿服务，占比为57.94%，位列第三。志愿服务不仅能够培养学生的爱心和责任感，还能够通过服务活动锻炼学生的组织能力和沟通能力，提升综合素质。

校内勤工助学占比为46.78%，学生在校内进行勤工助学，如会场管理，活动服务等，通过这种方式培养了自己的责任感和团队合作精神，同时也锻炼了一定的劳动技能。

有90名学生选择了专业顶岗实习，占比为38.63%。这种实践方式能够让学生在自己所学专业领域内进行实践，深化对专业知识的理解，提升专业技能，为将来的就业做好准备。

少数学生表示没有通过实践经历加强自己的劳动技能，占比为8.15%。这可能与个人的兴趣、时间安排等因素有关。

根据以上调查结果显示，中职学生通过多种实践方式加强劳动技能锻炼，其中以校外兼职和暑期社会实践为主要形式。这表明学生在校内外都积极参与实践活动，提升自身的综合素质和就业竞争力。同时也反映了大部分中职学生的劳动教育实践经历来自常规的校外兼职和暑期社会实践中，而在专业定岗实习领域所体现出的比例较少，存在一定的比例倾斜的情况。

五、中职学生对劳动和技术能力的理解和认识

调查显示，63.52%的学生通过校外兼职加强了自己的劳动技能，而46.78%的学生选择在校内勤工助学，这说明学生对于实践性活动的参与度较高。此外，38.63%的学生进行了专业顶岗实习，这也意味着学校或社会为学生提供了更多实践机会。

通过参与各种实践活动，学生逐渐意识到劳动技能对于职业发展的重要性。数据显示，88.41%的学生认为劳动教育应包括劳动技能培训，这表明学生意识到技能是实践能力的基础，对未来就业至关重要。此外，75.97%的学生认为通过实践经历，可以提高动手能力，这反映了学生对实践活动对技能提升的认可。

实践活动也对学生的态度产生了积极影响。调查数据显示，84.12%的学生在参加实训前就认为劳动教育具有意义，这说明学生在接受教育前已经对劳动有一定的认同感。而在实践中，63.52%的学生通过劳动教育获得了对专业知识的增长，这进一步加强了他们对劳动价值的认识。

此外，实践活动培养了学生的团队合作意识和沟通能力。调查数据显示，

75.97%的学生认为通过实践活动，可以改善师生关系或同学关系，说明实践活动促进了学生之间的交流和合作。同时，78.11%的学生认为学校可以通过设置集体劳动日等方式加强学生的劳动意识，这也体现了学校对学生综合素质培养的重视。

综上所述，中职学生对劳动和技术能力的理解和认识逐渐深化，他们认识到劳动教育对于提升自己的专业技能有着重要作用，认识到劳动能力是其职业生涯发展的基础。

六、劳动教育与综合实践活动的关系

劳动教育与综合实践活动密不可分，二者相辅相成，共同促进了中职学生的全面发展和人才培养质量的提升。通过调查问卷结果和相关研究数据的分析，我们可以得出以下结论：

首先，劳动教育在综合实践活动中扮演着重要角色。调查数据显示，绝大多数中职学生认为社会实践课程和其他学科一样重要，并且认可社会实践课程对他们的成长和发展的重要性。这表明了中职学生对劳动教育的重视程度，并且愿意通过参与实践活动来增强自己的劳动技能和意识。

其次，综合实践活动为中职学生提供了理想的劳动教育平台。调查数据显示，绝大多数学生参与了社会实践课程中的劳动活动，并且认为这些活动对培养他们的劳动意识、团队合作能力、自我管理能力等方面具有帮助。这些实践活动不仅让学生在实践中学到了知识和技能，更重要的是培养了他们的劳动态度和价值观，提升了他们的综合素养。

最后，劳动教育与综合实践活动的融合促进了中职学生人才培养质量的提升。劳动教育不仅仅是为了传授一定的技能，更重要的是培养学生的动手能力、动脑能力和创新能力。通过参与各种实践活动，学生们可以将在课堂上学到的理论知识应用到实践中，从而提高自己的综合能力和竞争力。而综合实践活动则为学生提供了丰富的实践机会，让他们在实践中不断地学习、探索和成长，从而全面提升自己的综合素质和职业技能。

综上所述，劳动教育与综合实践活动的有效结合，不仅能提升学生的技能和职业素养，更能培养学生的文化自信和责任感。展望未来，中职教育应持续创新劳动教育模式，通过政策支持和教育资源的优化配置，为学生提供一个更加丰富和有效的劳动环境。

参考文献

[1] 侯妍竹.人的全面发展视角下高职劳动教育现状调查与研究[J].成才之路，2023，(19):129-132.

[2] 王小艳.高职学生劳动教育融入实习实训教学的实践研究[J].泰州职业技术学院学报，2022，22(03):19-21+25.

[3] 刘晓蓉.高职院校劳动教育课程教学的现状与对策[J].科技视界2022,(21):125-127.DOI:10.19694/j.cnki.issn2095 2457.2022.21.38.

[4] 刘聪，张珍誉.高职院校校企协同劳动教育现状的调查研究[J].才智，2023，(25):49-52.

[5] 宋丹，南海风，刘利.新时代高职劳动教育与专业实训融合育人实践研究[J].现代职业教育，2022，(27):153-155.

[6] 韩笑.新时期大学生劳动教育的意义及实施策略研究[J].湖北开放职业学院学报，2023，36(16):38-40.

[7] 李圆玲.中小学劳动与职业启蒙教育实践研究[J].甘肃教育，2023，(01):22-25.

[8] 林集斌.中职数控专业劳动教育的现状及改善策略研究[J].新课程，2023，(06):73-75.

[9] 徐蕾.数字劳动兴起背景下的高校劳动教育[J].浙江社会科学，2023，(09):8996+159.DOI:10.14167/j.zjss.2023.09.014.

[10] 朱丹，陶燕，尹艳玲，等.高职院校制造类专业劳动教育融入实训教学的路径研究——以"电机控制实训"课在•程为例[J].科技风，2023，(16):1719.DOI:10.19392/j.cnki.1671-7341.202316006.

（上海电机学院附属科技学校〈原上海市临港科技学校〉）

基于学科核心素养的中职思想政治课堂评价设计与实施

徐爱琴

当前中职思想政治课堂教学评价存在的诸多问题，如评价主体过于单一、忽略素养评价、评价工具不足等，教师需要学会教学评价的设计与实施。我们需要明确评价的目的，聚焦于核心素养的评价，并倡导多元主体进行评价。

一、问题与原因

（一）案例呈现

一位教师在执教《哲学与人生》中"人民创造历史"内容的设计片段：

环节一：人民群众是历史的创造者	情境	革命战争年代，沂蒙山区有这样一群平凡而又伟大的女性，她们以爱党爱军、勤劳勇敢、忠诚坚韧、无私奉献的精神，哺育了革命，播撒了大爱，被人们亲切地称为"红嫂"。
	任务	观看视频《红嫂》片段，结合教材 P90 阅读与思考的材料，说一说： 1. 下列哪些人属于人民群众？ 2. 沂蒙红嫂对革命事业作出了哪些贡献？这些贡献说明了什么？ 3. 从电影《红嫂》可以看出文艺创作的源泉来自哪里？ 4. 沂蒙红嫂对革命事业作出的贡献对建立新中国起到了什么作用？
	评价设计	（1）关注学生表达能力 （2）评估学生分析能力及逻辑能力
环节二：杰出人物在社会历史发展中的作用	情境	小组展示课前布置的"我学榜样"活动
	任务	1. 分小组展示杰出人物代表，简单描述主要事迹 2. 你分享的历史人物是杰出人物吗？历史人物与杰出人物有什么区别？
	评价设计	以小组为单位进行等级评价，评价维度是小组成员参与资料收集、整理，主动汇报者能流利地表达小组观点，并能为主要观点提供例证（等级为 A、B、C、D）

教师：很好，看来同学们都在课前预习了，关于人民群众的含义都掌握了。

学生结合红嫂材料，对人民群众是历史的创造者进行分析。

教师：同学们分析得很好，对人民群众是历史的创造者再一次梳理，结合知识点讲解问题。

对于杰出人物在社会历史发展中的作用，各小组进行了汇报。

教师：同学们都动脑思考了，杰出人物在社会历史发展中起着非常重要的作用，所以要历史地、辩证地看待杰出人物在历史发展中的作用。

（二）原因分析

在上述案例中，我们看到了课堂的情境、任务，以及教师的评价。然而，教师虽然意识到了评价的重要性，但在实际操作中却显得流于形式，评价内容缺乏实际意义。这反映出了《中等职业学校思想政治课程标准》（2020 年版）在实施过程中，评价方面存在的一些问题。

1. 评价主体过于单一

在现实的课堂中，教师常常根据自己的内容和标准对学生进行评价，这使得评价缺乏多元性。基于核心素养的评价，应当发挥不同主体的作用，从多角度进行评价。课堂评价不能单纯由教师来评价，而应该让学生、学校、家长、企业和社会等都参与到评价中来，实现真正的多元评价。

2. 评价内容忽略了素养

当前的评价设计过于关注智力因素和学科基础知识的掌握，而忽略了对学生关键能力和必备品格的培养。在中职思想政治课堂中，我们需要以学科核心素养为评价内容，关注学生的正确价值观念、必备品格和关键能力。只有这样，才能让学生明确自己的学习目的和方向，真正提升自己的素养。

3. 评价工具不足

当前的评价方式仍以传统的纸笔测试和量化评价为主，缺少具有指向学科核心素养、"被使用""可检测"的评价量表。我们应当倡导过程性评价和终结性评价、量化评价和质性评价有机结合，及时准确地反馈评价结果。经常采用表现性评价，将等级赋分与质性描述相结合，凸显"以学生为主体，教师为主导"的教学理念。只有这样，我们才能更好地了解学生的学习情况，为他们提供更有针对性的指导。

（三）深入探究

1. 评价保障机制的弱化

多元评价的实施，需要各方的积极参与和协同合作。这不仅需要教师和学生的互动，还需要教学评价制度的完善、学校机制的支持，以及学业水平考试制度的响应。然而，当前的评价机制并未得到足够的重视，导致教师对评价产生抵触情绪，他们质疑为何要评价核心素养，因为这些内容并不纳入考试范围，无论是对学生还是对教师，均无考试要求。

2. 应试教育的不良影响

长期以来的"应试主义"思维在中职政治课评价中留下了深刻的烙印。评价主体过于关注考试分数，导致教学环境变得功利化。在这样的环境下，教师的教学观念、学生观和评价观均受到扭曲，核心素养的培养效果大打折扣，进而导致"高分低能"的现象出现。

3. 教师评价能力的不足

受传统教育和评价观念的影响，一些教师对核心素养的理解尚不深入，未能充分发挥自身在评价中的主体作用。

二、理论与实践

第四代评价理论，于20世纪80年代由美国学者古巴和林肯等提出，它突破了前三代的管理主义倾向，强调"共商共建"，它实质上是通过"协商"来实现"心理建构"。秉持着多元化的理念，它高度重视学生在教学中的主体地位。而评价结果，则主要为学生的全面发展提供参考依据。

在评价过程中，评价者与被评价者需进行民主对话，摒弃单一的分数测量方法，转向以观察、记录学生完成的作品与任务、实验等质性评价方法为主。第四代评价理论在评价方法上的创新，与我国当前倡导的学生发展教育体系颇为契合。因此，本文借鉴第四代评价理论，旨在探索思想政治课教师的课堂教学评价方法，助其找到合适的评价方式。

三．策略与路径
（一）明确评价目的，聚焦核心素养

评价的导向性极强，它决定了学生的学习效果。核心素养以人为本，强调的是人的可持续发展能力。因此，课堂教学评价应以培育学生学科核心素养、促进学生的发展为核心价值取向和遵循原则。在评价方面，我们不仅要明确评价哪些学科核心素养，更要探索如何科学准确地测量学生的素养达成情况，这是评价的突破口。

（二）倡导多元主体评价，注重多样化评价

指向学科核心素养的课堂评价是一个多元主体共同参与的过程，包括学生、同伴、教师、学校、家长、社会等。让学生自主参与评价，不仅能表现出学生的批判性思维、创新性能力等学科素养，还能准确检测出学生个性化学习的不足。同时，教师可根据学生评价来完善自己的教学设计，防止信息传达过程中出现偏差。

（三）了解评价内容，构建评价标准

学科核心素养，这难以捉摸的精髓，是每位学生内心的独特印记，如同深海之珠，需细细探寻。若要揭开其神秘面纱，我们必须借助外在的行为表现，洞察学生的内心世界。正如要从深海中捞出珍珠，我们需要精准的指标，寻找与核心素养紧密相连的行为表现。

评价分为对教师"教"的评价与学生"学"的评价。为了使评价更为精准，笔者借鉴多方研究，制定出一份详尽的评价量表。这张量表如同指南针，指引我们前行，使我们在评价的海洋中不再迷失方向。

表1 "教"的评价涉及的六个维度

评价维度	标准	自我评价	学生评价	同行评价	等级
教学内容	教材内容契合度、教学素材整合度、课堂活动融合度、教学目标吻合度				
教学目标	目标明确、具体、适切，符合课程标准和学生学习实际				
议题价值	议题体现教学目标、教学重点和教学难点				
	与学生生活关联，具有导向性、思辨性、开放性和探究性				
情境水平	层次分明，层次递进，难易适度				
	符合学生的认知状况				
活动设计	凸显一般知识技能培养和学科核心素养培育				
	活动设计围绕教学议题展开，逐步深入推进				
	活动实施方式多样，激发学生的参与兴趣				
任务完成	学生能够能自主构建完成知识体系				
	学生能够将所学知识运用于各种情境中				
	学生能够顺利进行知识的迁移和拓展				
总体评价					
教学反思					

以资料收集与检索类学习活动为例，表2是对学生的"学"进行评价设计。

表2 "学"的评价涉及三个维度

评价维度	评价内容	自我评价	组内评价	教师评价	等级
参与态度	积极参与资料搜集、整理，与组内同学主动配合、积极交流。				A
	参与资料搜集、整理，与本组同学配合并参加交流				B
	没有参加资料搜集、整理，与组内同学配合和交流比较被动				C
活动能力	解读信息规范、充分，能建立学科知识与社会生活的关系，善于倾听、尊重他人观点。				A
	能充分解读信息，初步建立学科知识与社会生活的关系，对他人观点给予关注和思考				B
	能结合活动运用所学知识和学科技能陈述自己的观点，倾听他人观点				C

(续表)

评价维度	评价内容	自我评价	组内评价	教师评价	等级
素养达成	流利表达观点，并能为主要观点提供例证，善于发现问题、解决问题，对相关学科知识认识深刻、独到。				A
	清晰表达观点，并能为主要观点提供例证，能发现问题并修正自己的认识，理解相关学科知识。				B
	观点不清晰，知道相关学科知识。				C

（四）捕捉课堂的瞬息万变，发挥评价的独特功能

课堂如同一幅生动的画卷，充满了未知与可能。意外的情况，如同画卷中的一笔惊鸿，若能及时捕捉，便能绽放出别样的光彩。教师若能把握住这稍纵即逝的机会，用智慧的评价语言去激励、启发学生，那么学生们的内心将会被点燃，感受到前所未有的兴奋。

四、思考与展望

（一）教、学、评一致性

"教、学、评"一致性要求教师的教学、学生的学习，以及课堂评价三者之间处于一致的状态，而不是这三者处于一种单一性，没有关联性的状态，只有这三者达到一致，教学的有效性和学生的全面发展才能得以实现。

（二）情境、知识、任务一致性

在学科核心素养的指导下，课堂评价应重视情境、知识、任务之间的关联与转化。

（三）课堂学习评价与实践活动评价相结合

课堂学习评价与实践活动评价结合是指在教学过程中，将学生在课堂上的学习表现和实践活动中的表现结合起来进行综合评价。

（四）积极学习评价为主

积极学习评价是指以正面的、促进发展的方式来评价学生的学习。这种评价方式能够让学生获得积极的情绪体验，增强自信心，调动学习主动性和积极性，塑造阳光的心态。

参考文献

[1] 李育民 邓正立.活动型学科课程评价量表的开发与应用[J].中学政治教学参考.2020(03).

[2] 田莉.课堂学习评价的研究意蕴及教师行动框架［J］现代基础教育研究.2016(12).

[3] 陈友芳.高考思想政治学科素养测评框架的构建［J］中国考试.2019(10).

[4] 刘志军.课堂评价论［M］.广西：广西师范大学出版社.2002.

[5] 朱志平.基于核心素养的思想政治课程与教学评价改革［J］思想政治课教学.2017(06).

[6] 教育部.《中等职业学校思想政治课程标准》(2020年版)［S］高等教育出版社.北京.

[7] 周军海 张恩丰 王国芳.评价_为学赋能,让教增值——活动型学科课程教学之教学评价设计与实施［J］.中学政治教学参考.2021(09).

（作者单位：上海第二工业大学附属浦东振华外经职业技术学校）

基于思想政治课程视角的中职校园欺凌预防对策探究

吕智敏

一、研究背景

（一）校园欺凌受关注度高，负面影响大

校园欺凌是各级各类学校日常生活中令人刺目和惊心的一部分。一旦发生，其波及面、影响面往往呈几何级数扩展。中国青少年研究中心"青少年法治教育研究"课题组在2020—2022年针对3108名未成年学生的调研显示，53.5%的学生遭受过校园欺凌。2023—2024年多起校园欺凌事件通过网络持续发酵，校园欺凌行为的有效规制再次成为社会舆论关注的热点。

（二）中职生处于法律责任年龄"敏感期"

中职生年龄一般处于15—18岁之间的青春期阶段，该年龄段学生本身就最容易成为校园欺凌的欺凌者，也最容易成为校园欺凌的被欺凌者。而这一年龄段也正是我国法律上规定的刑事责任年龄与民事责任年龄的"临界"阶段。《中华人民共和国刑法》规定已满十六周岁的人犯罪，应当负刑事责任。已满十四周岁不满十六周岁的人犯八种罪应当负刑事责任。已满十二周岁不满十四周岁的人犯三种罪，情节恶劣，经最高人民检察院核准追诉的，应当负刑事责任。已满十二周岁不满十八周岁的人犯罪，应当从轻或者减轻处罚。[1] 由此可见，中职生一般处于"应当负刑事责任"，但"应当从轻或者减轻处罚"的年龄段。

我国中职院校的生源主要是在普通高中入学考试中失利的学生，他（她）们科学文化知识基础相对较差，法制观念相对淡薄，情绪管理和自控能力较弱，自我意识和规则意识淡薄，这些更使得中职生校园欺凌现象突出，欺凌后果严重。校园欺凌事件频发严重破坏了中职学校的校园秩序和学校形象，降低了中职校人才培养素质和质量，不利于中等职业教育的改革和发展。摸清中职校园欺凌的现状和特征，并从中职学生必上的思想政治课程教学视角提出科学合理的对策，对构建或重建学校安全、秩序，维护中职生身心健康和合法权益、中职学校形象具有积极作用。

二、校园欺凌的概念界定

本研究对校园欺凌的界定参考 2021 年起实施的修订版《中华人民共和国未成年人保护法》中的界定，即"指发生在学生之间，一方蓄意或者恶意通过肢体、语言及网络等手段实施欺压、侮辱，造成另一方人身伤害、财产损失或者精神损害的行为。"[2]

三、中职校校园欺凌现状分析

（一）研究设计

1. 研究工具

本研究的问卷设计参考了目前国内外具有普遍意义的儿童欺负行为问卷 SMITH（中学版），并参照了张文新教授等制订的儿童欺负问卷中文修订版，具体结合中职生的实际情况，设计了《中职生成长与安全情况调查问卷》，问卷总计 42 道题目，分为学生基本情况、校园欺凌情况、学生对相关法律的了解与所持观点等三个部分。其中第二部分分为被欺凌者、欺凌者、既是欺凌者又是被欺凌者、从未参与者四个维度，从多个维度调研了被欺凌（欺凌）行为发生的频率、方式、地点，欺凌的对象、被欺凌者处理问题的方式及原因、学生对欺凌的态度、欺凌者施霸的原因等几个方面。问卷设计完成之后，选择 10 位学生进行了测试，根据他们的填答体验与建议进行了适当的调整，形成最终版的问卷并下发。

以本研究中对校园欺凌的内涵界定为基础，将问卷中的 13 题"你读中职以来在学校里被其他同学欺负过吗？"和 31 题"读中职以来你是否欺负过或参与欺负过别的同学？"作为界定被调查的中职生是被欺凌者，还是欺凌者，或者既

是被欺凌者又是欺凌者，以及从未参与者四种身份的依据。

2. 研究对象

本调查采用简单抽样法，选取 S 市 13 所中职校为样本学校，利用信息化手段，通过问卷星制作电子版调查问卷，并在网络、智能移动端上发放，收到回传问卷 1282 份，其中有效问卷 1282 份，有效回收率为 100%。被调查对象中男生 876 人（68.33%），女生 406 人（31.67%）。

（一）中职校校园欺凌现状

在回收的有效问卷中，共有 247 人涉及了校园欺凌问题，占总调查学生数的 19.27%。其中被欺凌者为 135 人（10.53%），欺凌者为 64 人（4.99%），既是欺凌者又是被欺凌者的为 48 人（3.74%）；而从未参与者为 1035 人（80.73%）。这就意味着每 10 个学生中，就有将近 2 个学生主动施为或者被动裹挟进了校园欺凌之中，这一数据不可谓不惊心。

1. 基本情况

（1）性别维度。

从性别维度看，中职校的男生无论是被欺凌、欺凌，还是既参与欺凌又被欺凌的比例均高于女生，且参与欺凌行为的男生所占比例 2.5 倍于女生。从未参与校园欺凌的女生（85.71%）比例高于男生（78.42%）。男生发生校园欺凌的三个维度所占比例中被欺凌者（11.19%）＞欺凌者（6.16%）＞既是欺凌者又是被欺凌者（4.22%）；女生与男生略有差异，被欺凌者（9.11%）＞既是欺凌者又是被欺凌者（2.71%）＞欺凌者（2.46%）。由此可见，与女生相比，男生更容易发生校园欺凌，这与很多关于欺凌研究的调研结果相似。

（2）生源地维度。

从生源地维度看，中职校中本地学生被欺凌、既参与欺凌又被欺凌的比例高于外省市学生，主动实施欺凌的外省市学生比例是本地学生的 2.1 倍。从未参与校园欺凌的本地学生比例（81.30%）高于外省市学生（80.16%）。本地学生发生校园欺凌的三个维度所占比例中被欺凌者（11.59%）＞既是欺凌者又是被欺凌者（3.86%）＞欺凌者（3.25%）；外省市学生中被欺凌者（9.45%）＞欺凌者（6.77%）＞既是欺凌者又是被欺凌者（3.62%）。由此可见，外省市学生更容易成为欺凌者。

（3）家庭情况维度。

从家庭情况维度看，中职校中离异家庭学生成为被欺凌者的比例最高；其他家庭情况学生成为欺凌者的比例最高，且比其他家庭情况学生的比例高1倍以上；父母双无家庭学生既是欺凌者又是被欺凌者的比例最高。从未参与校园欺凌的学生中，父母双无家庭比例最高（87.50%），正常家庭（81.13%）与单亲家庭（80.77%）比例差异不大，然后是离异家庭（77.68%），其他情况家庭比例最低（73.68%）。正常家庭学生发生校园欺凌的三个维度所占比例中被欺凌者（10.61%）＞欺凌者（4.98%）＞既是欺凌者又是被欺凌者（3.29%）；单亲家庭学生中被欺凌者（8.97%）＞欺凌者（5.13%）＝既是欺凌者又是被欺凌者（5.13%）；离异家庭学生中被欺凌者（11.61%）＞既是欺凌者又是被欺凌者（6.25%）＞欺凌者（4.46%）；其他家庭情况学生中被欺凌者（10.53%）＝欺凌者（10.53%）＞既是欺凌者又是被欺凌者（5.26%）。综合可见，就读于中职校的学生中，非正常家庭（含单亲、离异、父母双无、其他情况）的学生更容易被卷入校园欺凌（未参与校园欺凌为79.91%）事件之中；其中，来自非正常家庭的学生欺凌他人（6.71%）和既欺凌他人又被欺凌（7.29%）的比例明显高于正常家庭，而成为被欺凌者（10.37%）的比例低于正常家庭。因此，在校园欺凌问题上，应该给予非正常家庭的学生更多的关注。

（4）是否住宿维度。

从是否住宿维度看，中职校中的住宿生被他人欺凌和欺凌他人的比例均高于非住宿生，且住宿生成为欺凌者的比例是走读生的2.6倍；非住宿生既欺凌他人又被他人欺凌的比例高于住宿生。从未参与校园欺凌的走读生（83.37%）比例高于住宿生（78.99%）。住宿生中发生校园欺凌的三个维度所占比例中被欺凌者（11.15%）＞欺凌者（6.61%）＞既是欺凌者又是被欺凌者（3.24%）；走读生中被欺凌者（9.59%）＞既是欺凌者又是被欺凌者（4.50%）＞欺凌者（2.54%）。由此可见，住宿生更容易参与校园欺凌。

2. 欺凌现状

（1）被欺凌/欺凌的频率维度。

读中职以来被欺凌过的183名学生中"偶尔有过一两次"被欺凌的经历的学生的比例占65.03%，"有过几次"被欺凌经历的学生的比例占26.23%，"每周好几次"和"大约一周一次"分别占4.37%。读中职以来实施过欺凌行为的112名学生中"偶尔有过一两次"施霸经历的学生的比例占64.29%，"有过几次"施霸经历的学生的比例占20.54%,"每周好几次"的占9.82%,"大约一周一次"的占5.36%。由此可见,大部分校园欺凌行为发生的频率为"偶尔有过一两次"和"有过几次","每周好几次"和"大约一周一次"的频率较高的校园欺凌行为发生的比例相对来说不高,但我们更应该重视这一群体。

(2)被欺凌/欺凌的方式维度。

读中职以来被欺凌过的183名学生中,受欺凌方式最多的前三位分别是"辱骂我"(49.73%)、"对我进行造谣诽谤,让其他同学不跟我玩"(28.42%),"恫吓、威胁"(22.40%)。由此可见,被欺凌的方式中,排在首位的是言语欺凌(用言语辱骂、恐吓、威胁等);其次是以言语欺凌的方式造成的关系欺凌(以团体的形式集体欺凌、排挤被欺凌者);紧随其后的是肢体欺凌(踢、推或打,占21.86%)。

(3)被欺凌/欺凌的地点维度。

读中职以来被欺凌过的183名学生中,被欺凌地点排在前三位分别是"教室"(54.64%)、"其他地方"(42.62%)、"操场"(14.75%)。实施过欺凌行为的112名学生中,施霸地点排在前三位分别是"教室"(47.32%%)、"其他地方"(43.75%)、"操场"(17.86%)。由数据可见,欺凌行为发生最多的地方是在教室很好理解,但"在其他地方"的比例如此之高令人诧异,访谈部分学生发现,部分欺凌行为是发生在上学时间之外的,在其他场合偶尔碰到或特意约在某一地点实施欺凌行为。

(4)被欺凌/欺凌的对象维度。

读中职以来被欺凌过的183名学生中,被"同班同学"欺凌所占的比例最高(76.50%),其次是高年级的学生(18.58%),"同年级别班"占16.39%,仅有4.92%被低年级学生欺凌。39.34%的被欺凌者是被一个男同学欺凌,32.79%的被欺凌者是被几个男同学欺凌,被男女同学同时欺凌的学生比例占11.48%,被一个女同学或几个女同学同时欺凌的学生比例分别占8.20%。读中职以来实施过欺凌行为的112名学生中,与几个同学一起施霸的比例占43.75%,独自一人施霸的比例占33.04%,与另一个同学一起施霸的比例占23.21%。由以上数据可见,中职生更倾向于以班级为单位组成小团体实施欺凌行为,施霸者中男生居多。

(5)被欺凌后学生处理方式维度。

读中职以来被欺凌过的183名学生中,在被欺凌后30.91%的学生选择"忍耐妥协",20.00%的学生选择"以暴制暴",这一群体容易发展成为"双面人",

既是被欺凌者，后又成为欺凌者。被欺凌的学生更倾向于把事情告诉朋友，其次是老师，第三位是家长，而选择诉诸法律的学生最少。这一群体只是偶尔或者从未把被欺凌的事情诉诸法律解决更多是因为"不了解相关法律条例"（32.73%）；只是偶尔或者从未把被欺凌的事情告诉家长更多是因为"告诉家长也没用，家长也解决不了"（29.09%）；只是偶尔或者从未把被欺凌的事情告诉老师更多是因为"告诉老师也没用，老师也解决不了"（41.82%）；只是偶尔或者从未把被欺凌的事情告诉朋友更多是因为"告诉朋友也没用，不会帮忙解决"（27.27%）。

（6）欺凌者施霸的原因维度。

读中职以来实施过欺凌行为的112名学生中，施霸原因前两位的分别是"我原来被欺负过，现在强大了，可以欺负别人"（40.82%）、"出于朋友义气，我的朋友欺负其他同学的时候要求我去"（26.53%），"我看到过其他欺负同学的人得到了好处（如抢到的钱、食物等）"（20.41%）和"我就是不喜欢那个同学，想欺负他（她）"（20.41%）并列第三。由此可见，欺凌者很多由被欺凌转换而来，中职生会因注重朋友义气而忽略纪律、法律等，会效仿发生在自己身边的欺凌行为，无理由而实施欺凌行为的学生也占一定比例。

（7）学生对欺凌的态度维度。

在对所有学生的调研中发现，当看到一个与自己同龄的同学在学校里受到欺凌时，54.37%的学生会选择"报告老师"，17.00%的学生选择"帮助被欺凌的同学"；也有一部分学生会选择"只管做自己的事"（12.56%）、"走开"（10.76%）和"看热闹"（4.45%）；还有0.86%的学生会选择"也跟着欺凌这个同学"。57.49%的学生"绝对不会"参与欺凌一个自己不喜欢的同学，23.71%的学生选择了"我想不会"，9.36%的学生"不知道"自己会不会参与，6.24%的学生"也许会"参与其中，3.20%的学生选择了"会"参与其中。当看到一个同学在学校受到欺凌时，45.71%的其他同学会"经常制止"，24.96%的其他同学会"偶尔制止"，19.11%的其他同学会"时常制止"，10.22%的其他同学"从来不制止"。由此可见，在中职校园里，主动参与欺凌行为的学生较少，大部分学生不会参与欺凌自己不喜欢的同学，大部分学生看到校园欺凌时会加以制止。但仍有部分学生在面对校园欺凌时会选择"事不关己"，从某种程度上来说，这一群体其实也是助长校园欺凌行为的动因之一。

（8）中职生对校园欺凌相关法律的认知维度。

在对所有学生的调研中发现，回答他们认为校园欺凌是否会受到法律制裁这

一问题时,排在前三位的答案分别是"不了解相关法律,没想过"(50.78%)、"我还是未成年,即使受到法律制裁也会从轻或减轻处罚"(39.47%)、"只要民事赔偿多付一点,不会受到严重的法律制裁"(25.27%)。其中选择"我还是未成年,即使受到法律制裁也会从轻或减轻处罚"的学生中,82.00%为16至18周岁的学生。由此可见,关于校园欺凌的相关法律在中职生中的普及程度有待进一步拓宽(面上的普及)和加深(法条的深度理解)。

(二)中职校校园欺凌特征及原因

由以上对中职校校园欺凌现状的分析,可以总结得出,中职校校园欺凌呈现出如下特征。

1. 中职生校园欺凌行为存在丛生性 [3]

中职生校园欺凌行为丛生性现象表现为该群体欺凌行为会因某一特征而产生聚类。如因男生在青春期难以较好地控制情绪,"哥们义气"重,从众心理等导致男生更容易发生校园欺凌,更倾向于以班级为单位组成小团体实施欺凌行为,施霸者中男生居多;S市中职校外省市生源中多数为外来务工人员子女和对口帮扶地区学生,他(她)们来到S市一时难以融入,缺乏归属感,可能会出现三种行为倾向:一方面是因为不敢反抗而更容易成为被欺凌的对象,另一方面是因为想快速融入某一集体、从中获得安全感和归属感而成为施霸者,第三方面是在成为被欺凌者后发现融入其中可以因"有靠山"而免除被欺凌,后而成为主动施暴的"双重身份"群体,表现为这一群体被卷入校园欺凌行为的比例较高;高年级学生因更加熟悉学校、社会环境,年龄较长,导致年级越高越容易被裹挟入校园欺凌;由于单亲、父母离异等非正常家庭环境导致学生情感缺失、同理心较弱,并未形成良好的道德品质和行为,该类学生更易被卷入校园欺凌,同时成为欺凌者和被欺凌者的比例也明显高于正常家庭;因住宿生远离家庭缺乏家长监管,在学校过集体生活更易受到身边同学影响,同时部分学校管理也存在问题,致使住宿生更容易参与校园欺凌。

2. 中职生校园欺凌行为存在无忌性

中职生校园欺凌行为的无忌性主要表现为欺凌者校园欺凌行为的显现化趋势。由于社会、学校、家庭教育失位,欺凌事件参与者并未意识到这一行为的严重性和伤害性,导致中职生在欺凌行为实施过程中无所顾忌。调研发现,中职生被欺凌和施霸的方式中,言语欺凌、以言语欺凌的方式造成的关系欺凌、肢体欺凌等方式所占比例较高,其实这些欺凌方式应该很容易被家长、学校等主体通过注意观察学生的行为、言语等发现,但数据显示出这些相对显性的欺凌方式排名靠前,相对较隐秘的网络欺凌,即通过 QQ、微信等社交软件对同学进行恶意攻击等所占比例不是很高,从一定程度上说明了中职生在实施欺凌行为的时候不考虑"隐秘性"的问题,有很多是无所顾忌的直接施为。欺凌行为地点多发生在教学、生活的主要场所教室,也充分说明了这一点。

3. 中职生校园欺凌行为控制存在失效性

中职生校园欺凌行为控制的失效性主要表现为欺凌者对惩戒的"无所谓"态度,被欺凌者对欺凌行为的隐忍,以及社会、学校、家庭对相关法律法规宣传缺位和学生法律意识淡薄等方面。相对来说掌握社会资源更多、普遍认知上有更强的处理问题能力的家长、教师没有成为学生被欺凌后选择求助的对象,因为中职生认为家长、教师认为他们没有能力解决欺凌问题,这可能与家长并未在中职生的成长过程中给予足够的、积极的支持,教师在以往处理类似问题时并未表现出明确的态度,处理相关问题并未取得较好的效果有关,也可能是因为中职生认为家长和教师的势力范围有限,即使能解决发生在学校场所的问题,也不能解决上学、放学路上的施霸者的故意围堵等问题。校园欺凌发生后,选择将之诉诸法律途径解决的学生最少,因为很多中职生不了解相关法律条例,表现为以下三个方面:第一方面是不知道校园欺凌还可以通过法律的途径解决;第二方面是知道有相关法律,但是认为同学之间打闹没有必要;第三方面是知道有相关法律,但认为自己或对方还未满十八周岁,即使诉诸法律途径,也不会受到严重的法律惩罚,走法律途径没有必要。

四、基于思想政治课程视角的中职校园欺凌预防对策

《中华人民共和国未成年人保护法》对未成年人的父母或者其他监护人、学校在校园欺凌方面应尽的义务做了专门规定,如规定"学校应当建立学生欺凌防控工作制度,对教职员工、学生等开展防治学生欺凌的教育和培训。"[4] 中等职业学校思想政治课程是各专业学生必修的公共基础课程,是落实立德树人根本任务的关键课程。《中等职业学校思想政治课程标准(2020 年版)》中提出思想政治课程需要培养学生具备五个方面的学科核心素养,其中包括法治意识、健全人格和公共参与三条,且通过《中国特色社会主义》《心理健康与职业生涯》《哲学与人生》《职业道德与法治》4 门必修课程具体落实。面对中职校园欺凌的现状,思想政治课程应该从自身出发,对校园欺凌预防发挥重要作用。

（一）四门思政课整体设计，各有侧重

四门中职必修思政课的育人目标虽各有侧重，但针对校园欺凌防范这个大主题，每门课均应从课程本身出发在校园欺凌预防中从不同侧面发挥作用。如《中国特色社会主义》总体上介绍新时代我国"五位一体"总体布局，其中在学习习近平新时代中国特色社会主义思想的"十个明确""十四个坚持"，以全过程人民民主为本质属性的社会主义民主政治，办好人民满意的教育等内容时，总领性地引导学生意识到我国坚持全面推进依法治国、保障人权，人民参与政治有途径，国家办教育是为了人民等我国基本方略。《心理健康与职业生涯》主要从心理健康角度，引导学生认识自我、健康成长、和谐交往、快乐生活，让学生能够有健康的心理，与同学相伴相助、融洽相处，从而远离欺凌与被欺凌。《哲学与人生》引导学生用联系、发展、对立统一的观点分析欺凌事件，从更理性的角度看待欺凌与被欺凌背后隐含的复杂因素，学会看待问题的方法。《职业道德与法治》课程主要从立法、执法、司法、守法的角度，引导学生切实了解校园欺凌的法律后果，并通过《中华人民共和国未成年人保护法》《中华人民共和国预防未成年人犯罪法》《中华人民共和国刑法》等具体法律相应条款的学习，明确校园欺凌属于违法行为，中职阶段的校园欺凌行为主体需要承担相应法律后果。

（二）教学目标设计重点突出，显隐结合

教学目标是教学活动的核心，直接影响到教学效果和学生的学习效果。预防校园欺凌作为一个整体目标，在内化到四门思政课的具体课次目标中时，应该注意显性表达与隐性引导并重，不过分强调，重点滴积累。如在《中国特色社会主义》第9课第一框《发展全过程人民民主》中，可以在设定教学目标时增加"通过帮助身边人解决棘手事的实践过程了解全过程人民民主的科学内涵、实现方式"的表述，潜移默化地让学生意识到，我们有途径能够为身边人、身边事发声。而在《职业道德与法治》第10课第二框《履行遵纪守法义务》中，可以在设定教学目标时增加"通过分析《中华人民共和国未成年人保护法》中新增的着力解决社会关注的如学生欺凌等涉未成年人侵害问题等条款，明确违法违纪要承担责任，认识违纪、违法和犯罪行为的危害，增强遵纪守法意识和自觉性"的表述，让学生明确意识到欺凌行为的法律保护与违法后果。

（三）教学活动组织系统多元，课内外兼顾

中职思政课程标准中强调"要充分发挥学生主体作用，注重引导其在活动体验、合作探讨中学习。"[5]活动是教与学的载体，也是实现教学目标的手段，中

职生这一群体整体上呈现出更乐于参与活动，在活动中学习的特点。对于防范校园欺凌这一具体但系统的目标而言，教师需要设计如故事会、法律论坛、辩论赛、主旨宣讲、专题研讨、记者采访、演讲比赛、座谈会、角色扮演、漫画评比、情景模拟、新闻发布会、主题沙龙、宣誓签名、知识竞答、读书分享、时事评论、提案征集、案例点评、校园观察、谈事说理、留言板等多元的活动，活动贯穿课堂内外，让学生在多元活动中或思考，或对话，或体会欺凌与被欺凌的心态、给他人造成的影响等，从而达到防范校园欺凌的目的。

（四）教学资源选用谨慎科学，正反并重

学习中职思政课的学生中，绝大部分是未被卷入校园欺凌之中去的，但也有一部分是欺凌者，一部分是被欺凌者，一部分既是欺凌者又是被欺凌者，这在思政课的课堂上，教师无法直接判断，因此选择教学资源的时候需要做到既谨慎，又科学，既要包含从未被卷入校园欺凌中的同龄人的良好状态的案例，也要包含校园欺凌行为给被欺凌者带来的伤害及欺凌者承担的法律后果的案例，还要包含被欺凌者通过哪些方式走出被欺凌的阴影，重塑健全人格的案例，甚至可以分享欺凌者受到惩罚后从哪些方面受到触动，彻底改过自新的案例。多角度资源的分享能让不同类型的教学对象能在学习中找到适合自己去对标的案例，从而培育学生的法治意识、健全人格、公共参与等学科核心素养。

为学生创造一个良好的、健康的教育环境是教育能够为祖国的明天培养人才的基本条件之一。思政课不能解决调研发现的有关校园欺凌的所有问题，其防范和治理需要监护人、学校、社会、政府多主体协同发力，每一个主体在自己的领域内做到最好，校园欺凌行为必将得到有效的遏制，校园也会成为最阳光、最安全的地方。

参考文献

[1]　中华人民共和国刑法 [M]. 北京：中国法制出版社，2024.

[2][4]　中华人民共和国未成年人保护法 [M]. 北京：中国法制出版社，2020.

[3]　谭晓鸣. 中职生校园欺凌现状及预防研究 —— 基于学校视角 [D]. 烟台：鲁东大学，2017.

[5]　中华人民共和国教育部. 中等职业学校思想政治课程标准（2020 年版）[M]. 北京：高等教育出版社，2020.

（作者单位：上海科技管理学校）

中职校"润美立人"美育教育进阶模式的实践研究

薛志雄　徐　燕

引言

近年来，国家十分重视学生美育教育工作，制定了《关于全面加强和改进新时代学校美育工作的意见》等文件，积极推动构建"五育并举"全面育人体系，形成充满活力、多方协作、开放高效的学校美育新格局。在国家政策的指导下，职业教育积极探索打破当下制约美育教育深度发展的瓶颈，切实满足学生向美愿望和需求，充分发挥大美育人、全面育人实效。上海市第二轻工业学校把加强和改进美育工作作为推进学校高质量教育体系建设和落实立德树人根本任务的重要抓手，对新时代背景下学校美育工作进行探索和实践。学校坚持五育融合，将以美育人与立德树人有机统一，构建"润美立人"进阶式美育教育体系，以美育人、以美化人、以美培元，培养具有崇高审美追求、高尚人格修养的高素质人才。

一、中职校美育教育研究目标及意义

（一）美育教育发展历程

美育的历史传统可以上溯到远古时期典乐对人的教化，《乐记》说"乐由中出，礼自外作"，诗教与乐教具有丰富的美育因素。《论语》首章"不亦说乎"的"说"，本质上也是一个美育范畴。儒家构建了由"个体修身"到"天下人"的传统美育路径，凸显出审美性与伦理性统一的特点。近代以后，美育也受到极大的重视，王国维、蔡元培、鲁迅等极力推动。蔡元培先生明言，美育是"超越政治之教育"，也是调和五育的"津梁"，这说明美育是促进人的解放，实现人的全面和谐发展的人的重要手段。

新中国成立之初，美育同德育、智育、体育一并写入教育部颁发的"中小学暂行规程"草案当中。自1999年第三次全国教育工作会议提出"德育、智育、体育、美育等全面发展"，到2015年国务院办公厅印发了《关于全面加强和改进学校美育工作的意见》。2020年，中共中央办公厅、国务院办公厅印发《关于全面加强和改进新时代学校美育工作的意见》，进一步明确学校美育内涵，强调美育是审美教育、情操教育、心灵教育，也是丰富想象力和培养创新意识的教育，要求把美育纳入各级各类学校人才培养全过程，贯穿学校教育各学段。党的"二十大"

提出建成教育强国、人才强国、文化强国等战略目标，要求建设物质文明和精神文明相协调的中国式现代化。美育正是提升国家文化软实力、增强国家核心竞争力的重要内容，具有陶冶情操、温润心灵、激发创新创造活力的价值功能。

（二）"润美立人"进阶模式

美育是提升学生综合素质的基础性工程，是落实"五育并举"、协调发展的全局性工程，德育、智育、体育、劳动教育中蕴含着品德美、社会美、科学美、健康美、勤劳美、自然美等丰富美育资源。以美育作为"五育"发展的内在助推力，使德育、智育、体育、劳动教育有效、有序的衔接，构建"以美育德、以美益智、以美增体、以美助劳"的大美育体系，实现跨界、融合的"审美"与"立美"融通。以美育德，美育在德育中发挥形象生动、感染力强的特征，以美引善、美善和谐、寓德于美，促进良好社会价值观的形成；以美益智，在智育中培养以理明智、以美益智的智慧，激发求知与持续探索欲望；以美增体，在体育中以"形式美"的形态，展现朝气与活力；以美助劳，在劳动教育中以劳动唤醒表现美和创造美的积极情绪，体会劳动创造快乐、劳动创造美好生活的精神追求。

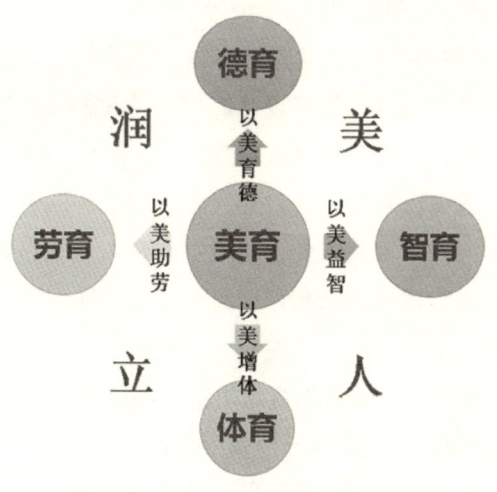

图1 "润美立人"大美育体系

润美立人，即通过美的教育和培养来塑造人的品格和精神，强调美育教育在个人发展中的重要作用。本文将厘清"润美立人"的内涵与外延，依托校内艺术类特色专业群形成"美育课程和课程美育"双轨发展，构建"艺术审美体验→优秀技艺基础知识基本技能→艺术专项特长"的进阶模式。以美引善、以美立人、

以美启真，通过艺术和美的体验来提升学生的道德水平和审美能力，使学生在美的熏陶下成长为有道德、有修养、有责任感的美丽职业人。

（三）理论价值与实践意义

1. 理论价值

把握职业教育"五育并举"、美育教育体系的内在规律，厘清"润美立人"的内涵与外延。坚持五育融合，将以美育人、以美化人、以美培元与立德树人有机统一起来，融合德育、智育、体育、劳动教育，挖掘各学科蕴含的美育价值与功能，在所有课程教学中体现出审美导向，在所有育人活动中营造出美育氛围，完善评价方式，更好地发挥美育潜移默化的作用，更好地激发学生爱美向善和明德求真。

2. 实践意义

学校美育是培根铸魂的重要工作，是立德树人的重要载体。全面加强和改进学校美育，坚持以美育人、以美化人，提高学生审美和人文素养，促进人的全面发展，培养堪当民族复兴大任的时代新人。上海市第二轻工业学校进一步深化美育教育改革，创新内容和载体，依托"美形、美食、美术、美商"四美专业群，以课程为要、以实践为桥，将显性美育教育和隐性美育教育有机结合，从校园文化、课程体系、实践平台等方面进行顶层设计，构建"润美立人"进阶模式，探索中职校美育教育的实施路径。将美育融入教育教学全过程，融入德育、智育、体育、劳动教育等环节，形成美育与学科（专业）教育相融合的中职校美育实践研究范式，潜移默化地滋养人、培育人，使得学校发展和人才培养焕发出更加澎湃的生机与活力，其创新的美育教育理念和方法值得借鉴与推广。

二、中职校"润美立人"美育教育进阶模式实施路径

（一）打造"敬善乐仁、和美尚新"美丽校园文化

上海市第二轻工业学校以"明德 善能 创新"为校训，依托"美形、美食、美术、美商"四美专业群，打造"敬善乐仁、和美尚新"美丽校园文化，致力于培养新时代"美泽于心、美润于形、美修于行"的"美丽职业人"。学校开设有人物形象设计、数字媒体艺术设计、环境艺术设计、服装与服饰设计、美容美体、工艺美术等9个艺术类专业，拥有一批高素质艺术设计教师团队。

为提升学校美育工作，学校积极设立美育工作室，构建以"美育工作坊"为

核心,以美育教学与实践厅(学生活动中心)、美育成果展示厅(校史馆)为载体,以"一系一品"系部美育特色长廊为平台的"一坊两厅四长廊"美育新格局,同时,印发《上海市第二轻工业学校学生美育实施方案》,将美育课程纳入各专业人才培养方案和学生人文素养课程体系,将美育融入教育教学全过程。

(二)构建进阶式美育课程体系,提升层次性和系统性

学校美育的目的是培养学生的审美和人文素养,审美与人文素养的提高,着眼于美好心灵的塑造,美育即是塑造美好心灵的教育。正确处理艺术审美体验、审美感悟与艺术基础知识、基本技能和艺术专项特长的关系,构建"艺术审美体验→优秀技艺基础知识基本技能→艺术专项特长"的进阶式培养模式,真正达到"以美育人"的效果。同时,依据"各美其美"的逻辑,形成"美育课程和课程美育"双轨发展,从而打造种类多样、数量充足、层次递进、覆盖全面的适用于校内"美形、美食、美术、美商"四美专业群的多层次、立体化美育课程体系。

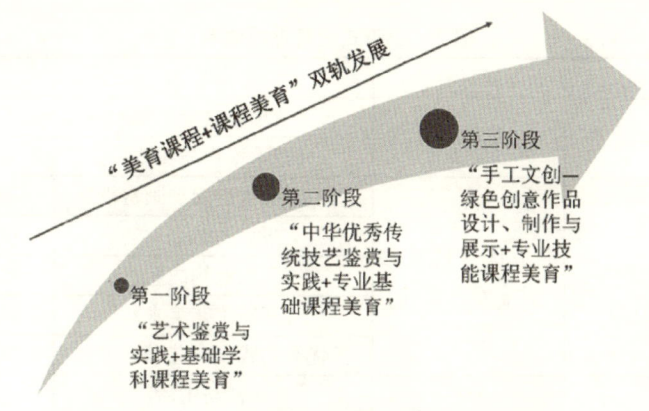

图 2　"美育课程 + 课程美育"双轨发展

第一阶段(一年级),实施"艺术鉴赏与实践 + 基础学科课程美育",进行艺术审美体验。开设《艺术鉴赏与实践》课程,包括《音乐鉴赏与实践》《美术鉴赏与实践》,将艺术作品中所包含的美进行挖掘与提炼、升华与熏陶,培养学生审美欣赏、审美表现、审美创造的能力。同时建构学科课程美育,让学生在掌握学科知识结构的同时感受美、体验美。如语文中蕴含文字美、韵律美、意蕴美;数学中蕴含和谐美、对称美、有序美;体育中蕴含线条美、比例美,培养学生健康向上的审美趣味、审美格调。

第二阶段(二年级),实施"中华优秀传统技艺鉴赏与实践 + 专业基础课程

美育"，学习优秀技艺基础知识基本技能。开设"中华优秀传统技艺鉴赏与实践"类课程，培养学生将美的思想、内涵内化于自己的情感之中，形成自我关照、自我认识、自我思考和自我解放的审美活动。同时挖掘专业课程美育功能，各专业基础课程的教学都是对真、善、美的追求，都兼具知识和育人属性，在厘清课程知识逻辑的情况下，挖掘知识本体背后蕴含的美的本质，丰富审美体验、开阔人文视野，引导学生树立正确的审美观、文化观。

第三阶段（三年级），实施"手工文创—绿色创意作品设计、制作与展示＋专业技能课程美育"，提升艺术专项特长，实现艺术与专业相融相促。开设"手工文创—绿色创意作品设计、制作与展示"类课程，培养学生自觉的创新意识、高度灵敏的创造敏锐性，以及持续不断的创造欲望和创造动力。将"审美感知、艺术表现、创意实践和文化理解"的素养目标融入专业技能课程中，实现专业技能与艺术创意相融合，促进学生审美能力的全面提升。

表1　进阶式美育课程体系

序号	学段	课程类别	课程名称	课程属性
1	一年级	艺术鉴赏与实践	《音乐鉴赏与实践》	全校公选课
2			《艺术鉴赏与实践》	全校公选课
3	二年级	中华优秀传统技艺鉴赏与实践	《中国优秀影视动画赏析》	全校公选课
4			《盘发造型》	美形专业群
5			《创意构成》	美术专业群
6			《烹饪工艺美术》	美食专业群
7			《优秀实践作品艺术处理》	美商专业群
8	三年级	手工文创—绿色创意作品设计、制作与展示	《设计与生活》	全校公选课
9			《服饰品改制与设计》	美形专业群
10			《动漫衍生品制作》	美术专业群
11			《创意甜品制作》	美食专业群
12			《创意作品数字化制作与展示》	美商专业群

（三）搭建校内外实践平台，丰富美育实践形式

1. 加大校内外美育实践基地建设

精心打造校内"非遗民艺传习社""模特礼仪社""艺•间造物社""3D制作与打印社""动漫社""灼灼华颜形象设计社""国画社""创音社""手工艺社""合唱团""舞蹈社"等多样性艺术社团。加强校地合作、校馆合作，积极尝试与地区文化部门共享大剧院、美术馆、群艺馆、博物馆等文化艺术场馆；与行业协会、文创企业、社区艺术团体等开展广泛合作，搭建开放平台，建立起艺术展演、非遗传承、馆藏参观、文化艺术讲座、传承保护社会实践等美育教育实践体系，通过推进学校与社会的合作交流，打造开放合作的"大美育"环境，促进美育改革走实走深。

2. 建立常态化艺术展演机制

学校、各系部每年开展一次学生艺术展演活动、"唱响新时代"合唱展演活动、艺术设计作品展等活动，建立常态化的艺术展演平台，借助艺术实践平台，开展艺术讲座、艺术竞赛、艺术展演活动，大力推广面向人人的艺术作品展、才艺展演、合唱音乐节、创意作品工作坊等实践活动。鼓励学生将作品报送上海市中等职业学校"技能成才 强国有我"系列教育活动及文明风采、中国国际"互联网+"大学生创新创业大赛等比赛活动，提高学生参与艺术实践的积极性。

（四）探索数字美育

1. 人工智能赋能美育教育方式

在美育教育中，智能化的学习工具能够发挥十分重要的作用，提高学生的学习效果。例如，学生可以在绘画学习过程中使用 AI 绘画工具来高效地进行色彩搭配和色彩调试，或者在智能助手的帮助下顺利掌握一定的绘画技法；在音乐鉴赏活动中，通过使用智能化的声音处理工具或者音乐制作软件，可以帮助学生熟悉和理解各种类型音乐的特点，进而促进音乐素养的养成。学生可以实现对现代化、科技化美感的认识与接受，建立一种适应新时代、与时俱进的审美观，并能够熟练运用现代科技去发现美、创造美。

2. 打造专业美育精品课程，实施过程性评价

注重专业课教学与美育同向同行，抓住"互联网+教育"的发展契机，开创"专业+思政+美学艺术"在线开放课程新模式，逐步将专业教学成果转化为美育科创成果。利用智能技术的优势，优化和改进学生美育学习评价，在美育课程中加强过程性评价，注重表现性评价，同时探索增值性评价，创新"全程跟踪+节点反思+阶段总结+周期评价"的闭环评价模式，以过程性、多样化评价体系促进学生美育素养的提升。

3. 提供全觉体验，实现美育内容的平面转立体

注重"沉浸式"科技的广泛运用，让美育从平面式的理论教学升华为一场沉

浸式的感官体验。短视频、AI 技术、虚拟现实、微电影等情境体验技术为教育提供"沉浸式"全觉体验，将美育元素实现视、听、声、光、电的整体呈现。引导学生深入社会生活挖掘美育素材，运用"沉浸式"科技推动数字化优质美育资源共建共享，最终形成充满活力、多方协作、开放高效的美育新场景。

三、中职校"润美立人"美育教育进阶模式实施成效

学校积极营造昂扬向上、格调高雅、充满活力的校园氛围，融合德育、智育、体育、劳动教育，挖掘各学科蕴含的美育价值与功能，在所有课程教学中体现出审美导向，在所有育人活动中营造出美育氛围，让自然之美、艺术之美、科技之美、生活之美等潜移默化、润物无声地滋养着每位学生，全面提升学生文化理解、审美感知、艺术表现、创意实践等核心素养。学生作品在 2023 年"技能成才、强国有我"主题教育活动和上海市文明风采活动展演、展览类赛项中荣获多个奖项。

表 2　学生在文明风采活动中获奖作品及奖项

序号	作品名称	学生所在专业	获奖等次
1	青山绿水	环境艺术设计、数字媒体艺术设计、动漫与游戏制作	一等奖
2	不染图	工艺美术	一等奖
3	莘庄钩针编结	数字媒体艺术设计	一等奖
4	春愁	数字媒体艺术设计	三等奖
5	勤学	计算机网络技术	三等奖
6	中国昆曲系统帆布包	工艺美术	三等奖
7	剪纸灯	工艺美术	三等奖
8	舞琵	工艺美术	优秀奖
9	黎明	工艺美术	三等奖

近两年，学生的美育创意作品在"互联网+"创新创意比赛中也取得了多项成绩。2022 年，人物形象设计专业学生的作品《添香令》在第八届中国国际"互联网+"大学生创新创业大赛上海赛区中荣获金奖——将传统礼仪文化赋能香囊福袋，让更多青年学生了解华夏香文化；《古艺竹编非遗艺术》《"红影"设计师服装品牌》《电灵韵》《苗族形象工作室》《凝莳工作室》《虚拟服装》《非遗小工坊》等作品荣获优胜奖。2023 年，人物形象设计专业学生作品《"古今山海"——梦回神境》在第九届中国国际"互联网+"大学生创新创业大赛上海赛区中荣获银奖——以《山海经》为主题，以服装为主要载体，结合寓意美好的传统纹样图形

进行服装设计；数字媒体艺术设计专业学生作品《拾影非遗交互工作室》荣获银奖；《苒景——国风古韵团扇》作品荣获铜奖；《沉香坊》《国潮自热花茶》等作品荣获优胜奖。

四、总结与展望

习近平总书记指出，"做好美育工作，要坚持立德树人，扎根时代生活，遵循美育特点，弘扬中华美育精神，让祖国青年一代身心都健康成长。"促进青年一代身心健康成长，培养能够创造美好生活的人是新时代美育教育的使命。面向生活的美育更强调审美的主动性自觉性，注重审美教育的内化过程，将外在的审美教育转化为自身的审美需求，内化为审美意识，并在审美实践中外化为审美素质。中职学校美育将完成从学校到生活的转向，通过耳濡目染的美丽校园文化、进阶式的美育课堂教学、丰富多彩的美育实践活动，让学生能够在生产劳动和社会实践中感受美、鉴赏美并创造美，真正做到润美立人。

（作者单位：上海第二轻工业学校）

沪滇云海情深　　以"体"育人促成长

诸葛运国

一、背景

2021年9月，我受命担任211旅游班的班主任。这是一个由云南学生组成的班级，他们也许都是第一次乘飞机远离故土，从祖国西南边陲——云南的各地山区来到上海读书。

一个个才初中毕业的孩子，他们勇敢地选择了人生的挑战——选择来到一个远离家乡，完全陌生的环境里读书，不仅与从不相识的云南孩子相聚一个班级，还要与之前远隔千山万水的上海孩子同在一个学校生活、学习。一个疏忽或者是一个不小心，就会引发矛盾，引出问题。这也是我人生事业上的一次挑战。

师："小丽，小段怎么还不在宿舍？"

师："你看到小段了么？"

学生："老师，小段不在洗漱间。"

学生："老师，小段应该还在教室里。"

刚开学，每天晚自习结束后，我都要到宿舍里巡查，想第一时间了解孩子们刚到新环境有什么难处？是否忽略了一些孩子的需求？孩子们之间的相处情况怎么样？没想到，多次发现小段不与大家一起回宿舍的情况。

平时，我还发现小段同学在校园里总是独来独往，也很少看到她与班上同学说话、交流。

情感自闭：多次与小段聊天、谈话，沟通后得知，小段年幼时，母亲离世，父亲出走，留下她和弟弟寄人篱下，缺乏家庭的温暖，父母的关爱。特殊的家庭情况和成长经历，对她造成了严重的心理影响，使她对人生充满悲观，性格也越来越自闭孤僻。

学习劣势：因基础太差，在陌生的环境中，学习上没有闺蜜、帮手，又碍于面子难以启齿求助他人。

性格的内向、自闭，加上学业上屡屡受挫，无形中小段就被孤立了。

怎样帮助小段这样的学生适应在上海的学习和生活，是我带班之初遇到的最大挑战。我努力去走近学生、读懂学生，积极寻找打开学生心灵的钥匙。

二、案例做法

我是一名体育老师，善于发现学生的体育潜能。我班的学生都是来自云南农村，他们在身体力量、吃苦耐劳等方面普遍优于沪籍学生。像小段这样的学生，在教室里上理论课时无精打采，在体育活动时却显得精力旺盛。通过挖掘小段的体育才能，提振她的精神面貌，实现她的全面成长，这个思路在我头脑里越来越清晰。

（一）以"体"育人，塑造学生自信心。

小段同学喜欢打篮球，且具备相应的身体素质。我便从以"体"育人的理念出发创造育人的条件，首先极力推荐她加入学校组建的篮球队，给她找教练让她得到包括技术训练、战术演练和体能训练等在内的更系统的训练。同时通过学校心理辅导老师对队员进行心理辅导的契机，帮助小段相应的心理疏导。让她得到更多参赛机会、交流提升技术的机会。她也不负众望，跟团队一起，获得金山区和上海市比赛很多荣誉，通过篮球运动，她体会到了体育运动的魅力，感受到了团队合作的力量，在运动中获得了成功和荣誉，逐渐开始变得开朗阳光，也建立了自信心。

（二）形成教育合力，扶贫又扶志。

来上海读书的云南生的家庭经济状况比较困难，无法承担在上海读书的费用。学校提供学费减免、每月生活补贴等支持，同时也为和小段一样来自建档立卡贫困户的学生建立档案，通过校内募捐、企业慈善、国家资助等途径争取到经济补助，解除他们一些后顾之忧。此外，加强与其他任课教师、心理老师、宿管老师的联系沟通，全方面了解关心她的学习和生活情况。几乎牺牲掉所有的节假日时间，陪伴云南学子开展各种形式的活动，暑假寒假不远千里，跋山涉水的去云南学生家访，积极了解他们的生活所需，看到小段同学家里的寒舍，眼泪忍不住地流了下来。爱是一种付出的教育，只有愿意付出，才能收获更多。学生慢慢更加尊敬和信任教师，也愿意随时和老师沟通和交流。

（三）形成特色班级文化，激励学生成长。

以"体"育人理念并打造具有地方特色的班级文化，融入云南民族体育文化，如开展民族舞蹈、少数名族的节日、云南旅游路线设计等，让学生在参与中感受云南独特的文化魅力，增强班级凝聚力。通过自己设计班级的队旗、队徽、口号展示班级形象。通过多样化的体育活动来打造具有特色的班级文化。让小段这样的同学都感受到满满的温暖。

（四）深化班级文化认同，促进学生行为内化。

劳动委员性格开朗活泼，我就特意安排她结对子，让她带段同学一起吃饭，一起学习，一起劳动，让她体验集体生活的快乐和大家庭的温暖，让她在活动中学会与人相处，逐渐融入集体，收获友谊，体会到社会交往的快乐。

三、成效

（一）以"体"育人助成长，段同学逆袭与超越

通过学校搭建的体育平台，段同学在学校、金山区、上海市的篮球比赛中崭露锋芒，以前意志品质薄弱、自卑情绪、畏难情绪严重等问题通过运动彻底改变，自信心、身体素质、意志力和自律能力都得到很大的提高，增强了团队合作精神和社交能力，学习成绩也获得很大的进步。

（二）综合素质提高，提高就业竞争力

通过在校的锻炼，班级学生德智体美劳全面发展。在企业招聘会上得到一致

认可，段同学已经在上海市五星级酒店实习，通过交流，已经完全适应工作的环境，她计划自学大学文凭，为自己的职业生涯打下坚实的基础。

四、启示和展望

（一）教育需要提供多元化的教育途径，要因材施教

要从学生的实际情况、个别差异出发，有的放矢地进行有差别的教学，使每个学生都能扬长避短，获得最佳发展。而以"体"育人的方式可以为一些性格内向，不善表达的孩子提供另一种教育途径，通过体育运动让学生重拾学习的信心；同时要注意，任何成功都不是一蹴而就的，不能操之过急，不能急于求成。

（二）身心并重，个性教育

传统的教育往往过于注重学生的知识学习，而忽视了学生的身心发展。而以"体"育人的教育理念则强调身心并重，学生可以根据自己的兴趣和特长选择适合自己的体育项目，从而更好地发挥自己的潜力。这种个性化教育可以激发学生的学习兴趣和动力，提高他们的学习效果。

（三）树立信心，激励教育

著名的教育家苏霍姆林斯基说："真正的教育应该是自我教育。可能到达的途径有千万条，但我觉得激励一定是最便捷的一条。"内向的孩子更需要外界对自己的肯定和称赞，他们得到了足够的关注以后，会对自己产生积极的评价，性格也就会朝着阳光积极的方向发展。

（四）鼓励交往，参与管理

马卡连柯的集体主义教育：教育者不能轮流单独对学生进行个别教育，教育者必须依靠学生集体的力量才能完成教育之任务，他极力主张教育者要及早创立良好的学生集体使学生集体也成为教育全体学生的力量。

教育是慢艺术，是潜移默化的过程，作为教师，要通过自己的师德修养，以"体"育人的理念，用爱心呵护学生健康成长，为学生拨开阴霾撑起一片蔚蓝的希望天空，构建健全的人格与健康的心理状态，让学生们坚信：经历过风雨的人生必定迎来属于自己的彩虹。让我们一起以爱为底色，以春风化雨之情，培育人类的花朵，静静等待着生命中花儿的绽放！

（作者单位：上海现代化工职业学院）

第二部分　管理实践

中等职业学校学校行为文化的调查与对策建议

张东明

为落实全国教育大会精神和习近平总书记关于学校思想政治和德育工作系列重要讲话精神，教育部办公厅颁发《关于加强和改进新时代中等职业学校德育工作的意见》〔2019〕7号文件（以下简称《意见》）提出了"加强行为规范养成教育"的问题。《意见》指出"深入开展学习与践行《中等职业学校学生公约》活动，教育引导学生自觉形成良好的思想品质和行为规范"，"通过文明礼仪、学习习惯、安全规范等的养成，引导学生在日常学习生活中形成做人、做事的行为规范，立德成人、立志成才"，由此使我们认识到学生行为文化是营造高品位校园文化的载体。

一、学校行为文化调研的背景与设想

从学校文化构成看，可以由教师的教育实践文化、学生的学习生活文化、师生师傅互动的关系文化。三者的有机统一，形成学校文化中行为文化系统的整体，这应该是一个动态发展着的系统过程。行为文化在校园学习、生活、技能训练之中所形成的，有价值的促进校园文明的亚文化，是学生在学校活动中表现出来的独特价值观、思维方式的基石。

本校学生主要是本市高中分数线以下，基础教育质量不高，偏课严重或家庭经济困难的上海生源，以及父母在上海打工，户籍进不了本市的外地学生组成的。由此，产生了学习与生活习惯的若干问题，如抽烟、玩游戏、打架、早恋等倾向影响了学业；有的想急于就业挣钱，甚至出现"躺平"的学生。

面对千姿百态的只想"混"一张中等职业学校文凭的学生，学校按照《意见》精神，从"加强行为规范养成教育"着手，进行学校行为文化的养成教育。

（一）学校行为文化的现状

学校首先是对于教师行为文化养成的调查。本校有班主任40位，其中30岁不到的占 72.5%。他们充满活力，但是缺少育人的工作方法。

班主任担任年限统计表（表 1）

班主任年龄跨度	人数	担任班主任年限	人数
25 岁 -29 岁	21 人	3 年以内	28 人
30 岁 -35 岁	12 人	3 年以上 5 年以下	4 人
36 岁 -39 岁	2 人	5 年以上 10 年以下	5 人
40 岁以上	4 人	10 年以上 15 年以下	3 人
	40 人		40 人

为了解教师对于学生行为文化了解程度，我们随机选取本校 50 名教师进行问卷调查，发放问卷 50 份，收回问卷 50 份，有效问卷占总问卷数 100%。

同时，抽调 2022 级的职一，职二年级 200 名学生为对象，对学生行为文化的认识进行问卷调研。

（二）调查设计

1. 调查内容分四个阶段完成

第一阶段：访谈不同年龄段班主任在学生行为文化养成中的困扰，了解教师对学生行为文化的认同。

第二阶段：分别对职一年级的班主任和学生进行行为文化养成方面的问卷调查，了解学生和教师对行为文化养成的心理倾向。

第三阶段：从班级层面对学生抽样进行问卷调查，对学生行为文化养成问卷的信度和效度分析。

第四阶段：行为文化养成的对策与建议。

2. 问卷采用的方法

问卷采用五点计分法，对每个问题进行赋分，即采用韦斯特五阶量表，比如对选项："非常满意、比较满意、一般、比较不满意、非常不满意"分别赋以 5—1 分，最后对各个班级每个同学的分值进行汇总统计，比较前后两次问卷的总分值是否有差异。

问卷设置 35 题，其中：学生行为文化养成 10 题，班级人际关系 5 题，班级学习氛围和班级活动 5 题，学生团队协作行为 5 题，总体满意度和在校的体验感受 10 题。每题 1—5 分，总分 175 分。

二、学校行为文化调研分析

(一) 困扰班主任的亚文化现象

首先我们对访谈班主任进行访谈,了解困扰班主任对学生行为文化的认同。根据对不同年龄段,不同班级管理年限的老师问卷访谈,了解到困扰班主任对学生行为文化有以下几个方面:

第一,如何与抑郁倾向学生沟通、如何助力心理波动学生?

第二,如何引导学生正确处理早恋问题?

第三,如何纠正学生不良行为习惯,转变行为习惯和学习态度偏差的学生?

中职学生由于种种原因不乏有一些未能形成良好的行为习惯,个别学生甚至沾染某些恶习,造成严重行为文化歪曲及其严重后果的产生。教师就是要帮助学生纠正已经形成的不良行为习惯。

第四,如何与强势家长或放任不管的家长建立沟通桥梁,形成家校共育学生行为文化?

第五,如何实现班级良性行为文化养成,学风班风端正,提高学生自主管理和行为文化自我养成能力?

第六,如何营造和谐温馨的班级行为文化养成,提高团体的凝聚力?

调查问卷结果如表1所示:

表2 教师问卷调查结果(摘要)

题目	选项	人数占比
1.您认为行为文化养成的重要性吗	A 非常重要	86%
	B 比较重要	14%
	C 一般重要	0%
	D 不重要	0%
2.行为文化养成对班级管理有促进作用吗?	A 总能	60%
	B 经常能	38%
	C 很少能	2%
	D 不能	0%
3.开展班级行为文化养成对团体凝聚力的形成有帮助吗?	A 总能	62%
	B 经常能	34%
	C 很少能	4%
	D 不能	0%
	D 不会	0%

(续表)

题目	选项	人数占比
4.你会参与学生行为文化养成活动吗？	A 会	40%
	B 经常会	55%
	C 很少会	5%
	D 不会	0%
5.行为文化养成中会遇到什么问题？	A 会	46%
	B 经常会	52%
	C 很少会	2%
	D 不会	0%
6.您觉得行为文化养成需要有得到哪些支持？	A 综合指导	82%
	B 表扬及发放表扬单	86%
	C 给予物质表彰和奖励	96%
	其他：推荐优秀班级参加市级班主任能力大赛等	4%

（二）开展学生行为文化养成调查

为了解学生的行为文化养成认知情况，随机选取本校200名学生进行问卷调查，发放问卷200份，收回问卷200份，收回问卷占总问卷数100%，有效问卷200份，有效问卷占总问卷数100%。调查问卷结果如表3所示：

表3 学生问卷调查结果（摘要）

题目	选项	人数占比
1.你认同行为文化养成吗？	A 总能	49.5%
	B 经常能	44.5%
	C 很少能	5.5%
	D 不能	0.5%
2.你会参与班级行为文化养成活动吗？	A 总会	67.5%
	B 经常会	22.5%
	C 很少会	8%
	D 不会	2%
3 你觉得行为文化养成与自己的职业发展有关系吗？	A 总能	55%
	B 经常能	31.5%
	C 很少能	11.5%
	D 不能	2%

（续表）

题目	选项	人数占比
4.你在生活、学习中遇到行为文化养成问题会向老师请教吗？	A 会	44.5%
	B 经常会	33.5%
	C 很少会	19.5%
	D 不会	1.5%
5 你认为行为文化养成需要在那几方面提高才能对自己发展更有利？	A 物质文化：校园硬环境建设	75.5%
	B 物质文化：班级硬环境建设	65%
	C 制度文化：校规、班规建设	60.5%
	D 制度文化：各类日常制度建设	53.5%
	E 精神文化：世界观、人生观、价值观教育	63%
	F 精神文化：五育教育（德智体美劳）	60.5%
	G 精神文化：校园多样性文体活动	66.5%
	H 精神文化：知识、技能提升类社团	69.5%
	I 其他方面：校企合作，帮助学生就业，实习，推荐工作单位等	17%

通过调研，学生和教师都认为行为文化养成是很重要的，会提升师生的道德意识、文化素养、团队意识和多元职业适应能力等。

（三）行为文化养成对师生抽样调查结果反馈

班级在经过为期2—3年的在校学习之后对毕业班级的学生进行抽样调查，了解班级在班主任指导下物质文化建设、精神文化建设、班级团队凝聚力、学生整体满意度方面进行调查。

首先对调查问卷进行信度分析。笔者利用spss22.0，导入数据，在分析中选择可靠性分析，得到如下数据。

SPSS软件中的因子分析KMO度量值可以测量问卷的有效性，即效度。KMO值越高，测量数据变量之间可以提取的因子就越普遍，说明量表数据变量之间可提取的共同因子越多，数据效度越好。KMO值大于0.9表示非常好，大于0.8是好的，大于0.7表示一般，大于0.6表示差，大于0.5表示非常糟糕。一般最低要求不低于0.7。上表的预测值为0.858，表明该表的有效性较好。

分析后表明：从教师层面来看，在职校教育过程中教师对良好学生行为文化有着较为积极的需求，也期待学校能通过研讨、系列课程、专家指导等方式为教师拓展这个方面的教育能力。

从学生自身发展层面来看，职校学生也有自身发展的需求，在日常教育过程中多数学生对提升自身行为文化素养采取较为积极的态度。对学校的这方面教育也较能接受。

（四）学校行为文化养成的主要问题

1. 班主任缺少对学校文化养成的意识

对本校的校徽、校训、校歌、校园环境，以及校内文化活动、依托和利用企业、社区等文化资源等，在实践过程中力不从心。

2. 学生对行为文化养成的枉然

尤其是网络游戏、交往的虚拟性，乐不思蜀，荒废了学业，远离了班级集体的温暖，性格容易孤僻。

3. 跨界教学的不适应

职业教育除了要学习文化课，还有专业课、实训课、企业见习课等，接触的是老师、师傅、领导等，学生比较单纯，容易将学校等同于企业，也容易将企业的潜规则带进学校，形成学校行为文化的错位。

三、学校行为文化养成的对策建议

（一）提高师生对行为文化养成重要性的认识

行为文化作为一种软环境教育力量，首先是德育功能：一是陶冶学生的情操，二是规范学生的行为，三是培养学生的集体意识和协作精神。其次是美育功能。学生处于青少年这个特殊时期，缺乏对美的辨别理解和评价能力，不善识别美，常把新奇特视为美。学校要用良好的行为文化引领学生，使学生确立正确的审美观、健康的审美情趣，提升审美文化行为，形成和谐的人生态度。学生的行为文化养成对培养其健康的审美观念和审美能力，陶冶高尚的道德情操，开发智力，促进审美发展，以及学生职业发展具有不可替代的作用。再次，有利化人际交往，创建和谐人际关系。良好的人际关系可以促进学生奋发向上，形成良好的集体意识，必将给校园带来生机活力。

行为文化养成无论对于学校还是对于学生都非常重要。首先，学校是德育工作的圣地，学生在学校所接受的德育直接影响学生未来走上工作岗位、社会之后的生活、工作认知，甚至影响学生的一生。学生行为文化养成，传承和引导体面的健康行为方式，能够在校园中行为文化养成得以升华，对于学生的成长产生积极作用。其次，在人们的传统认知中，学生行为文化养成，能够让校园环境得以净化，能够营造积极向上的校园氛围，改善人们传统思想中的中职教育认知，充分发挥中职学校的立德树人作用。此外，学生行为文化养成也是校园综合素养的反映，是物质文化建设、精神文化建设、制度文化建设的体现，对学校的实力具有重要作用，是职业学校发展的可靠保障。行为文化是学生在日常生产生活中表现出来的特定行为方式和行为结果的积淀，这种行为方式体现着价值观念取向，受制度的约束和导向。

行为文化养成活动的开展让班主任得以成长，让他们以文化认同方式的汲取，并获得丰富的实践活动经验，开拓班主任的德育视野，从校级层面推动班主任技能提升，助力教师职称评定，这都让班主任的专业能力得以发展，能够将理论、实践之中的有益之处应用到德育开展之中，让学生行为文化养成更具成效；其次，通过行为文化养成活动的开展，实现学校德育工作的高质量开展，带给学生新的德育认知，让学生在活动中、在实践中深刻感悟德育重要性，既让学校的德育工作顺利推进，又让学生的德育素养得以发展和提高。

（二）确立学校行为文化养成的目标

中等职业学校的学生进校后由于基础知识不理想，与普通高中学生相比，普遍心理负担比较重，家庭与社会的压力比较大，在行为文化上比较迟缓。为此，在学生行为文化养成的目标是培养符合社会主义道德标准的新一代自食其力劳动者的意识，具有有趣、文明、规范、包容、高技能的语言和行为习惯，以及健全的、理实一体人格和心理素质的德技双修的现代化建设事业的劳动者。

1. 广泛征求意见，对行为文化养成以积极鼓励为主

行为文化养成离不开班风班纪建设，这就需要从班级行为文化养成入手，引导学生形成良好行为习惯。首先，班规班纪的制定需要广泛征求意见，让不同年级、不同岗位教职员工参与到学生对行为文化养成中来，鼓励学生献计献策。其次，教师要注意对行为文化养成重要性的认识，指引学生建立正确的行为文化养成的认知，让学生感受到行为文化养成的示范力量，推动学生向着良好言行举止发展。

2. 数据调查学生对行为文化养成问题排摸归类，鼓励教师群策群力引导

定期或者不定期就学生的行为文化养成心理问题进行调研排查，了解学生生活、学习中遇到的问题和困难，并将学生所遇到的问题依照不同类别进行归类，如学习适应、青春期发展、职业定向、自我认同、人际交往、父母沟通、学业压

力、实习问题等,通过沟通交流、建立问题库等方式深入探索学生问题的解决方式。同时,还要定期或者不定期展开教师研究讨论,以群策群力方式给予学生实质扶助,有针对性地帮助学生解决各种问题,解决学生对行为文化养成心理所形成的压力。

(三)访谈班主任在行为文化养成方面的需求,制定相应的辅助手段

第一,聘请专家学者进行行为文化养成的讲座,其中既包括家庭指导专家、教育专家,也包括心理学专家、教师,从更为专业的行为文化养成的教育开展提供指导,引导教师了解与学生、家长沟通的更好路径,结合理论知识和具体案例深化教师思想认知。

第二,推荐适宜的行为文化养成专业书籍,定期或者不定期组织读书活动,教师通过书籍阅读、活动参与等方式获得实现理论的补充,并在阅读、活动中深化心得体会,撰写读书笔记、教育案例,从思想上武装自己,从理论上补充自己,从案例上借鉴适用。

第三,学校从行为文化养成辅助教师完成三年班级建设规划,从整体性、系统性、全面性视角构建行为文化养成方案,让教师和学生都能够在行为文化养成中得以成长。

(四)对行为文化养成以积极鼓励为主

行为文化养成离不开班风班纪建设,这就需要从班级行为文化养成入手,引导学生形成良好行为习惯。

第一,班规班纪的制定需要广泛征求意见,让不同年级、不同岗位教职员工参与到学生对行为文化养成中来,鼓励学生献计献策。其次,教师要注意对行为文化养成重要性的认识,指引学生建立正确的行为文化养成的认知,让学生感受到行为文化养成的示范力量,推动学生向着良好言行举止发展。

第二,数据调查学生对行为文化养成问题排摸归类,鼓励教师群策群力引导。定期或者不定期就学生的行为文化养成心理问题进行调研排查,了解学生生活、学习中遇到的问题和困难,并将学生所遇到的问题依照不同类别进行归类,如学习适应、青春期发展、职业定向、自我认同、人际交往、父母沟通、学业压力、实习问题等,通过沟通交流、建立问题库等方式深入探索学生问题的解决方式。同时,还要定期或者不定期展开教师研究讨论,以群策群力方式给予学生实质扶助,有针对性地帮助学生解决各种问题,解决学生对行为文化养成心理所形成的压力。

其一，鼓励班主任开展多样化班级行为文化养成活动形式，诸如讨论会、辩论赛、读书会、体验日等活动都能够展现班级风貌，调动学生的参与积极性和潜在活力。其二，教师还可以鼓励学生给未来的自己写一封信，给父母写一封信，给班主任写一封信，以书信活动方式引导学生为自己建立目标和期许，感恩父母的养育之恩，感谢老师的教育之恩；其三，教师还可以带领学生走进社区，成为一名志愿者，通过社区爱心活动、班级爱心团队等形式，让学生感受身边的幸福和关爱，帮助学生建立坚固的心理防线。第四，鼓励学生录制行为文化养成等活动视频，在日常生活中为班级、家庭做好事、做力所能及的事，鼓励学生参与到各个年级主题班会、活动中来，以视频、照片等多种形式记录同学们的风采，并结合学生的表现颁发最佳人气奖，创意奖，感动奖，风采奖等奖项，让同学们在各种活动中感受自己的价值。此外，不同班级还可以利用周五时间开展班级趣味运动会、校园义卖、职业体验日、"我爱我家"创意绘画展、我和校园创意摄影展等多种行为文化养成活动，激发学生的内在蓬勃朝气，让学生在不同的活动中得以行为文化养成的传承。

（五）行为文化养成的切入点

教育的根本目的是育人，育人的核心是立德树人。由于学生的成长在新时代，随着经济的快速发展，技术的快速进步，生活条件的不断改善和丰富它拓宽了学生的思维，开阔了他们的视野，更重要的是，促进了他们的开放在多样性和多样性的发展中，我们应该从简单的说教和灌输转变为空谈理性的教育应该让学生在轻松愉快的氛围中接受教育。行为文化养成让学生成为主体，以校园为主要空间，涵盖校领导、教职工在内，以校园精神为主要特征的一种群体文化，使校园文化建设容纳多方面内容。

第一，班级学习氛围建设：包括营造良好的学习氛围、积极向上的班级活动氛围，让学生在这样的气氛中学习、生活，激发学生的浓郁学习欲望，让学生在良好的氛围中能力得以全面提升。

第二，人际关系氛围建设：包括良好的师生关系、生生关系。通过校园文化构建让师生之间彼此了解，增加学生之间的彼此沟通、信任，增强团队合作精神。

第三，校园环境建设：包括学校和班级的宣传栏、风采栏、卫生栏、班级活动展示栏等。让学生在良好的校园环境中精神得到熏陶。

第四，良好的心理环境建设：包括建设班级心理角，开展心理讲座，个性化心理辅导，以及培养班级心理辅导员等，帮助学生解决生活、学习困难，能够帮助学生建立自信心，克服心理障碍，提高学生的心理素质。

（六）优化行为文化养成的途径

通过行为文化养成的研究，可以看出中职校对于德育的开展日渐重视，并在实践中探索校园文化建设的更好方式。在校园文化创建路径上还需要就以下问题予以注意和优化：

第一，做好学生的网络管理，建立学生的上网规范，避免学生接受不良网络信息，日常学习生活中普及网络知识，教授学生遵守网络道德和网络法律，及时观测学生的网络使用情况。

第二，引导学生构建良好社会关系。中职学生很多已经开始与社会接触，或者参与社会实践，在学生感受社会广阔的同时，也需要引导学生结交良友，与他人建立真正的友谊关系，培养学生善于识人的慧眼。

第三，关注学生个性发展。中职学生渴望发展自身个性，教师也需要给予学生一定空间能够展现自我、发挥自我优势、延伸自我个性，但需要就学生的个性发展予以及时关注，发现学生个性与社会核心价值理念相悖时则要及时制止，并正确引导。

文以载道，以文化人。文是内容、载体、过程、骨骼；化是传播、途径、结果、机体。正如习近平总书记在文化传承发展座谈会上强调，担负起新的文化使命，要坚持守正创新，以守正创新的正气和锐气，赓续历史文脉、谱写当代华章。

参考文献

[1] 担负起新的文化使命 努力建设中华民族现代文明 北京《人民日报》（2023-06-03 第01版）2 教育部办公厅颁发《关于加强和改进新时代中等职业学校德育工作的意见》〔2019〕7号文件见 2019-12-05 教育部网站.

（作者单位：上海市群星职业技术学校）

融合校企资源 对接企业标准 回归课堂教学
——以物流专业教师企业实践探索课堂教学为例

孙 丹

一、案例背景
（一）校企融合的资源优势为职业教育发展提供保证

随着社会经济的发展和教育理念的不断更新，校企合作已成为教育领域的一个重要趋势。校企融合旨在将学校教育资源与企业实践需求有效结合，为学生提供更具实践性和针对性的教育培训，帮助他们更好地适应未来职业发展的需求。在这一背景下，中职校专业教师的角色需要更多地赋能课堂教学，以满足校企融合的要求。

（二）职业教育教师打造"双师型"教师的迫切要求

为贯彻《国务院关于大力发展职业教育的决定》提出的关于加快建设职业教育就业为导向、强化技能型和实践性教学要求的师资队伍，教师利用寒暑假进行企业实践，在企业内部进行跟岗、轮岗学习是提高教师职业能力与素质，打造高水平"双师型"教师队伍，促进职业教育教学改革和人才培养模式转变的重要举措。

（三）行业发展的变革对教学提出了新的要求

以物流专业货代行业为例，随着新时代互联网的普及，传统纸质报关的通关模式效率极其低下，已不再适应我国现阶段国际贸易的飞速发展。伴随着信息技术的发展，单一窗口平台应运而生。国际贸易各方，通过单一平台一次性提交满足口岸管理要求的标准化单证和电子信息，监管部门的处理状态通过单一平台反馈给申报人。成为促进国际贸易便利化、改善口岸营商环境、降低通关成本和缩短通关时间的重要措施。2018年4月20日国家体制改革的关检融合实现了"三个一"通关作业，即一次申报、一次查验和一次放行。

二、案例分析
（一）实践目的

产教融合校企合作资源优势的补给，一系列的行业变革要求我们的教学与行业环境、通关政策、企业用人标准相匹配。而我们的教材落伍、教学内容滞后、教学方式陈旧、教学目标和专业培养标准都将面临极大地革新和挑战，如何有效的融合校企资源，利用企业资源优势进行教学反馈和调整，便是教师进行企业实践的艰巨任务和意义所在。

立足本专业教学现状，梳理教学中存在的困惑和不足，整理自己的需求，本着将企业实践内容对接实际课堂教学，将实践所学所获转化应用到教学成果这一目标，通过产教融合校企合作搭建平台——2021年8月我校与上海综保物流有限公司签署协议，共建校企产教融合基地，物流专业教师利用寒暑假进行企业实践学习赋能课堂教学。

（二）实践收获

1. 教师技能提升、专业知识扩充

企业实践学习内容丰富多彩，但作为中职校老师，在了解学生学情和学习能力的情况下，明确自己的需求，则会在企业实践中目标明确，效率提升，学有所获。在综保公司报关报检部轮岗期间，不仅熟练掌握了海运订舱平抬和单一窗口的无纸化订舱和报关技能，还收获了很多在与客户、船公司沟通之间的灵活机动的处理问题的经验和方法。这些生动的细致的企业疑难案例是作为一线教师在专业领域所不能获及的。例如，订舱部的有关货物的订舱收费，货物在最终码头滞留很久，对方过了半年邮件问询寻找货物的处理方式。这些疑难案例不仅有助于教师专业方面的成长，也可以贯穿到整个物流课程的教学，让学生不光学习课本基础知识，也让学生时刻了解市场行业的动态。

在专业知识方面不再只拘泥于课本的教条，深刻的感悟到理论与实际应用的脱轨，专业知识在实际应用中更加灵活和前沿。例如：过去和现在进出口通关效率对比介绍。过去进口报关慢而出口报关较快，过去通关4—5天，现在通关20多个小时就完成；尽管实现了无纸报关但现场依然要进行必要查验；报关最令人头痛的事是海关的"事后罚款"（以前是事前罚款），商品归类涉及征税税率、偷税、逃税的问题，一直是报关的最重要最难的环节。中国关税这些年一直在降，但仍然相比其他国家有些偏高。这些行业知识，极大的扩充了中职教师专业知识的储备。

2. 融合校企资源、双项目对接教学

利用校企合作平台，将工作项目与教学项目相对接的方式，能更加充分地将企业实践成果在教学中进行转化。将工作项目单一窗口报关预录入操作与教学项目的报关单填制与录入进行对接,将工作案例之一的"聚碳酸进料加工报关与保税核销"实践成果应用并转化于《报关业务流程》这节课的教学设计中去,真正地达到双项目对接的目的。教材篇幅围绕报关单的各栏目缮制为主要内容,教条死板,枯燥乏味,甚至有的栏目在通关一体化之后已经删除,理论与实际相脱节。只有配合实际操作才能有效掌握当前行业企业的实际工作内容。整合学校教学资源,利用学校实训课程平台的单一窗口模拟软件来配合模拟实操,达能学以致用、掌握技能的目的。

其一,将货运报关部目前常用的纸质报关单应用于课堂教学,转化为课堂教具,让学生在做中学,学到企业在用、常用的报关单内容,掌握最新的报关单缮制要点。

其二,选取综保物流公司报关部预录岗的报关单录入、报关部各岗位工作流程的工作场景作为课堂教学资源,应用于课堂的微课学习,微课生动真实的动画视频,可以形象清晰生动的讲述报关单的各个栏目的填制,代替教师枯燥乏味的陈述,学生的理解和记忆效率极大提高。

其三,将企业工作案例"科思创聚合物有限公司"的聚碳酸进料加工报关与保税核销工作任务引入并应用于课堂,学生模拟职业情景职业岗位利用实训软件完成工作任务,其真实性能极大地调动学生动手操作的积极性。学生置身公司岗位中,培养职业认同感和工作态度。

3. 校本教材开发、课程标准设置

为了发展专业建设,扩宽课程体系,学校已于2021年引入了单一窗口模拟软件,与之相配套的校本教材《国际贸易单一窗口操作实务》尚在开发。开发实训软件配套的校本教材、设置校本教材课程标准应用于上海市精品课程、特色专业建设中去。通过企业实践调查,将学习到的企业文化和企业对员工所需具备的职业素养与专业知识要求渗透到教学环节,以及课程开发与课程标准中。

教材开发方面,各种单据样本使用企业现实单据,以增强实用性。课程设计以职业能力培养为重点,与行业企业合作进行基于工作过程的课程开发与设计,充分体现职业性、实践性和开放性。在课程框架和计划学时安排上参考综保物流公司对具体报关工作流程中所涉及的侧重点酌予以调整。课程资源库除了学校现有多媒体、网络、实训室软件资源,也引用了此次企业实践所搜集的行业学习

资料、员工培训手册、工作流程的影像资料。在课程实施方面,将项目教学法、案例教学法(企业工作案例)、情景模拟教学法融为一体贯穿整本教材,将企业收集的真实工作案例应用于教材编写和课程实施上,最大限度的融合校企资源,进而逐步完善学校的网络课程与精品课程网站。

在课程标准的知识目标上贴近于当前企业最前沿的通关知识与单据填写规范和缮制内容,通过咨询调查,学生还需要外贸函电、商务英文、谈判策略、沟通礼仪的知识涉猎;在能力目标上的专业能力、社会能力、方法能力与企业要求的职业能力相对接。例如,专业能力方面投保、退税的相关能力,社会能力需要政策法规的理解利用、安全意识、服务意识、创新能力等,方法能力有制定工作计划、自主学习、数据分析与处理、理解工作任务和总结工作结果的能力。企业要求细化到每个单元的学习目标,学生通过每单元的学习任务,将基础知识模块与实践模块的学习目标进行融合,真正的践行职业教育的初衷,从而实现自我发展的职业能力素养的养成。

(三)实践反思——校企融合背景下教师如何赋能课堂教学

1. 持续教师专业发展

参与行业培训与企业实践:教师应积极参与行业培训,了解行业最新发展动态和前沿理论知识。不间断的积极参加企业实践、轮岗顶岗实习,学习掌握最新的理论知识与操作技能,作用与课堂教学,更新教学内容和方法。

与企业专家合作:与企业专家合作开展教学研究,产教研于一体,立足本校专业发展,课程设置、教材开发、资源数据库建设等,提升教学水平和实践能力。

2. 课程内容与企业需求对接

教师应深入了解与企业合作相关的行业标准和需求,及时更新教学内容,将实际需求融入课堂教学中。可以通过参观企业、与企业代表交流、利用企业实践实习等方式,确保教学内容与企业标准保持一致。

调整课程内容:将课程内容与当前行业的最新发展和企业的实际需求对接,确保教学内容贴近实际工作场景。

引入实际案例:通过引入真实的企业案例应用课堂,让学生了解企业在解决问题和创新方面的做法,学生可以更好地理解理论知识的实际应用,增强他们的实践能力和问题解决能力。

3. 融合校企资源，促进校企联动

组织校企交流活动：积极促进校企交流活动，如企业讲座、座谈会、企业参观等，让学生了解企业的运作模式和行业动态。邀请企业专家能手与学生分享实际工作经验和行业动态，为学生提供更直接的职业指导和建议，帮助他们更好地了解职业发展的要求和挑战。

搭建校企合作项目：与企业共同开展实习、实训合作项目，让学生在真实的工作环境中实践所学，锻炼他们的团队合作和实际工作能力，扩展视野，增强就业竞争力。

4. 提供职业规划与就业服务

职业规划指导：为学生提供职业规划指导，帮助他们了解职业发展的方向和路径。通过个性化的指导和建议，教师可以帮助学生更好地了解自己的职业兴趣和能力，帮助他们更好地规划未来职业发展方向，增强就业竞争力。

就业服务支持：提供就业信息和就业指导，帮助学生顺利就业或实习，与企业建立更紧密的联系。

5. 建立反馈机制

中职校专业教师往往也是班主任，利用本班学生企业实习机会以建立起与企业的良好反馈机制，及时获取企业对学生实际表现的反馈意见。通过这种反馈机制，可以帮助教师更好地了解学生的学习情况和能力表现，将企业的用人标准、职业素养和职业能力要求渗透到专业教学和班会思政建设中去。

三、结束语

融合校企资源、对接企业标准、回归课堂教学是中职学校教育发展的重要路径，只有通过不断探索和实践，与企业建立长期稳定的合作关系，促进校企双赢发展，优势互补，充分利用校企合作的优势资源优化课堂教学，才能提高教学质量和效果，促进学生的全面发展。

（作者单位：上海市临港科技学校）

校企合作视域下中职机电类专业"双元融合，三站联动"人才培养模式建构成因、能力框架与推进路径

黄汉军

当前，我国已经建立起世界上规模最大的现代职业教育体系，校企合作取得了阶段性的成果，但合作形式化、表面化的情况仍时有发生，技术技能人才从数量和质量上尚不能满足经济社会发展需要。在此背景下，为促进校企深度合作，将校企共育技能人才落到实处，以中职机电类专业为例研究如何构建"双元融合，三站联动"的人才培养模式及其推进路径，以期为中职机电类相关专业深入开展深度校企合作提供参考。

一、"双元融合，三站联动"人才培养模式的建构成因

（一）"校企合作"—专业人才培养的应然逻辑

能力本位教育注重真实岗位所需的职业能力，强调通过分析岗位能力需求来设计课程内容，并提出培养目标的设定、教学内容的选择和组织、教学过程的开展、教学效果的评估应围绕社会和劳动力市场需要的能力体现出连贯性，[1]从而有效缩小职业教育与经济发展的距离。

作为劳动力的供需两方，资源的稀缺造成了彼此间的互补与依赖，[2]具体表现为职业院校与企业在技术技能人才培养方面具有显著的利益契合点和较强的互补性。企业人员以其真实工作情境中的丰富经验和熟练的岗位技能，为参与职业教育人才培养提供了天然优势，通过校企共同梳理岗位职业能力、调整专业设置、更新人才培养方案、优化课程标准，共同培养"适销对路"的人才。[3]能力本位的教育理念和校企合作的契合性为机电专业职业能力的界定和学生职业能力培养分工提供了理论上的支持。

（二）"三化三不"—专业人才培养的实然困境

现行的职业教育与就业需求不直接相关的现象十分严重，[4]表现为只注重知识与理论的掌握，而非实际的操作能力的习得，而校企合作的初衷正是这一问题的破解之道。然而，实际的校企合作中存在合作目标泛化，合作任务窄化，合作过程简化的现象，制约了校企合作育人的深入推进，阻碍了技术技能人才的培养进程。依附式而非打造利益共同体，使得职业教育缺少稳定性，口号式的合作宣

言而非实质性的任务分工,导致校企合作操作性不强。[5]

反观中职机电专业人才培养过程,也存在任务分工不明确、能力培养不系统、人才供需不匹配等方面的问题,为此本研究结合中职机电类专业的人才培养现状,在理论研究的基础上,构建"双元融合,三站联动"的人才培养模式,系统梳理校企双方的职业能力培养分工,并在专业人才培养方案中约定学生职业能力不同发展阶段中校企合作的连续性。

二、"双元融合,三站联动"人才培养能力框架

(一)构建职业能力"三站"分解模型

职业能力分析是明晰校企合作诉求和起点的根本途径,也是校企深度合作的纽带。本研究以能力本位教育理论为指导,以《机电类专业教学标准》中典型工作任务的职业能力为基准,动态融入合作企业岗位非典型工作任务对应的职业能力,通过对职业能力分析分解,分别获得学校、实训中心、企业所对应培养的职业能力。学校课堂教学培养学生通用素养和基本的知识与技能,实训中心培养学生需反复训练的操作技能和基础性应用能力,企业则通过真实岗位验证和强化所学的知识与技能,并完成学校课堂和实训中心无法培养的基于生产情境的复杂综合能力。不同的职业能力培养与不同的"学习场所"匹配,并相互协调,解决了标准开发与实施之间的衔接及职业能力培养中校企双方责任不明确问题。以此构建的"三站"职业能力分解模型,见图1。

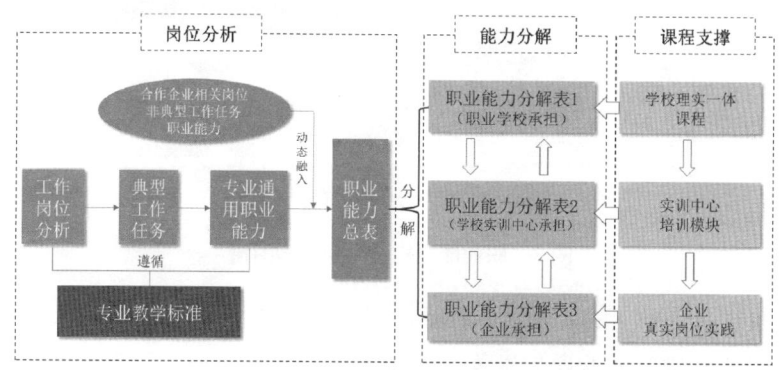

图1　职业能力分解模型

以与圣东尼(上海)针织机器有限公司合作育人为例,共确定职业能力168条,其中包含融入圣东尼公司相关岗位非典型工作任务所需的职业能力27条,见图2。

按照职业能力分解模型，完成职业能力分解表，确定"三站"之间作为主体培养及共同培养的职业能力。

工作领域	工作任务	职业能力	学校	实训中心	企业
2-机电设备安装与调试	2-1机械系统安装与调试	2-1-1能采取相应劳保预防措施，严格遵守职业安全操作规程	✓	✓	✓
		2-1-2能制定机械系统装配工作计划，编制安装工艺		✓	✓
		2-1-3能选用清洗剂清理、清洗零部件，并对零部件进行复检	✓	✓	
		2-1-4能选用合适润滑剂正确润滑零部件	✓		
		2-1-5能按装配工艺及图纸正确装配零部件		✓	
		2-1-7会分析针织机器机械部分工作原理	✓		✓
		2-1-8能完成针织机械设备机械部分检测与调试		✓	✓
	2-2电气系统安装与调试	2-2-1能够严格遵守电气安全相关规程，并具备一定的触电急救操作	✓		
		2-2-7能完成针织机械设备电气部分检测与调试		✓	✓
		2-2-8具有节能环保意识，会科学处理相关废料	✓		

共计168条职业能力（其中包含融入圣东尼公司相关岗位非典型工作任务所需的职业能力27条）。"三站"共同承担31条，学校承担25条，跨企业培训中心（实训中心）承担21条，企业承担26条，学校（理实一体课堂）与实训中心共同承担23条，学校（理实一体课堂）与企业共同承担19条，企业与实训中心共同承担32条。

图 2 职业能力"三站"分解表样例

（二）开发职业能力培养对接谱系图

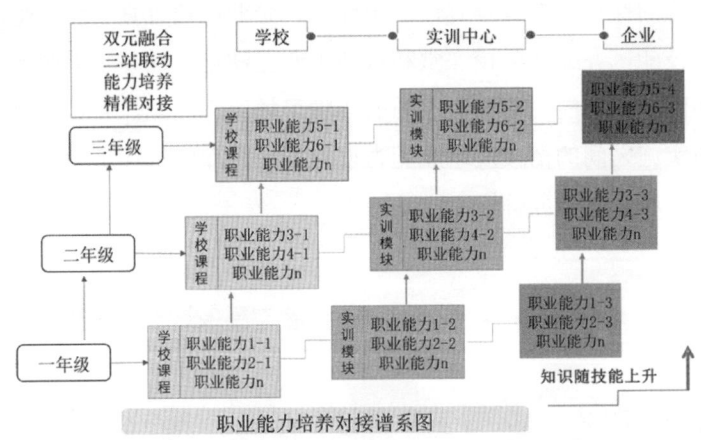

图 3 职业能力构建网状结构图谱

围绕校企共同确定的人才培养目标，基于职业能力"三站"分解表，遵循《机电类专业教学标准》专业课程设置，设计"双元融合 三站联动"教学组织形式，校企合作开发完成校企合作培养职业能力对接谱系图，将职业能力分解到"三站"不同场所对应的课程、培训项目及实践项目中去，使学校课程、培训模块及企业实践场所之间的学习内容相互协调，构建一体化的双元课程体系，遵循从单一到综合,从简单到复杂的认知规律,以不同结构和层次的学习任务或学习载体呈现,解决了学生分阶段去企业实践目标不够清晰、职业能力培养不能协调一致等问题,实现职业能力培养的纵向递升和横向联动,见图3。

以气动控制技术职业能力培养为例,学校理实一体课堂、实训中心及企业之间分别通过不同的学习任务或学习载体构建理实一体化课程模块、校内实训模块、企业实习模块等模块化课程,培养学生基本知识和技能、基础性应用能力及真实生产中复杂综合能力。

（三）构建"双元融合 三站联动"人才培养模式

通过对职业能力分解,明确校企职责,校企建立联合培养一体育人机制,找到学校、企业共同的诉求点,学校与企业形成教育合力,在"八共"校企合作机制保障下,校企双元融合,实施双主体育人,设计"三站"板块轮转的工学结合形式,即学生在人才培养的三个场所:学校(理实一体化教室)、实训中心、企业(岗位现场)进行交替学习和实践,实现职业能力培养精准定位并有效对接,见图4。

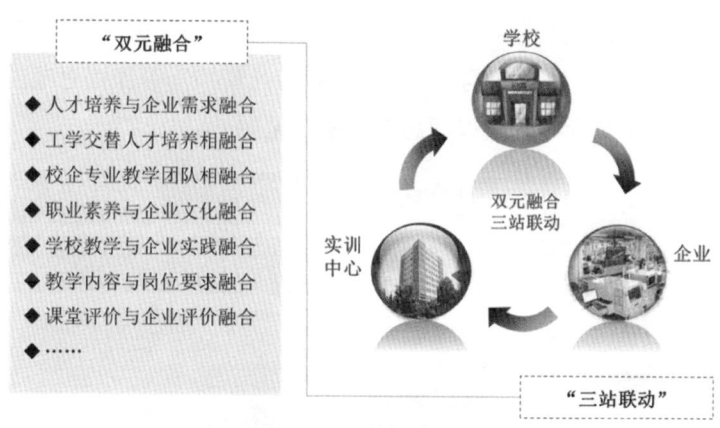

图4 "双元融合 三站联动"人才培养模式

三、"双元融合,三站联动"人才培养模式的推进路径

（一）开发基于"双元融合 三站联动"的人才培养方案

结合"双元融合 三站联动"人才培养模式,以学校教育与企业培训相融合、教学内容与岗位要求相融合的原则,校企双方共同研究制定人才培养方案,将企业课程、企业岗位实践内容等动态融入人才培养方案,构建基于"双元融合"的能力本位的课程体系,见图5。

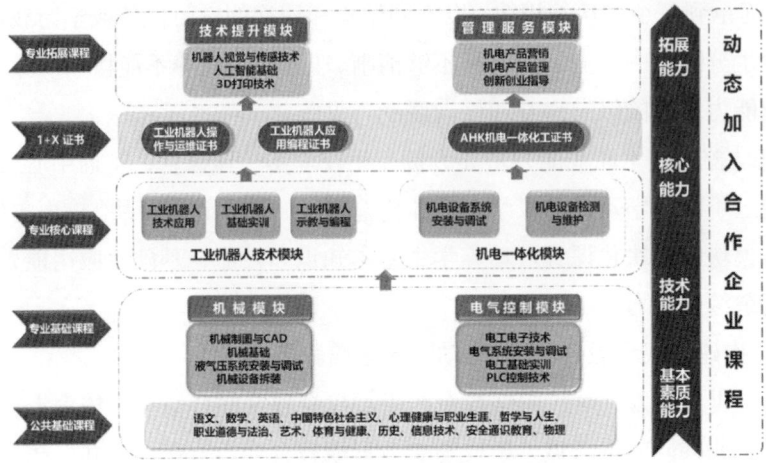

图5 "双元融合"能力本位课程体系

（二）动态优化融课程思政、企业岗位要求于一体的课程标准

在课程标准制定过程中，融入课程思政元素及企业岗位要求，如《机电设备系统安装与调试》课程，针对机电一体化技术的特色和优势，将"四个自信"具体转化为"家国情怀、民族认同、社会担当和工匠精神"等课程思政的核心内容，增加课程思政教学目标，开发课程思政图谱，见图6。

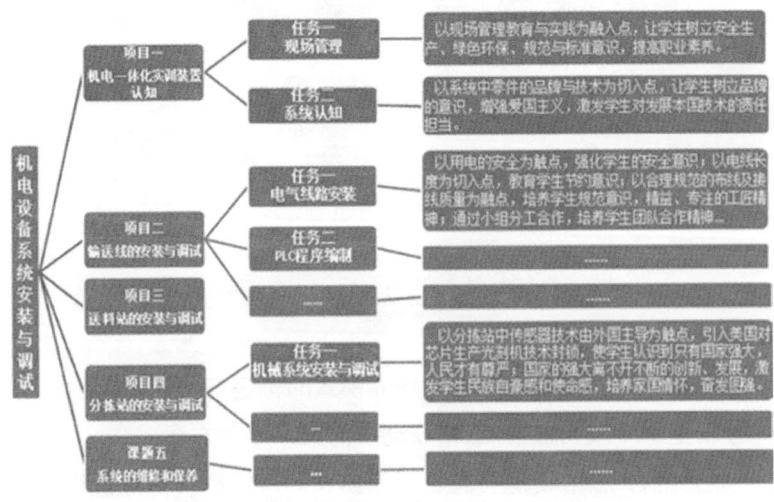

图6 机电设备系统安装与调试课程思政图谱

通过校企团队的共同研讨及对合作企业岗位要求的深度剖析，不仅在专业课程标准中融入合作企业岗位要求，同时在学校课程与企业定制课程之间在课程内

容上也做了融入和有序衔接。如针对针织机械设备的相关职业能力培养,在学校课程《机械基础》和企业定制课程《针织机械安装与调试》课程标准中均有所体现,企业承担的岗位职业能力培养也在企业定制课程及企业岗位实践中得到精准培养,满足合作企业岗位对人才的要求,见图7。

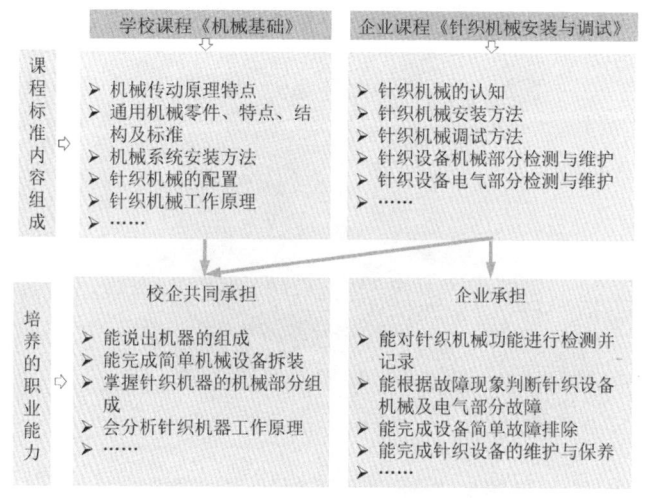

图7 课程标准开发样例

(三) 开发基于职业情景的新型活页式教材

实施"教师、教材、教法"三教改革,把教材建设作为课程教学改革的重要载体。依据"校企合作多方参与的教材共建机制",主编出版的《电器部件与组件的安装与调试》《液压气动系统安装与调试(工作页式)》,吸纳学习领域概念,采用学习情境形式编写,分别被评为上海市优秀校本教材。2016年至今,完成基于工作情景的近48个学习任务课堂教学工作活页,学习任务均来自企业典型工作任务,工作活页中融入企业文化素养,经过几年实施论证,将新的课改理念深入到课堂,同时,课堂教学实效显著提升,极大地激发了学生的专业课学习兴趣。

(四) 探索基于职业能力精准对接的"一心二环三阶段"教学模式

以企业典型任务作为引领,以信息化教学管理平台为依托,跨企业培训中心虚拟仿真与实物装置及企业现场装置相结合,线上与线下相融合,教学流程呈现"一心两环三阶段":以学生为中心,以学生的职业能力构建为核心;内环以学生学习为主体,外环以校企专兼职教师指导为保障,内环和外环之间全程实时保持师生沟通和数据智能化自动收集及分析。通过课前认知学习、课中探究内化、课后巩固提升三个阶段完成能力培养的递进提升，突破时空限制，激发学习互动性和积极性，有效突破实训难点，迅捷提供教学反馈，科学进行教学评价，全面提高教学效果，见图8。

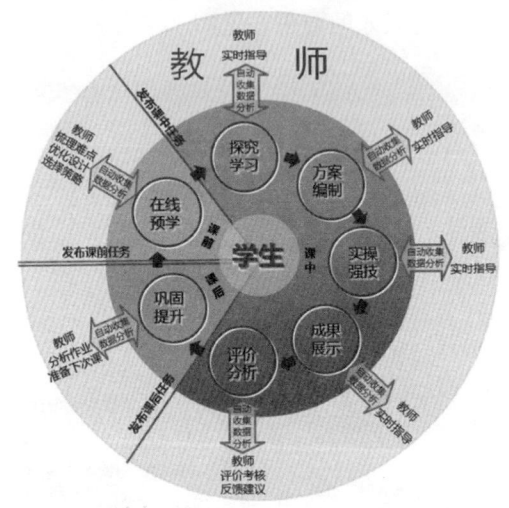

图8 "一心两环三阶段"教学模式

（五）创新评价模式，形成基于职业能力精准对接的"课程树"评价方案

图9 基于"工匠指数"的"课程树"结构

"课程树"是以图形化的形式呈现出一棵大树，有若干树枝众多树叶，每根树枝代表一门课程或企业实践项目，每片树叶代表课程中不同的学习单元或企业

实践中不同的实践任务的能力点。通过平台收集学生在本学习单元中不同维度的学习和操作数据，汇总分析是否达标能力目标，若符合本学习单元或企业实践所预设的要求标准，即可点亮相对应的树叶。当某门课程所有学习单元或企业实践任务全部完成，即对应此树枝上每片树叶全部点亮，并在此树枝中结出绚丽的果实，见图9。

基于"课程树"智能采集学生线上学习平台、线下实践操作数据，囊括课前、课中、课后、企业实践等整个学习过程中产生的知识、技能和安全素养等维度数据，通过数据抽取、数据交换、数据挖掘等大数据分析方法进行数据分析，生成教学的日常学习诊断数据、每节课学习诊断数据、阶段学习诊断数据，保存过程性评价，每学期自动生成学习评价，最终形成教学分析反馈的闭环。平台将智能评价分析中的学习评价计入期末总评成绩，实现校企对教学全过程的自动跟踪、记录、评价与考核等功能。

参考文献

[1] Mulder M. Competence-based education and training[J]. The Journal of Agricultural Education and Extension，2012，18(3): 305-314.

[2] 董海燕，葛竹兴.高职院校校企合作联盟：意蕴、属性及培育[J].江苏高教，2013(1):102-104.

[3] 孙兴洋.职业行动能力导向的开发区高职人才培养实践[J].中国职业技术教育，2022(27):62-67.

[4] 孙兴洋.职业行动能力导向的开发区高职人才培养实践[J].中国职业技术教育，2022(27):62-67.

[5] 吕建强.组织关系视角下职业教育校企合作问题研究[J].职业技术教育，2023，44(04):47-52.

（作者单位：上海现代化工职业学院）

家校社协同育人视角下中职校园欺凌"防、识、治"策略研究

戴恩民　薛志雄

本研究报告从家校社会协同育人的角度，聚焦中职学校校园欺凌问题，提出了"防、识、治"三位一体的综合策略。通过分析具体案例，我们提出了适用于中职学校的预防措施、识别方法及处理手段，以期为教育工作者、家长和社会力量提供指导，形成有效的校园欺凌治理体系。

引言

中职学校的学生世界观、人生观、价值观形成的关键时期，心智尚未成熟，家庭背景和社会影响因素多样，学生容易受外界因素影响而产生偏差，使得校园欺凌问题尤为突出。家长、学校和社会各界需要共同努力，建立一个和谐、安全、友爱的校园环境。本报告旨在从家校社协同育人的视角出发，通过"防、识、治"策略的研究，探索如何在家校社会协同育人的框架下有效应对中职学校的校园欺凌问题。

一、政策依据

2023年1月，教育部等十三部委联合印发了《关于健全学校家庭社会协同育人机制的意见》，《意见》提出"坚持育人为本、坚持政府统筹、坚持协同共育、坚持问题导向"四项工作原则，到"十四五"时期末，学校积极主导、家庭主动尽责、社会有效支持的协同育人机制更加完善，促进学生全面发展健康成长的良好氛围更加浓厚。《意见》明确了学校家庭社会在协同育人中的各自职责定位及相互协调机制，切实增强育人合力，共同担负起学生成长成才的重要责任。

2016年，教育部等九部门发布《关于防治中小学欺凌和暴力的指导意见》，意见中指出，学生之间的欺凌和暴力行为不仅损害了学生身心健康，更造成了不良社会影响，必须进一步加强落实主体责任、健全制度措施、实施教育惩戒、形成工作合力，切实防治学生欺凌和暴力事件的发生。

家校社协同育人是指家庭、学校和社会三者在相互协调、通力合作、同向而行中发挥育人合力。在预防校园欺凌方面，家校社三方各自扮演着不可或缺的角色。家庭是学生成长的摇篮，对学生的性格塑造、行为习惯等方面有着深远的影响；学校是学生学习和成长的重要场所，承担着教育引导学生的责任；社会则是学生成长的大环境，其环境的好坏直接关系到学生的行为模式。因此，只有家校社三方协同合作，才能形成有效的预防校园欺凌的合力。

二、预防（防）是解决校园欺凌的基础

为了更有效地预防和应对校园欺凌，我们首先需要清晰地认识校园欺凌的界定和欺凌的具体行为表现形式。将从这两个角度出发，深入探讨校园欺凌的"防"策略。

（一）校园欺凌的界定

校园欺凌是指发生在学生之间，一方蓄意或恶意通过肢体、语言及网络等手段实施欺压、侮辱，造成另一方人身伤害、财产损失或精神损害的行为。这种行为通常发生在校园内或校园周边，具有重复性、持续性和力量不均衡性等特征。校园欺凌不仅会对受害者的身心健康造成严重伤害，还会影响其学业和社交能力的发展，破坏校园的和谐氛围。

（二）校园欺凌的行为表现

校园欺凌行为多种多样，包括但不限于以下几种：

（1）言语欺凌：粗言秽语侮辱受害者。通过言语攻击、谩骂、嘲笑等方式伤害受害者的自尊和尊严

（2）身体欺凌：对受害者进行拳打脚踢、掌掴拍打、推撞绊倒、拉扯头发等身体攻击，导致受害者身体受伤或感到恐惧。

（3）财务欺凌：侵占受害者的个人财产，如教科书、学习用具、金钱、食物等，给受害者带来经济或学习上的困扰。

（4）谣言传播：传播关于受害者的谣言和闲话，恶意公开受害者的隐私，破坏受害者的声誉和人际关系。

（5）恐吓威迫：恐吓、威迫受害者做其不想做的事，威胁受害者听从命令，使受害者生活在恐惧和不安之中。

（6）故意陷害：让受害者遭遇麻烦，或令受害者招致学校处分，通过栽赃陷害等方式破坏受害者的名誉和学业。

7）歧视排斥：中伤、讥讽、贬抑评论受害者的体貌、性取向、宗教、种族、国籍、家人或其他，使受害者感到被孤立和排斥。

（8）社交孤立：分派系、结朋党，孤立或排挤受害者，使受害者感到孤独和无助。

（9）敲诈勒索：敲诈、强索受害者金钱或物品，利用受害者的恐惧心理进行经济勒索。

（10）网络欺凌：通过QQ、微博、微信、社交网站等网络平台发表对受害者具有人身攻击成分的言论，利用网络的匿名性对受害者进行持续性的伤害。

（三）预防校园欺凌的策略

家庭和学校是学生生活的主要场所，因此教育培训、课程设置，以及良好的校园环境是预防校园欺凌的重要举措。

1. 教育培训

家长教育：通过家长会和家长学校，普及校园欺凌的危害和预防方法，增强家长的监护意识。

教师培训：定期组织教师培训，提升他们识别和应对欺凌事件的能力，特别是在中职学校环境中的应对策略。

2. 课程设置

心理健康教育：在课程中加入心理健康和情感教育，帮助学生建立健康的心理和良好的人际关系。

法律与道德教育：加强法律和道德教育，使学生了解欺凌行为的法律后果和道德责任。

3. 校园文化建设

和谐校园文化：通过校园活动和宣传，营造尊重、友爱、互助的校园氛围。

学生组织参与：鼓励学生参与校园管理，建立学生互助小组，增强学生的自我管理和互助能力。

三、识别（识）是解决校园欺凌的前提

在探讨校园欺凌问题时，正确识别欺凌行为是至关重要的一环。欺凌行为的多样性和隐蔽性使得我们需要对其有一个全面而深入的了解。只有清晰地认识到学生为什么会欺凌他人，才能有针对性地采取措施，并在必要时进行干预和治理。因此，深入分析学生产生欺凌行为的原因，才能更好地识别并应对校园欺凌。

（一）学生产生欺凌行为的原因分析

(1) 性格不良所致。一般来说，性格中有强控制欲、急躁、以自我为中心等

元素的孩子，更容易欺凌他人。

（2）价值观错误所致。有些孩子已形成"唯我独尊，谁的拳头硬谁就是老大，视生命为草芥"的价值观，只要惹他不开心了，就要动手打人。

（3）情绪冲动所致。这类孩子主观上没有欺凌他人的意图，但不能控制情绪，容易在第三方力量的引爆下产生欺凌行为。

（4）盲目模仿所致。有些孩子受不良媒介影响，认为欺负他人很酷，盲目模仿作出伤害他人举动。

（5）品德不良所致。少数孩子因受不良教育影响，形成了自私、冷酷、贪婪、好吃懒做等不良品行，从而产生欺凌他人的行为，比如敲诈、恐吓。

（6）心理不健康所致。有些孩子因存在一些心理疾病，也会有意无意地欺凌他人甚至自残。这种情况非常隐蔽，需要老师用心觉察。

（7）不善于处理两性情感所致。进入青春期的孩子好奇并渴望爱情，但因心智发育滞后于生理发育，很容易因为表白失败或争风吃醋而欺凌他人。

（8）学校或者班级管理不到位所致。学校或班级没有明确的规章制度，或容易产生欺凌行为的隐秘空间无人管理，老师缺乏教育敏感等，都会引发临时性欺凌行为。

（二）识别校园欺凌的策略

欺凌往往不是一蹴而就而发生的，大多数欺凌是有预兆的，学校老师、家长、同学伙伴等和学生紧密接触的人员只要"用心"便能"慧眼"识别，信息收集、心理辅导和多方协作是识别校园欺凌的重要措施。

1. 信息收集

匿名调查：定期进行匿名问卷调查，了解学生的心理状态和人际关系状况。

观察记录：教师和家长需密切关注学生的行为变化，及时记录异常现象。

2. 心理辅导

心理咨询服务：设立校园心理咨询室，提供专业的心理辅导，帮助学生处理人际关系问题。

危机干预机制：建立紧急事件处理机制，及时应对可能的欺凌事件。

3. 多方协作

家校沟通：定期召开家长会，及时沟通学生的表现和心理状况，共同制定应对策略。

社区支持：利用社区资源，开展反欺凌宣传活动，形成社会合力。

四、治理（治）是解决校园欺凌的关键

校园欺凌作为一个复杂的社会问题，其产生原因多种多样，包括家庭环境、学校教育，以及社会环境等因素。这些因素相互交织、相互影响，共同构成了校园欺凌问题的根源。因此，要有效地治理校园欺凌，必须全面考虑这些因素，发生了校园欺凌事件，要从家庭、学校、社会多个角度入手，形成合力共同处置。

（一）学校采取的举措

1. **制度建设**

校规校纪：制定明确的反欺凌校规校纪，严肃处理欺凌行为，形成制度威慑。

奖惩机制：设立表彰制度，奖励积极维护校园和谐的学生，同时对欺凌行为给予严肃处理。

2. **案例处理**

个案分析：针对具体欺凌事件进行深入分析，找出根源，制定个性化的处理方案。

心理疏导：对受欺凌学生进行心理疏导，帮助其恢复自信，避免二次伤害。

3. **持续监督**

定期评估：定期评估反欺凌措施的效果，及时调整策略，确保措施的持续有效。

长效机制：建立长效反欺凌机制，保证校园安全和谐。

（二）家长采取的措施

1. **沟通老师**

有些家长平时要求孩子一味顺从，打压孩子的自尊，这样容易导致孩子在学校成为被欺负的对象，如果事态超出孩子的应对能力，家长应采取行动，与学校和老师进行沟通。

2. **冷静倾听**

当孩子讲述欺凌发生的情形时，请保持冷静，很好地倾听并作出回应，让孩子知道这个情况是完全可以控制的。无论发生什么样的事情，父母都会站在他这一边，支持他。

3. **表达共情**

不要一味安慰孩子不要和同学计较,这可能让孩子误以为遭受欺凌是因为自身的问题,让他陷入更深的痛苦与自责。对孩子表达共情,向孩子传递这样的信号:他所描述的事情并不是成长过程中的"常态",你对于他所遭受的对待非常痛心。

4. 接纳安抚

孩子遭受欺凌后容易出现极端情绪,如对于人际关系异常抗拒,不愿意上学等,这个时候家长要宽容对待,因为孩子可能处于应激状态,不要对他产生二度伤害。孩子在极度没有安全感时更看重别人的关心,越早把情绪处理好,对孩子的伤害和日后的影响才能越小,这比起解决事情本身更重要。

(三)社会的举措

1. 加强法律法规建设

制定和完善相关法律法规是治理校园欺凌的重要基础。政府应加强对校园欺凌问题的立法研究,制定具有针对性和可操作性的法律法规,明确校园欺凌的定义、分类和处罚措施。同时,政府还应加大对校园欺凌行为的打击力度,对涉事者进行严肃处理,形成有效的法律震慑力。

2. 建立多元参与机制

社会治理校园欺凌需要多元主体的共同参与。政府应发挥主导作用,加强与其他社会组织的合作,共同构建校园欺凌治理体系。同时,鼓励家长、学校、社区等各方积极参与校园欺凌治理工作,形成全社会共同关注、共同参与的良好氛围。

3. 加强监管和评估

政府应加强对校园欺凌治理工作的监管和评估。建立健全校园欺凌治理的考核机制,对相关部门和单位的工作进行定期检查和评估。同时,建立校园欺凌事件的报告和调查机制,对发生的校园欺凌事件进行及时调查和处理,确保问题得到妥善解决。

五、具体案例分析

(一)案例背景

学校发现一名学生小明(化名)在校内受到同班同学的欺凌,表现为语言侮辱和肢体冲突,导致小明情绪低落,学习成绩下降。

（二）问题分析

家庭背景：小明来自单亲家庭，家庭经济条件较差，缺乏父母的关爱和正确引导。

校园环境：学校对欺凌问题的关注不足，缺乏有效的预防和处理机制。

社会影响：社区治安较差，周围环境复杂，对学生心理造成负面影响。

（三）应对策略

家校沟通：召开家长会，与小明的家长深入沟通，共同分析问题根源，并制定解决方案。

心理辅导：安排专业心理老师对小明进行心理疏导，帮助其重建自信。

惩治措施：对施暴者进行严肃处理，并进行心理辅导，防止再次发生欺凌行为。

校园活动：组织班级团建活动，促进同学之间的理解与沟通，营造和谐的班级氛围。

社区联动：与社区合作，开展青少年心理健康讲座和法制教育，提升学生的法律意识和自我保护能力。

六、结语

中职学校的校园欺凌问题是一个系统工程，需要家庭、学校和社会共同协作，形成合力才能有效应对。"防、识、治"策略为全面治理中职学校校园欺凌提供了系统化的解决方案。未来，我们需要继续深化家校社会协同育人的研究，不断完善防治措施，为中职学生创造一个健康、安全的成长环境。

（作者单位：上海市第二轻工业学校）

身份认同视角下校园欺凌的成因及对策

李美红

一、研究背景

（一）校园欺凌的定义和现状

我国《未成年人保护法》第 130 条第 3 款对校园欺凌作出了定义：学生欺凌

是指发生在学生之间，一方蓄意或者恶意通过肢体、语言及网络等手段实施欺压、侮辱，造成另一方人身伤害、财产损失或者精神损害的行为。这种行为可能包括言语侮辱、社交排斥、身体攻击或在线骚扰，通常是基于个体的外貌、性别、种族、性取向或社会地位的差异。根据教育部和多个国际组织的统计数据，近年来，校园欺凌的发生率持续居高不下，几乎每个学校都在不同程度上面临这一问题。研究显示，超过三分之一的学生在其学习生涯中至少经历过一次欺凌事件，这种普遍性揭示了其作为全球教育和社会问题的严重性。

（二）身份认同的角色

身份认同是指个体对自我属性、价值观、所属群体的认知和情感的认同感。这些认同可能基于种族、性别、社会阶层、宗教或其他社会文化因素。心理学家和社会学家认为，青少年时期是身份认同形成的关键阶段，这一时期的个体易受周围环境的影响，尤其是同伴的影响极为显著。在校园欺凌的语境下，攻击者和受害者的身份认同可能对其行为模式有深刻的影响。例如，具有较高社会地位认同的学生可能通过贬低他人来维持或增强自己的地位，而低地位认同的学生可能更容易成为欺凌的目标。学生因被"标签化"身份遭受到同伴歧视或不公平待遇。群体动力学和群体认同也在校园欺凌中起着核心作用，通常是通过加强内群体的凝聚力与外群体的对立来表现。

（三）研究重要性

探索校园欺凌与身份认同之间的关系对于理解和干预校园欺凌具有重要意义。校园欺凌不仅对受害者造成即时的心理和物理伤害，而且还可能对其长期的身心健康和社会适应造成影响，如自尊心受损、抑郁和社交焦虑。从身份认同的视角研究校园欺凌，有助于揭示欺凌行为背后的深层社会文化动因，如权力结构、社会规范和群体边界的构建。此外，通过这一视角，教育工作者和政策制定者可以更有效地设计干预措施，不仅仅是惩罚攻击者，更重要的是通过教育和社区建设活动促进积极的身份认同形成，减少校园欺凌事件的发生。因此，本研究的意义在于为校园安全提供理论和实证基础，为未来的教育实践和政策制定提供指导。

二、研究方法

（一）研究设计

在本研究中，我们采用了一种混合方法学研究设计，结合了定量和定性的研

究方法来全面探讨校园欺凌与身份认同之间的复杂关系。在定量研究方面，我们设计了一份详尽的问卷调查，目的是收集关于校园欺凌普遍性的广泛数据，并评估不同身份认同特征（如性别、社会经济背景等）与校园欺凌经历之间的相关性。问卷包含多项选择题和量表题目，旨在从学生中获得量化数据。对于定性研究部分，我们进行了一系列的深入访谈和案例分析，这些访谈主要针对那些自述曾经经历或目击过欺凌事件的学生，以及那些在处理欺凌事件中具有直接经验的教师和领导。通过这些访谈，我们能够深入了解受访者的个人经历和感受，探讨身份认同如何在校园欺凌的形成和发展中起到作用。为确保研究数据的代表性和全面性，采样方法采用了分层随机抽样技术，覆盖了不同年级、性别、社会经济背景的学生群体。这种方法不仅增强了研究结果的广泛适用性，也帮助我们更准确地捕捉到校园欺凌的多样性和复杂性。

（二）数据收集

数据收集主要使用两种工具：结构化问卷和半结构化访谈。问卷设计包括多项选择题和利克特量表题，旨在量化学生的欺凌经历、见证欺凌的频率，以及他们的身份认同特征。所有问卷于 2024 年春季在两所中职校发放，回收率达 85%。此外，选取 30 名参与者进行深入访谈，以收集关于身份认同和校园欺凌体验的详细叙述。访谈在安静的教室环境中进行，确保隐私和受访者的舒适度。每次访谈大约持续 30 至 40 分钟，并进行数据整理。

（三）数据分析

数据分析采用了内容分析和统计分析的方法。定量数据通过 SPSS 软件进行描述性统计分析，旨在识别身份认同特征与校园欺凌行为之间的关系。定性数据则为深入探讨受访者如何描述他们的身份认同与遭遇或参与欺凌的经历。在分析中，身份认同的角色表现为影响欺凌行为的核心要素，其中包括对欺凌行为的态度、反应，以及受害者和加害者的身份构建。

三、研究成效

（一）主要发现

本研究揭示了校园欺凌的多种模式和趋势，特别是如何与学生的身份认同相关联。数据分析表明，性别和社会经济背景、能力与文化身份认同是影响欺凌行为的显著身份认同因素。例如，性别非二元的学生比其他性别的学生更频繁地报告遭受言语和社交排斥形式的欺凌。另外，一些缺乏某些能力（如口吃、社交障碍）的学生被"标签化"和"不入流"的学生文化也给被欺凌者身体与精神造成伤害，他们经历身体暴力或同伴间笑话的嘲弄和羞辱。此外，研究还发现，基于社会阶层身份认同的欺凌使让拥有较高社会经济地位的学生更可能成为欺凌的加害者，这可能与其在社会和学校中的权力地位有关。这些发现强调了在防治校园欺凌策略中考虑身份认同的重要性，尤其是在设计预防计划和干预措施时。

（二）案例分析

在这项研究中，我们专注于分析一起涉及性别认同的校园欺凌案例，深入探讨了校园欺凌的复杂性和持续性。案例中的主角是学生C，一名16岁的跨性别女孩，就读于一所职业技术学校。学生C在校园中遭受了持续数月的欺凌，包括言语侮辱、网络骚扰和社交排斥。这些攻击主要围绕她的性别认同进行，同学们在社交媒体上发布侮辱性评论，并在学校内散布关于她的不实信息。

通过对学生C，以及其他涉事学生的深入访谈，结合对学校记录和社交媒体内容的分析，本研究揭示了校园欺凌背后的几个关键因素。首先，学生C作为跨性别者，她的性别身份明显增加了她成为攻击目标的风险。同学们的行为不仅仅是对她个人的攻击，更反映了他们对非传统性别认同的误解和偏见。其次，本案例揭示，欺凌行为并非孤立事件，而是校园文化和教育系统中存在的缺陷的直接产物。学校对性别多样性的认知不足，以及缺乏有效的教育和干预措施，为欺凌行为的持续提供了土壤。这种情况强调了加强性别教育和构建包容校园文化的迫切需要。这个案例反映了学校可能存在的问题，突显了需要对校园内的性别多样性和欺凌问题给予更多关注和积极改进的必要性。通过这样的研究，我们能更好地理解校园欺凌的根源，并推动实施有效的策略来改善学生的学习和生活环境。

数据分析进一步揭示了校园欺凌的复杂性和多层次性，尤其是涉及边缘化身份认同的学生时。许多学生不仅因为性别认同而受到欺凌，他们的性取向、能力和社会经济背景也常常交织其中，形成了多重歧视的情况。这一发现促使我们反思如何在校园中营造一个全面包容、公平和谐的校园环境，以及如何通过教育和政策干预来预防和减少针对所有学生的欺凌行为。

此案例研究的结论强调了教育干预的重要性，特别是在提高对性别多样性的认知和敏感性方面。学校需要实施更有效的反欺凌政策，这些政策不仅应对欺凌行为本身做出反应，还应包括预防措施，如定期的性别和性取向教育课程，以及

创建安全的报告机制和支持系统。

另外，互联网信息媒介传播引发群体模仿效应，学校需加强青少年安全网络教育，营造良好的网络生态环境。

此外，这一案例也表明，教育工作者和校园管理者必须更积极地介入，不仅是为了处理具体的事件，还要从整体上改善校园文化，促进一个无歧视、平等、和谐的学习环境。

四、研究启示与对策

（一）对教育政策的影响

本研究对现有教育政策提出了改进建议，特别强调了减少校园欺凌的重要性及身份认同教育的核心作用。首先，学校应实施全面的反欺凌政策，这些政策不仅需要明确界定欺凌的各种形式，包括物理、言语、心理及网络欺凌，还应包括预防措施和具体的应对策略。例如，可以建立一个多层次的干预框架，包括初级预防（如全校性的教育活动），次级预防（针对有欺凌倾向或经历的学生的小组活动），以及三级预防（针对已经涉及欺凌事件的学生提供一对一的支持）。其次，身份认同教育应成为学校课程的一部分，通过教育提高学生对多样性的理解和尊重，减少基于身份的偏见和歧视。这包括对性别、文化和宗教多样性的教育，以及教授如何以建设性的方式处理冲突和差异。

（二）对实践的建议对策

在校园欺凌的问题上，我们需要从多个角度出发，形成一个全面的防控体系。以下是一些重构后的建设性实践建议对策，以帮助教师、学生和家长更有效地识别和应对校园欺凌，同时培养一个积极的校园文化：

1. 教育工作者的专业发展

定期为教师和学校管理者提供培训，专注于识别欺凌的早期迹象，如团体排斥和言语侮辱。

教授具体技能，例如如何观察学生间的互动，监测社交媒体平台以防止网络欺凌，以及如何通过非言语信号感知学生的心理变化。

2. 学校政策和应对机制

建立一套清晰的反欺凌流程，包括快速响应措施和详细的报告指南。

设立反欺凌委员会，负责监督和评估学校反欺凌政策的实施，确保政策的现实适应性和有效性。

另外设置未成年人保护专员，成立学生欺凌治理委员会。校园欺凌不单是教育层面的突出问题，而是需多方发力统筹协调的社会问题。

开通匿名举报系统，让学生和家长在不暴露身份的情况下报告问题，减少对举报者的压力和恐惧。

3. 家长的参与和教育

定期举办家长教育研讨会，教育家长如何识别家中的欺凌迹象，包括子女的情绪变化和在线行为。

教育家长如何使用现代通信技术和社交媒体，了解这些平台如何成为欺凌的温床，以及如何安全地监控子女的网络行为。

4. 校园文化和同理心教育

实施以增强学生自尊、同理心和相互尊重为核心的课程和活动。如通过角色扮演、团队协作任务等互动式学习提高学生的情感认知能力。

举办多元文化和多样性庆典，通过庆祝不同的文化和身份，促进学生对多样性的尊重和包容。

5. 提升学生参与度和赋权

鼓励学生参与制定和实施反欺凌政策，如设立学生反欺凌大使或同辈辅导者，让学生在创建安全校园环境中发挥主动和积极的作用。

开展定期的学生论坛和研讨会，让学生表达自己的想法和经验，同时学习如何在遭遇或目睹欺凌时采取行动。

6. 加强青少年心理健康教育

青少年是国家的未来，维护校园安全是构建和谐社会、优化社会治理的关键一环，也是国家安全的重要支撑。关注青少年心理健康发展是保障校园安全的着力点和落脚点。培育有健康的人格、积极进取、关爱他人、德才兼备的心理健康的青少年优秀人才，努力构建和谐校园、和谐社会。

通过这些具体的实践建议，我们旨在创造一个更安全、更支持、更理解的校园环境，让所有学生都能在没有恐惧的情况下自由表达自己的身份。这样的环境不仅减少了欺凌事件的发生，还能培养出更具包容性和尊重的未来公民。

五、展望与未来研究

(一) 研究限制

尽管本研究提供了有关身份认同与校园欺凌关系的重要见解,但存在一些局限性和潜在偏见。首先,由于研究主要采用问卷和访谈方法,数据可能受到参与者自我报告的偏差影响,例如受访者可能出于隐私考虑或社会期望而未能完全诚实回答。此外,研究样本限于两所学校,可能无法全面代表不同地区和文化背景下的校园欺凌情况。因此,研究结果的普遍性和可转移性可能受限。此外,本研究未能深入探讨教师和学校管理者的角色及其对学生身份认同和欺凌行为的影响,这是未来研究需要关注的领域。

(二) 未来研究方向

针对现有研究的限制,未来的研究应在几个方面进行深化和拓展。首先,建议未来研究采用更广泛的地理和文化背景样本,以提高研究的代表性和外推性。通过跨国或跨文化的研究设计,可以更好地理解不同社会文化背景下身份认同如何影响校园欺凌行为和经验。其次,未来研究应考虑采用纵向研究设计,追踪学生的身份认同和欺凌经历的变化,以观察时间对这一关系的影响。此外,应引入更多实验设计,例如使用心理学实验来测试身份认同变化对欺凌行为的直接影响。最后,鉴于教育环境的快速变化,如数字技术的广泛应用,未来研究应考虑网络环境中身份认同和欺凌的交互,探讨数字身份和网络欺凌之间的新关系。这些研究不仅能够为理解和干预校园欺凌提供更深入的理论基础,还能够指导实践中更有效的预防和应对策略的制定。

(作者单位:上海市西南工程学校)

中职校园性别暴力及学校教育对策研究
——以上海市某中职校为例

武 敏

近年来,校园欺凌事件在网络上的曝光频率逐渐上升,对学生身心健康、学业成绩造成了不同程度的恶劣影响,这些现象受到家庭、学校、社会的广泛关注与重视,同时也引发了人们对于校园欺凌背后所隐藏的性别歧视与性别暴力问题的深入思考。本文以某中职校为例，探讨了如何加强校园安全，维护学生健康发展，并采取有效的教育对策与手段来遏制校园性别暴力。

一、研究对象与方法

本研究通过问卷网平台在 2018 年 1 月 28 日—2 月 2 日间在某中职校收到 437 份问卷。其中有 50.3% 的学生曾遭受过校园性别暴力。

调查问卷选自北京同语公益机构的《校园性别暴力调查》，并作了适当的题目删减，问卷经过专家建议、修改后，问卷检测，信效度较高，其中 α 值为 0.962，KMO 值为 0.921，巴特利检验，P<0.001，问卷数据具有可靠性。

本研究主要采用文献研究法、问卷法。由于话题具敏感性，采用在线问卷进行调查研究，最大限度的保护研究对象的隐私

本次研究成果采用 spss19.0 进行统计分析，主要的统计方法包括描述性分析、卡方检验。

二、研究结果

（一）样本概况

在 437 份问卷中，身份证性别男性为 280 人（64%），女性为 157 人（36%）。性倾向和性别认同：异性恋为 360 人（82%），性少数群体为 77 人为（17%）。调查对象的年龄为 16—18 岁，平均年龄为 16.72±0.76 岁。

（二）某中职学生遭受校园性别暴力的总体情况

表 1　不同类型的校园性别暴力总体现状

	从未遭受过	偶尔	有时	经常	一直
性别暴力	（389）89%	（35）8%	（9）2.1%	（1）0.2%	（3）0.7%
性别气质/表达暴力	（407）93.1%	（19）4.3%	（6）1.4%	（1）0.2%	（4）0.9%
性别认同暴力	（411）91.8%	（17）3.9%	（4）0.9%	（2）0.5%	（3）0.7%
性倾向力	（418）95.7%	（8）1.8%	（7）1.6%	（4）0.9%	（0）0%
性暴力	（405）92.7%	（21）4.8%	（8）1.8%	（1）0.2%	（2）0.5%

表 1 中，为了更直观地了解现状，偶尔、有时遭受过校园性别暴力归为遭受过，经常、一直遭受过校园性别暴力归为常态化现象。

（三）校园性别暴力的主要形式

表2 不同形式的校园性别暴力总体现状

	从未遭受过	偶尔	有时	经常	一直
语言暴力	（383）87.6%	（42）9.6%	（6）1.4%	（2）0.5%	（4）0.9%
肢体暴力	（406）92.9%	（21）4.8%	（5）1.1%	（1）0.2%	（4）0.9%
心理暴力	（401）91.8%	（25）5.7%	（6）1.4%	（1）0.2%	（4）0.9%
性暴力	（399）91.3%	（27）6.2%	（8）1.8%	（1）0.2%	（2）0.5%
网络暴力	（399）91.3%	（28）6.4%	（5）1.1%	（2）0.5%	（3）0.7%
制度暴力	（410）93.8%	（16）3.7%	（4）0.9%	（5）1.1%	（2）0.5%

1. 性别差异（根据身份上的性别）

表3 男性、女性别遭受的校园性别暴力的比例

	语言暴力	肢体暴力	心理暴力	网络暴力	性暴力	制度暴力
男（280人）	（31）11.1%	（18）6.4%	（20）7.1%	（21）7.5%	（25）8.9%	（12）4.3%
女（157人）	（23）14.6%	（13）8.3%	（16）10.2%	（13）10.2%	（13）8.3%	（15）9.6%
卡方检验	$X^2=1.189$ $P=0.291$	$X^2=0.523$ $P=0.561$	$X^2=1.236$ $P=0.280$	$X^2=0.085$ $P=0.853$	$X^2=0.053$ $P=0.862$	$X^2=4.817$ $P=0.037*$

注："*" $p<0.05$，有显著差异；"**" $P<0.01$，有极显著差异；"***" $P<0.001$ 有巨大差异

2. 性少数群体与非性少数群体

表4 性少数群体和非性少数群体遭受校园性别暴力的比例

	语言暴力	肢体暴力	心理暴力	网络暴力	性暴力	制度暴力
性少数群体（77）	（19）24.7%	（11）14.3%	（13）16.9%	（13）16.9%	（14）18.2%	（13）16.9%
非性少数群体（360）	（35）9.7%	（20）5.6%	（23）6.4%	（25）6.9%	（24）6.7%	（14）3.9%
卡方检验	$X^2=10.352$ $P=0.002**$	$X^2=5.784$ $P=0.021*$	$X^2=7.342$ $P=0.01**$	$X^2=6.144$ $P=0.018*$	$X^2=8.479$ $P=0.006**$	$X^2=15.713$ $P=0.000***$

注："*" $p<0.05$，有显著差异；"**" $P<0.01$，有极显著差异；"***" $P<0.001$ 有巨大差异

3. 遭受校园性别暴力后向谁求助过

表5 男生、女生遭受校园性别暴力后向谁求助过

	老师	同学	好朋友	家长	学校心理咨询中心
男（280）	（39）14.9%	（157）58.6%	（84）32.2%	（121）46.4%	（123）47.1%
女（157）	（32）21.6%	（58）39.2%	（32）21.6%	（90）60.8%	（73）49.3%
卡方检验	$X^2=3.079$ P=0.104	$X^2=14.727$ P=0***	$X^2=4.772$ P=0.032*	$X^2=8.021$ P=0.005**	$X^2=0.268$ P=0.617

注："*" $p<0.05$，有显著差异；"**" $P<0.01$，有极显著差异；"***" $P<0.001$ 有巨大差异

表6 性少数群体和非性少数群体遭受校园性别暴力后向谁求助过

	老师	同学	好朋友	家长	学校心理咨询中心
性少数群体（77）	（8）11.1%	（28）38.9%	（27）37.5%	（46）63.9%	（27）37.5%
非性少数群体（360）	（63）18.7%	（183）54.3%	（89）26.4%	（165）49%	（169）50.1%
卡方检验	$X^2=2.357$ P=0.13	$X^2=5.319$ P=0.025*	$X^2=3.48$ P=0.066	$X^2=4.913$ P=0.032*	$X^2=3.619$ P=0.059

注："*" $p<0.05$，有显著差异；"**" $P<0.01$，有极显著差异；"***" $P<0.001$ 有巨大差异

三、分析与讨论

（一）某中职校学生校园性别暴力的总体情况

本研究发现：从某中职校的学生遭受校园性别暴力的总体情况中，遭受过校园性别暴力的前三项是基于性别的暴力、基于性的暴力、基于性别气质/表达的暴力，由于师生对社会性别的刻板印象、性别不平等、性别歧视而导致的基于性别暴力。青春期男女生经常考虑自己是怎样一个人，在各种情境中去认识、塑造自己的性别气质，使那些脱离"阳刚"标准的柔弱男生和"大大咧咧"的"假小子"女生会增加遭受暴力的概率。该校常态化的校园性别暴力发生的频率较低。

（二）某中职校学生校园性别暴力的主要形式

该中职校学生遭受过的校园性别暴力形式前三项为语言暴力＞性暴力＞网络暴力；常态化的校园性别暴力形式前三项是语言暴力＞网络暴力＞肢体和心理暴力。其中语言暴力和网络暴力发生普遍、频率较高，语言暴力有隐蔽性、性别指向性，有口头和书面形式。通过嘲笑、贬低等语言作为攻击性武器。

（三）某中职校学生校园性别暴力产生的原因

该中职校学生校园性别暴力产生的原因可能由三方面引起：

学生自身的原因：中职学生身心发展正处在急速发展的阶段，自尊心脆弱而敏感，冲动而不善克制，善于用肢体语言表达情绪不满，造成事态恶化；其网络是他们信息接收与传播不良信息的主要渠道。家庭因素：大多数中职学生家庭结构不完整，单亲、离异、重组现象较多，家庭教育方式简单粗暴，打骂为较普遍的教育手段，造成孩子焦虑、紧张、容易外化为暴力行为，家庭成员关系紧张。学校因素：学校整体校园文化建设规划中缺少对于校园性别视角的建设，校纪校规中没有纳入性别欺凌规章制度，使校园性别欺凌的许多隐蔽行为没有得到相应的教育与处罚，受欺凌者因为害怕报复等，导致身心伤害愈加严重。

四、行动建议

（一）融入性别平等意识，强化校园文化顶层设计

将性别平等意识融入学校校园文化整体设计中，通过校园活动、宣传等营造校园文化，使性别平等的认知渗透到师生学习生活各方面，凝聚成教师性别平等教育教学环境，预防并减少校园性别暴力事件。

（二）提升法治素养，建立校园性别暴力投诉机制

加强法治教育，营造法治氛围，提高师生法治素养，加强学生法律、行为规范教育，树立安全意识，提高自我保护能力。同时，成立专项工作小组，落实岗位职责，强化责任分工，制定工作预案，健全相关制度。由学校校长、安全干部、心理健康教师、班主任等相关人员组成校园欺凌处置小组，对发生的校园性别暴力等事件进行及时、科学、有效处置。为学生提供安全、有效的投诉渠道，确保他们在遭受暴力时能够及时得到帮助。同时，学校应对投诉进行及时处理，保护受害者的权益。

（三）整合学校资源协作，优化教育教学成效

1. 拓展学校性别平等教育教学课程

加强学生的性别平等意识教育，在教学过程中延伸拓展教育作用，提高学生认知，弱化社会性别角色的刻板模式，优秀的品格应男女都具备，而性别角色冲突观念对自我成长、心理健康有负面影响。

（1）有效利用班会课、心理健康等课程进行性别平等教育。班会课中可通过

专题主题教育课进行性别专题教育，心理课中的"认识自我""性别的悦纳"增加多元性别知识，鼓励学生发现自我真实的性倾向，不随意给自己和他人贴标签。

（2）性别平等理念融入学校各类课程。如在各科的教科书的人物介绍、绘画插图、语言表达中都存在一定的性别歧视现象，如男性的职业描述多是公共领域，女性多是家务、子女供养，提升任课教师性别平等意识，让学生从各个方面了解性别文化的历史、性别特质的多样化，辩证地看待性别刻板印象的局限与危害。

（3）通过实践活动课程，增强学生社会性别意识。例如组织学生对校图书馆、公共厕所、公共设施、商品性别消费等进行性别的差异性分析。

2. 成立性别平等学生互助社团

以学生社团推广性别平等理念，建立性别友善的氛围与环境，可组织观看性别平等电影、分享性别平等漫画、主题讨论等。

3. 提升师资队伍性别教育能力

学校重视教师开展性别平等及校园法律法规的培训，保证教师教育教学工作方向的正确性。促进他们对性别认同、性别表达的认知。让教师学习大众媒体、家庭分工、婚姻制度、性别职业发展、文化习俗等中的性别知识。

（四）开展家长多元性别培训，发挥家庭教育育人功能

学校加强对家长的多元性别教育培训，提升父母对于多元性别的认知，建立和谐亲子关系，关注其情绪变化，在其遭受校园性别暴力时可有相应措施。

（五）注重学生自我教育，增强自我保护

（1）提升学生多元性别认知，尊重他人，提高人际关系处理技巧，正确认识自我，合理发泄情绪。

（2）以各类性别平等专业讲座提高学生批判思维能力。

培养中职学生对人差异性的尊重，这是避免暴力冲突的"关键"，需社会、学校、家庭三方共同携手，紧密配合，减少并预防校园性别暴力的出现，致力于构建一个安全、和谐的教育环境，这不仅有利于提高学生的学习质量，更是保障他们健康成长的必要条件。期望社会各界能更加关注中职校园性别暴力问题，深入研究其背后的原因，共同探索有效的预防和应对机制。促进校园的包容和多样性，让每个学生都能感受到被尊重和被理解。助力中职学生的社会技能和情感发展，学生才能够充分发挥自己的潜力，实现自我价值，为社会的进步和发展贡献自己的力量。

参考文献

[1] UNESCO,(2013), School-Related Gender-Based Violence(GRGBV) UNESCO.

[2] 中国政府,(2016),中国落实 2030 年可持续发展议程国别方案.

[3] UNESCO,(2017), School and Bullying Global Status Report.

[4] 魏重政,刘文利.(2015),性少数学生心理健康与遭受校园欺凌之间关系研究 [J].中国临床心理学杂志,第 23 卷,第 4 期.

[5] 无梦希,刘朝莹,方晓义,胡伟,唐芹,陈海德 (2014).青少年心理行为问题与专业心理求助态度:父母知晓的中介作用 [J].心理科学,2014,37(1):94-100.

（作者单位：上海信息技术学校）

恢复性司法在防治校园霸凌中的运用

袁 莺

校园霸凌,也被称作校园暴力或校园欺凌,通常是指在学校及其周边区域中,有意或带有恶意地通过言语、肢体动作或互联网等方式对他人进行欺凌或羞辱,从而引发严重不良后果的一种行为和现象。校园霸凌问题一直是全球教育领域关注的焦点议题,这不仅涉及学生与学校环境的健康发展,而且对于社会的文明和进步也扮演着关键角色。

据 2023 年最新调查数据显示,英国有约四分之一（23%）的青少年反映曾遭受霸凌,而韩国教育部最新公布的"2023 年第一次校园暴力现状调查"显示,校园霸凌事件创下近 10 年新高。台湾教育主管部门 2024 年一季度发布最新统计数据,2023 年台湾校园"暴力事件与偏差行为"达 27511 件,比 2022 年增幅六成。根据联合国教科文组织报告：全球每年有近 3 亿的学生遭受校园霸凌,而我国的数据虽然比这些国家和台湾省的数据要好一些：如最高检于 2023 年发布的 2022 年检察机关起送校园暴力和欺凌犯罪为 680 人。但是每年也有近 2000 多人在校园霸凌事件中伤亡,据中国应急管理学会校园安全专业委员会发布的《中国校园欺凌调查报告》显示：我国中小学受欺凌的发生率也高达 25.8%。

一、学界针对校园霸凌的回应

校园霸凌事件后果极为严重,国家有关部门对此已经陆续出台了一系列政策和法规用以规制此类现象。与此同时，学术界也长期致力于寻找可行的解决方案来遏制这种严重的校园越轨行为。目前，呼声最高的两种解决方案如下：

（一）第一种观点主张通过公权力的强制介入来实施干预

发生校园霸凌行为除学校进行开除等制裁措施外，我们还应对严重的霸凌违法行为施以行政处罚，并对特别恶劣的校园霸凌犯罪行为予以刑事制裁。

1. 现行刑法已下调刑责年龄，就是对低龄未成年人恶性犯罪案件最有力的回应

近10年来，我国每年都有社会危害性较大的未满14周岁未成年恶性犯罪发生，低龄化、暴力化、严重化的未成年人犯罪趋势，不断冲击、刺痛公众的神经，并成为社会痛点。2021年3月1日起施行的新刑法修正案明确规定：已满12周岁不满14周岁的人，犯故意杀人、故意伤害罪，致人死亡或者以特别残忍手段致人重伤造成严重残疾，情节恶劣，经最高人民检察院核准追诉的，应当负刑事责任。虽然降低起刑年龄表面上是扩大了刑法处罚的人群，但是实质上却是在以法律的强制性对未成年人犯罪进行打击与预防，因为随着生活条件的改善，未成年人的身体素质早已不同以往；借由网络信息的下沉，未成年人的精神和心智也呈现早熟倾向。低龄未成年人刑责范围由1979年14岁调整为12岁，正是适应最新情况、回应社会关切的及时之举，也是惩治违法犯罪、筑牢法律底线的必要之举。无论如何，年龄绝不是罪恶的保护伞，未成年人加害未成年人的案件，对后者权益的保护和保障，是更为重要。

2. 校园霸凌行为严重损害了受害者的身心健康，如果不予严厉惩罚，情况会更恶化

霸凌行为往往具有持久性和隐蔽性，受害者在施暴者长期的欺凌和羞辱下，不敢声张，但身心健康却受到严重伤害。研究表明，受害者通常会出现心理健康问题，如焦虑、抑郁等，且这些情绪可能会持续终生。另外，网络的社会效应使得更多的施暴者通过上传照片来侮辱他人，这导致拍摄过程中的表演和展示成分增多，受害者越痛苦，施暴者的手段也更残忍和变态，这对受害者的身心造成了严重的伤害，一些受害者甚至通过自残、自杀等方式来缓解内心的压抑和痛苦，这无疑会对家庭的和谐与幸福产生严重影响。此外，也有一些受害者通过报复的方式来发泄内心的不满，结果是去霸凌比他们更弱小的同学，从而形成了一个受害者转变为施暴者再去伤害他人的恶性循环，这对整个学校和社会的发展都是极为不利的。

3. 校园霸凌行为还会对其他同学的成长产生不良影响，并形成负面的校园文化

校园霸凌是一种偏离社会常规的行为，它不仅对受害者造成伤害，而且会间接影响周边那些无关的同学。校园施暴者通过对受害者实施霸凌行为，向他人传达一种信息和观念：即欺负和侮辱他人可以显示自己的与众不同和强大，从而提升自己的"威信"和"号召力"。长此以往，周围的同学就容易在潜移默化中逐步认同并接受这种观念，并尝试模仿，从而导致校园秩序愈发混乱，霸凌行为和受害者数量日益增多。因此，如果不对霸凌行为进行及时的干预和严厉的惩罚，那么越来越多的原本无关的同学可能会被卷入其中，最终影响整个校园的氛围和文化走向。正所谓："近朱者赤，近墨者黑。"

（二）第二种观点则认为无需通过强制力进行干预

这种观点认为，校园霸凌是在竞争激烈的社会环境中青少年成长的自然现象，其危害程度并未达到媒体所大肆渲染的严重性。相反，过多地干预学生的行为可能适得其反，对施暴者在未来重新融入社会，以及正常成长产生不利影响。这种观点得到了一部分学者的支持，其支持的原因主要有以下几点：

1. 校园里学生间的冲突和打闹，是一种普遍现象

随着学生生理和心理的不断成熟，那些曾表现出霸凌行为的学生往往会自行停止这类行为。有句古话说得好，只要有人的地方，就会有竞争和冲突。而学校是一个主要由学生构成的校园社会，学生间的打闹是不可避免的。特别是基因、荷尔蒙等生理因素，使得一部分人在天性上更容易展现出攻击性和竞争性，例如，男性往往比女性更容易表现出攻击性。但会随着个体的社会化逐步趋于正常，从这个角度看，校园霸凌它是校园社会竞争的一种自然产物，反映了青少年在青春期的好胜心和躁动情绪。随着学生在校园中不断成长和接受教育，他们会逐渐变得成熟，生理和心理发展也会逐渐稳定，校园暴力及打闹行为也会自然消弭。

2. 标签效应可能导致严重的后果

严厉的刑罚或行政处罚对于校园霸凌者来说，可能会让他们被贴上"坏孩子"或"犯罪人"的标签。这种做法反而可能促使这些青少年进一步走向犯罪的道路。因为在现实生活中，可能每个人在成长过程中或多或少出现过偏差行为，这是正常的社会现象，并不意味着每个人都会走上犯罪的道路。校园霸凌往往是一些在学习上无法获得成功的青少年选择展示自己与众不同和"厉害"的一种替代方式，随着他们的成长和成熟，很多人会意识到霸凌行为的不正当性，改过自新。但如果对这些初始的偏差行为通过官方或非官方的制裁手段进行干预，并给这些青少年贴上"坏孩子"的标签，可能会导致他们与家庭、学校和社会关系式微，并促使他们更倾向于与类似人群聚集，从而强化其偏差性和潜在犯罪性，为了努力适应和实现这种标签，最终可能走上犯罪的道路。

二、恢复性司法为防治校园霸凌提供新路径

在仔细审视前面的观点后，我们可以发现，无论是主张公权力强制干预还是主张不干预的观点，都各有其优点和局限性。基于此，恢复性司法或许可以为防治校园霸凌问题提供破解的新路径。

（一）恢复性司法的内涵

在20世纪70年代，加拿大开创性地运用了恢复性司法在司法判决中。当时，一些未成年施暴者拒绝为他们的违法行为作出赔偿。在这种情况下，当地的司法机关和志愿者介入，组织施暴者与受害者进行对话。通过聆听他们的违法行为给受害者带来的痛苦，这些施暴者开始认识到自己的错误。此时的赔偿不再仅仅是一种法律上的惩罚，而是出自内心悔悟的，向受害者表示歉意的方式。

1977年，美国少年司法和犯罪预防办公室启动了一项大胆的项目，创建了"未成年罪犯社区监督系统——平衡和恢复性司法"。这种新的治理模式展现出了显著的成效。传统报应性司法观念将犯罪视为违反法律的行为，司法机关的任务就是根据犯罪行为的危害性大小确定罪犯的责任，实施相应的惩罚。然而，恢复性司法则认为犯罪是对他人或社区的伤害，防治、校正和防止犯罪行为的再次发生是整个社会的责任。恢复性司法不仅关注犯罪者的行为是否触犯法律，以及如何惩罚，更重视如何修复与受害者和社区的关系。

联合国预防犯罪和刑事司法委员会的一份决议草案明确指出，恢复性司法是"通过恢复性程序寻求并实现恢复性结果的所有方式"。恢复性司法程序是一个过程，其中受害者、犯罪者，以及其他受犯罪影响的人在正式指导下，共同参与解决犯罪造成的后果。恢复性结果则是这个程序协商一致的产物，通常包括道歉、赔偿、社区服务等不同形式，旨在实现物质和心理的恢复，并重建一个和谐的生活环境。

(二)恢复性司法的运用优势

恢复性司法对于校园霸凌具有天然的适应性。站在教育学角度,校园霸凌被视作是青少年群体中存在的需要被引导与纠正的偏差行为,而在法学的视角里,校园霸凌是一种对人权、人际关系及同学之间和睦共处的侵害行为,霸凌者有义务为这些错误承担责任。

1. 恢复性司法能积极促进人际关系的修复与和谐

恢复性司法在校园霸凌的情境下,对于重建同伴关系显得尤为重要。在学校的微型社会中,霸凌双方之间的同学关系使被霸凌者在遭受校园霸凌后的诉求与遭受其他外来攻击后的诉求存在显著的差异。他们共同的目标是融入同伴群体,或者获得应有的地位。无论是被贴上"坏孩子"标签的霸凌者,还是感到"抬不起头"的被霸凌者,他们都渴望摆脱不安、羞耻、屈辱和冷漠的同伴关系,因为这种关系的破裂会加剧校园问题。恢复性司法强调愈合、宽恕、悔过和惩罚的公正性。通过真诚的交流和协商,同学之间的关系可以得到改善。霸凌者的道歉和被霸凌者的宽恕是相辅相成的,它们共同构成了关系修复的基础。此外,恢复性司法还能通过影响学生的交往行为,引导他们形成良好的同伴关系。通过对话、分享和协商等方式,可以引导学生选择正确的交流互动方式,缓解因扭曲关系而产生的负面影响,帮助霸凌双方重新融入群体并获得尊重,进而构建和谐的同伴关系和自由、平等的校园氛围。

2. 恢复性司法与学校教育目标相契合

教育理论和司法实践一致认为,学校肩负着培养学生成为合格公民的重要使命,这包括塑造学生具备维护社会公正的道德品质、法律素养,并鼓励他们将这些价值观转化为有益于社会的行为。恢复性司法的核心理念在于教育与引导,以及对待个体的平等性,这与学校教育的初衷不谋而合。恢复性司法不仅为霸凌双方提供了真诚的关爱和帮助,还促进了他们内心的转变和行为的改善。它特别关注引导霸凌者回归健康的成长道路,避免他们被刻板标签所束缚。通过适当的教育引导,霸凌者能够激发内心的羞耻感,产生负罪和悔过的情绪,进而深刻认识自己的错误并心甘情愿地承担责任。同时,恢复性司法也注重对旁观者群体的正向引导,通过将其纳入调解程序,给予霸凌者适当的惩罚,利用共情的力量将他们转变为校园霸凌的制止者,培养青少年良好的行为习惯。

3. 恢复性司法更重视被霸凌者的权益保护

只有深切了解被霸凌者的诉求，才能真正有效地保护他们的权益。有时，尽管被霸凌者表面上原谅了霸凌者，但他们的内心仍然受到过去霸凌经历的影响。他们极其渴望得到伤害的弥补、心灵的修复，以及班级地位和同伴关系的恢复。然而，传统报应性司法体系在处理霸凌案件时，往往忽视了被霸凌者的诉求。相比之下，在恢复性司法中，调解和协商给予了被霸凌者更多的话语权，使他们能够表达自己的感受和需要，直接告诉霸凌者他们的恶劣行为带来的不良影响，并对霸凌者应承担的责任提出意见。这种交流有助于减轻受害学生的焦虑和仇恨。充分的沟通会促使霸凌者审视自己的行为，认识自己的错误，产生内疚感并承认错误。羞耻感会激励他们积极改正行为，主动承担责任，真诚地道歉和补偿。这将使被霸凌者得到心灵的慰藉，感受到尊严的回归。

三、恢复性司法防治校园霸凌的实践方式

因为恢复性司法是开放性的，所以其形式可以是受害者—侵害者的调解模式、也可以是家庭小组会议，以及圆形会议模式（参加者更为多元）；这些模式的核心共识是：侵害方和侵害方的支持者、受害方和受害方的支持者、学校及相关各方直接参与，调解者发挥作用，他们允许所有参与者讲述他们的故事，讨论关键议题，并最终达成共识和协议。通过讨论和协商，受害者的复仇心理和恐惧心理可以得到缓解。在双方充分对话的基础上达成的赔偿协议，能够促使霸凌方积极履行其义务。无论是金钱赔偿、返还原物，还是为受害者提供某种形式的道歉与服务，这些都能满足受害者的心理需求，并帮助他们重新找回对校园生活的希望。

与此同时，学校作为恢复性司法的得以运用的天然场域，对于防治校园霸凌具有积极作用。根据前人的研究，我国学校应对校园霸凌的恢复性司法实践可以被划分为两种类型和三个层面。这两种类型分别是：预防校园霸凌的教育性实践和应对校园霸凌伤害的反应性实践。教育性实践侧重通过发展学生的社交能力和情感沟通能力，创造一个健康的校园环境，从而预防霸凌事件的发生。而反应性实践则针对已经发生的霸凌问题（包括造成严重伤害的霸凌事件），旨在修复受损的关系和弥补伤害。

在具体实施中，这两种类型又可被细分为三个层面。第一层面即普及层面，针对学校全体学生的霸凌预防机制。第二和第三层面则是聚焦层面，它针对学校内的特定个体或群体（如霸凌双方），同时鼓励学校其他旁观学生参与其中。无

论在哪一个层面，恢复性司法实践的核心都是促进彼此间平等、尊重和包容的对话。这种对话不仅有助于解决霸凌问题，还能提升学校整体的健康和安全环境。

首先，第一层面的受众对象是学校全体成员，其核心在于培养学生的社会情感技巧，引导学生学会以"尊重和关心"的态度来解决分歧和冲突。学校可以依据相关法规和政策，结合校情设计和实施反霸凌的干预项目。使青少年在这些项目中能构建起一个接纳和包容的社会环境，并形成负责任的行为态度。例如，学校可以在一些课程中融入生命教育、同理心及公平正义等理念，让学生有机会针对可能出现的问题进行自由讨论。通过这种方式，学生不仅可以学到知识，还可以在实践中提升他们的社会情感技巧，从而更好地理解和尊重他人，形成积极健康的人际关系。

其次，第二层面主要针对的是学校中尚未被认定为"严重"的霸凌行为，以及存在霸凌风险的群体。为了加强干预，我们可以采用以教师为主导的同伴调解、协商解决的方案。同伴调解主要是一种和解策略，调解人由受过调解训练的学生担任。我们期望通过这种方式，将这个自我调节的程序融入学校的核心价值观教育中，从而培养学生的冲突解决能力。除此之外，我们还可以设立班委会和监督指导调查会。班委会的主要职责是及时报告班级内存在的隐患信息。监督指导调查会则是对已经发生的霸凌事件进行深入调查，积累经验，并监控潜在的霸凌者。即使调解未能成功，调解过程本身也能有助于降低当事人、参与者和旁观者对于霸凌行为的冷漠态度，从而增强他们对霸凌问题的关注和认识。

最后，第三层面主要针对的是那些已有显著行为问题的学生，包括那些已造成实际伤害但尚未涉及司法程序的霸凌者。在这一层面，需要采取正式且多方参与的恢复性司法实践方式，如家庭小组会议和圆形会议等。可以邀请学生家长、专业人士、校领导、教师等各方人员共同参与，确保霸凌者有足够的反思时间，让受害者感到安全，力争达成赔偿调解协议，尽可能修复霸凌双方已受损的同伴关系。

四、恢复性司法防治校园霸凌的适用条件

（一）校园霸凌案件在适用范围方面的注意事项

校园霸凌的表现形态及其结果具有多样性，这使得恢复性司法的应用在不同案件中呈现出不同的倾向性。据联合国预防犯罪和刑事司法委员会的《恢复性司法专家组会议报告》指出，在涉及重罪的情形中运用恢复性司法需要特别审慎，因为严重损害的恢复可能性相对较低。

在现实生活中，"重罪""轻罪"与"校园霸凌案件"之间的界限也并非清晰可辨。例如，在刑事处罚方面：现有《中华人民共和国刑法》规定：对已满12周岁不满14周岁犯故意杀人、故意伤害，致人死亡或以特别残忍手段致人重伤、严重残疾，情节恶劣，经最高检核准追诉的，应负刑事责任。对已满14周岁不满16周岁犯故意杀人、故意伤害致人重伤或死亡、强奸、抢劫、贩卖毒品、放火、爆炸、投放危险物质罪的，应负刑事责任。对已满16周岁对所有犯罪行为应承担刑事责任。不满16周岁不予处罚的，责令其父母管教，必要时进行矫治教育。

在行政处罚方面：现有的《行政处罚法》和《未成年人保护法》规定：不满14周岁有违法行为的不予处罚，责令其监护人严加管教。已满14周岁不满18周岁从轻或减轻处罚；已满14周岁未满16周岁和已满16周岁且初次违反的，不予执行拘留处罚。

在其他不足以构成违法的不良行为、违规违纪等方面：社区通常会采取训诫、责令具结悔过、定期报告、接受行为矫治和社会观护等，学校则会采取训导、参加专题教育、接受心理辅导和行为干预、停课、开除等。

通过上述我国在防治校园霸凌处置现状中，我们也可以看出：由于学生霸凌行为在年龄上存在差异，部分行为可能不符合刑事和行政处罚的条件，或者难以通过伤害标准来认定，这使得很多校园霸凌案件陷入法律无法有效介入的尴尬境地。面对这种法律空白，我们往往只能依赖于"道德教化"，通过校内处分、专题教育，以及家长监管等方式来应对。然而，如果单纯地将惩罚的责任交给社区、学校或家长，很可能会因为管理不到位而流于形式，甚至陷入恶性循环。毕竟，很多时候，霸凌问题的根源可能就在于学校或家庭教育的不足。

恢复性司法的理念与未成年人刑事政策中"重教育、轻惩罚"的原则高度契合，而校园欺凌问题又是未成年人保护的一个重要方面。因此，我们可以将恢复性司法的理念作为指导精神，应用于防治校园霸凌案件中，并在具体操作中，还需要结合每个案件的具体情况，灵活考虑恢复性司法的适用程度和方式，以确保其有效性和适用性。

（二）关于恢复性司法在不同校园霸凌案件中运用的注意事项

在校园霸凌中，有部分案件并未达到刑事犯罪的程度，而且被霸凌者的精神和心理伤害也难以量化，这类案件通常会由家长或学校进行处理。与此同时，另一些霸凌案达到刑事犯罪进入司法程序时，公诉机关考虑到未成年人的身份、自首情节或赔偿谅解等因素，也可能会决定对其不予起诉、附条件不起诉或缓刑等。这样的宽缓处理后，又容易导致教育和监管的不足。恢复性司法因其具有自愿、多元等特性，可在下列三种不同情形中灵活适用。

首先，临界犯罪认定的霸凌案件。这包括两种情况：一是犯罪事实已达到刑事立案标准，但因未达到刑事责任年龄而不构成犯罪；二是虽达到刑事责任年龄，但加害行为不符合刑事立案标准而不作为犯罪处理。这些案件虽未受到刑事处罚，但仍需及时干预和治理，特别是以年龄未达标准而规避刑事犯罪的未成年人，若放任不管，可能会引发更大的灾祸。此类案件由于年龄未达或行为情节较轻，其恢复的可能性较大，可充分运用恢复性司法，让涉案学生、家长和学校共同参与调解或圆桌会议，协商赔偿、道歉等恢复措施。

其次，对于已满刑事责任年龄且行为符合立案标准，但因法定或酌定情节而决定不起诉或预期法定刑为三年以下有期徒刑、拘役的案件。这些案件已造成一定伤害，但仍有恢复的可能。这类霸凌案件应由司法机关牵头，或在强制实行教育矫治措施过程中，或在刑罚执行完毕的任何阶段，只要双方同意，都可运用恢复性调解或会议模式寻求解决的方案。通过接受教育手段的矫治和刑事法律的惩处，使霸凌者学会正视自己的所作所为和伤害后果，真诚地认识错误、承认错误并积极补救，使被霸凌者能逐渐摆脱阴影，起到矫正、监管、教育于一体的效果。

最后，对于预期法定刑为三年以上有期徒刑的案件。这类案件后果严重，社会影响较大，可能存在故意或恶意犯罪，因此应施以罪责刑相适应的惩罚。此类案件则不宜再采用恢复性司法的谈话方式，而应在执行刑罚的基础上，强制进行专门教育和社会服务，以预防再次犯罪。

参考文献

[1] 江山河，张健. 恢复性司法：国外起源与发展、主要操作模式及中国实践. 青少年犯罪问题，2024(1).

[2] 陈轩禹. 修复性司法在校园欺凌治理中的优势及运用. 中国教育法制评论，2022(23).

[3] 曾颖祯. 基于被害者保护的校园欺凌治理——来自日本经验的借鉴和启示. 湖南警察学院学报，2021(1).

[4] 罗熹．恢复性司法理念下我国未成年人刑事司法保护——以"关系恢复"为探讨维度．法制与社会，2021 (12)．

[5] 赵福菓，何壮．基于大样本的青少年校园霸凌潜在类别与应对策略分析．贵州社会科学，2021(11)．

[6] 董振华．青少年校园霸凌刑法应对问题研究．法制博览，2021(12) 上．

[7] 帅红兰，刘建宏．恢复性司法对我国校园欺凌的应对．天津法学，2020 (1)．

[8] 任海涛．我国校园欺凌法治体系的反思与重构——兼评 11 部门＜加强中小学生欺凌综合治理方案＞．东方法学，2019(1)．

[9] 刘晓虎．恢复性司法研究：中国的恢复性司法之路．法律出版社，2014．

（作者单位：上海交通职业技术学院）

体育锻炼防治校园霸凌的价值意蕴与实现路径

吴桢隽

近日，河北邯郸 3 名初中生霸凌同学致死，引发全社会的广泛关注，造成极其恶劣的社会影响。一时间，如何治理校园霸凌问题成为各界关注的焦点。

近年来，校园霸凌事件时有发生，特别是由校园霸凌加重而演化的犯罪行为频发，对学生及其家庭的身心健康均造成严重影响，也破坏了校园学习生活环境的和谐稳定。据最高法最新发布的数据显示：近三年来（2021—2023 年），未成年人违法犯罪数量总体呈上升趋势，青少年犯罪形势严峻，其中的校园霸凌问题不容忽视。习近平总书记深刻指出，法治建设既要抓末端、治已病，更要抓前端、治未病。因此，探寻行之有效的校园霸凌事前防治路径对于青少年的健康成长和社会安定有着积极意义。

一、校园霸凌的概述

（一）校园霸凌行为的界定

校园与霸凌的首次结合源自挪威的专家 Olweus，根据其定义，校园霸凌（英文 bully）是指一个学生长期且重复地暴露在单个或一群学生的恶意和负面行为中，且两边力量不对等，这种霸凌不限于身体攻击，还包含了情感或心理的攻击。

简言之，在 Olweus 的定义中，霸凌行为需具备以下三个要素：意图伤害；长期且重复发生；不平等的权力关系。美国心理学家 Anderson 则认为校园霸凌（英文 bully）的含义是无论公立或私立学校，只要发生校园内，或学生上学、放学途中的暴力行为都可以归结为校园暴力。我国台湾地区教育主管部门对校园霸凌的规定是：同一或不同学校的在校生，无论校内或校外，反复使用语言、行为等形式，直接或间接地排挤，侮辱，骚扰或取笑受害人。

综上所述，本文校园霸凌是指，发生在校园内外，霸凌者（单个或多个学生）通过肢体、语言、网络等媒介，故意持续地对被霸凌者（学生）实施的有针对性的伤害行为，使其身心健康产生长久的负面影响。

（二）校园霸凌行为的类型

校园霸凌行为按照霸凌的手段、方式的不同，大致可以分为以下 5 种形式：

1. 身体霸凌

是指霸凌者对被霸凌者的身体各部位实施直接伤害的行为。一般又分为肢体霸凌和性霸凌。肢体霸凌是指霸凌者对被霸凌者通过暴力的方式造成受害人身体伤害或者健康损害的行为。常见的暴力行为可能包括殴打、体罚、推搡、抓挠、咬人、冲撞、踩踏、掐捏、拳打脚踢等肢体动作。性霸凌是指一种专门针对女性受被霸凌者的具有严重危害的行为，包括脱衣、撕扯毛发、猥亵、性侮辱、强迫扒去被霸凌者衣服进行拍照、对被霸凌者做下流动作、借助棍棒抽打等身体和精神双重伤害的行为。身体霸凌是所有校园霸凌中最容易被察觉的，因为它通常伴随着被霸凌者明显的身体伤痕或疼痛，而且会对受害者造成严重的精神伤害。

2. 语言霸凌

是一种霸凌者通过恶意的言辞伤害被霸凌者的不文明行为。包括但不限于使用侮辱性的语言威胁、恐吓他人，或是故意传播关于某人的不实谣言和错误的信息。这种形式的霸凌在我们的日常生活中相对普遍，它可能看起来不像身体上的暴力那样直接，但语言霸凌的影响是深远且破坏性的，往往给被霸凌者带来深刻的心理创伤，影响他们的自尊和自信，有时甚至会对他们的未来产生长期的负面影响。语言霸凌一般分为三种类型，一是侮辱，如给被霸凌者起侮辱性绰号；二是嘲笑，如抓住被霸凌者短处经常取笑；三是威胁，如危及被霸凌者的身体或名誉。

3. 网络霸凌

是随着互联网和社交媒体的普及而兴起的一种新兴霸凌方式。霸凌者可能会利用各种社交软件和信息网络平台，通过发送侮辱性的信息、发布羞辱性的照片，捏造出令人反感、具有鼓动性、带有辱骂性的言辞或图片、视频来贬低和攻击特定的个人。这些内容一旦在网络上被分享，可以迅速传播开来，导致被霸凌者的名誉受损，甚至在全球范围内受到嘲笑和排斥。在网络霸凌中，最常见的有六种形式：人肉、恐吓、谩骂、散播谣言、传送木马、现实追捕。网络霸凌超越时空的局限，网上的传播性无边界，严重影响被霸凌者的精神，给被霸凌者的生活、学习造成了巨大困扰，甚至造成被霸凌者自残、自虐、自杀等严重后果。网络霸凌的迅速性和广泛性使得它正成为一种特别有害的霸凌形式。

4. 关系霸凌

是指在某一集体中，霸凌者和其余成员同流合污，通过操纵人际关系和社会动态的方式故意使被霸凌者与其他同类隔离、疏远，或间接使其遭受排挤，使得被霸凌者在人际交往上受阻，从而感到无助、导致其社交阻碍甚至抑郁。关系霸凌通常包含排斥、挑拨、孤立、散布是非等几种形式，它不涉及直接的面对面攻击，这种霸凌方式的复杂性在于它往往涉及社交网络中的多个个体，使被霸凌者感到孤立无援，缺乏朋友和支持，是一种更为微妙和隐蔽的霸凌方式，生活中较为常见，特别在寄宿制学校尤为突出，但是却容易被忽视。

5. 财物霸凌

是指霸凌者通过经济手段给被霸凌者施加压力和控制的行为。它通常有三种表现形式：一是霸凌者强行占有、损毁被霸凌者的财物；二是霸凌者向被霸凌者索要钱财，如学习用品、手机、电脑或其他贵重物品或互联网虚拟财产等，导致被霸凌者遭受经济损失；三是霸凌者通过威逼、恐吓方式指使被霸凌者去偷窃、强行占有、损毁其他被霸凌者财物或从事盗窃、抢夺第三方财物等行为。这种形式的霸凌不仅影响受害者的经济状况，还可能导致他们感到无助和恐惧，因为财物的损失往往会给他们的生活带来实质性的困扰。财物霸凌往往伴随肢体霸凌、语言霸凌和关系霸凌连带产生。

（三）校园霸凌者与被霸凌者的特征

1. 校园霸凌者的特征

（1）情绪感受麻木：霸凌者往往难以理解和体验他人的情感和痛苦。他们可能对他人的感受漠不关心，甚至以他人的痛苦为乐。这种缺乏同理心、情绪感受麻木的状态使得他们更容易对他人进行伤害，甚至剥夺被霸凌者的生命。犯罪心理学家李玫瑾教授也指出，变态人格，反社会人格，残暴的冷血杀手都具有这样的特点——看不到别人的痛苦，只要自己开心。这种人格障碍如果不积极治疗，对社会就会存在一种潜在危险。

（2）强烈的竞争欲望和虚荣心：霸凌别人的学生往往过分追求自我的优势地位，试图通过欺负他人来展示自己的优越性和力量。他们漠视规则，缺乏对规则和法律的敬畏，并且在实施霸凌的过程中，过度关注自己的面子和尊严，他们可能最初只是出于好奇或者想要试探界限，但随着时间的推进，这种行为会逐渐升级，直至触犯法律的底线。

（3）教养方式的错位：在家庭教育中，过度溺爱或家暴都可能导致孩子产生心理和行为的偏差问题。被溺爱的孩子容易养成一种错觉，即他们可以随心所欲地控制周围的人和环境，仿佛整个世界都应当围绕着他们转动，如果别人不按照他们的意愿行事，就会采取攻击性行为。被家暴的孩子，他心里面很憋屈，隐藏着痛苦，但是他会模仿大人的方式把自己的不良情绪以他自己认为的一种方式发泄在别人身上，以此缓解自己内心的焦虑。

2. 校园被霸凌者的特征

（1）个性特点：研究表明，个性特征在学生是否成为霸凌对象中扮演着重要角色。具体来说，那些性格偏向内向、害羞或表现得较为拘谨的学生，往往更容易遭受同伴的霸凌。这种性格类型的学生在社交场合中可能会显得特别不自在，他们可能因为缺乏自信而在与人交往时显得更加脆弱。这样的心理状态和行为表现，可能会无意中向同伴发出信号，表明他们是容易被欺负的目标，从而吸引了霸凌者的注意。

（2）社交隔离：社交关系对于学生来说是一个非常重要的保护因素。当一个学生在同龄人群体中没有建立起稳定的友谊，或者经常独自一人，他们可能会更容易受到欺负。这是因为孤立的学生缺乏必要的社会支持，这种支持可以在霸凌发生时提供帮助和保护。没有朋友的支持，这些学生可能会发现自己处于更加弱势的地位，更容易成为霸凌者的目标。

（3）沟通障碍：有效的沟通能力是防止和应对霸凌的关键技能之一。如果学生在表达自己的想法、感受或在需要帮助时寻求援助方面存在障碍，他们可能会更容易受到伤害。沟通障碍不仅限制了他们为自己辩护的能力，也使得他们在面对不公平对待时难以向他人求助，从而加剧了他们的困境。

（4）身体特征：如身高、体重等，也可能影响学生是否成为霸凌的对象。如果一个学生的身体特征与同龄人相比较为弱小，例如身高较矮或体重较轻，他们可能会被看作是软弱的目标，容易成为嘲笑、排斥或霸凌的对象。在某些情况下，这种身体上的差异可能会被霸凌者用来作为攻击的理由，进一步加剧受害者的痛苦和孤立感。

二、体育锻炼防治校园霸凌的价值意蕴

毛泽东在《体育之研究》说道："体育于吾人实占第一之位置。体强壮而后学问道德之进修勇而收效远。"教育家蔡元培也说过："完全人格，首在体育。"由此可见，体育是个人良性发展的前提，是学问道德的前提，是国家振奋有力的前提。培养学生积极参与锻炼的习惯，享受体育活动的乐趣，因为内心真正热爱体育的人，是鲜有暴力冲突产生的。

（一）参加体育锻炼，能够增加霸凌者施暴成本

体育锻炼最本质的功能就是强身健体。霸凌发生的很大一部分原因是来自霸凌者和被霸凌者之间身体力量的悬殊，那些因为体弱多病而容易成为霸凌对象的青少年群体可以尝试在体育课、体育活动中从自身做出改变，通过体育锻炼，从速度、耐力、力量、灵敏、柔韧、平衡等方面增强肌肉力量，最大限度地发挥体育锻炼对于增强整体体质的作用。当面对校园霸凌时，强健的体魄能够让我们的青少年在必要时进行自我保护，减少受伤害的风险。参加体育锻炼，能够提升被霸凌者意志品质。当面对校园霸凌时，有着较高意志品质且自信的学生更有可能勇敢地站出来，理直气壮地拒绝霸凌行为，或者及时寻求老师和家长的帮助，尽快脱离与霸凌者纠缠的环境，维护自己的尊严和权益。

（二）参加体育锻炼，能够调控情绪促进心理健康

霸凌者对他人实施霸凌可能是出于力量的炫耀、情绪的宣泄或是为了博人眼球以获得存在感，而体育本身就是讲究规则的运动，相比于无原则无底线的

冲突，体育锻炼能够提供给青少年学生一个调控情绪的有效途径，这也是体育为什么能对和平与和解起到巨大推动作用的原因。特别是在体育比赛中，对抗的双方能够处于一个平等的地位依靠运动技能来竞争，而不是仰仗明显的力量或身体悬殊施以暴力来求得快感，与此同时，竞赛结果带来的荣誉还能极大地满足个人的成就感，能够代替霸凌者在霸凌过程中获得的满足感，达到他们渴望尊重和关注的需求。

（三）参加体育锻炼，能够培养团队意识和社会适应力

在长期集体性体育锻炼场景中，学生们不仅仅是在进行简单的身体锻炼，更是在与同伴之间进行深入的运动技术交流切磋、战术配合、同伴协作；在这样的环境中，学生们能够深刻地体验到运动技能提升的满足感，互相配合获胜的成就感，队友默契配合的愉悦感，可以让青少年看到一个团队的力量远远大于个体，一个人只有真正融入团队，才能发挥出自己的最大潜能。更重要的是，在此过程中，同学们还有机会结识到一些志同道合的朋友，建立互相的信任，通过培养团队意识，提高自己的沟通能力和团队合作能力，更好地适应社会发展的需要，形成相互支持、相互帮助的良好氛围。而这种氛围能够有效地抵制校园霸凌，因为有团队关系做支撑，每个学生都能感受到集体的温暖和力量，有了更多的安全感。

三、体育锻炼防治校园霸凌的实现路径

（一）学校体育锻炼是防治校园霸凌的定盘星

学校作为青少年接受系统教育的主要场所，承担着培养全面发展的人才的重要任务。在这其中，体育教育扮演着不可或缺的角色。丰富的体育课程内容和正确的体育指导对于强健青少年的体魄、引导他们树立正确的体育意识和规则意识至关重要。然而，当前我国各级学校在教学目标上还多以应试为主，过分重视学科教育，而忽视了青少年的身体素质和心理教育，这种情况在一定程度上助推了校园霸凌的发生。

（二）竞技体育锻炼是防治校园霸凌的助推器

竞技体育作为一项充满活力和激情的活动，其所蕴含的正能量精神不仅丰富多样，而且对于青少年的成长发展具有不可估量的积极影响。竞技体育的核心价值观，包括公平精神、规则精神、团结精神和尊重对手的精神，这对于解决校园

霸凌问题具有重要意义。这些价值观不仅能够帮助霸凌者认识到行为的不当,也能够增强受霸凌者的自尊心和自信心,让他们在面对不公平待遇时有勇气和能力维护自己的权益。

(三) 社会体育锻炼是防治校园霸凌的压舱石

社会体育又称群众体育或大众体育,是在日常生活中每个市民自愿参加的,以强身、健体、娱乐、休闲、社交等为目的,内容广泛、形式多样的体育活动。是学校体育锻炼和竞技体育锻炼的有效延伸和有力补充。霸凌者和被霸凌者很多个性特征是由于原生家庭的环境塑造而成。因而,家庭,作为青少年成长的第一课堂,扮演着至关重要的角色。在这个微缩的社会中,父母的每一个动作、每一句话语都如同潜移默化的教材,深深地影响着青少年的人格形成和处世哲学。

参考文献

[1] 任秋月,程淑华. 符号互动理论视域下流动儿童校园霸凌现象解决策略研究[J]. 林区教学,2021(9):106-108.

[2] 唐学彪. 体育教学在校园欺凌防治中的功能与作用 [J]. 青少年体育,2021(3):67-68.

[3] 尚越,石智雷,郭欣. "弱者"更容易受欺负吗?—— 体质状况对青少年遭受校园欺凌的影响研究 [J]. 基础教育,2020,17(6):100-109. 2020(10):91-92.

[4] 李佳哲,胡咏梅. 如何精准防治校园欺凌 —— 不同性别小学生校园欺凌的影响机制研究[J]. 教育学报,2020(3):55 − 69.

[5] 陈洁,王鑫,郭欣. 父母缺席对大城市青少年遭受校园欺凌的影响 [J]. 青年研究,2021(2):82 − 93.

[6] 李佳哲,胡咏梅. 父母情感参与能减少小学留守儿童遭受校园欺凌的风险吗? [J]. 教育科学研究,2023(1):64 − 72.

[7] 方超,黄斌. 体育锻炼能够促进青少年的认知能力发展吗?—— 基于中国教育追踪调查数据的实证研究 [J]. 华东师范大学学报(教育科学版),2021(3):84 − 98.

[8] 颜军,李崎,张智锴,等. 校园课外体育锻炼对小学高年级学生身体自尊和自信的影响 [J]. 体育与科学,2019(2):100 − 104.

[9] 吴静涛,赵新娟,赵文楠,等. 体育锻炼对大学生负性情绪的影响:自我效能感的中介作用 [J]. 中国健康心理学杂志,2022(6):930 − 934.

(作者单位:上海师范大学附属杨浦现代职业学校)

智能校园：基于人工智能的网络欺凌监测与预防系统设想

曹晨烨

一、引言

在数字化时代的浪潮下，智能校园的概念逐渐根植于现代教育体系之中。互联网和社交媒体的快速普及，虽然极大地促进了信息的共享和人际交流，却也带来了网络欺凌，这一新兴问题。特别是在校园环境中，网络欺凌的匿名性、隐蔽性和广泛传播特点，使得它成为影响学生心理健康和校园安全的关键问题。为了应对这一挑战，本文提出了一个基于人工智能的网络欺凌监测与预防系统设想，力求能够更加准确地识别和预防网络欺凌行为，为学校、教师和学生提供一个安全和健康的网络环境。

在过去的研究中，网络欺凌监测常依赖于手动监督和报告，效率低下且易受主观因素影响。随着人工智能技术的发展，AI 的应用为我们提供了新的视角和方法来识别和防止潜在的网络欺凌行为。通过深度学习、自然语言处理等技术，可以自动识别欺凌词汇和模式，实现对网络交流的实时监控和分析。

本文从网络欺凌的现实背景出发，探讨构建 AI 监测系统的必要性和可能性，文章首先介绍了系统的数据来源、样本选择、实验设计等，接着阐述了该系统的设计思路、实施步骤，以及预期成果。

此外，本文还将探讨导致校园网络欺凌问题的潜在原因，包括个体心理、社交环境和网络文化等方面的影响因素。通过多维度分析助力系统更准确地识别欺凌行为，并为学校管理者提供更深入的见解，以构建一个更健康、更安全的校园网络环境。期望通过本研究的开展，能够为智能校园的构建和网络欺凌的防控提供实证支持和策略建议，进而促进校园的健康发展，为学生营造一个更为健康积极的学习氛围。

二、文献综述

校园网络欺凌是一个正在日益增加的问题，很多研究者通过不同的方法来探究网络欺凌的影响、动机，以及预防策略。随着互联网的普及和社交媒体的发展，校园欺凌的形式已经从传统的面对面互动扩展到了虚拟环境。这使得校园欺凌的定义和法律责任变得更加复杂。

（一）校园网络欺凌[1]的定义

网络欺凌被定义为利用数字技术进行的欺凌行为，即通过社交媒体、即时通信平台、游戏平台和手机等方式，重复地以恐吓、激怒或羞辱他人为目的的行为。

正视"校园欺凌"的问题是最终有效解决该问题的第一步。2016年4月，在《关于开展校园欺凌专项治理的通知》上，我国政府部门第一次在正式文件中提出"校园欺凌"的概念。华东师范大学法学院任海涛教授认为：校园欺凌与校园暴力不应被混为一谈，因为这会导致治理问题上的困难。校园欺凌应当被狭义上界定：校园欺凌具有持续性和反复性；精神上的欺辱，如起绰号、孤立等行为属于校园欺凌；校园欺凌的特征之一就是行为人是未成年人，这就要求我们采取与以成年人为受害人的不同的防治措施。

2023年6月，中央网信办发布通知，[2]强化未成年人网络保护，重点整治7方面网上涉未成年人突出问题。在网络欺凌问题方面，需要重点关注对未成年人使用网络烂梗进行侮辱谩骂，以及对未成年人进行"人肉搜索"、恶意传播泄露未成年人隐私的欺凌视频等行为。针对新技术和新应用的风险问题，要着重整治利用所谓的"阅后即焚"密聊软件诱骗未成年人提供个人信息，以及利用生成式人工智能技术制作和发布涉未成年人有害信息等行为。明确校园网络欺凌的概念是为了进一步研究校园欺凌的成因、法律责任和防治途径提供基础和方向。

（二）校园网络欺凌的研究演进

现有的文献中，网络欺凌的研究不断深入，不仅关注受害者面临的后果，也探讨了施害者的心理和行为动机。美国中西部某大学的一项研究涉及了439名学生，结果显示有22%的学生遭受过网络欺凌，而8.6%的学生参与了网络欺凌行为。[3]根据日本文部科学省对网络欺凌[4]的实况调查结果显示，从2006年到2008年，在全国范围的中小学校园（包括特殊教育学校）中，网络欺凌事件的发生数量分别为4883件、5899件和4527件。这些事件在全部校园欺凌事件中所占比例分别为3.9%、5.8%和5.3%。其中高中学校网络欺凌事件的数量及其在高中校园欺凌事件中的比例分别为1699件（13.8%）、1705件（20.3%）和1271件（18.9%）。

这些数字揭示了网络欺凌的普遍性和严重性，也反映出了研究网络欺凌在校园中影响的必要性。为了深入了解学生参与网络欺凌的潜在原因,需要对各种数据进行采集和分析。这些数据包括社交平台上的文本数据,以及学术文献中的相关研究。通过这些数据可以确定促使学生参与网络欺凌的因素。

三、方法与数据

为了进行这项研究,我采用了一种定量研究方法:通过发放问卷,对我校一年级的学生群体进行了调查,采集了396份有效问卷样本。随后,将收集到的数据仔细整理,并汇总到一个综合表格中。此外,还参照了特拉华欺凌受害量表(学生卷)的中文版。[5]基于该量表,我在表格中详尽列出了七种不同的网络欺凌实例(参见图1)。这不仅为研究提供了详实的定量数据,也为后续的定性分析打下了坚实的基础。

随后可以设计一个人工智能驱动的校园欺凌监测系统的需求调研,并对系统的整体架构进行了规划,包括数据收集、处理、分类和预警等功能。[6]借助于这些初步数据,我们得以了解网络欺凌的特点和趋势,明确系统设计的需求和方向。例如,我们识别了对抗不同网络欺凌类型的特定算法需求和预警机制。

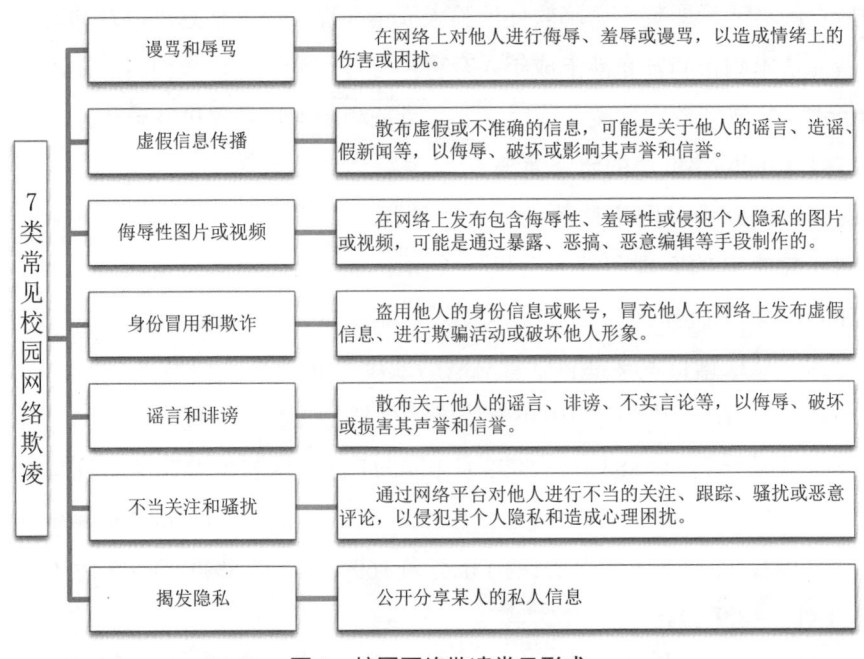

图1　校园网络欺凌常见形式

数据采集与清洗阶段，我们可以通过合法的目的和权限收集来自大众社交软件的数据，并进行清洗和预处理，去除噪声和不相关信息。这些数据涵盖了微信、抖音、QQ、B站等常用社交平台上的文本数据。[7] 我们将利用已有的文献来帮助确定促使学生参与校园网络欺凌的主要因素（参见图2）。

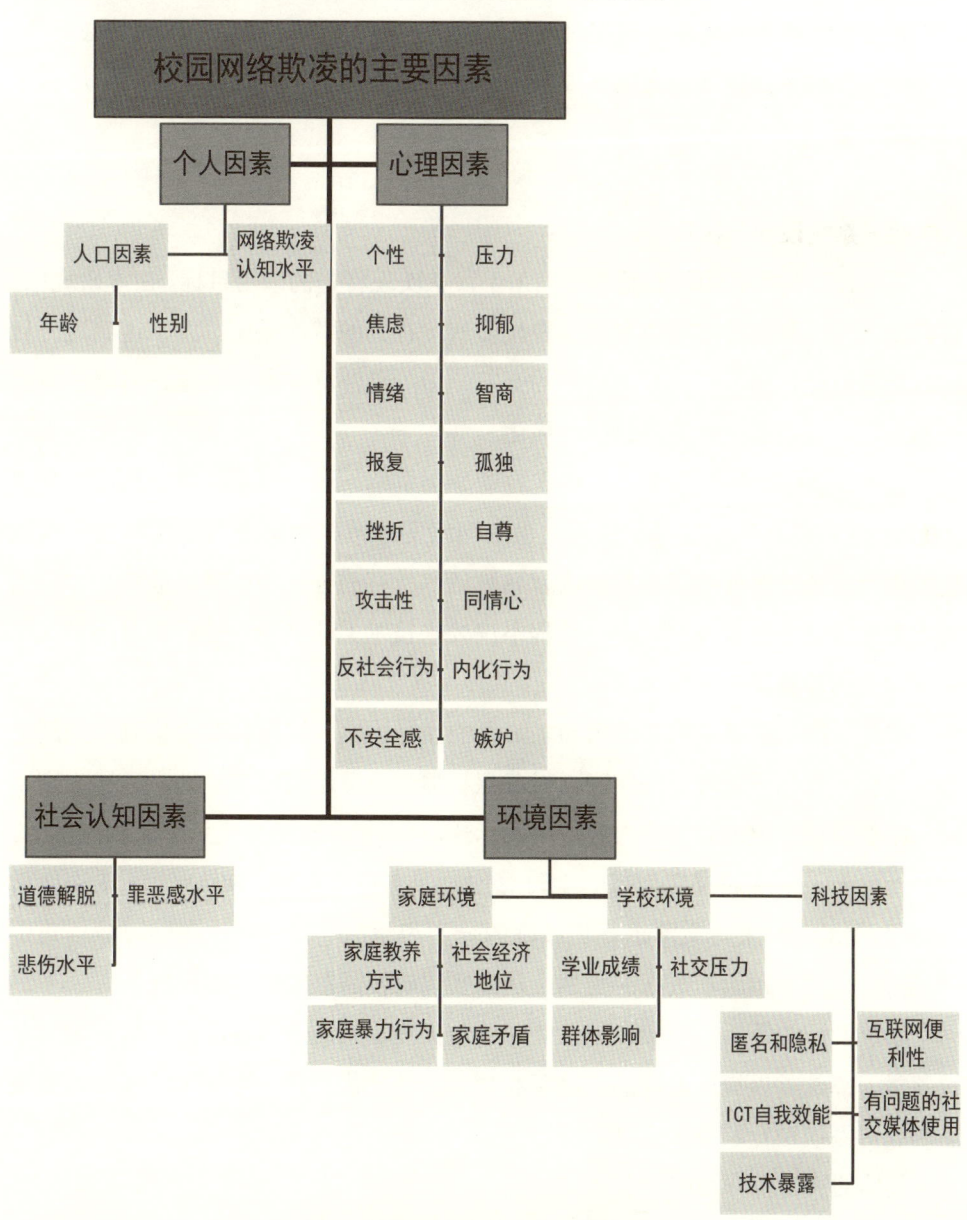

图2　校园网络欺凌主要因素结构图

结合这些数据分析，我们提出了网络欺凌的预防策略，以及干预措施，这些策略和措施的开发，不仅有助于及时识别和应对网络欺凌行为，而且为理解学生参与网络欺凌的深层次原因提供了科学依据，从而有望从根本上减少网络欺凌事件的发生。

通过整合欺凌的概念界定和对网络欺凌的多维度理解，强调了研究的必要性，也为我们提供了法律视角上的重要参考，使我们能够更全面地考虑预防措施和干预策略。

四、系统设计与执行

系统设计与执行的核心是透过技术手段来实现特定的应用目标。在本研究中，目标是开发一种能够实时监测并预警校园欺凌行为的智能系统。为了达到这一目标，系统设计包括了自动分类引擎的开发、多阶段注释方案的实施、机器学习算法的应用，以及系统性能的评估与优化。

首先，系统设计聚焦于开发一套自动分类引擎。这个引擎利用自然语言处理（NLP）[8]和机器学习技术，[9]从大量的网络文本数据中筛选出可能涉及校园欺凌的内容。通过对俚语、辱骂性语言和脏话等特征的分析，引擎能够将文本分类为攻击性或非攻击性类别。这一过程不仅要求技术上的创新，还需要对语言文化进行深入的理解。

实施的第二步是采用多技术和多阶段的注释方案。这包括对收集到的主题进行标签化和对帖子进行详细注释，以确保机器学习算法能够准确地学习和识别不同类型的数据。通过对文本内容的深入标注，可以提升自动分类引擎的判别能力。

接下来，系统通过应用机器学习算法，如支持向量机（SVM）[10]或深度学习神经网络，[11]来对文本进行更精确的分类和预测。这些算法在学习数据集中的模式后，能够预测新数据的类别，从而实现对校园欺凌行为的识别。

系统设计的最后一个部分是性能评估与优化。系统通过持续分析运行数据并调整学习算法，以提高监测的准确率和效率。性能优化是一个持续的过程，需要不断地对系统进行调整和改进。

具体的实施步骤为：

（1）数据收集与准备：该步骤涉及获取与筛选数据。系统需要通过合法渠道，如开放 API 接口 [12][13] 或爬虫程序，[14] 收集社交软件的文本数据，并在整个过程中遵守法律法规和隐私政策。收集到的数据经过清洗和预处理，然后进行标记和注释。

（2）引擎开发与算法应用：结合自然语言处理和先进的机器学习技术，开发出能够高效处理和分析文本数据的自动分类引擎。

（3）实时监测与预警机制实施：系统通过设定监测规则和条件，如文本特征和行为模式，来捕获潜在的欺凌行为。

（4）事件监测设置与实时数据监测：为了捕获欺凌行为，系统会监测社交媒体和聊天应用上的数据流，使用 NLP 和机器学习技术实现实时分析。

（5）预警触发条件与信息发送：当监测到符合条件的欺凌行为时，系统将触发预警并通知相关管理者或监护人。

（6）数据记录与反馈：系统记录预警事件，并生成报告，为后续的分析和改进提供数据支持。

通过这些步骤，可以确保系统能够有效地在校园环境中监测和预防欺凌行为，同时也支持管理人员和监护人及时采取行动，保护未成年人的网络安全。

五、成果分析与讨论

（一）用户反馈与调整系统

在智能校园人工智能网络欺凌监测与预防系统的实施和运行过程中，用户反馈机制发挥了至关重要的作用。通过主动收集来自系统管理员、教师、学生及其家长等利益相关者的反馈，使我们能够对系统性能、功能和用户体验有全面的了解。在线调查、反馈表和用户论坛等多种渠道的反馈能让我们能够迅速识别并响应用户的需求。

通过深入分析确立系统改进的具体方向，这包括功能增强、算法调整和用户界面优化等领域。随后的更新版本发布是沟通与教育的关键环节。用户需要获得清晰的更新说明和指导，以便理解系统的改进内容。此外，持续的跟踪与改进机制确保了任何新出现的问题能够被及时发现并解决，从而使系统保持最佳的运行状态。

（二）教育与预防措施推广

除技术解决方案之外,教育和预防措施的推广对于遏制校园欺凌同样重要。全面的教育计划能够让师生和家长对校园欺凌有了更深入的了解,这种认识是预防这一问题的根本。宣传活动通过多样化的形式,如海报、视频和校园活动,提高了校园欺凌问题的可见度,倡导全校范围内的积极参与。

家校合作的加强是推广教育与预防措施取得成功的关键之一。通过家长会、讲座等方式,学校向家长传达了防欺凌的重要性,并鼓励家长参与共同肩负起解决问题的责任。专题教育课程的设置系统化地向学生传授相关知识,这不仅涵盖了法律法规,还包括了道德规范和心理健康等内容,全方位地提高学生的自我保护意识和社会责任感。

学生支持体系,如心理咨询中心或支持团队的建立,为受到欺凌影响的学生提供了宝贵的心理支持服务,有助于学生更好地应对困难。

(三)预期成果

通过上述系统的调整、优化和教育推广活动,我们预期能够达成以下成果:

(1)快速识别和防止网络欺凌,保护学生安全。

(2)建立安全的在线学习和交流环境。

(3)协助管理者有效监控和干预,维护校园秩序。

(4)培育健康的数字交流文化,通过教育促进积极在线互动。

(5)促进校园和谐与尊重,提升学生道德素质和教师工作效率。

我们有理由相信,通过系统的持续优化与教育预防活动的有力实施,将大大提升校园的数字通信环境,为学生、教师及家长创造一个更安全、和谐的学习和生活空间。

六、结论

在当前数字时代,网络欺凌现象成为校园环境中一个不容忽视的问题。面对这一挑战,本研究提出并评估了一个综合性的智能校园人工智能网络欺凌监测与预防系统的实施方案。通过对现有文献的分析、技术的探索,以及教育实践的深入考察设计了一个包含多层次预防和干预措施的系统。本系统不仅依赖于先进的人工智能技术以实时监测和识别网络欺凌行为,还强调了教育与预防措施在校园文化建设中的重要性。

从技术层面，系统通过持续的学习和优化，能够高效地识别网络欺凌活动，并对潜在的欺凌行为发出预警。系统的开发和实施过程中，用户反馈被视作提升系统性能的一个重要环节，确保了系统的有效性和适应性。同时，通过对界面和用户体验的不断优化，系统的可用性和接受度得到了显著提高。

教育层面，提出了一系列全面的教育措施，包括增进学生、教师和家长对网络欺凌现象的认识，建立家校合作机制，以及开展有针对性的心理健康和法律知识教育。

总体而言，本研究的成果表明，通过技术和教育的结合，我们不仅能够有效地监测和预防网络欺凌，还能够引导学生形成更为正面的在线行为习惯，促进校园内外的良好沟通与互相尊重。我们的研究结果为校园网络欺凌问题提供了一种创新的解决框架，并为实际操作提供了可行的建议。未来的工作将关注于进一步完善系统功能，加强预防教育内容，以及对系统的长期成效进行评估。通过这些努力，我们相信可以为学生营造一个更加安全和支持的学习环境，为他们的健康成长提供有力保障。

参考文献

[1] 任海涛."校园欺凌"的概念界定及其法律责任[J].华东师范大学学报(教育科学版)，2017，35(02):43-50+118.DOI:10.16382/j.cnki.1000-5560.2017.02.005.

[2] 中央网信办：重点整治网上涉未成年人突出问题[J].读写算，2023(18):1.

[3] C. D. MacDonald and B. Roberts-Pittman, "Cyberbullying among college students: Prevalence and demographic differences,"Procedia-Social Behav. Sci., vol. 9, pp. 2003–2009, Jan. 2010, doi: 10.1016/j.sbspro.2010.12.436.

[4] [日]文部科学省.(2-6)欺凌的形态[DB/OL].http://www.mext.go.jp/b_menu/houdou/19/11/07110710/001/002.pdf.2007- 11- 15;http://www.mext.go.jp/b_menu/ houdou/20/11/08111707/002.pdf.2008-11 - 20;http:// www.mext.go.jp/b_menu/houdou/21/11/__icsFiles/afieldfile/2009/11/30/1287227_1_1.pdf.2009-11-30.

[5] 谢家树,魏宇民,George Bear.特拉华欺凌受害量表(学生卷)中文版再修订及初步应用[J].中国临床心理学杂志，2018，26(02):259-263.DOI:10.16128/j.cnki.1005-3611.2018.02.011.

[6] 王乐.基于DT-SVM的校园霸凌检测算法[D].哈尔滨工业大学,2020.DOI:10.27061/d.cnki.ghgdu.2019.001365.

[7] 王春东，张卉，莫秀良，等.微博情感分析综述[J].计算机工程与科学，2022，44(01):165-175.

[8] 郑捷.NLP汉语自然语言处理原理与实践[M].电子工业出版社:201701.545.

[9] 侯博学，陈林.数据库技术发展研究综述[J/OL].软件导刊:1-7[2024-04-22].http://kns.cnki.net/kcms/detail/42.1671.TP.20240321.1317.008.html.

[10] 丁世飞，齐丙娟，谭红艳.支持向量机理论与算法研究综述[J].电子科技大学学报，2011，40(01):2-10.

[11] 马世龙，乌尼日其其格，李小平.大数据与深度学习综述[J].智能系统学报，2016，11(06):728-742.

[12] 何舒.API接口自动化测试系统设计及实现[D].电子科技大学，2019.

[13] 鲁丹，李欣，陈金传.基于API技术的数字人文基础设施的构建[J].图书馆学研究，2019(13):42-46+57.DOI:10.15941/j.cnki.issn1001-0424.2019.13.006.

[14] 郭丽蓉.基于Python的网络爬虫程序设计[J].电子技术与软件工程，2017(23):248-249.

（作者单位：上海市工商外国语学校）

第三部分　课程改革

时事新闻融入中职思政课程的实践探索
——以部编版《中国特色社会主义》教学为例

冯 妍

在中职思政课堂上融入时事新闻，可以充分发挥时事新闻的作用，理论联系实践，展现出良好的实践效果，激发学生思政课程学习的兴趣，同时也增强了中职学生思政教育的实效性。

一、时事新闻融入中职思政课程的必要性

党的"十八大"以来，中国特色社会主义进入新时代，人民日益增长的美好生活需要和不平衡不充分的发展之间的矛盾成为现阶段我国社会主要矛盾。由于信息化时代发展中存在着不平衡不充分的问题，中职学生被新媒体碎片化信息误导，导致价值观错位，缺乏理想信念，注重物质享受娱乐、忽视精神充实提升、缺乏职业工匠精神等问题层出不穷，这些问题对于学生个体成长、社会发展和国家未来都十分不利。中职思政课程就是要帮助中职学生修正错误观点，树立正确的世界观、人生观和价值观，脚踏实地，勤学苦练，不断提升技能水平，并最终成长为高素质的技能型人才。将时事新闻融入中职思政课程，可以更好地发挥思政学科这一育人功能。

（一）课标要求

《中等职业学校思想政治课程标准（2020版）》要求在《中国特色社会主义》的教学实践中，要坚持理论性与实践性相统一，遵循教育教学规律、思想政治教育规律和中职学生身心发展规律，激发学生兴趣，提高思想政治教学的吸引力，有效提高教学质量。由此可见，传统的说教式教学已经不能适应新的课程标准，灌输型教学也无法激起学生思想政治课程的学习兴趣。要充分发挥学生的主体作用，提高中职学生的学习积极性，就要着眼于贴近学生生活的具体事例，从学生未来将要从事行业的最新发展动向入手。时事新闻与传统教学的融合，可以引导

学生理论联系实践，将所学理论知识运用到实践分析中，进而形成正确的价值观。

（二）中职学生发展需要

新时代的青少年具有知识更新速度快、思维更加活跃、创新精神和个性化需求较强的特点。他们不再被动地接受知识和信息，而是更愿意突出学习过程中自身的主体地位。网络自媒体的快速发展，使中职学生接收信息的渠道越来越广，面临的环境越来越复杂，更加考验学生们的信息辨别能力。将时事新闻融入思想政治课程教学，可以让中职学生主动获取信息并进行正确解读，符合他们的兴趣要求；可以帮助他们正确理解党和国家的方针、政策，正确把握社会形势，培养他们辨识信息的能力；可以通过联系实际帮助他们学习、理解并掌握理论知识，从而更好地做到"知行合一"。

二、时事新闻融入中职思政课程的现状

时事新闻融入中职思政课程可以提升学生自主学习的兴趣，将理论与实践紧密结合，提高教学效率和质量，这些优点已经被越来越多地运用到中职思政课程的教学中。然而，在课堂实践的过程中，不可避免地出现了一些问题。

（一）时事新闻资源选取不当

时事新闻融入中职思政课程所起到的重要作用是在时事新闻合理选材并充分运用的前提下得以实现的，在实际运用过程中，往往会出现一些问题。笔者在《中国特色社会主义》这门课程的教学过程中，安排了学生分组搜集时事新闻并进行课前分享的环节。实践中，笔者发现在时事新闻资源选取的过程中，存在盲目性和随意性，例如选取娱乐新闻、自媒体片面解读的新闻素材、真实性有待考证的资源等。在与教研组教师进行教研活动时，部分一线思政老师也提出时事新闻资源难以把握，选择时事新闻融入课堂实践时容易出现偏离学生生活、学生难以理解、年代久远、消极案例缺乏引导等问题。而这些问题的出现，使得时事新闻融入中职思政课程的有效性大打折扣，有些甚至起到适得其反的作用。[1]

（二）时事新闻理解不够深入

当前，部分一线的中职思政教师自身思想政治理论不扎实、专业性不强，缺乏政治敏感性。对于融入课堂的时事新闻，只能浮于表面进行解读，难以将新闻背后的深刻内涵理解透彻，对于教材的知识点的了解也不够深入，生搬硬套进行融合，难以将时事新闻与理论知识有机结合起来。[2]个别甚至在解读时事新闻时带有明显的主观色彩，这对于世界观、人生观、价值观正在形成过程中的中职学生来说，带来巨大的负面影响，偏离了将时事新闻融入中职思政课程的初衷。

（三）时事新闻融入方法单一

时事新闻融入中职思政课程的本意是为了激发学生的学习兴趣，有效地提高中职学生的学习兴趣。然而在实践过程中，有些思政教师把时事新闻融入课堂视作完成任务，仍旧采取传统的讲授式教学，用教师讲，学生听的方式来灌输。还有的任由学生自己讲新闻素材，不进行任何解读和评论，哪怕是不合时宜的错误观点，也秉持着"反正不是教材上的理论问题不用纠正而得过且过"。这些做法让时事新闻对课堂教学原本应该发挥的效果大打折扣，甚至增加了课堂教学的负担。

三、时事新闻融入中职思政课程的实践

针对时事新闻融入中职思政课程的必要性和现状问题，笔者结合中职思政课程教学情况和中职学生的实际情况，以部编版《中国特色社会主义》这门课程的实践教学为例，采取了以下做法。

（一）注重时事新闻选材的适用性

将时事新闻融入思政课程教学，让原本枯燥的理论知识点"活"起来，更加适合中职学生，是增强教学实效性的重要途径。在选取时事新闻素材时，要注重新闻的适用性，既要站在中职学生的视角进行选择，符合青少年的年龄特点，又要注意贴近中职学生的生活实际，还要注意不同专业、不同层次学生的特点。在《中国特色社会主义》第3课第1框第3目"以中国式现代化全面推进中华民族伟大复兴"的授课过程中，根据课标要求，制订了"深入理解中国式现代化的五个中国特色"的教学目标。为了实现这一教学目标，笔者选取出火爆全国的乡村篮球赛这则时事新闻，并将其融入"中国式现代化的五个中国特色"这个知识点中进行解读。选取"村BA"这则新闻既是因为它的火热程度，又是因为篮球本身就是中职学生日常非常喜爱的一项体育活动，从这个点切入，学生既感觉亲切又非常感兴趣。"村BA"是基于国情、省情、县情、村情而诞生的民族盛会；是城市与农村经济社会共同发展的文化盛会；更是物质文明与精神文明协调发展的体育

盛会；是推进中国式现代化的乡村实践缩影。通过介绍"村BA"，让学生进行小组探究学习，解码火爆的"村BA"，并完成学习任务单。选取适合的时事新闻融入课程教学，由学生自主查找搜集资料后进行分享，教学效果优于单纯由教师进行解读。

（二）深入理解时事新闻的内涵意义

作为中职思想政治课程的教师，要能够读透时事新闻背后的内涵意义，通过进一步的整合，联系教材中的理论知识点，形成恰当的教学结合点。在选取火爆出圈的"村BA"这则新闻时，笔者关注到这则新闻背后的信息——"村BA"的发展历程和它的举办地台盘村的发展历程分别是怎样的？并由此引导学生分组探究这则新闻背后的深刻本质。学生自主搜集以贵州省黔东南台盘村为代表的"村BA"及该村的发展历程等相关时事，了解其深厚的历史底蕴、扎实的群众基础，以及逐年完善的设施条件等，感悟火热开赛的"村BA"所处的历史方位与时代背景。台盘村民族文化多姿多彩，民俗活动丰富多元。从1936年引入篮球运动开始，经过80多年发展、历经三代人的自觉接力，特别是脱贫攻坚期间硬件设施不断完善，使原本身处深山的贫困村焕发出勃勃生机。这些新闻背后的信息进一步增强中职学生对我国脱贫攻坚、全面实现小康社会，实现第一个百年奋斗目标及乡村振兴等发展成就的自豪感与认同感。

（三）时事新闻融入方法灵活多样

（1）在时事新闻融入课程学习过程中，可以通过学生课前分享时事新闻来体现学生的自主学习，充分调动中职学生的主观能动性。笔者通常会提前给学生设置时事新闻专题，包含党的"二十大"精神学习专题、经济类专题、政治类专题、科技类专题、环保类专题、军事类专题、文体类专题、教育类专题、行业发展类专题等，按照提前分配好的2—3人小组，分工合作，围绕选中的新闻专题自主搜集素材，利用课前的3—5分钟进行分享。通过课前5分钟新闻分享的形式，培养学生关注社会热点新闻、及时了解所在专业未来动向的习惯。

（2）将时事新闻穿插在思政课堂教学过程中，使课堂变得生动有趣，贴近生活。如《中国特色社会主义》第9课第一框第一目"全过程人民民主是社会主义民主政治的本质属性"，根据课标要求，这部分内容的教学重点为：理解全过程人民民主是最广泛、最真实、最管用的民主。单纯向学生灌输"全过程人民民主是最广泛、最真实、最管用的民主。"通过传统的死记硬背，学生并不能真正理解，也提不起兴趣，无法将理论与实践相结合。应该通过捕捉时事新闻中的思政元素，让学生融入社会生活。

（3）开设时事课堂，结合教材的逻辑架构，将时事新闻素材更全面深入地融入中职思政课程的教学中，将思政课程中的相关知识点融会贯通起来，让时事新闻在中职思政课程的教学中真正发挥画龙点睛的作用。例如，将乡村篮球赛"村BA"火爆出圈这则时事新闻作为主题，开始一节时事课堂。以"村BA"的前世今生、从"村BA"看中国式现代化、"村BA"的启示之接力奋斗三个议题分别进行探究。学生通过探究，进一步增强对这些发展成就的自豪感与认同感。

四、结语

习近平总书记强调：要教育引导学生正确认识世界和中国发展大势；正确认识中国特色和国际比较。在中职思政课程的教学过程中融入与教学内容关系紧密贴合的时事新闻，不仅能够使中职思政课程理论教学"活"起来、"新"起来、"趣"起来，还能以小见大，以点带面，培养学生潜移默化地关注国家、社会、行业的发展，真正做到"风声雨声读书声，声声入耳；家事国事天下事，事事关心"。

参考文献

[1] 秦娟华，陈蕊花. 时事新闻热点融入高职思政课教学的困境与对策 [J]. 北京工业职业技术学院学报，2023，22（2）：91-93.

[2] 李玉倩. 时事新闻融入高职思想政治理论课的实践性研究 [J]. 课程教育研究，2017（17）:69-70.

[3] 习近平. 思政课是落实立德树人根本任务的关键课程 [EB/OL].（2020-08-31）[2022-11-16]. http://www.qstheory.cn/dukan/qs/2020-08/31/c_1126430247.htm.

（作者单位：上海商业会计学校）

人工智能融入增值评价的实践路径
——以电子技术课程为例

岳 莎

2020年,中共中央、国务院印发《深化新时代教育评价改革总体方案》,明确指出"利用人工智能、大数据等智能技术创新评价工具,提升教育评价的专业性、科学性、客观性"。[1] 智能技术在教育评价领域的应用已然成为一个重要趋势。2024年,世界数字教育大会强调"落实人工智能教育应用政策,充分发挥人工智能价值;创新人工智能教育应用方式,促进数字教育质量与公平"。[2] 意味着人工智能将成为促进教育事业高质量发展的重要引擎。教育评价与人工智能深度融合已成为教育评价改革的主流趋势,[3] 这种融合不仅可以提升教育评价的效率和有效性,更能促进教育评价向数字化、智慧化、个性化方向发展。尤其是将人工智能融入基于数据为核心的"增值评价"模型,运用人工智能的算力、算法等技术,驱动形成增值评价的多元化,契合学生的全方位发展,打造增值评价智慧数据分析平台,完善增值评价模型,发挥增值评价的实践价值。[4]

一、现阶段增值评价模式实践的现实困囿

(一)评价数据收集难度大

教学过程中,教师教授、学生学习、课堂互动等都会产生数据,无论哪种数据都需要观察与收集。数据是增值评价的重要支撑,基于数据为核心的增值评价模型,指的是依托数据展开价值性挖掘,体现评价的"增值性",且以学生成长为本位依托数据开展评价。[5] 不管是课堂互动实时生成的数据,抑或是涉及非学业表现性数据收集时,其评价数据收集难度之大,传统的数据收集模式已经不再适用。

(二)评价过程技术难度大

在人工智能融入之前,增值评价的评价过程技术难度就已经较大。传统的增值评价方法通常依赖于人工进行数据收集、处理和分析,这一过程不仅耗时耗力,而且容易受到主观因素的影响,从而导致评价结果的准确性和公正性受到影响。

首先,数据采集的难度较大。增值评价要求对学生的学习过程、全方位发展等进行可测量的、全面的数据采集,包括课堂表现、作业完成情况、实际操

作等，这些数据的收集和处理需要大量的人力和时间。其次，数据分析的难度较大。增值评价需要对收集到的海量数据进行深入的分析和挖掘，以了解学生的学习状况和增值情况，这需要依赖于先进的统计学和机器学习算法，而传统的数据分析方法难以胜任这一任务。最后，评价模型的构建难度较大。增值评价需要构建能够全面、准确地评估学生增值的评价模型，这需要综合考虑学生的知识掌握程度、技能运用能力、创新能力等多方面因素。而传统的评价模型往往无法满足这一要求。

（三）评价结果反馈时效慢

在教育评价形成的过程中，增值性评价结果的反馈对于学生、教师，以及教育管理者来说都具有重要意义。传统的评价反馈方式反馈时效慢，这无疑制约了教育评价的有效性和即时性。首先，传统的增值性评价方式在收集、整理和分析评价数据方面存在一定的时间延迟，这种延迟可能会导致学生无法及时了解自己的学习状况，从而无法针对性地调整学习策略。同样，教师也无法迅速发现学生的不足，为下一阶段的教学提供有效指导。其次，在处理大量数据时，需要耗费较长的时间和较大的精力，从而降低效率，导致评价结果反馈时效慢。

总之，运用人工智能，将其融入增值评价的实践中，可以拓展数据收集的深度和广度，提升评价过程中数据分析的准确性和公平性，同时为学生提供及时的学习建议和指导，教师也可以根据实时数据和采集结果调整教学方法和策略，以提高教学效果。[6]

二、人工智能融入增值评价的实践路径

人工智能融入教育评价已成为一个重要的研究和实践议题。人工智能和教育教学过程深度融合，将转变教育评价的模式，重塑教育评价的内涵。

（一）人机协同，构建智能化的数据采集和分析体系

首先，增值评价是一种基于模型分析的量化评价方法，因此，数据的收集和分析尤为重要。其次，增值评价重在强调学生的发展程度，是全方位、宽角度、多维度的评价，教师本体课堂教学的观察，学生主体的自我评价等也是数据收集的重要环节。因此，依托"人类"的智慧情感和"人工智能"的科学准确，以共同目标为导向，构建智能化的数据采集和分析体系。[7]

依托人机协同，构建智能化的数据采集和分析体系具有如下特性：

（1）全面性。在教育评价过程中，学生的学习成绩、学习行为、心理发展等多方面因素都会影响其学习效果。

（2）动态性。教育是一个持续发展的过程，学生的学习效果和教师的教学效果也会随着时间发生变化。

（3）客观性。在数据采集和分析过程中，应尽量避免主观因素的干扰，保证数据的客观性。这可以通过使用人工智能技术来实现。

（4）个性化。每个学生都有自己的特点和需求，因此在数据采集和分析过程中，应充分考虑学生的个体差异。智能化数据采集和分析体系可以根据学生的学习情况、兴趣、特长等方面进行数据分析，为学生提供个性化的教育服务。

（二）目标导向，构建智慧化的评价体系

在评价过程中，不管是依据人类的评价方式还是人工智能的评价模型，人类与人工智能以实现评价的公正性和高效率为目标导向，构建智慧化的评估体系。

首先，人工智能在增值评价中的角色应当是"增强"而非"取代"人类。人工智能作为一种工具，其设计初衷是为了辅助教师和学生，通过大数据分析、模式识别等技术，扩展评估的深度和广度。

其次，智慧化评估体系能够为教师和学生提供个性化的反馈。人工智能系统可以处理大量的评估数据，通过分析这些数据，能够识别出学生的强项和弱项，为每位学生提供定制化的学习建议。

再者，智慧化评估体系的建立还能够提高评估的时效性。传统评估往往需要花费大量时间来收集、整理和分析数据，而人工智能可以实时收集评估信息，迅速提供反馈，使教师和学生能够及时了解教与学的效果，快速作出调整。

最后，构建智慧化评估体系还有助于推动增值评价的标准化与规范化。人工智能的介入可以确保评估过程的一致性，减少主观偏见对评价结果的影响。

（三）差异设计，构建智慧化的辅导体系

从实践层面看，差异设计已成为提升教学效果的重要策略。差异设计的核心在于认识到每位学生的学习需求和兴趣存在差异，从而根据学生的学习数据和评价结果，构建智慧化的辅导体系。该体系不仅可以辅助教师更好、更有效地开展教学，而且通过个性化推荐算法，为学生提供符合其学习需求和兴趣的学习资源和辅导措施；同时，结合学生的学习进度和问题，为学生提供实时的问题解答和指导。

三、案例：人工智能融入增值评价在电子技术课程中的实践探索

（一）数据采集与分析

教育评价需要综合考虑并结合多个评价主体进行教育评价，以克服单一评价主体可能带来的局限性和偏见。[8] 因此，数据的采集是关键环节。通过智能设备和教育平台，可以收集学生的学习数据，包括课堂表现、实验操作、作业完成情况等。此外，还可以收集学生的学习背景、兴趣和需求等信息，以便更好地为学生提供个性化辅导。

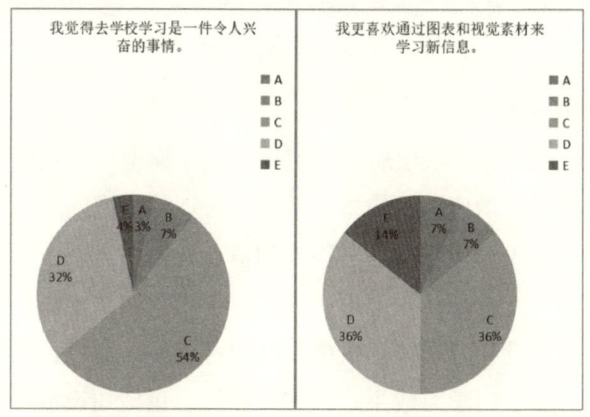

图1　学生数据采集（学情部分）

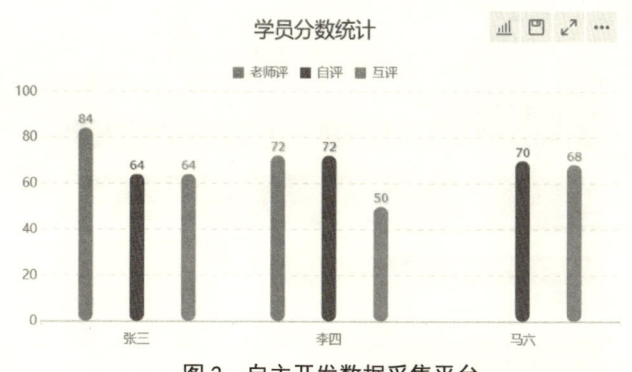

图2　自主开发数据采集平台

采集到的数据需要通过大数据分析技术进行挖掘和分析。数据分析的目标是了解学生的学习状况和进步情况，包括知识掌握程度、技能运用能力、创新能力等方面。通过数据分析，教师可以发现学生的薄弱环节，为学生提供有针对性的辅导。

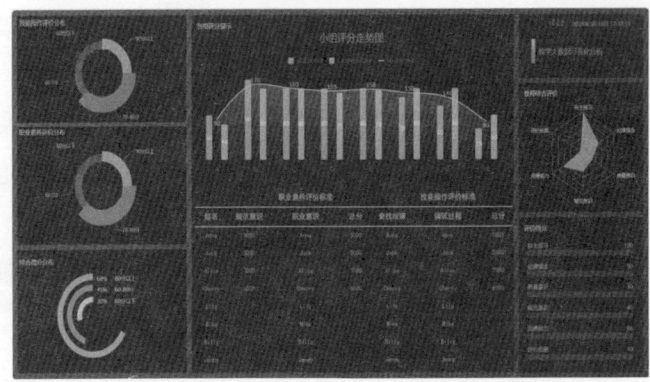

图3 自主开发数据分析平台

（二）评价模型构建

王旭东教授所撰写的《教学质量增值评价常见模型与实践应用思考》文章中分析了五类九种常见的增值评价模型，并对增值评价模型的选用和实践应用提出观点。[9] 其中包括基于总体平均分名次的增值评价模型、基于个体平均分名次的增值评价模型等，本次电子技术课程研究初步引用了基于均量值的增值评价模型和基于分数和等第的阶梯型增值评价模型这两种模型，通过机器学习算法和自然语言处理技术，对学生的学习成果进行智能评估，包括知识掌握程度、技能运用能力、创新能力等方面。

1. 基于均量值的增值评价模型

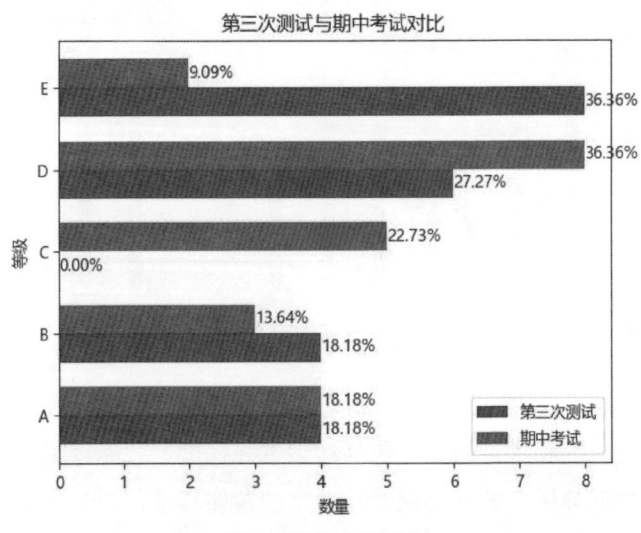

图4 数据分析结果

为了处理数据并计算均量值,运用人工智能的算法和算力,将数据收集导入,通过数据清洗、数据转换、数据编码与权重分配等步骤,输出结果。通过这些步骤,系统能够自动化处理学生测验数据,计算均量值,并提供有价值的信息和建议,以辅助教育决策和教学改进。

> 针对这个班级,教学建议可能包括:
> - 对于 E 类别的学生,需要提供额外的辅导和支持,帮助他们达到及格线。
> - 对于 D 类别的学生,可以通过额外的练习和辅导来提高他们的理解力和成绩。
> - 对于 C 类别的学生,可以提供更具挑战性的学习材料和活动,以帮助他们进一步提升。
> - 对于 B 类别和 A 类别的学生,可以通过高级课程和竞赛等活动来维持他们的学习兴趣和动力。

图 5　人工智能系统教学建议

2. 基于分数和等第的阶梯型增值评价模型

基于分数和等第的阶梯型增值评价模型通过计算学生的增值分数,反映学生在一段时间内的学业进步情况。增值分数的计算方法如下:首先,在数据分析前期,将研究班级按照固定模式进行分组,每一次测验数据的组别都是固定的,这样可以保证每一次变量都是一致的,便于数据的处理和分析。紧接着,指标数值变化在某一个阈值(不同学校不同班级不同学生,此阈值可以根据实际情况进行定义)内,定义为"稳定",赋分 1 分;优于等于阈值,定义为"进步",赋分 3 分;劣于阈值,定义为"退步",赋分 0 分。将指标增值赋分合计成总体增值分,用来做增值性评价,评估班级学业成绩动态变化及绩效。该模型具有以下优点:能够直观地反映学生的学业进步情况,具有较强的激励作用,鼓励学生不断提高。

通过人工智能的算法分析可以得出如下表格和教学建议:

表 1　第二次测试与第三次测试数据分析

	第二次测试与第三次测试				
	指标变化值		增值分		
	后进率	优秀率	后进率	优秀率	合计
第一组	16.67%	0.00%	0	1	1
第二组	0.00%	0.00%	1	1	2
第三组	0.00%	-16.67%	1	0	1
第四组	-20.00%	20.00%	3	3	6

从这些数据中，我们可以得出以下教学建议：
- 对于第一组，继续保持对后进学生的辅导，并尝试提高优秀率。
- 对于第二组，需要分析原因，为何后进率和优秀率都没有变化，并制定相应的教学策略。
- 对于第三组，需要关注优秀率的下降，分析原因，并采取措施提高学生的整体表现。
- 对于第四组，教学策略似乎有效，继续保持并进一步优化教学方法，以维持和提高增值分。

图6 人工智能系统基于输出结果的教学建议

（三）反馈机制创建

增值评价通过全方位的评估学生近一段时间内的"增值"，目的是在于将结果及时反馈给学生，以及教师，通过个性化推荐算法，为学生提供符合其学习需求和兴趣的学习资源和辅导措施。同时，结合学生的学习进度和问题，为学生提供实时的问题解答和指导，为教师及时掌握学情，调整教学策略做保障。

学号/工号	综合成绩（分）↓	任务点完成数（个）↓	章节测验分类（分）↓	作业分数（分）↓	考试分数（分）↓	操作
231500008	48.02	114	6	0	2.02	提醒
231500023	49.14	114	5.16	0	3.98	提醒
231500026	49.87	114	6.12	0	3.75	提醒
231500005	47.99	114	6.94	0	1.05	提醒
121500017	0	0	0	0	0	提醒
231500011	47.88	114	6.61	0	1.27	提醒
231500010	46.89	114	5.39	0	1.5	提醒
231500016	48.55	114	6.6	0	1.95	提醒
231500030	46.85	103	7.72	0	3.23	提醒

图7 人工智能系统反馈提醒

四、结语

人工智能的快速发展不仅是技术产业领域的重大革命，更是教育评价领域的深刻变革，面对21世纪的教育需求，教育评价的智能化已经成为推动教育公平和质量改进的关键。增值评价作为一种评估教育质量的重要手段，也逐渐与人工智能技术融合，为教育改革和发展提供有力支持。

参考文献

[1] 中华人民共和国教育部. 中共中央国务院印发《深化新时代教育评价改革总体方案》[EB/OL](2020-10-13)[2023-09-25].https://www.gov.cn/yaowen/liebiao/202309/content_6904156.htm.

[2] 本刊编辑部. 人工智能让教育更美好 ——2024 世界数字教育大会人工智能与数字伦理平行会议综述 [J]. 中国教育信息化，2024，30(03):25-30.

[3] 罗海风，罗杨，刘坚. 人工智能时代的教育评价改革 [J]. 中国考试，2024，(03):8-17+97.DOI:10.19280/j.cnki.11-3303/g4.2024.03.002.

[4] 刘婵，王桂林. 困囿·价值·理路: 人工智能赋能职业教育评价改革 [J]. 上海教育评估研究，2024，13(02):1-6.DOI:10.13794/j.cnki.shjee.2024.0022.

[5] 沈萍霞，冯运. 大数据赋能教育实习评价的现实困境、技术逻辑与发展进路 [J]. 中国成人教育，2023，(20):14-20.

[6] 马志强，余承珂，杨桂英. 数字基座赋能学校综合评价：问题挑战、评价体系与实践案例 [J/OL]. 广西师范大学学报 (哲学社会科学版)，1-12[2024-05-12].http://kns.cnki.net//kcms/detail/45.1066.C.20240423.1147.002.html.

[7] 宛平，顾小清. 生成式人工智能支持的人机协同评价：实践模式与解释案例 [J/OL]. 现代远距离教育，1-15[2024-05-12].https://doi.org/10.13927/j.cnki.yuan.20240422.001.

[8] 季吴瑕，赵磊磊. 教育评价数字化转型：运行逻辑、现实困局与行动进路 [J/OL]. 甘肃开放大学学报，1-8[2024-05-12].http://kns.cnki.net/kcms/detail/62.5125.G4.20240425.1559.002.html.

[9] 王旭东. 教学质量增值评价常见模型与实践应用思考 [J]. 考试研究，2020，16(05):11-16.

（作者单位：上海市工商外国语学校）

能力本位视域下"岗课赛证"融合式课程开发探究
——以中职"食品营养"课程为例

温斯颖

党的"二十大"报告提出，"推进健康中国建设""把保障人民健康放在优先发展的战略位置"。随着工业化、城镇化、人口老龄化进程加快，我国居民生产生活方式和疾病谱不断变化，不合理膳食导致的慢性病负担日益加重。近年来，

国家卫健委会同相关部门相继发布了《健康中国行动（2019-2030年）》《"健康中国2030"规划纲要》等文件，其中明确提出要加强健康人才培养。职业教育与经济社会发展紧密相连，为我国社会主义现代化建设提供有力的人才支撑和技能保障。因此，进一步推进中职食品营养课程的教学改革，切实提升中职生的营养咨询与指导能力，具备重要的现实意义。

基于食品营养课程的重要地位，以及知识点庞杂的特点，团队尝试通过课程教学改革，融证入课、融赛入课、课岗对接，最大程度地发挥课堂主阵地的作用，满足学生就业、考证和竞赛的需求，提高职业教育的质量。

一、食品营养课程特点

《食品营养》作为中等职业教育"食品安全与检测技术"专业开设的一门专业核心课程，其功能是使学生掌握营养相关的理论知识和基本技能，培养学生从事食品营养分析工作的基本职业能力。

通过对上海市一中职校4个食品安全与检测技术专业班级110位学生开展问卷调查。统计结果发现，学生在学习《食品营养》课程时，只有22.73%的学生对该课程总是感兴趣，其他的同学在学习过程中或多或少兴趣有所衰减；仅有9.09%的同学认为食品营养的知识非常容易掌握，39.09%的学生则认为课程知识点较为繁琐，不容易甚至是非常不容易掌握；而他们对知识掌握的难易程度和运用相关内容的熟练程度呈现着显著的一致性。

综上，现有的中职《食品营养》课程已经很难适应新形势的需要，具体表现在以下两个方面：

第一，岗课疏离：课程内容陈旧，已经滞后于我国营养居民膳食营养的现实状况，未能引导学生切实关注当下营养行业关注的我国居民膳食结构不合理、超重肥胖率持续上升等[1]新问题和新需求。

第二，赛证脱节：课程和教材仍以"认识能量/营养素/食品营养价值评价/膳食指南/食谱编制"传统知识体系展开，与学生可考取的相关证书匹配度不够，学生难以直接通过学习本门课程完成证书考核，从事相关岗位的表现也有所欠缺。

二、"岗课赛证"融通课程开发

"岗课赛证"融通中的"岗"指岗位要求与人才需求，是教学改革的依据；

"课"即课程与课堂，是教学改革的核心与基本单元；"赛"指技能竞赛与创新创业大赛，是课程教学的示范与标杆；"证"则指职业资格证书和职业技能等级证书，是职业能力的评价与检验。[2] 通过"岗""课""赛""证"四要素的有机融合，综合施教，有助于破解职业教育传统教学中普遍存在的学生能力与岗位匹配度不够，技能水平与技能大赛要求存在差距，证书培训与常规教学融入度不足的难题。

虽然目前已有大量的学者论证"岗课赛证"融通是深化产教融合的必然要求，[3] 梳理出"以岗定课、以课育人、以赛导课、以证验课"的内在逻辑关系。但"岗课赛证"融合不仅涉及产业界、教育界、竞赛界、证书界"主体"的融合，更是标准、内容、过程、评价等育人要素及人、财、物、环境、文化等资源的融合，[4] 目前尚未有明确的融合逻辑，[5] 实践操作存在一定的挑战。在此，本文借鉴能力本位课程开发时使用的"独特的、高效的、低成本"[6] 经典职业分析方法——DACUM（Developing a Curriculum），从实际工作任务需求出发，以学生技能培养为目标，[7] 探索"岗课赛证"融通的实践路径。

（一）借鉴 DACUM 职业分析法，梳理课程目标，实现"课岗"融通

由于 DACUM 职业分析往往用于分析一个专业的所有相关岗位所需具备的职业能力，本文由于篇幅限制，仅针对《食品营养》一门课程开展职业能力分析。

邀请 6 名在营养行业全职就业的不同岗位的优秀工作人员，组成研讨委员会。通过分析研讨，首先得到了中职《食品营养》课程对应的三个岗位：营养师、健康管理员、食品研发员；随后采用头脑风暴法，针对每个岗位的特性进行深入分析，将营养师岗位分为 5 个能力领域，健康管理岗位分成 4 个能力领域，食品研发员岗位分为 2 个能力领域，最终将 11 个能力领域进一步分解得到 91 个能力单元（见图 1）。

在此基础上按工作流程进行逐步分析和归纳，按职业能力图表的格式和要求进行排列，参考徐国庆教授编著的《职业教育课程论》中 DACUM 表的格式要求，得到中职食品营养课程对应的职业能力图表（见表 1、2），将职业能力转化为教学目标，实现"课岗"融通。

（二）解读职业技能标准，借鉴评价模式，实现"课证"融通

以 DACUM 职业分析法得到的职业能力图表是建立"岗课赛证"融通背景下职业能力标准的基础，是"岗课赛证"中岗位要求的体现。此外，还需要融入"证"的内涵，即融入"1+X"《运动营养咨询与指导》（初级）职业资格标准要求。

对职业资格标准进行深入的分析是"课证"融通的基础。[8] 本文通过对五位多次参加该职业技能考评的专家访谈，并将访谈资料整理和分析如下：

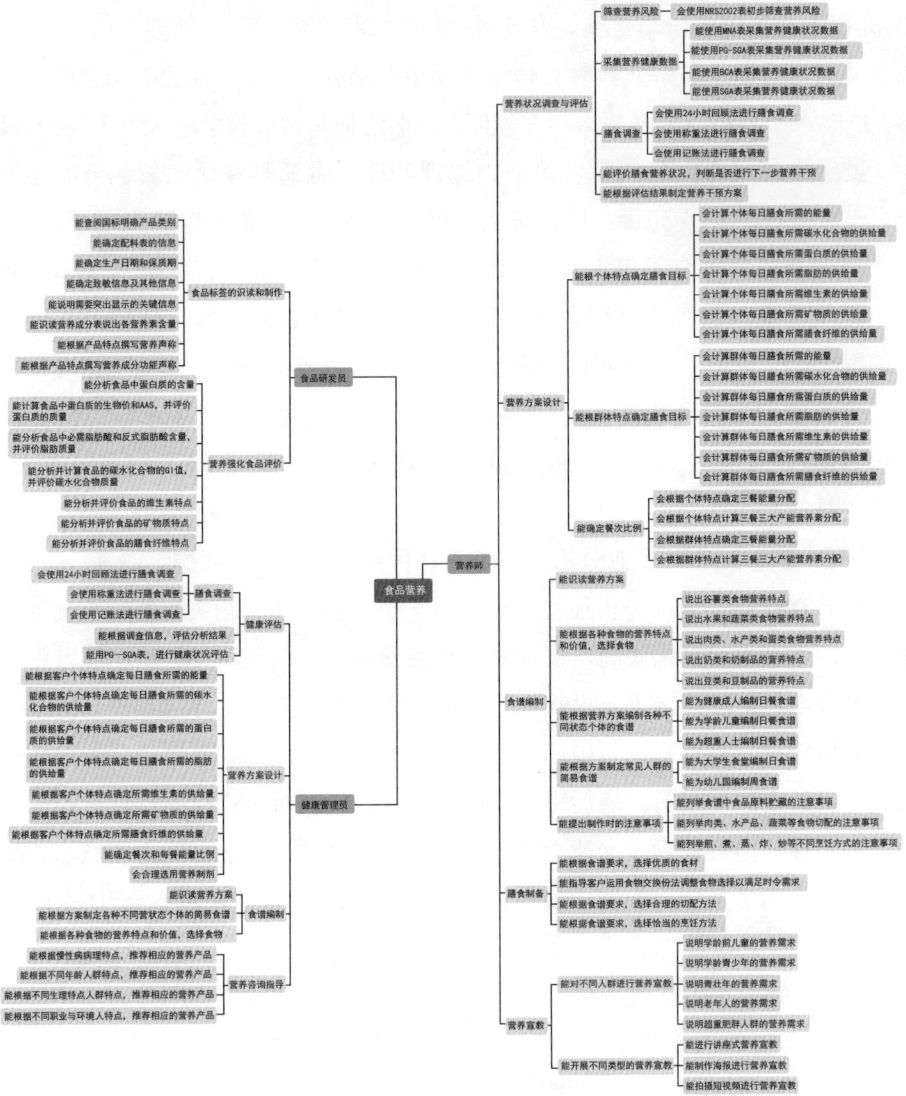

图1 中职食品营养课程职业能力结构图

首先，从就业要求来看，大部分健康服务机构和企业需要从业人员通过达到职业资格标准获取职业资格证书，实施"课证"融通有充分的必要性。

其次，从标准的内容来看，初级部分强调基础技能的掌握，要求具备运动营养测试、评估、膳食配餐及运动营养食品合理使用指导等技能，若是对运动人群

330

进行营养干预,则需要在中、高级运动营养咨询与指导人员的指导下工作,对职业素养、理论知识、技能知识和操作技能的要求梳理如图2。通过与职业能力结构图对比,可以发现职业资格标准中要求的知识点和专项技能都在职业能力结构图的范围内,无须在表1的基础上再做增加。

表1 《食品营养》课程DACUM职业能力表

能力领域	专项能力	能力要求
营养状况调查和评价	通过MNA等专业量表进行营养健康风险评估	4A
	能判断营养风险,是否进行下一步营养干预	4A
	会使用称重法、三天记录法等方法进行膳食调查	4C
	能分析并评估特定食品的营养素的质和量	4A
	能分析并评估食谱的营养素的质和量	4A
	能根据调查信息,评估分析结果	4A
营养方案设计	能根据个体/群体特点确定所需的能量和三大生热营养素的供给量和比例	4B
	能根据个体/群体特点确定所需维生素、矿物质及膳食纤维等营养素的供给量	4A
	能确定餐次和每餐能量比例	4B
	会合理选择营养制剂	4C
食谱编制和膳食制备	能识读营养方案	4A
	能根据方案制定各种不同状态个体的食谱	4A
	能根据方案制定各种特殊人群的简易食谱	4B
	能根据各种食物的营养特点和价值,选择食物	4A
	能根据食谱要求,指导原料选择	4C
	能根据食谱要求,指导切配	4C
	能根据食谱要求,指导烹饪	4C
	能进行餐前检查	4C
食品标签的识读和制作	能明确产品类别	4C
	能确定配料表的信息	4C
	能确定生产日期和保质期	4A
	能确定致敏信息及其他信息	4A
	能说明需要突出显示的关键信息	4A
	能说明核心营养素的标签表示	4A
营养宣教	能对不同生理特点人群进行营养宣教	4C
	能对常见慢性病预防进行营养宣教	2
	能对常见慢性病营养治疗进行宣教	2
	能对不同职业与环境人群进行营养宣教	2
	能判断及识别法定的兴奋剂,宣传及推广竞技体育中兴奋剂的危害性	3

注:每一项能力要求所标注的代码,是对此项技能的具体要求,与表3中的技能考核评定等级标准相对应(如"4C",指能高质、高效地完成此项技能的全部内容;"3"指能圆满地完成此项技能的内容,不需任何指导等)。

表 2　技能考核评定等级标准

4	C. 能高质、高效地完成此项技能的全部内容，并能指导他人完成。 B. 能高质、高效地完成此项技能的全部内容，并能解决遇到的特殊问题。 A. 能高质、高效地完成此项技能的全部内容。
3	能圆满地完成此项技能的内容，不需任何指导。
2	能圆满地完成此项技能的内容，但偶尔需要帮助和指导。
1	能圆满地完成此项技能的部分内容，但在指导下能完成此项工作的全部内容。

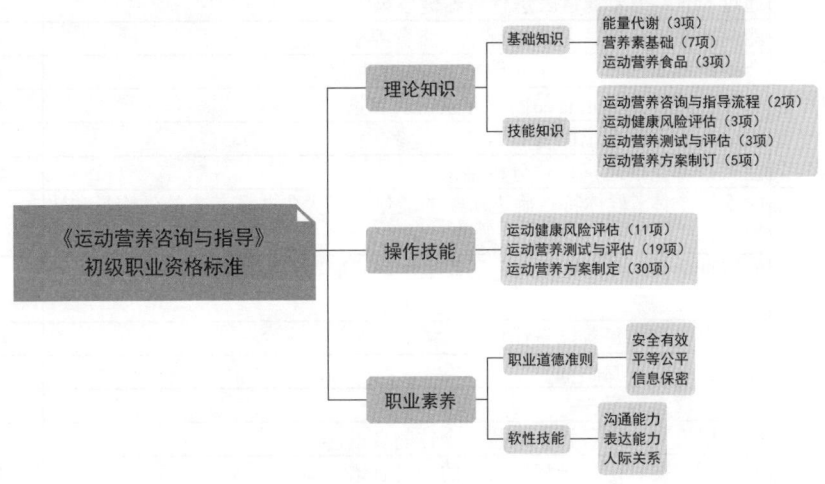

图 2　《运动营养咨询与指导》（初级）职业资格标准结构

最后，证书考评形式包括了理论考试和技能考核，成绩均达 60 分以上（百分制）者方为合格。技能考核由学生分组合作，进行 SOAP 咨询与指导全流程方案整体技能展示，考评除了关注学生的硬性技能达成度，还会考察他们的沟通能力、表达能力和团队协作能力等软性技能。

因此，借鉴证书考核维度和考评形式，根据教学目标要求，本课程从评估能力、配餐能力、沟通能力、表达能力和团队协作能力 5 个一级评价指标出发，确定了 14 个二级指标设计课程教学评价体系。借助营养配餐系统，评价学生目标设置合理度、食材用量准确度；借助教师、专家、学生共评，评价学生的沟通能力、表达能力和团队协作能力，将客观评价和主观评价相结合，通过四元主体完成五维指标教学评价（如图 3）。每位同学的实训记录、课次评价结果及课后实践实时同步在系统上，"一人一档""一课一表"制定教学信息台账，跟踪记录每一位学生的学习状况，便于因材施教，至此实现"课证"融通。

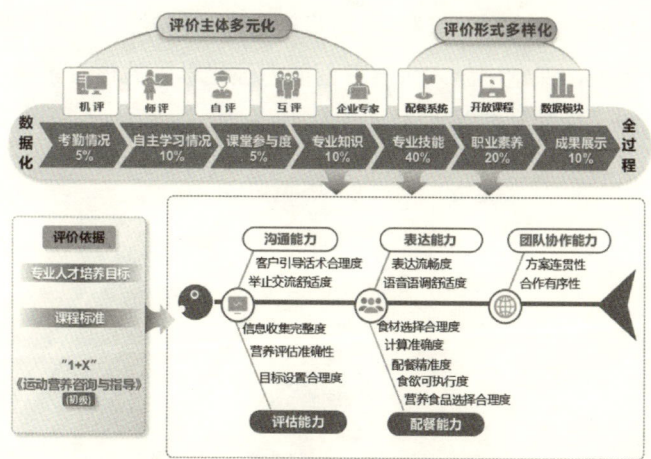

图 3 "四元五维"课程评价体系

（三）挖掘创赛能力要求，完善课程目标，实现"课赛"融通

虽然职业课程不必然具备职业技能竞赛的属性，但职业课程目标是培养职业能力，想要更全面鉴定职业能力的高低，除了考核、鉴定、顶岗实习外，职业院校通常的做法是鼓励学生参加各级职业技能大赛、创新创业比赛等，以赛促教。营养相关的职业技能大赛目前在国内外尚属空白，但功能性食品开发一直是创新创业比赛的热点，而以往总是将双创教育停留在开设专门的双创课程或举办大赛、开展第二课堂等实践教学的层面，大赛的服务面和受益面还不够广，将创赛能力和内容根植于中职专业课程教学单元的课程开发尚属空白。因此立足于学生全面发展，结合教学经验、课程特点和双创研究，在 DACUM 职业能力表的基础上，进一步融合创赛能力要求（如表3），实现"课赛"融通。

表 3 学习项目融入创赛核心素养

学习项目	核心素养目标（融入创赛能力）
1. 营养状况调查和评价	沟通协作能力、团队信任能力、数据分析能力
2. 营养方案设计	规划设计能力、解决问题能力
3. 食谱编制和膳食制备	统筹协调能力、优化反思能力
4. 食品标签的识读制作与营养宣教	组织协调能力、沟通表达能力

综上实现"课中有岗，课中强赛，课中通证"的"岗课赛证"融通四位一体的课程开发模式，如图4所示。课程是中心，以岗位需求来确定能力领域和专项

能力明确课程目标，参考"1+X"《运动营养咨询与指导》（初级）职业技能等级要求设计评价体系，课堂中融入大赛双创能力强化学生的核心素养，培养出新时代所需要的素能一体食品营养人才。

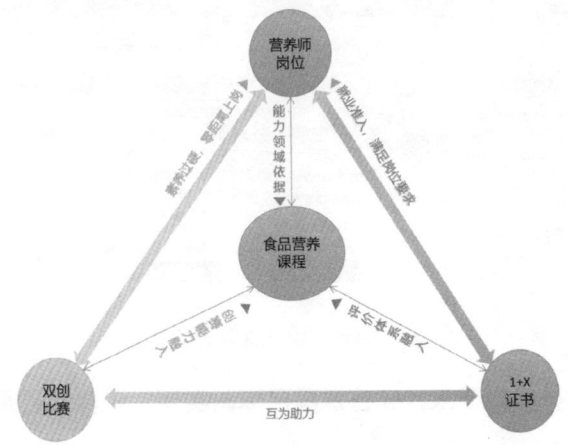

图 4 "岗课赛证"融通四位一体课程开发模式

三、结语

在国家大力发展职业教育，加快推行"岗课赛证"综合育人政策背景下，教学改革必须积极适应时代发展的变化。《食品营养》课程以典型工作任务为载体，以岗定课、以证定标、以赛促学，实现了"岗课赛证"融通，帮助学生在完成课程基本学习任务的同时能顺利拿到对应的资格证书，并在大赛中一展风采，让学生在课中学、考中学、赛中学，为学生实践操作技能和综合素质培养提供多渠道螺旋式的提升通道，帮助学生成就更好的自己，为"健康中国"的伟大事业贡献力量。

参考文献

[1] 中国居民营养与慢性病状况报告 (2020 年)[J]. 营养学报，2020，42(6):521.

[2] 邰康锋，任江维. 高职教育"岗课赛证"融通教学改革的逻辑体系与实践策略——以学前教育专业为例 [J]. 中国职业技术教育，2022，38(26):6.

[3] 程智宾，李宏达，张健. 岗课赛证融通培养模式的价值追问，学理依凭和实践创新 [J]. 职教论坛，2021，37(11):68-74.

[4] 曾天山. "岗课赛证融通"培养高技能人才的实践探索 [J]. 中国职业技术教育，2021(8):6.

[5] 张慧青，王海英，刘晓. 高职院校"岗课赛证"融合育人模式的现实问题与实践路径 [J]. 教育与职业，2021(21):8.

[6] 何兴国. DACUM 与工作过程导向课程开发方法比较研究 [J]. 职教论坛，2012(27):3.

[7] 谢德新，庄家宜. 从学科本位到综合职业能力：新中国职业教育人才培养的历史回眸与未来展望 [J]. 职业技术教育，2020，41(28):7.

[8] 张爽. "课证融通"背景下的中职学生职业能力标准开发研究 [D]. 浙江工业大学，2019.

（作者单位：上海科技管理学校）

基于 PDM 的《零件切削加工》广域课程开发

徐卫东　郁 威

广域课程是一种教学资源、内容综合化的课程组织形式。本文以"虚拟工厂"仿真软件为载体，开发基于"虚拟工厂"的广域课程，整合和串联数控技术应用专业各课程的核心知识点和技能点，通过企业典型产品转化为专业系统化的教学项目实施，逐步形成零件加工工艺的整体框架，以及合理确定各工序间的逻辑顺序；模拟企业实际工作岗位，营造真实工作环境，实施企业实际工作过程，利用数控专业数字化的教学资源库及网络学习支持服务平台（虚拟工厂），实现数控技术应用专业基础课程、专业课程间知识点、技能点的相互联系和综合应用；实现教学主体由"教师"向"学生"为中心的转变；实现学习场所"从教室向网络"的拓展；实现共性化学习向个性化学习的过渡。

一、背景

作为"数控技术应用"专业学生，在经历了《零件加工工艺分析与编制》《普通车削加工》《数控铣削加工》《数控车削加工》《数控车削程序编制与调试》《数控铣削程序编制与调试》等专业必修课程学习，获得了相应的国家职业资格证书后，是否已经满足企业需求，可以适应企业生产岗位了呢？从过往的经验来判断，直接由学生转变为员工，那么多的专业知识需要综合应用，由老师安排好学习内容到独立面对生产任务，学生表现出了很多的不适应。

传统的教育是以教师为中心，教师讲，学生听，学生在教学过程中始终处于被动接受状态，随着人本性和建构主义理论的发展，以及教育教学改革的不断深入，教育从被动接受向主动建构转化，知识与技能的传授由单向向双向、多向转变，而伴随着信息技术的发展，在校企合作平台上，模拟企业实际生产岗位的全景式虚拟教学，学生在学校学习阶段形成专业认知→企业短期认知实习→专业技能训练→企业短期跟班实习→虚拟工厂实践→企业顶岗实习职业能力阶梯，满足学生职业迁移及职业生涯发展的需求。因此，在当下信息时代，在职业教育过程中有机融入《虚拟工厂》创新课程是必然趋势。

《虚拟工厂》作为"数控技术应用"专业的限定选修课，是学生具备了工艺、编程、加工等专业知识和技能后开设的课程。该课程是数控技术应用专业学生综合应用专业知识和专业技能的重要教学环节。学员通过对《虚拟工厂》的学习，了解企业产品生产流程，企业车间岗位配置，明确不同生产岗位的工作任务与职责，综合应用数控加工相关专业知识和技能，并为后续《顶岗实习》等课程的学习和毕业后的工作奠定知识和技能基础。

二、做法

（一）以情景化理念搭建网络平台，增加真实性

2013年8月起根据调研情况着手"虚拟工厂"平台框架搭建，制作了通用机械加工车间、办公楼等"虚拟工厂"厂区大楼，为了在界面上吸引学生的兴趣，以学生喜爱的网络游戏地图导航为参考，制作"虚拟工厂"三维实时导游图，并以鼠标和键盘控制虚拟人物在厂区、车间内的前进、转向等移动。在通用机械加工车间内按照企业布局设置了数控车床、数控铣床，普通车床、普通铣床等加工设备，并以仿真加工软件作为支撑，实现虚拟加工。

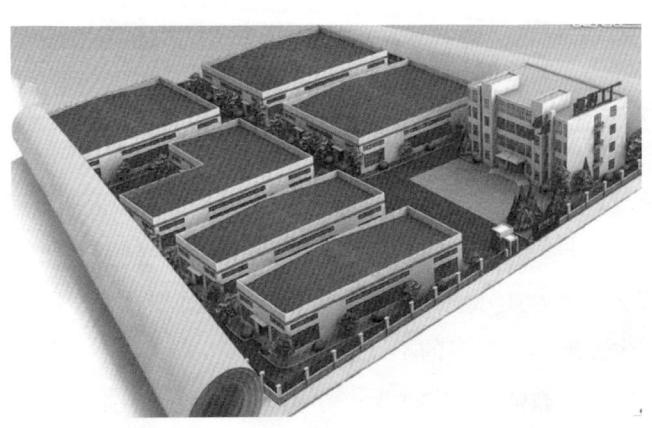

同时，为满足自主学习需要，在平台上设置了"生产案例""实训指导""资料查询""岗位资料"等详尽的相关资料查询入口，学生在

学习中碰到任何专业上的问题都能及时得到查询。使"虚拟工厂"成为较为完善的数字化教学资源库及网络学习平台。

（二）以常见机械设备部件为典型工作任务，学材开发贴近生产实际

2014年3月起开始着手工作任务的制订，通过与相关技术公司的多次磋商，确定以中职数控专业学生接触较多的C6140车床尾座为对象，通过拆解该对象分离出《顶尖套盖的加工》等八个典型工作任务，按照PDM（产品数据管理）工作流程制作加工文件，完成素材的积累，于2014年4月起经校企合作项目组的多次研讨确定教材体例，分工开始教材的编写工作。2015年1月完成《虚拟工厂》教材的汇总和统稿工作并作为特色校本教材付诸印刷，2016年经学校评审入选市优秀校本教材评选。

（三）以企业岗位为角色担当，教学组织模拟企业生产

经过一年多的课程开发，《虚拟工厂》课程于2015-2016学年第2学期在131数控01、02班正式开课。课程在数控技术应用开放实训中心"数控CAD/CAM仿真实训室"进行，师生以不同的身份登录"虚拟工厂"教学平台，以学习小组的方式组织教学，教师作为生产厂长下发生产任务，学生模拟班组长、工艺员、编程员、机床操作工、检测员等企业岗位，分工

合作，以产品生产流程在各个虚拟生产现场流转，完成零件的虚拟加工生产并完成生产报告。

（四）以优化改良为目的，跟进教学调查

为了检验在课程中使用"虚拟工厂"软件后的教学效果，课题组设计了"《虚拟工厂》课程教学成效调查问卷"，面向授课学生开展了此次教学成效问卷调查活动，希望通过问卷比较全面、客观地了解加入仿真教学后学生对《虚拟工厂》课程的学习感受，方便下一步的课程教学改革继续推进。

在后续跟进的调查中学生们认为：本课程学习项目采用的是车工实训中认识和接触过的设备CA6140普通车床尾座各个零件，生产过程涉及普车、数车、数控、加工中心甚至钳工，具有一定的典型性。90%以上的学生认为课程项目内容符合专业实际。"虚拟工厂"软件模拟现实企业厂房车间布置，设置有生产管理室、工艺室、编程室、机加工车间等不同的生产加工场所，学生可以根据生产流程在各功能场所自由移动，另一方面软件操作类似于网络游戏，对学生来说亲和度较高，在"虚拟工厂"软件中学生能完成零件加工工艺的制订、加工程序的编制，依照工艺流程完成工件的流转、刀具的配送等操作，通过亲身的体验培养动手能力，直观、清晰、有效。

本课程是数控技术应用专业学生综合应用专业知识和专业技能的重要教学环节，受访学生普遍认为效果明显，通过各个项目的实施，将以往课程中所学的机械制图、加工工艺、车削加工、数控加工（数车、数铣）等知识、技能有机串联，一是复习了专业知识，二是应用了专业知识，提高了专业能力。

三、成效

（一）信息化平台实现了学习时间的拓展

依托数字化的教学资源库及网络学习平台，实现数控技术应用专业基础课程、专业课程间知识点、技能点的相互联系和综合应用，且更有趣味性。

"虚拟工厂"教学平台采用浏览器远程访问的方式，学生根据账号和密码就能实现项目的学习，有电脑有网络就能使用，学生利用家里的电脑和学校阅览室电脑就可以实现课后的自主学习，拓展了学习空间，避免了以往教学中学生离开机房就不能练习的状况，学生缺乏足够操作练习的状况得以根本改善，另一方面软件操作类似于网络游戏，对学生来说亲和度较高，对于教学效果也有了极大的影响。对于教师而言，也能随时利用网络根据学生成果的提交及时掌握学习动态，督促一部分学生努力学习，切实提高了教学的有效性。

（二）虚拟工厂缩短了学校与企业的距离

"虚拟工厂"软件模拟现实企业厂房车间布置，设置有生产管理室、工艺室、编程室、机加工车间等不同的生产加工场所，学生可以根据生产流程在各功能场所自由移动，在"虚拟工厂"软件中学生能完成零件加工工艺的制订、加工程序的编制，依照工艺流程完成工件的流转、刀具的配送等操作，通过亲身的体验培养动手能力，直观、清晰、有效，为后续企业顶岗实习做了一定的心理准备。

四、启示和展望

仿真做得再真实也是模拟，"仿真教学"对比"实践教学"来说还有不足之处，59.26%的学生认为要在仿真软件中增加企业情境化设计，体现出学生渴望教学环境与生产实际的对接，专业课程学习项目力求贴近实际，做好与生产、实训的相互衔接，缩小实训室与生产车间的差别。另外51.85%的学生要求增加教学项目，希望通过更多项目的生产练习能更好地巩固专业知识，为今后能更快地适应工作岗位打好基础。作为课程开发，"虚拟工厂"的平台和教材开发得到了学生们的认同，作为专业建设，改革还将继续深化下去，"虚拟工厂"也将在专业建设过程中不断优化提升。

（作者单位：上海现代化工职业学院）

上海中职语文学科参与美术馆跨学科教学研究

石一萍　肖新凤

上海中职校师生"走进艺术宫"是上海市教育委员会、上海市文化和旅游局指导的优秀文教结合项目,旨在让学生走出教室,利用上海美术馆(中华艺术宫)的艺术藏品资源转变教学空间,扩大教学的外延,受到职业院校师生和市民的广泛欢迎。

自2014年起上海中职语文学科走进上海美术馆(中华艺术宫)参与跨学科教学实践,"走进艺术宫"美术馆场馆课程主要分为文化融合类、艺术欣赏类、实践创作类、专业学科类、德育思政类五种不同类型课程,中职语文学科便是属于文化融合类,先后开发了美术馆跨学科语文课程《莲说荷梦》《艺术宫里言说动画》《画说上海》和《写作实践课走进中华艺术宫》等。同时,借助美术馆平台开展基于核心素养导向的中职语文教学改革,从听说读写等角度创设真实而富有意义的浸润式学习情境,进行具备情境性与实践性的语文实践活动,以期在促进学习方式的变革中充分发挥语文课程的育人功能。

一、浸润式教学对中职学生语文核心素养的实践培育

走进艺术宫,面对馆藏资源丰富的偌大艺术场馆,授课教师们往往会产生"我该教什么、在哪里教、怎么教"的困惑,但随着备课活动的深入推进,老师们在一次次踏入上海美术馆(中华艺术宫)的踩点准备工作中思路逐渐豁然开朗,课堂效果也随之柳暗花明。课程主要查看两方面内容,一是课程设计是否体现文教结合,内容是否健康积极,活泼向上,具备主流价值观。二是教师是否合理运用美术馆资源,是否体现职教特色,紧扣主题。

如此大的艺术宫,究竟把课堂安在哪里?经过好几次"踩点",授课教师把课堂设在艺术展厅和展馆雕塑作品面前,老师们希望在一种充满艺术氛围,又不妨碍游客参观的情况下,创设一个浸润开放式的教学环境,让所有学生都能够清楚地看到授课目标,又能很好地进行师生互动。

上海商业会计学校肖新凤老师语文课程《莲说荷梦》的设计与校园的清荷文化紧密相关,自1962年学校诞生之初,"荷花"便为其文化精神,植根职教底蕴、结合商贸特点,孕育发展了"出淤泥而不染"的"清荷"意象,在雕塑家曾成钢的《莲说》作品面前,学生从文学的语言出发,结合雕塑语言,从材质、肌理、

线条、颜色、造型等视角鉴赏，获得了对清荷和清荷文化更深层次的共鸣和情感上的理解，"哪怕我要做一支宁静的莲，也要表达出生命的力量"，"清荷"意象也生发出更为丰富的内蕴，更注重从清荷的生长过程中提取优秀品质和精神力量，赋能新时代的高素质商贸人才。由《莲说荷梦》语文课后来又衍生了原创校园诗歌《清荷莲梦》，积累沉淀为富有诗意的校园文化，对学生的成长可谓影响深远。

上海市教委教研室组织语文中心组老师们前来观摩听课研讨。这些教学课程设计，突出了浸润式教学对语文核心素养的实践培育：在浸润式情境中，将多感官的艺术融进教学语言和手段，创设以学生为主体的新型课堂，聚焦以人为本的核心素养，包括建构、运用语言；发展思维能力、提升思维品质；培养审美意识和审美情趣；传承与理解多元文化。标志着职业教育体系中公共基础课的教学理念日趋成熟。

二、线上线下多元融合凸显跨学科语文场馆课程研究价值

在中职语文跨学科课程设计和课程实施方面，"走进艺术宫"项目组邀请各学科专家、学校骨干教师、常态课优秀教师、企业骨干等担任课程导师，并提供建议和指导。上海美术馆（中华艺术宫）作为上海唯一的全国重点美术馆，长期致力于将更多专业艺术资源转化为教学教育资源，该美术馆教育部专家也全程参与整个项目课程与活动，在展厅展览计划、展品资料、课程呈现形式方面，从艺术场馆公共教育角度提供指导和帮助。多元师资队伍由艺术与教育两大领域人员组成，其中艺术家占比 7.8%、场馆教育专员占比 6.9%、优秀中职生占比 31.1%、职校教师占比 54.2%。成立高端专家智库，名师大家引领教师专业成长，指导教师教学理念、教学方法和教学行为；学生充分发挥主体作用，利用专业特长参与课程开发、课程教学和课程保障的全过程。

语文跨学科场馆课程往往都是发生在文化艺术场馆里，鉴于场馆布展的变动性，授课教师通常提前进馆进行踩点试讲，首先确定授课地点、熟悉授课路线、确认课程相关的馆藏资源位置；其次关注仪容仪表、授课语言、教态、课程环节的流畅性等细节问题；再次是确保相关准备工作已经就位。硬件保障：为保障授课效果，项目组为授课教师和课程参与者准备了小巧先进的专用听讲设备，参与者即使站在离主讲老师较远的位置，也能非常清晰地聆听老师讲课，这既解决了课程路线动态移动中周边环境杂音较多等问题，也维护了场馆内相对安静的参观环境；教学手段的现代化：让学生置身于艺术殿堂中学习感受美，并充分运用信

息化手段，通过线上，以及线下的互动交流，提高学生学习的自主自觉性，这是很多课程在实施过程中的共性。

上海商业会计学校石一萍老师在中高贯通语文《写作实践课走进中华艺术宫》教学实施过程中采用新媒体作为交互工具：在准备环节，借助微信"班级群"实现小组建团与任务布置；在教学实践环节，借助"腾讯在线文档"同学们实时传递图文信息，及时共享；同时在小作文呈现环节，又在线下浸润式的教学环境里师生面对面第一时间进行反馈和指导。这次写作实践课是选取《海上风华》陈列展为教学资源，同学们进行团队合作，细细揣摩每一幅画，用艺术的思考探究上海发展故事，反复推敲构图、造型、美术样式和表现语言，最后选择自己最喜欢的一幅作品以艺术思维来进行文本创作。"色彩、虚实、构图、细节"等等丰富充实了语言的表现力。这堂独特的写作实践课，犹如一趟艺术之旅，同学们打开了全新的写作的思路，在其中沉浸式地感受，从视觉到情绪到灵感的触动再到火花的迸发。艺术的思维在观摩中悄悄滋长，渐渐地体现在文字上，不知不觉中，写作走上另一个广阔的世界。

职业教育对学科教育教学的探究实践从来没有停止过，上海中职语文学科与社会场馆资源相结合是突破性创新实践、在全国范围内也是首创。"走进艺术宫"项目促进越来越多的中职课堂走出校园，与社会资源、社会实践和真实场景相融，促进了职业教育的教学改革，推动教育实践活动课程化。每次课程结束之后，老师们及时对课程数据进行梳理分析，并在此基础上总结经验，不断探索研究，努力推陈出新，在原有基础上利用社会中各类资源，真正做到"将课堂教学与社会资源相结合"，为开辟职业教育创新型课堂领航。

三、中职语文跨学科场馆课程的教学实施路径

对职业教育教师而言，借助美术馆这一载体可以融通语文、历史、思政、音乐、外语等学科。语文学科既显示特色，又突显各学科共性，突显协同育人的教学效果——"语言+"模式让教师思考"文学语言""艺术语言""态势语言"的训练方式；"口头为语+书面为文"模式让教师把教学目标定位于养成形象思维、自由思维人格内涵、美学文化追求等素养，树立美的理想、发展美的品格、培育美的情操、修炼美的人格，形成在特定情境中以富有创造性和负责任的方式综合运用有关知识、信息、技能、态度与价值观，融合多学科的课内外学习场域，助力学生与他人、他物建立新的关系，从而形成学科核心素养，以及应对人类生活各方面问题的综合素养。

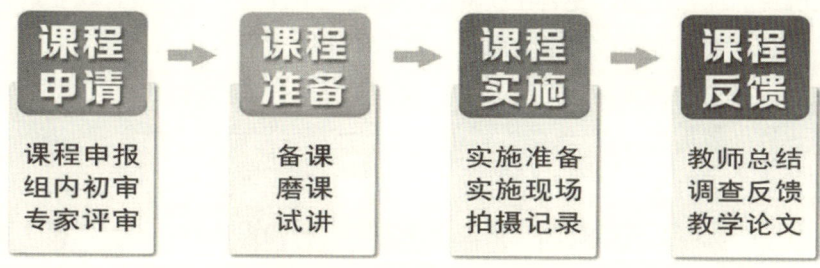

语文跨学科场馆课程实施流程图

建立清晰明确的课程实施流程,保证课程的顺利进行和可持续发展。课程实施前期,通过课程申报、组内初审、专家评审,优选中职校教师和课程;通过备课、磨课、试讲,打磨艺术场馆精品课程。课程实施过程中,通过实施准备、实施现场、拍摄记录,保障实施现场的课程效果。课程实施后期,通过教师总结反思和对参与人群进行回访,对课程实施效果进行评估,进而调整与改进课程,实现课程的可持续发展。

(一)课程标准

以综合素养教育为引领的文化融合类课程。在教学过程中,借助美术馆的展品、文献等相关资源,将不同形态的文化或者文化特质与美术相互结合、相互融通。文化融合类课程包含:语文、历史、思政、音乐、外语等。本课程旨在构建提升学生的人文素养、职业素养、审美素养的有效路径。

(二)课程实施目标

知识目标、技能目标、素养目标。知识目标:通过对美术馆内各类美术作品的赏析、写作、讲解等方式,教师指导学生研读相关资料,进行分析讨论,理解画作的意蕴、内涵、元素含义等文化内容;技能目标:通过具有主题性、时代性的学科教学与实践,发挥学生的主动性,结合学科特点进行听说读写训练,掌握学科的学习目标和核心能力;素养目标:引领学生关注画作展品,在看"美"中了解美、表达美,进而创造美,增强对民族艺术的感受性、体悟能力,以及对民族美的敬畏感;增强对民族文化的自信心,知晓民族的往昔今朝;增强对民族文化的自豪感,运用学科特长向外输出、传播,为展现中华民族情怀而不断努力。

(三)课程的内涵与教学价值

课程内涵方面，引导学生观看、品味、解读艺术宫馆藏的画作展品，培养学生读写听说的综合能力，使之在欣赏美、表达美中提升人文素质、职业素养、审美素养。教学价值方面，对学生而言，借助美术馆的平台活动，学生们走出课堂走向社会。在观看、赏鉴画作展品中扩大了视野，在更广阔的空间觅得更多的人文与专业的"源头活水"，将学以致用落到实处，并用手拉手的方式影响着他人。同时激发学生"内生"动力与"外现"需求，助其在"纸上得来终觉浅，绝知此事要躬行"中滋养心灵，提高言语表达能力和学科知识技能，进一步树立正确的三观，拓宽素养发展的长度、深度，用社会参与的广度，提升社会认可的温度，成为"渠清如水"的社会有德有用之人。

（四）课程教学资源

场馆资源主要是美术馆画作展品。本课程关注课程资源的时代性，在因地因材授业中，引导学生讲出植根于中国内核的民族语言和民族精神。网络资源：网上可下载相关画作资源。教师资源：语文教师等职校教师，推进团队、资源和教学的"三融合"。

（五）课程对象

本课程面对所有喜欢鉴赏美术画作的中职学生。

（六）课程教学方式

教法：讲授法，通过讲解演示，让学生有径可寻、有样可仿。体验法，课程引导学生在"做中学，学中做"，从学科角度说出对画面理解，以达成学科核心素养、综合素养、审美修养的提升。任务引领法，学生在聆听讲解的基础上，学习讲解的方法，教师把教学内容分不同学习任务，并进行具备学科特征的表达。

（七）学法

合作学习法：师生、生生在讨论、交流中完成言说讲解任务。探究学习法：学生在教师引导下，观看教学涉及的相关画作；利用信息化手段，查阅相关的画作资料；在研读、思考的基础上，形成对相关教学任务的观点，并用流畅的语言文字加以表达。

（八）课程评价

本课程从言语流畅、撰写有序、学科素养、礼仪规范、现场反馈五个维度评价课程。运用相关多媒体问卷调查方式进行评价调查，通过学生所撰写的活动感想进行评价调查，采访听众或请听众留言进行评价调查。

上海中职语文学科参与美术馆跨学科教学研究实现以下主要突破和转变：从

传统课堂教学到浸润式场馆教学的转变；从美术教育到公共基础课教学的突破；从知识技能教学到审美修养、综合素养提升的转变；从单一课程到常态化教学的转变；从项目实施到机制化建设的突破。这些突破和转变为教学论文的撰写提供了有价值的实践探索和研究思路，在语文等跨学科教学方面进行了有意义、有成效的开创。

综上所述，十余年前想象将中职语文课堂搬进艺术宫，十年来通过不断探索和实践，中职语文学科深度参与美术馆跨学科教学研究臻于成熟。语文课程模式不断创新，一是在内容上加强了艺术与职教语文学科的有机融合；二是开展教法改革探索，教学方法结合美术场馆藏品资源和环境资源等，突出浸润式教学特点；三是馆校协作实施水平不断提高，大幅提升了新时代上海中职语文学科的育人水平，为促进区域经济发展提供了优质人才资源支撑，也积累了丰富而宝贵的美术馆跨学科教学的实践经验。"走进艺术宫"项目多次荣获国家级和上海市"教学成果奖"和"优秀公共教育项目"，《人民日报》、《光明日报》、中央电视台、中国教育电视台等央媒多次报道，在全国产生了广泛的影响。

（作者单位：上海商业会计学校）

职业教育发展史融入中职历史教学的价值意蕴与实践路径

冯志军

中国职业教育的发展历史源远流长，它是中华民族延绵不绝、光辉灿烂的五千年文明史的重要组成部分。中职阶段是学生形成价值观、历史观和身份认同的重要时期，职业教育发展史与中职历史教学的融合提供了探索不同时期职业教育与时代环境互动的平台，顺应了中职历史课程改革的潮流和趋势，能够帮助学生能够深入了解历史知识、培养阐释历史的能力、涵养家国情怀和增强职教认同。

一、职业教育发展史与中职历史教学融合的价值意蕴
（一）激发中职学生历史学习兴趣的重要抓手
中职历史教学必须建立在现实的学情基础之上，部分中职学生的文化基础相对较弱，义务教育阶段没有打好扎实的历史基础，导致在中职阶段学习历史时感到困难。部分学生对学习历史的态度不够积极，认为历史课程与他们未来的职业

发展关系不大，因此缺乏学习的动力和兴趣。传统的历史教学内容和教学方法不符合他们的学习习惯和兴趣，他们时常感到困惑和无聊。中职历史教师应创设丰富的教学情境，创新教学方法，充分调动和发挥学生学习的积极性和主动性。职业教育发展史的丰富性和多样性，可以为中职历史教学提供丰富的情境素材，可以激发学生的学习兴趣，使他们对历史学习产生更浓厚的兴趣。

（二）体现中职历史教学特色的必由之路

中职历史教学应注重教学内容与社会生活、职业生活的联系，利用或设置职场情境，突出实践取向，注重有机融入职业道德、劳动精神、劳模精神和工匠精神教育，培育学生职业精神。职业教育的发展史教育涵盖了从古代到现代，特别是近现代以来，职业教育随着社会经济和科技的发展而不断演变和创新，将职业教育发展史有机融入历史教学，能建立历史知识与现实生活的联系，运用地方特有的职业教育历史资源，开展具有地方特色的历史教学活动，使中职历史教学更具针对性和实效性，能够更好地满足学生的学习需求和职业发展需要。

（三）以历史记忆培育职教认同的重要途径

中职学生的职教认同，即中职学生对职业教育的认同感和归属感，是他们对职业教育社会存在与价值创造的认同，以及作为职业教育内部主体对职业教育的价值判断和认同归属。职教认同的重要性在于，它不仅是个人职业发展的基础，也是实现职业成功的关键因素之一。不可否认，当前中职学生在职教认同方面存在一些问题。从历史的视角挖掘职业教育的重要价值是培育学生职教认同的重要途径。通过将职业教育发展史引入历史教学，学生可以更深入地理解历史发展的脉络，特别是与经济社会发展密切相关的职业教育变迁。这种融合能够帮助学生从历史的角度，更加全面地认识职业教育的地位和作用。

综上所述，职业教育发展史与中职历史教学的融合具有多方面的价值意蕴，不仅可以激发学生历史学习的兴趣，体现中职历史教学的特色，还可以促进学生对职业教育的认同和社会责任感的培养。

二、职业教育发展史与中职历史教学融合的现实问题

职业教育发展史与中职历史教学融合在现实中面临一些问题，这些问题可能会影响到融合的效果和深度。

（一）历史教师对职业教育发展史了解不深不透

中职历史教师对职业教育发展史的了解和认知程度存在差异。历史教师的教

育背景大多侧重于历史学科本身，而非职业教育的发展，传统的历史教育课程较少涉及职业教育的内容。加之职业教育发展史涉及多个学科领域的知识，如教育学、社会学、经济学等，历史教师在跨学科融合方面存在一定困难，一些历史教师对职业教育发展史的内容不感兴趣或缺乏动力去深入了解，导致难以将职业教育发展史与中职历史教学有效融合。同时，部分教师可能对传统历史教学方式存在惯性思维，不愿意尝试创设新的教学情境、引入新的教学内容。

（二）历史教学资源有限，教学设计与实施有难度

中职历史教学的资源本身相对有限，主要包括教材、教辅材料等。在融合职业教育发展史时，可能会面临资源不足的问题，如缺乏相关的历史资料和案例，难以找到合适的职业教育素材等。将职业教育发展史融入中职历史教学需要进行精心的教学设计。这包括选择合适的教学内容、制定合理的教学目标、设计有效的教学活动等。然而，在实际操作中，可能会面临教学设计难度较大的问题，如难以找到合适的融合点、难以平衡历史知识和职业教育内容的比例等。

三、职业教育发展史与中职历史教学融合的实践路径

将职业教育发展视野融入中职历史教学对于学生的学习历史具有诸多好处，但也给中职历史教师的教学理念、教学能力带来了一些挑战。可从加强历史教师培训、开发丰富的历史教学资源、优化教学设计和实施策略等方面，促进职业教育发展史与中职历史教学的有机融合。

（一）加强中职历史教师培训和进修机会，了解职业教育发展史

学校应组织职业教育发展史的专题培训和研讨会，邀请相关领域的专家举办讲座和交流，为中职历史教师提供更多学习和交流的机会，让历史教师能够更全面地了解职业教育的发展，包括其起源、演变、重要事件和人物等。同时，系统梳理关于职业教育发展史的书籍等资料，为历史教师提供更多优质的教学资源。鼓励历史教师培养对职业教育发展史的兴趣，加强历史教师与专业教师的交流和合作，共同探索职业教育发展史的相关问题，通过分享成功案例、讨论热点问题等方式激发他们的学习动力。

（二）充分利用、开发中职历史教学资源，创设生动的教学情境

充分利用教材、教师教学用书等已有教学资源，创设教学情境。中职历史教材针对中职学生的学习需求和特点进行编写，将历史知识与职业教育相关领域相结合，为学生提供更为丰富的学习资源。如第18课北洋军阀的统治"拓展阅读"

中"中华职业教育社"、第21课中国共产党开辟革命新道路"拓展阅读"中"根据地的职业教育"、第28课建立社会主义市场经济体制和中国特色社会主义全面推向21世纪"拓展阅读"中《中国教育改革和发展纲要》与职业教育"等内容。同时，中职历史教材还特别突出了职业工匠的地位和作用，介绍了历史上的著名工匠、经典工艺和科技产业成就等内容。这样的教材设计有助于培养中职学生的职业自豪感和荣誉感，激发他们学习和掌握专业技能的积极性和热情。中职历史教师要善于将教材、教参中已有的职业教育发展史的内容、工匠人物、典型工艺等融入历史教学中，把已有资源用足用好。同时，由于目前的中职历史教材、教学资源不可能充分涵盖职业教育发展史的内容，有条件的地方和学校可以开发具有地方特点、行业特色的历史教学资源，便于教师有针对性地选取使用。

（三）优化中职历史教学设计和实施策略，促进有效融合

"教师在教学过程中，要遵循中等职业学校学生的学习规律，根据专业人才培养方案和课程内容的实际情况，充分利用校内外各种资源，设计历史教学内容，探索课堂教学与专业实习实训相融合的历史教学新模式。"中职历史教师应在研究职业教育发展史，充分利用教学资源的基础上，优化中职历史教学设计和实施策略，促进职业教育发展史与历史教学的融合，比如，可以通过讲述历史中与职业教育相关的故事、案例或事件，来创设与职业教育相关的历史情境，这将有助于学生将历史与职业教育联系起来，更好地理解职业教育的重要性。再比如，运用任务式教学方法，善于开展场馆实践教学，带领学生走进行业历史展馆、历史遗存，如上海工匠馆、纺织博物馆、木文化馆等，开展研究性学习，鼓励学生收集、整理和分析职业教育发展史的相关资料，形成自己的研究报告或论文。同时，还可以利用多媒体技术，展示职业教育发展史的影像资料、图片等，使学生更加直观地了解职业教育的发展历程。尝试将职业教育发展史与中职历史教学的融合纳入评价体系，制定相应的评价标准和指标，关注学生的学习过程和学习成果，采用多元化评价方式，如课堂表现、作业质量、研究报告等，全面评价学生的学习效果，以推动职业教育发展史与中职历史教学的有效融合，提升中职历史教学的质量和水平，为学生的职业规划和未来发展奠定坚实的基础。

职业教育的发展史教育是一个复杂而漫长的过程，它与不同时期的经济、政治、文化、科技等方面的发展密切相关。职业教育发展史与中职历史教学的融合是激发学生历史学习兴趣，培育职教认同的重要路径，有助于我们更好地理解职

业教育的现状和未来发展趋势，为职业教育的发展提供有益的借鉴和启示，亦是一场中职历史教学的有效探索，是未来中职历史教学改革发展的重要趋势。

参考文献

[1] 教育部，中等职业学校历史课程标准[C]，高等教育出版社，2020.

（作者单位：上海商业会计学校）

面向智能建造的虚实一体化实训系统

刘 毅　张建荣　汪晨武　陈凌峰

上海思博职业技术学院建筑与工程学院密切跟踪前沿技术发展、在行业头部企业引领下不断推进教育教学改革。学校与中建八局科技建设有限公司等大型企业合作共建的"智能建造产业学院"是上海市教委立项的培育建设项目。2021年，我校由上海市教委立项建设智慧建造虚拟仿真实训基地，将人工智能技术运用于面向数智时代的土建施工类复合型高素质技能人才培养，取得较好成效。

一、案例背景

智能建造是我国建筑业高质量发展的必由之路，正在催生数字设计、智能生产、智能施工、智慧运维、建筑机器人、建筑产业互联网等新兴产业，形成智能建造产业集群，实现建筑业智能化、产业化和数字化转型升级。传统的人才培养方式已经无法满足建筑行业转型升级对人才的需求，亟需引入人工智能技术来赋能新型建筑业技能人才培养。

针对智能建造技术快速迭代而传统的专业教学内容日渐老化的痛点，面向建筑工程施工复杂、危险、隐蔽、不可逆的特点，聚焦建筑施工技能训练占地大、耗材多、成本高、效率低的难点，从培养学生专业能力、方法能力、沟通能力、学习能力的这一技能人才培养的关键问题出发，学校与建筑行业和信息技术行业的多家龙头企业密切合作，开发了面向智能建造的虚实一体化实训系统，扎实开展虚实一体化实训基地建设、实训项目开发、实训教学管理，提升了技能人才培养的质量和效率。

二、案例实施

（一）面向产业转型升级构建智能建造技能人才培养体系

在建筑业从传统产业向工厂化、智能化转型升级的过程中，学院坚持"教育服务产业，产业引领教育"理念，着力优化以智能建造技术为引领的专业体系，构建了以建筑工程技术、工程造价、建筑装饰工程技术、机电一体化等专业为核心的智能建造专业群；持续优化教师队伍业务能力，打造了一支以一体化（双师型）教师为基础，市级专业带头人、骨干教师和技能大师为核心，国家级技能大师、全国技术能手等为引领的优秀师资队伍。

围绕建筑业智能化发展开展数字技能培训，打造"建筑业产业现场工程师"职业培训品牌，开发了数字技能人才培训方案和课程体系，建立课程培训数字化教学资源包和职业培训题库。并且联合企业开发数字化培训管理平台系统，根据企业需求提供线上培训服务，受到了委培企业、参培员工的广泛好评。

（二）校企共建智慧建造"产业现场工程师"实训基地

学校与中建八局上海公司深度产教融合，共建"产业现场工程师培养培训基地"，实训教学内容涵盖智能建造专业的专业核心内容，包括工程项目总承包管理施工模拟、建筑工程施工组织模拟推演、装配式建筑场景综合实操、新型建筑机器人（抹灰机器人、智能钢筋加工等）实操训练、建筑材料综合实验等，着力培养面向建筑业数智化的技能人才。培训基地共应用智慧工地和智能化技术共17项，应用于施工组织、材料管理、设备管控、质量控制、安全管理、绿色节能、环境监测的建筑工程施工的多个场景。通过云筑智联数据平台，充分应用物联网、BIM、云计算、移动互联网、GIS、人工智能等技术，通过进度、材料、设备、质量、安全、环境等管理应用，实现施工现场可视化管理、精益化管理的一站式解决方案。

利用虚拟仿真技术，建立虚拟工作环境，学员可以在虚拟环境中进行训练，模拟实际工作中的各种情况和问题。通过虚拟仿真训练，学员可以获得更多的实践机会，提高技能。同时，利用人工智能技术对学员在虚拟环境中的表现进行实时监测和评估，提供针对性的反馈和指导。

（三）开发智能建造人才培养实训项目及教学资源

实训项目围绕基于BIM的现场施工管理信息技术、基于大数据的项目成本分析与控制信息技术、基于移动互联网的项目动态管理信息技术、基于物联网的劳务管理信息技术、基于智能化的装配式建筑产品生产与施工管理信息技术等进行开发。学院教师利用实训基地的智能化条件，开展国家在线精品课程《建筑CAD》和《建筑CAD》《Revit 建筑建模》《工程造价管理》等上海市级精品在线开放课程建设，目前正在编写《抹灰机器人》《智能钢筋加工》等教材。学校承办上海市级技能大赛 10 余次，多名师生在各级各类竞赛中获奖。

为满足企业人员培训需要，采取边开发边培训的方针。根据企业施工实际需求及时提出培训课题，培训项目开发后即开展培训。目前学院每周均与中建八局合作开展企业现场管理人员培训、施工技术人员培训、企业劳模等先进人物培训等。

学院与中建八局上海公司围绕建筑业智能化发展开展数字技能培训，开发了数字技能人才培训方案和课程体系，建立课程培训数字化教学资源包和职业培训题库，打造培训品牌。

（四）建设数字化实训管理平台，提高学习效果

开发了虚实一体化实训管理平台。管理平台的设计充分考虑了学生个性化自主学习需求，利用人工智能技术分析学生的学习行为数据，为学生提供学习反馈。这种个性化的学习方式极大地提高了学习的针对性和有效性，尤其对于那些基础薄弱或有特殊需求的学生来说，效果尤为显著。

平台将数字化管理系统与虚拟仿真实训系统相集成，在为学生提供模拟真实工作环境的技能训练的同时开展数字化实训教学管理，实现学习目标、学习过程、学习评价的智能化管理。以装配式建筑施工中的"吊装"项目为例，第一是确定学习目标，通过对装配式建筑吊装技能人才的工作过程进行数据收集和分析，建立吊装技能人才的能力模型，包括吊装的步骤、技巧、常见问题等。同时，结合市场需求和行业发展趋势，提出学习目标和学习内容的建议。第二是学习过程管理，根据学员的学习能力、背景和兴趣，提供个性化的学习路径和学习资源。学员可以根据自己的需求选择学习内容，并按照自己的节奏进行学习。第三是学习结果评价，利用人工智能技术对学员的学习过程进行实时监测和评估。根据学员的学习表现，提供实时反馈和建议。同时，通过对学员学习数据的分析，不断改进培训内容和方式，增强培训效果。

该平台在我校土建施工类各专业教学中应用效果良好。后续将进一步完善实训管理平台，增强智能化服务功能，例如根据学生的个性化需求，制定针对性的教学计划；根据教学目标和教学进程，提供定制化的学习资源；根据学习反馈，

给学员提供学习策略的建议,提高学习效果。更进一步,也考虑将实训管理平台与智能施工管理平台兼容,以提高系统的智能化水平,丰富系统的服务功能。

三、经验总结

(一)以产业需求为依据,找准人工智能赋能人才培养的切入点

以建筑产业转型升级引发职业岗位变迁为切入点,针对数智化背景下的职业岗位标准和施工生产场景给人才培养带来的痛点、难点,探索新型技能人才培养的新路径。

(二)以行业企业为依托,抓住人工智能赋能人才培养的着力点

学校与行业龙头企业深度合作,共建实训基地,共同开发课程,共同开展教学,共同进行管理,关键环节由企业把控,核心技术由企业提供,是项目成功实施的根本保障。

(三)以前沿技术为导向,探寻人工智能赋能人才培养的增长点

无论是在教育教学领域还是在建筑施工领域,人工智能技术的应用都尚处于初级阶段,新的产品不断出现,技术迭代日新月异,需要随时关注、及时应用,才能实现新技术带来的创新价值。

四、其他风险

人工智能在技能人才培养中的应用也带来一些潜在的技术和伦理风险。从本案看,主要表现在两个方面,一是师生的个人数据隐私和安全问题;二是企业的前沿技术保密问题。因此,应着重视并完善相关法律法规,加强对数据隐私保护和知识产权保护的监管,确保人工智能技术赋能教育事业的健康发展。

(作者单位:上海思博职业技术学院•建筑与工程学院)

虚拟仿真资源在中职生物制药类专业的应用及探索

金慧[1] 师帆 徐阳 林楠

党的"二十大"报告明确提出"推进教育数字化",教育数字化转型已经成为当前教育改革的重要方向。2023年7月,《教育部办公厅关于加快推进现代职业教育体系建设改革重点任务的通知》提出,要建设职业教育示范性虚拟仿真实训基地,其中主要任务之一就是共建共享共用虚拟仿真实训资源。生物制药类专业着重培养学生的实践能力、专业能力和创新能力,但是在传统授课过程中普遍存在实训实习条件的限制、知识点的抽象、新技术新方法未及时融入、考核方法不科学等情况,导致授课质量不高,[2]致使培养的学生难以满足医药行业对人才的要求。

本文将通过构建虚拟仿真实验实训教学管理平台,打通原有不同平台数字化资源的壁垒,实现资源的整体管理和调配共享,组建校企结合的课程团队,及时将行业中的新技术转化为教学资源,开展线上线下相结合的课堂教学,虚拟仿真与实践实操互相促进,推动教学模式改革,助力生物制药类高素质技术技能人才的培养。

一、生物制药类专业人才培养现状分析

(一)生物医药产业需要大量实践性强的复合型人才

生物医药是上海市三大先导产业之一,具有高技术、高投入、高风险的行业特征,在人才培养过程中呈现出以下几个特点:

(1)仪器设备不足。药品生产质量管理规范和生物安全性的要求,需要生物制药在厂房建造和设施设备配置上进行高投入和高风险控制,因设施设备数量有限,无法保证每位学生的实际操作机会。

(2)专业实践性强。生物制药操作周期长、不可逆,间断操作会导致实验失败,部分操作较难,且操作过程中存在安全隐患。

(3)教学成本高。有些实训试剂耗材昂贵,有些生物试剂稳定性差,有些用到昂贵的精密仪器。

(4)原理深奥复杂。生物制药属于高新技术产业,反应原理枯燥不易懂,设施设备复杂不直观,缺乏全视角的空间动态直观感,数字化、可视化的程度不够,且新技术、新方法、新工艺更新迭代快。

(二)虚拟仿真技术在生物制药类专业的应用

虚拟仿真技术可以优化教学内容,降低安全风险,节约成本,弥补职业教育实训中看不到、进不去、成本高、危险大的特殊困难。[3]针对生物制药的人才培养特点,虚拟仿真技术在一些医药类专业中已实现应用。鉴于微生物发酵实训周期较长、发酵罐管路阀门众多、操作复杂,存在错误操作造成风险等原因,

李娜[4]和洪璇等[5]探讨了运用虚拟仿真技术在发酵工程课程上进行线上线下混合式课程改革,培养学生复杂工程问题的能力及创新思维,教学成果显著。还有些高职院校[6-9]将虚拟仿真技术运用到生物学、药品GMP实务、药物制剂综合实训等课程,结合学校的硬件和软件设施,解决实践教育中"不能做""不敢做""不好做"的问题,以虚实并举,互为补充的原则,重构教学和实践体系,配合详细的赋分系统,作为评价学生学习成果的指标。

国内大部分的院校都是针对某一门课程进行实践,本文以生物制药工艺专业为核心,根据生物制药岗位的特点,按照教学规律,构建虚拟仿真教学平台,重构教学和实践体系,优化人才培养方案,提升人才培养质量。

二、虚拟仿真实验实训教学管理平台的构建

我校前期建有虚拟仿真教学资源,但有些在上药高技能基地平台,有些在医药云平台,有些则是单独购买的仿真教学软件,为此,构建虚拟仿真实验实训教学管理平台,可以将不同的仿真软件集约到一起,打通原有平台数字化教学资源的壁垒,实现资源的整体管理和调配共享。

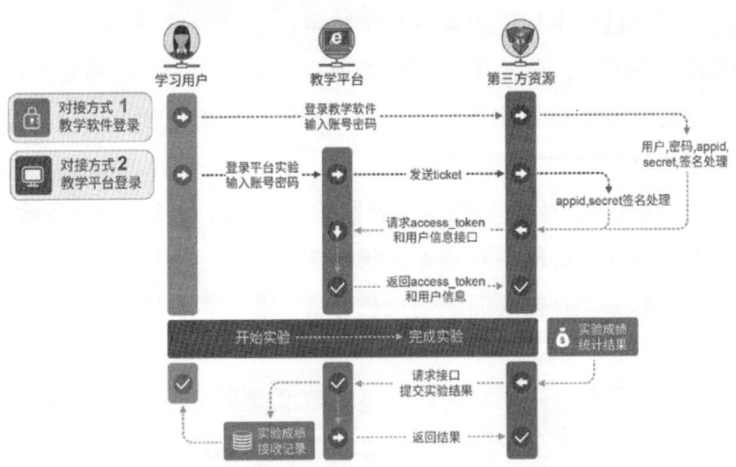

图1 虚拟仿真实验实训教学管理平台第三方资源接入数据方案

(一)建设思路

虚拟仿真实验实训教学管理平台的设计是基于理实一体或实验实训教学的需求,为学生提供一个模拟真实工作环境的虚拟实训场景,在安全性、交互性、灵活性等方面模拟真实操作,[10]脱离物理空间和时间的限制,实现跨时空的教育

资源共享。通过虚拟仿真技术，学生可以进行实际操作的模拟练习，提高实践能力和应对实际工作挑战的能力。在教师管理层面，教师可以更加精准便捷地对虚拟仿真项目状态进行把控，分析了解学生掌握的薄弱点，为课程教学改革与创新提供数据支撑和决策支持。在全校实现虚拟仿真教学软件的统一管理，实训中心通过后台可以获得实训项目的通过率、实训平均用时时长、平台用户数量、实训项目的热度等信息，实现资源的整体管理和调配共享。

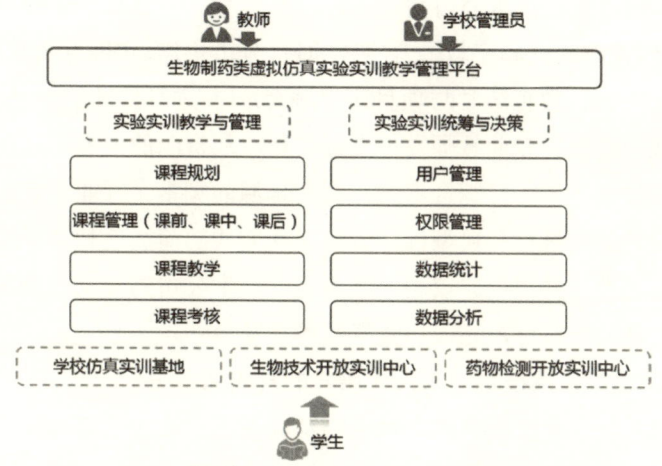

图 2　生物制药类虚拟仿真实验实训教学管理平台架构

（二）平台的功能

虚拟仿真实验实训教学管理平台以学校为中心建立集中管理的统一入口，解决学校层面仿真教学软件共享管理的问题。

1. 全流程

实现"平台—课程—资源—教学过程"全流程管理，制定统一的标准和管理模式，跟踪、监测各虚拟仿真软件的建设进度和运行情况，以助于实训中心进行宏观管理。

2. 数字化

教学管理平台支持视频、音频、文档、虚拟仿真教学软件等数字化资源，教师可以根据需要建设课程，在课程中添加文字、图片、视频等信息。通过教学管理平台，将数字化教学与实训中心设施设备一起构成完整的教学生态，支持虚实一体的智慧教学。

3. 智分析

教学管理平台能实时记录学生实验过程中的总点击量、学习时长、互动次数,以及每一步操作的正确性等各项数据,并对实验数据进行收集、整理和分析,为教师提供学生实验成果的依据。[10]

三、虚拟仿真资源的建设

(一)组建资源开发团队

学校—医药企业—技术公司制定三方合作机制,组建高水平的专兼结合课程开发团队,通过课题研究和产教融合实践项目,分工协作,实现专兼教师互补融合、教学领域交叉融合、教育教学与项目研究融合,[11]进行持续的资源优化和整合,将理论与实践相结合。专业教师发挥主导作用,从资源的内容、呈现方式、教学过程、教学评价等环节进行综合考虑,撰写资源的脚本;行业专家从旁指导,综合评估资源内容的先进性和典型性、资源呈现方式的简洁性和直观性、检测手段的科学性和可行性,并提出建议和反馈意见;技术公司的开发人员则结合脚本设计,与专业老师共同研讨,完成仿真资源的开发。

(二)梳理虚拟仿真技术融入人才培养的方式和手段

聚焦生物医药产业发展需求,以生物制药工艺专业为核心,按照职业面向的一致性和行业对复合型技术技能人才需求的组群原则,根据生物制药岗位的特点,培养"懂生产工艺、会质量控制、会设备维护"的复合型技术技能人才。按照教学规律,结合虚拟仿真技术的优势和特点,梳理出虚拟仿真技术融入生物制药类人才培养的过程。

在认识实习阶段,虚拟仿真资源是学生熟悉专业、走进企业、了解职业、认知岗位的重要载体。学生先通过仿真教学资源了解医药企业的厂区、车间基本布局和要求,以及药品生产的GMP规范要求,然后到上海普康药业有限公司的生产和质检岗位进行认识实习。

在专业教学阶段,虚拟仿真资源是学生学习生产案例、岗位标准、技术规范的重要载体,将抽象原理、复杂的过程、精密的产品通过简化、形象、生动、逼真的形式表现出来,具有精确性、真实性和可操作性。[12]在专业基础课程教学中,先通过虚拟仿真资源学习实验室安全基本常识,了解化学品洒出、停水停电事故等处理方法,掌握个人防护的基本要求后,再进入学校的实训中心学习基本的实验操作技能。在专业核心课程教学中,在药物制剂技术的课程中利用注射用奥美拉唑钠冷冻干燥操作的仿真资源,破解冷冻干燥原理难懂的难点,实现操作过程可视化，提高学习积极性；在动物细胞培养的课程中利用仿真资源学习阿普利康生物反应器的操作，掌握 pH 电极和溶氧电极的校正、夹套预热、发酵温度、搅拌速度的设定，以及过滤器灭菌的操作，在生物药物检测技术课程中利用液相色谱仪等精密仪器，以及渗透压摩尔浓度测定等典型检测项目等仿真资源，掌握精密仪器的操作和维护保养方法，以及典型项目的检验操作流程，为真实操作奠定良好的基础。

在综合技能训练阶段，虚拟仿真资源是促进学生职业感知与岗位认知的重要载体。通过学习一次性生物反应器操作的仿真资源，了解培养袋的安装、溶氧电极和 pH 电极的安装与校正、取样、接种、补料的基本操作流程，再到上海上药康希诺生物制药有限公司的细胞培养、分离纯化、药物制剂和分析检测岗位进行综合技能训练，有效提升了实训效果。

表1　虚拟仿真技术融入人才培养过程

人才培养环节	学习场所	虚拟仿真资源名称
认识实习	上海普康药业有限公司 （校外实践基地）	化学原料药生产实训 固体制剂生产 GMP 实训
专业基础课程教学	上海市生物技术开放实训中心 上海市药物检测开放实训中心 （校内实训中心）	个人防护安全 化学品洒出事故 停水停电事故 实验室火灾事故 实验室安全常识
专业核心课程教学	上海市生物技术开放实训中心 上海市药物检测开放实训中心 （校内实训中心）	阿普利康生物反应器操作 注射用奥美拉唑钠冷冻干燥操作 紫外可见分光光度计操作 气相色谱仪操作 液相色谱仪操作 不溶性微粒检测 渗透压摩尔浓度测定 细菌内毒素检测 蛋白质含量测定
综合技能训练	上海上药康希诺生物制药有限公司 （校外实践基地）	一次性生物反应器操作

（三）开发和优化虚拟仿真教学资源

聚焦生物医药产业发展需求，基于毛细管电泳、流式细胞仪、多功能酶标仪等在生物制药中的广泛应用，开发相对分子量测定、宿主蛋白质残留量检查，以

及外源性DNA残留量检查等相关的虚拟仿真教学资源；基于生态保护的需要，原内毒素检测用的鲎试剂越来越稀缺，开发重组C因子法进行细菌内毒素检测的虚拟仿真教学软件。优化虚拟仿真的评价方法，实现虚拟仿真教学全环节、全过程数据自动记录，教与学的结果数据自动生成，对教与学的行为具有统计分析、监测预警功能，实现教学组织与实施、监督与评价的数字化、智能化、无纸化，使课堂教学资源过程可追溯。[13]

四、虚拟仿真资源在《生物药物检测技术》课程的应用

《生物药物检测技术》是中职生物制药工艺专业的专业技能课，对接生物药物分析检测岗位，包括理化检验、生化检验和微生物检验。由于检验项目众多，检验原理复杂，操作流程繁琐，仪器规范性要求高，需要从业人员具备较高的理论知识和动手操作能力。

在教学过程，团队使用虚拟仿真实验实训教学管理平台，通过视频和动画，将枯燥的原理形象化，将仪器的结构可视化，破解教学难点；在操作演练环节，学生依托仿真软件熟悉操作流程和仪器使用方法，关注操作细节，只有通过仿真考核后才能进入实操演练，有效突破教学重点。教师可以通过管理平台查看即时评价和反馈，帮助学生纠正操作细节，熟悉操作流程，通过全过程的数据反馈，及时调整教学策略，满足个性化教学的需要，促进教学向智能化、精准化和个性化方向发展。基于虚拟仿真实验实训教学管理平台，创新理实一体的教学模式，提高教师在教学实践中运用数据的敏锐度及解读分析数据的准确度。

五、结语

基于虚拟仿真技术的优势和特点，本校构建了虚拟仿真实验实训教学管理平台，实现资源整体管理和调配共享。组建课程团队，研究虚拟仿真技术在生物制药类不同课程中的融入方式和手段，根据行业新技术、新工艺、新标准的发展需要，开发和更新了相应的教学资源，并开展了互联网＋教育的线上线下相结合的教学模式探索，《生物药物检测技术》获评上海职业教育市级一流核心课程立项建设，并被推荐到教育部。借助虚拟仿真教学资源，实训项目、仪器设施设备不受时间和空间的限制，使虚拟仿真与实际操作相互补充，提高了学生学习的主动性和积极性，团队教师指导学生参加全国职业院校技能大赛食品药品检验技能大赛荣获二等奖。后续将进一步借助虚拟仿真实验实训教学管理平台，深入分析了虚拟仿真资源融入人才培养的过程和方式，优化人才培养方案，助力生物制药类高素质技术技能人才的培养。

参考文献

[1] 课题项目：2022 年度教育部高等学校科学研究发展中心《虚拟仿真技术在职业教育教学中的创新应用》专项课题《基于虚拟仿真技术的生物制药类专业人才培养方案优化研究》（编号：ZJXF2022288 主持人：金慧）.

作者简介：金慧（1984.06-），女。硕士，高级讲师。主要研究方向：生物制药，人才培养.

[2] 赵立斐，于东晓. 基于虚拟仿真技术的高职院校制药类课程体系的建设与实践——以黑龙江农业经济职业学院为例 [J]. 山东畜牧兽医 .2022，43(2)，48-50.

[3] 杨磊，张靓，申巧俐. 高职院校虚拟仿真实验教学体系建设探究 [J]. 中国职业技术教育 .2023，(23):42-47.

[4] 李娜，朱超，王晓玥等."发酵工程"课程"理论—仿真—实操"教学体系研究 [J]. 职业教育研究 .2024(02):81-86.

[5] 洪璇，李鹤宾，陈仲巍等. 面向生物医药产业应用型人才培养的发酵工程线上线下混合式课程教学改革探索 [J]. 中国医药导报 .2023，20(19):86-89.

[6] 张笑恺，罗萍，程平等. 国家虚拟仿真实验教学课程共享平台用于"生物技术制药"课程实验教学实践 [J]. 中国药业 .2023，32(12)：42-44.

[7] 王莉楠，孟佳，张宇. 虚拟仿真在药物制剂综合实训中的应用研究 [J]. 卫生职业教育 .2022，40(06):66-67.

[8] 马小双，常征，李付惠等. 虚拟仿真教学平台在 GMP 教学改革中的应用探析 [J]. 教育教学论坛 .2022(22):101-104.

[9] 尹燕霞，宋宏涛，向本琼. 生物学虚拟仿真实验教学平台的应用 [J]. 中国现代教育装备 .2023(409):29-31.

[10] 庄伟，周博. 虚拟仿真实训教学管理平台的实践与应用 [J]. 天津职业院校联合学报 .2024，26(1):43-46.

[11] 曾照香，刘哲，李金亮. 新时代职业院校智能制造虚拟仿真实训基地建设研究，教育与职业 [J]. 2022，9:109-112.

[12] 熊建辉. 善用数字化赋能教育管理转型升级 [N]. 中国教育报，2022-04-21（2）.

[13] 胡新岗，黄银云，沈璐. 高职院校教学数字化转型：价值意蕴、实施逻辑和推进路径 [J]. 中国职业技术教育 .2023，(08):83-89.

（作者单位：上海市医药学校）

数字技术支持下融合专业特色的课堂教学案例
——以中职信息技术课程为例

上海市工商外国语学校 吴叔蕾

一、背景

随着数字技术的迅猛发展，教育领域正经历着前所未有的变革。2023年习近平总书记在主持中央政治局第五次集体学习时曾指出："教育数字化是开辟教育发展新赛道和塑造教育发展新优势的重要突破口。"[1] 同时，教育部部长怀进鹏在2023年世界数字教育大会上指出，数字化转型是全世界教育转型的重要载体和方向；[2] 在2024世界数字教育大会上提到，应用是检验数字教育成效的试金石，强调数字化在课堂教学中的深化应用。[3] 此外，《上海市教育委员会关于做好2024年上海市教育数字化转型工作的通知》中也提出支持区域整体性数字化实践探索，并开展数字化教育教学的深化应用及成果孵化。[4] 由此可见，数字化教学的实践应用是教育数字化转型的重要环节。

与此同时，基于多学科开展的跨学科融合教学实践活动，符合国家对实践型、创新型人才的培养要求。教育部在2019年启动开展"智慧教育示范区"建设项目，在建设重点中提到"广泛开展信息技术类综合实践课，有效提高学生信息技术应用和创新能力。开展创客教育、跨学科学习（STEAM教育）等多种形式的创新教育，培养学习者跨学科解决问题能力和创新能力。"[5] 教育部新修订的《义务教育课程方案（2022年版）》提出要"加强课程综合，注重关联"，并明确规定"开展跨学科主题教学，强化课程协同育人功能。"[6]

因此，在教育数字化背景下，运用数字技术改变教学方式方法，并结合职业专业特色，积极探索跨学科融合的综合实践教学活动，能有效推进教育教学模式改革，并促进数字赋能教育及深化实践应用。

二、做法

《中等职业学校信息技术课程标准》（2020年版）中提到，信息技术课程作为中职阶段的公共基础课程，对学生提升信息素养、增强学生在信息社会的适应力与创造力，具有重大意义。[7] 信息技术课程具有通识性和融合性，能为其他学科教学提供服务，也有利于专业融合教学的开展。

（一）目标分析

以我校中本贯通西班牙语（商务方向）专业（以下简称"中本西语专业"）为例，该专业重点培养具有较强西语能力、基本商务知识的复合型、应用型人才。前期通过对师生的访谈及问卷调研，我们发现中职信息技术作为该专业的通识类必修课程，在以往的实际教学中存在一些问题：如授课方式传统且单一；授课内容对专业人才、学科核心素养、综合应用能力培养要求等方面支撑不够；对以学生为中心的跨学科解决问题能力、创新能力培养效果不明显；评价方式以考试为主，缺少过程性评价。

为此，我们在数字技术的支持下，结合专业培养需求，积极探索专业融合的教学方式：利用学习平台资源，整合中职信息技术课程教学内容；在模拟职业实训平台中，落实任务驱动与实践探究相结合的教学方式，并探索使用生成式人工智能（Artificial Intelligence Generated Content，AIGC）应用软件；探索过程化、可量化、可评价的能力考核内容与方式；积极促进学生学习效果达成。

（二）活动设计

以中职信息技术课程第 3 单元图文编辑的教学目标为例，要求在实际业务场景中进行文、表、图等编辑排版，熟练掌握文档的创建与编辑、格式设置、图形表格等绘制与使用，复杂文档版式设计与制作相关技能，培养一定的创新能力、审美能力。

在数字技术的支持下，我们结合中本西语专业的语言基础，以及其商务专业方向的特色，创设具有专业融合特色的主题实践活动——"面向西班牙市场跨境电商 B2C 商品介绍的文档制作"。通过场景化教学、任务驱动、项目引领等方式，并结合模拟职业实训平台，以及生成式人工智能软件的应用，实现学生跨学科学习的生动体验及拓展新知，培养学生利用信息技术解决实际问题的应用能力，提升学生在学习活动中的探究能力与创新力。

（三）活动实施

1. 课前任务

任务布置：教师通过学习平台（超星学习通），发布课前学习任务、学习资源：包括主题实践活动的目标要求、关于"电子商务中的网络跨境产品营销"内容的微视频、电子教材等资料。

学生在学习平台上进行课前学习，并根据活动要求，在互联网（以 1688 网

站为主）自行筛选合适的商品及素材，以备后续活动的开展。

设计思路：充分利用数字技术手段，以学生们青睐的微视频方式进行学习。同时让学生合理利用网络工具，在搜集素材的同时，掌握网络工具的使用。

设计思路：主题实践活动素材要求采用国有品牌商品，通过研究商品素材，提升学生的民族自豪感与责任感。

2. 课中教学

【任务导入】

教师详细介绍活动要求，并组织学生分组讨论（5人一组）。通过小组讨论，学生各自形成基本设计及实施方案（包括商品选择、版面风格、元素布局、营销策略、主旨表达等方面），并使用思维导图软件进行记录。

设计思路：在实践教学中，学习的意义是基于功能性运用与探究的活动。日本教育学家佐藤学把"学习"界定为"三位一体"的对话性实践，其中一个对话，就是同新的他者的相遇与对话（形成伙伴．社会实践）。[8]通过小组讨论活动，能够使学生拥有明确的课题意识，形成知识技能的链接。通过思维导图软件的使用，让学生更加熟练地应用数字软件。

思政元素：学生通过对国有品牌商品素材的分析与筛选，在小组讨论中表达各自的创作思想，突显对国产商品的民族自信心。

【课堂任务一】

教师讲述人工智能（Artificial Intelligence，AI）相关知识，并引导学生体验生成式人工智能。

教师简单介绍人工智能原理及发展历程、主要应用场景；重点讲述人工智能在语音识别、语音合成、机器翻译方面的特点，并让学生结合"有道AI翻译""百度AI翻译""文心一言"等人工智能软件，谈谈应用体验，并记录感受。

学生结合自身语言类专业特色，深入理解人工智能在机器翻译等方面的工作特性，并通过师生互动的方式，主动思考、积极表达。通过应用体验AI翻译软件，学生能够感受到生成式人工智能为语言学习带来的便捷与高效，并及时在学习平台上的"笔记"模块中记录下自己的体验感受。

设计思路：在中职信息技术课程中，"人工智能"为第8单元内容。考虑到此次主题实践活动的需要，提前引入了此单元的部分学习内容。

通过生成式人工智能软件的应用体验，可以培养学生的AI素养，增强学生的自主学习能力和参与度。

思政元素：学生通过对我国自主研发的相关 AI 翻译软件的应用体验，增强了民族自豪感与自信心。

【课堂任务二】

教师辅助学生在模拟职业实训平台——"阿里巴巴国际站实训平台"上完成主题实践活动作品。

教师辅助学生完成主题实践活动作品，在选品、布局、AI 翻译软件的使用、文档中的图文表编辑等方面予以指导。

学生在前置知识的基础上，根据课前的相关准备，以及前面环节的讨论和个人设想，使用 MS office Word 或 WPS word 等文档编辑软件，开展设计制作工作，并在教师的辅助下完成主题实践活动作品。

设计思路：在数字技术的支持下，结合"阿里巴巴国际站实训平台"，让学生在模拟真实的职业场景中进行实操训练，能激发学生的学习主观能动性，提升学生解决实际问题的应用能力。

思政元素：学生在完成作品的过程中充分感受到：我们中国设计制造的商品，能够走出国门、销往海外，学生的民族自豪感油然而生。

【展示及评价】

教师随机抽取部分学生作品进行展示，并从素材收集能力、交流合作能力、表达展示能力、思政素养、学习理解能力、实践应用能力、跨学科融合能力、创新迁移能力等方面进行课堂评价（教师评价）。

学生展示自己的作品，并从营销策略、主题设计、风格展示、元素布局、编辑技巧、跨文化交流、多语种运用等方面进行介绍。

学生在学习平台上，从作品主题、商务特色、图文表编辑能力、图文表编辑能力、表达展示能力等方面完成自我评价（自评），并对由系统随机分配的其他同学作品进行评价（互评），评价指标同上。

设计思路：通过课堂展示活动，教师可以观察学生的参与度、理解度及课堂表现，评估学生的实践能力和学习效果。学生通过展示活动及评价环节，既能增强表达和沟通能力，也可在学习交流中提升技能。在评价环节中，评价主体为教师、自我、同学，评价指标设置考虑过程化，评价结果采用百分制且可量化。

思政元素：学生通过努力完成作品，能够获得一定的成就感；在展示过程中，可增强对国有品牌商品的自信心。

【活动总结】

教师对主题实践活动进行总结。教师从营销策略、版面设计、文字编辑、跨文化交流、多语种运用、艺术美感等方面对学生作品进行总体评价，并组织学生进行个人反思与总结，并记录汇总。

学生在聆听教师总结之后，进行个人学习反思，并及时记录。

设计思路：通过学习反思环节，让学生对自我进行 SWOT 分析，总结优劣势，并明确后续学习中需改进的方向。

思政元素：学生通过反思环节，能够明确努力方向，既获得了自我认识、自我认同的满足感，也对后续的学习增加了自信心。

3. 课后分析

在课后的教学目标达成情况分析中，我们采用了直接评价和间接评价相结合的方式。

直接评价（即课堂评价环节）中，我们采用了"自评（占 20%）＋互评（占 30%）＋教师评价（占 50%）"的综合加权评价，从课堂评价成绩来看，学生整体学习目标平均达成度达到了 0.88（最高值为 1）。

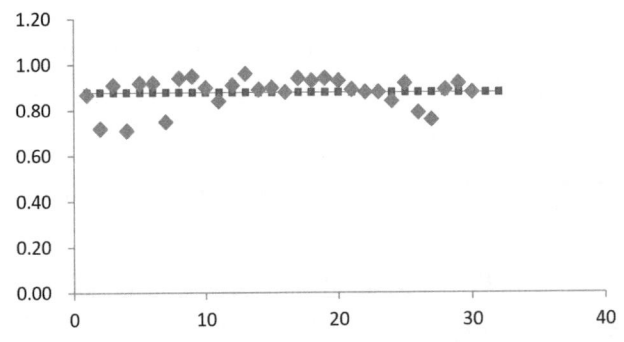

图 1　基于课堂评价的学生个体目标达成分布情况

间接评价中，我们在参考学生评估学习经验量表（Student Assessment of Instructional Experience，SALE）的基础上，设计并发放"学生学习效果达成调查问卷"。从问卷反馈结果来看，学生学习目标达成评价平均分为 4.48 分（满分 5 分），即目标达成度达到 0.89（最高值为 1）；对活动的总体满意度评价平均分达到 4.76 分（满分 5 分）。

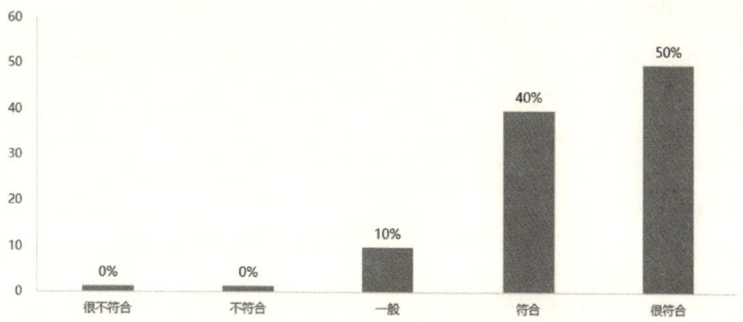

图 2　学生学习目标达成度情况

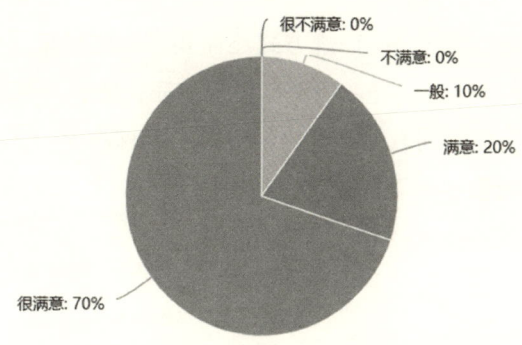

图 3　学生对活动的总体满意度情况

三、成效

此次主题实践活动,通过数字技术的支持,实现了西班牙语、跨境电子商务、信息技术课程相关知识点的横向联接,充分体现了跨学科融合的教育理念。

首先,我们对中职信息技术课程的授课内容进行了有机整合,以实现:支撑对专业人才、学科核心素养、综合应用能力培养等方面的要求;提升以学生为中心的跨学科解决问题能力、创新能力的培养效果;探索过程性的评价方式。

其次,积极开展实施以任务驱动与实践探究相结合的专业融合主题实践活动,教师可以完成从以教为主的知识传授到以学生为中心的能力培养的转变;学生通过对专业融合内容的学习、小组讨论与沟通、展示与表达,以达到深度学习的效果,并获得专业综合应用能力的提升。

最后,数字技术应用为教学带来了许多创新和改进,同时显著提升了教学效果和学习体验。活动中我们运用到了学习平台(超星学习通)、文档编辑软件(MS

office Word 或 WPS word）、思维导图软件（X-mind、百度脑图等）、人工智能翻译软件（有道 AI 翻译、文星一言等），以及模拟职业实训平台（阿里巴巴国际站实训平台）。

四、启示和展望

经过此次主题实践活动的教学探索与实践，我们感受到：学科专业方面，此次活动是在语言类专业中进行实施，将来能拓展在其他专业（如我校数控专业、国际商务专业等）进行尝试；教学内容方面，还可融合更多的学科课程（如艺术、音乐等课程）；教学方式方面，还应结合学生的深度学习特点进行考虑与设计（考虑差异化、分层式教学方式）；评价方式还需要多元化（采用表现性、增值性评价方式）；对于教学目标达成度，还需以更细致完善的指标来助于量化。

因此，我们将在之后的教学研究中，以跨学科课程学习主题为载体，进一步研究更加合理完善的教学方案，强化课程协同育人功能，提升人才培养质量，以数字技术赋能教育改革。

参考文献

[1] 中华人民共和国中央人民政府. 习近平主持中央政治局第五次集体学习并发表重要讲话 [EB/OL]. 2023-05-29.https://www.gov.cn/yaowen/liebiao/202305/content_6883632.htm.

[2] 中华人民共和国教育部. 世界数字教育大会在京召开. 加快数字化转型. 深入推进智慧教育 [EB/OL].2023-02-15.http://www.moe.gov.cn/jyb_xwfb/xw_zt/moe_357/2023/2023_zt01/mtbd/202302/t20230215_1044860.html.

[3] 中华人民共和国教育部. 教育部部长怀进鹏在 2024 世界数字教育大会上的主旨演讲：携手推动数字教育应用、共享与创新 [EB/OL]. 2024-02-01.http://www.moe.gov.cn/jyb_xwfb/moe_176/202402/t20240201_1113761.html.

[4] 上海市教育委员会. 上海市教育委员会关于做好 2024 年上海市教育数字化转型工作的通知 [EB/OL].2024-03-29. http://edu.sh.gov.cn/xxgk2_zdgz_jyxxh_01/20240329/127af0d0540a4fcbb43eb752ae8fcab1.html.

[5] 中华人民共和国教育部. 教育部办公厅关于"智慧教育示范区"建设项目推荐遴选工作的通知 [EB/OL]. 2019-01-03. http://www.moe.gov.cn/srcsite/A16/s3342/201901/t20190110_366518.html.

[6] 中华人民共和国教育部. 义务教育课程方案（2022 年版）[M].2022.

[7] 中华人民共和国教育部. 中等职业学校信息技术课程标准（2020 年版）[M].2020.

[8] 佐藤学. 培育作为专家的教师：教师教育改革的宏观设计 [M]. 东京：岩波书店，2015:104.

第四部分　教学探索

基于 1+X 实用英语证书考证需求的单元教学设计研究

王 烨

一、背景

在全球化的浪潮中，商务英语作为沟通不同国家和文化背景的桥梁，其重要性日益凸显。尤其是在经济大都市如上海，商务英语人才的需求日益增长。为了满足这一需求，上海市中等职业学校对商务英语教学提出了明确的语言应用能力和职业素养培养要求。1+X 实用英语证书的推广，进一步强调了以实际工作任务为导向、模拟真实职场情境的英语教学需求。

近年来，大单元教学模式因其整体性、关联性和发展性的教学理念，以及以大问题或大任务为中心的教学活动组织方式，与 1+X 实用英语证书的教学需求相契合。这种教学模式比传统的碎片化教学更能激发学生的学习兴趣，促进他们对知识的深入理解和长期记忆。

本文旨在探讨如何将大单元教学模式有效应用于商务英语教学中，设计出满足 1+X 实用英语证书考证需求的教学方案，以提升学生的语言应用能力和职业素养，为商务英语教学提供有益的参考。

二、单元教学设计的理念与目标

本单元教学设计以中等职业学校英语课程标准为指导，以 1+X 实用英语证书考证需求为导向，注重培养学生的语言应用能力、商务交际能力和职业素养。通过设计以任务驱动的主题意义探究、真实职场情境的创设、语言支架的搭建，以及学习进阶的推进，旨在让学生在实践中掌握商务英语知识，提高英语应用能力，为未来的职业发展奠定坚实基础。

三、单元教学内容的选择与重组

依据中等职业学校英语课程标准及 1+X 实用英语证书考核要求，本教学单元精选《新编剑桥商务英语（初级）》中与商务沟通及合作紧密相关的主题，如

商务信函、商务会面和商务演讲。教材内容经过调整优化，融入真实职场情境，形成连贯的教学模块。这些模块全面覆盖了商务沟通的基础知识至应用实践，确保学生获得系统完整的学习体验。

四、单元教学实施路径

（一）确定单元主题意义

单元主题意义的分析与定位是制定单元目标的依据。本单元以"商务沟通与展示"为主题，通过探究这一主题的意义，引导学生理解商务英语在商务活动中的重要性，掌握商务沟通与展示的基本技巧，同时围绕"沟通合作，民族自信"的主题挖掘育人价值，旨在引导学生树立正确的价值观，了解合作共赢的意义，以及在对外沟通展示的过程中保持民族自信的重要性。最后，笔者在充分考虑了 1+X 实用英语证书的考证需求的基础上，将本单元的教学目标设计如下：

1. 知识目标

- 掌握安排会面、介绍自己、介绍公司相关的词汇。
- 掌握商务信函的基本格式。

2. 技能目标

- 能够读懂商务英语中邀请信这类简单的应用文文本。
- 能够根据邀请信书写回复信。
- 能够使用"建议"句型与他人开展"安排会面"的对话。
- 能够进行商务场合的自我介绍，包括介绍自己的公司、职位、职责等。
- 能够根据关键信息进行简短的商务人士介绍。
- 能够介绍一家公司的各个方面：简况、组织架构、新动态、销售业绩等。

3. 情感目标

- 在学习和完成任务过程中，树立自信，培养合作精神、职场礼仪和爱岗敬业精神。

（二）创设真实职场情境的任务群

根据单元主题和教学内容，创设了一系列真实情境的任务群。这些任务包括回复商务信函、安排商务会面、进行公司介绍等，旨在让学生在完成任务的过程中，运用所学的商务英语知识和技能解决实际问题。通过模拟真实的职场环境，让学生在身临其境中感受商务沟通的氛围和要求。学生在完成任务的过程中，仿若真正置身于办公室、展会等职场情境，提升了团队合作、个人自信、职场礼貌、职场礼仪、爱岗敬业等职业素养。

任务群设置及课时分配图

单元情境	任务群	子主题及课时分配
本校学生公司受邀参加全球学生公司展会	1. 回复商务信函	第一课 接受邀请 Accepting an Invitation
	2. 安排商务会面	第二课 安排会面 Arranging a Meeting
	3. 进行公司介绍	第三课 自我介绍 Introducing Oneself
		第四课 介绍公司简况 Company Profiles
		第五课 介绍公司创始人 Company Founder
		第六课 介绍公司组织结构 Company Structure
		第七课 介绍公司新动态 Company News
		第八课 介绍公司销售业绩 Company Sales
		第九课 介绍公司整体情况 Presenting a Company

（三）搭建语言支架，实现言语习得

在教学过程中，教师为学生提供必要的语言支架，包括词汇、句型、表达方式等。通过示范、讲解和练习等方式，帮助学生掌握这些语言支架，并在实践中加以运用。同时，鼓励学生通过合作学习、角色扮演等方式进行言语习得，提高他们的语言应用能力和商务交际能力。

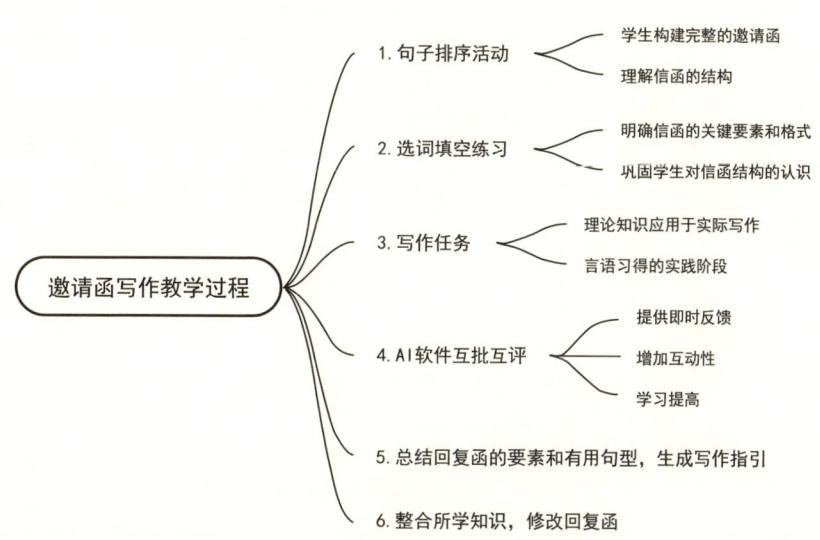

以"接受邀请"这一课为例，教师通过一系列精心设计的活动搭建语言支架，以促进学生的语言习得。首先，学生通过句子排序活动来构建一个完整的邀请函，这有助于他们理解信函的结构和流程。接着，选词填空练习进一步明确了信函的关键要素和格式，巩固了学生对信函结构的认识。之后，学生完成平台发布的写作任务，将理论知识应用于实际写作中，这是言语习得的实践阶段。利用AI软件进行互批互评不仅提供了即时反馈，还增加了互动性，使学生能够从同伴的作品中学习和提高。课程的最后阶段是总结回复函的要素和有用句型，并生成写作指引，而后根据写作指引修改回复函，这一步骤帮助学生整合所学知识，并鼓励他们在反思中改进自己的写作。

总之，这节课通过分步骤地指导和实践，有效地搭建了语言支架，使学生在真实情境中实现言语习得，并提高了他们的写作能力。

（四）推进学习进阶，达成教学目标

本单元教学注重学习进阶的设计和实施。通过结构化分课时活动串的推进，引导学生逐步完成单元任务群，实现学习目标的逐步达成。在每个课时中，教师根据学生的实际情况和学习进度，调整教学策略和方法，确保每个学生都能在原有基础上取得进步。同时，通过形成性评价（课内笔试练习、师生评价、生生评价、AI评价）和总结性评价（书面测试和职场应用口语测试），对学生的学习成果进行综合评价和反馈，帮助他们更好地了解自己的学习状况和发展方向。

单课时子主题	单课时子任务	活动系列	任务测评
接受邀请	回复全球学生公司展会主办方，确认参展。	1. 句子排序，生成邀请函； 2. 选词填空，明确邀请函要素和格式； 3. 完成平台发布的写作任务； 4. 利用AI软件进行互评； 5. 总结回复函的要素和有用句型，生成写作指引； 6. 根据写作指引，修改回复函。	1. 将打乱的句子分类排序，形成一封邀请函，一封回复函； 2. 针对作业1中的邀请函写一封回复邮件。
安排会面	作为学生公司的市场部和销售部经理，协商安排展前会面时间。	1. 听力活动：听录音，完成各自日程安排表； 2. 结对问答：两两对话，补全对方日程安排表； 3. 选择判断：表建议的常用句型； 4. 配对练习：商务活动； 5. 人机对话：作为学生公司的市场部经理，与AI（销售部经理）协商安排展前会面时间； 6. 结对活动：作为学生公司的市场部和销售部经理，协商安排展前会面时间。	在班级中找另一个同学根据各自的日程表协商会面时间。

（续表）

单课时子主题	单课时子任务	活动系列	任务测评
自我介绍	作为公司的市场部经理，代表公司参加展会中的"全球商业挑战赛"，并进行自我介绍	1. 速记填空：表示工作职能的动词； 2. 配对练习：职位和职责； 3. 听力活动：填职务，补全职责描述； 4. 小组活动：根据提供的情境进行自我介绍。（可以使用辅助包，辅助包分三级： a. 公司的相关介绍图片； b. 公司简介的关键词； c. 市场部经理岗位职责的关键词。）	以销售部经理或销售代表的身份进行自我介绍。
介绍公司简况	根据学生公司信息表格，在展会上，向潜在客户介绍公司概况。	1. 配对练习：公司简况构成要素； 2. 双人活动：公司简况内容要点（信息差任务）； 3. 个人展示：介绍学生公司，可选方式如下： 1) 纯文字介绍（书面）； 2) 图片+文字介绍； 3) 口头介绍； 4) 视频介绍。	选择或自创一家公司，完成公司概况表，而后根据此表格口头介绍你的公司。
介绍公司创始人	介绍本校学生公司创始人。	1. 听力活动：听录音，勾选人名、地名和数字； 2. 快速阅读：两两合作，阅读文章，查找关键信息，完成任务单； 3. 小组活动：接龙描述麦当劳创始人的生平； 4. 单人活动：根据关键词在AI平台逐句描述学生公司创始人，AI进行实时校正与评价。	介绍华为公司创始人。
介绍公司组织架构	根据学生公司的组织结构图逐个介绍部门。	1. 微课学习：部门职能； 2. 听力活动：补全组织结构图； 3. 抽卡猜谜（双人活动）：抽取部门和关键词组合卡，一人描述部门职能，另一人猜测部门名称； 4. 接龙介绍：小组成员根据学生公司的组织结构图，逐个介绍部门。	融合之前所学的内容（公司组织结构、工作职位、工作职责等）绘制思维导图。
介绍公司新动态	根据关键信息表在展会上介绍学生公司的新动态。	1. 合作阅读：新闻稿的构成要素； 2. 填空练习：新闻稿的重点句型； 3. 口头报告：根据关键信息表，在展会上介绍学生公司的新动态。	根据给定信息，书写一份新闻简报。

(续表)

单课时子主题	单课时子任务	活动系列	任务测评
介绍公司销售业绩	根据图表介绍公司销售业绩	1. 微课学习：描述图表变化的动词和副词，利用线上练习和bingo游戏检测学习效果； 2. 小组活动：根据描述找到对应的图表； 3. 口头介绍：根据图表介绍公司销售业绩。	1. 根据动词与副词的搭配找出对应的变化曲线； 2. 连词成句——将打乱的词语连成一个完整的描述图表的句子； 3. 连句成段——根据图表将上一关错乱的句子进行排序； 4. 图表描述——对图表进行口头描述。
介绍公司的整体情况	分组介绍学生公司的整体情况	1. 思维导图：复习公司介绍的要点； 2. 微课学习：演讲的整体框架； 3. 小组活动：组内整合，生成完整的公司介绍； 4. 小组展示：分组展示，组间互评。	1. 根据同学和老师的反馈意见，对课堂上的演讲进行自主修改； 2. 进行单元总复习，备考单元测试。

五、结语

综上所述，本单元教学设计和实施的过程中，我们坚持以学生为中心，以职业能力培养为核心，通过创新的教学方法和现代信息技术的融合，有效地提升了学生的英语应用能力和职场适应能力。未来，我们将继续探索和完善单元教学设计的方法和手段，以适应不断变化的市场需求和学生发展需求，为培养更多优秀的商务英语人才做出贡献。

参考文献

[1] 教育部.中等职业学校英语课程标准（2020年版）M].北京：高等教育出版社，2020.

[2] 北京外研在线数字科技有限公司.实用英语交际职业技能等级标准(2021年2.0版).

[3] 任煜.大单元教学视角下英语学习任务群的建构与实施［J］.江苏教育，2022（73）：12-15.

（作者单位：上海市工商外国语学校）

角色扮演在中职思政课教学中的应用
——以《心理健康与职业生涯》关系单元教学为例

李园园

一、实施背景

角色扮演最先应用于心理学应用治疗领域,该概念由美国心理学家米德提出,后来引入教学中,国内外对角色扮演在各科教学中的研究较多。角色扮演法是指教师根据一定教学目的和教学内容所需,创设生活化的虚拟场景,然后在教师指导下,让学生根据角色设置扮演其中的角色并通过表演互动感悟知识、建构知识的一种实践性的教学方法(田丽丽、蔡敏等学者);角色扮演教学法是学习者在假设环境中按某一角色身份进行活动,以体验各种心理活动,使自己和其他学习者从"表演"中受到启示,以达到教学目标的一种教学方法。

《中等职业学校思想政治课程标准(2020年版)》(以下简称课标)将《德育》改为《思想政治》,包括"中国特色社会主义""心理健康与职业生涯""哲学与人生""职业道德与法治"四个模块。父母亲情、师生关系、同学友谊是基础模块《心理健康与职业生涯》第三单元的重要内容。《课标》要求"正确处理生活中遇到的问题""理解父母、尊重长辈、珍惜亲情,学会感恩""学会正确处理师生关系""掌握同学、同伴交往的正确方式,增强集体意识和团队意识"。《课标》建议"采用角色扮演、故事分享、参与家务劳动等方式,感受父母和其他长辈的辛苦和殷切期望,正确理解和看待亲子冲突,分析原因,寻找解决办法,探讨如何建立和谐的亲子关系""采用情景模拟法、角色扮演法等方式,体验师生交往中出现的冲突情境与和谐情境,探讨增进双方相互理解的方法,采用自我反思、小组座谈讨论,开展尊师爱生活动等方式,探寻化解师生矛盾冲突,增进相互理解的策略""采用主题活动、角色扮演、情景剧等方式,了解产生同学、同伴交往障碍的主要原因,掌握同学、同伴友好相处之道"。

通过解读《课标》发现《心理健康与职业生涯》第三单元共同的教学目标:理解良好亲子、师生、亲子关系对个人学习、健康成长的重要作用;了解关系中存在的主要冲突及其表现;正确理解和看待矛盾冲突,分析原因,探寻化解矛盾冲突,增进相互理解、建立和谐关系的策略。其最终目的是教会学生用理解、尊重、宽容、沟通等方式建立良好的人际关系。根据该部分内容直观感受强的特点、《课

标》对该部分教学实施建议及对角色扮演定义的理解,对《心理健康与职业生涯》第三单元开展了角色扮演教学方式的尝试。

二、实施方法和过程

(一)教学目标

学生能够体会所扮演角色的感受、内心想法、需求,理解对方的感受、想法、需求,寻找解决冲突的办法。学生能够用平和的语气跟对方沟通,了解事情的真相、对方的想法和需要,能够并愿意理解、包容、尊重对方,用更有效、更温和的方式处理面对的矛盾、冲突,实现和谐相处。

(二)教学重难点

面对冲突,能够理解对方的感受、想法、需求,能够用温和、包容、尊重、理解的态度和方式去处理矛盾冲突,实现和谐相处。

(三)角色扮演教学设计

根据班级人数,分 3—4 个小组,每组选出小组长;提出任务要求:自选一个冲突主题,自编自演;时间:准备 30 分钟,角色扮演各 5 分钟,回答问题各 2 分钟;点评各 2 分钟。

(四)授课班级情况

1. 班级 A:亲子关系(2023.4.20);同学关系(2023.5.5)

中职一年级,全班 30 人,男生 26 人,班级活跃,平常上课互动较好。

2. 班级 B:同学关系(2023.4.25)

中职一年级,全班 40 人,班级纪律相对较差。部分学生积极好学,愿意听课,能配合老师互动;部分女生上课说话出风头;小部分男生玩手机打游戏。整体女生强势爱出风头,男生弱势沉默打游戏。

3. 班级 C:师生关系(2023.4.28)

中职一年级,全班 43 人,班级非常安静,纪律很好,但是缺少活力,互动困难,学生不会主动回答问题,部分学生在被动点名时,依然不愿回答。

(五)课堂实施及个例呈现

1. 班级 A 课堂实施:亲子关系(2023.4.20)

优秀剧本:第二组

亲子冲突:学习成绩

模拟场景：母亲去世，单亲父亲独自抚养儿子长大，但儿子成绩差。一次考试成绩下发，儿子考试不及格，引发一场争吵。父亲：成绩拿出来。儿子：没考试，没有成绩。父亲：老师都跟我说了。儿子拿出成绩。父亲：怎么才考50分。儿子：上次考了30分，我已经进步20分了。父亲：考不及格还有理了。儿子：我真的很努力了。父亲：你母亲去世得早，我一个人养你容易吗？儿子：……父亲：……各自喋喋不休诉说自己的不容易，却看不见对方的不容易，最终不欢而散。

教师引导式提问：按照"事件—感受—想法和需求"，教师逐步引导。

儿子感受：很委屈、很气愤。害怕父亲责备，不是故意欺骗父亲（谎称没考试）；虽然没及格，已经进步那么大了，没有鼓励，还是责备；一直在强调我在努力了，但是父亲却根本不理，一直责备、诉苦。

儿子需求：希望父亲看见儿子的努力，看见儿子在学习上的困难，看见进步这么多儿子付出了多少，看见儿子需要鼓励和认可。

父亲感受：很生气，竟然欺骗我；非常生气，考试还是不及格；更生气，儿子太不懂事了，一个人含辛茹苦把他养大，不肯好好学习，还跟我争吵，我太不容易了，太寒心了。

父亲需求：希望儿子看见父亲工作挣钱一个人养家养孩子的不容易，希望儿子能够好好学习来回报这份不容易。

教学效果：将现实中亲子之间的矛盾演绎得淋漓尽致。家长看不见孩子，孩子也不能理解家长。当扮演者双方说出角色各自的感受、想法、需求时，理解就发生了。通过角色扮演，学生体会到了所扮演角色的感受和需求，达到了同理心和设身处地的效果，进而对自己的父母有了更多理解和懂得，和解自然发生，建立和谐的亲子关系这一教学目标就达成了。

2. 班级 B 课堂实施：同学关系（2023.4.25）

优秀剧本：第一组

同学冲突：被孤立排挤

模拟场景：大清早，在教室，课代表收作业，A 同学忘记把做好的作业带学校了，告知课代表，课代表因收作业忙乱，误把没带作业记成没做作业，A 同学被老师叫到办公室批评一顿。从此 A 同学对课代表产生怨恨，在同学面前经常说课代表坏话，让自己的好友远离课代表并时常对课代表指指点点，课代

表被孤立。

教师引导式提问：按照"事件 - 感受 - 想法和需求"，教师逐步引导。

A 同学的感受：非常生气，明明写了作业，还被老师批评一顿，课代表肯定是故意的，这个人怎么这样，告诉我的朋友们不能跟这种人交往。

A 同学的需求：课代表向老师说明真实情况，自己做作业了，不是故意忘记带的，而不是被老师误会不做作业还受到批评。

课代表的感受：起初是满心愧疚，一心想下次改进，没交作业的同学太多了，有的是没交，有的是没做，我脑子记不住，不小心把她记错了，下次我用笔把这些一个个记下来，就不会出错了。被误解被孤立后满是委屈、伤心、难过，我并不是故意这么做的，为什么联合同学一起来孤立我。

课代表的需求：希望 A 同学看到自己当时很忙乱，不小心犯了这个错误，不是故意的，自己对 A 同学也很愧疚，也认真分析了原因下次改进了，需要 A 同学的谅解而不是孤立。

教学效果：将同学冲突的一角演绎得淋漓尽致。当不了解事情真相时，这种生气愤怒的情绪反应是非常正常的，当了解了真相之后，才发现事情并非想象中那样。当双方将角色的感受和想法说出后，真相大白，原来是一场误会导致的同学冲突或隐形的社交暴力。通过角色扮演，学生体会到了自己所看到的、所经历的并不一定是真实的，对人对事不要急于下结论，要多一份宽容和耐心，遇到问题及时平和沟通，还原事情的真相和本质。

3. 班级 C 课堂实施：师生关系（2023.4.28）

优秀剧本：第二组

师生冲突：学习还是放松

模拟场景：数学模拟考没考好，马上要大考了，数学老师很着急，占用体育课补数学。一名学生跟老师对峙，认为学生不是机器，不能只要学习，还要放松，要锻炼身体。

教师引导式提问：按照"事件—感受—想法和需求"，教师逐步引导。

数学老师的感受：非常生气，模拟考试考这么差；非常委屈，借助体育课给他们补课，也是牺牲自己时间，提高学生成绩的好事，他们却不理解，跟老师争吵。

数学老师的需求：需要学生感受到老师的爱和良苦用心，看见老师为了学生的学习而作出的牺牲和努力。

冲突学生的感受：非常抵触、反感和不情愿。每天沉浸在学习压力、考试压力中，好不容易上体育课放松下，却被占用了。

冲突学生的需求：需要被当作一个人去关怀，而不是学习和考试的工具。

效果：学生表演很逼真很入戏，将老师的生气、委屈、无奈表现出来，也将学生想做个活脱脱的人而不是考试机器的强烈反抗心理表达出来。双方在各自表达时，一方突然能理解另一方，感受到对方的善意和诚心，双方之间的敌意和冲突不解自开。通过角色扮演，让学生对人对事多了一份包容和理解，对老师能更朝着善意的方向去理解，达到教学目标。

4. 班级 A 课堂实施：同学关系（同样场景两次模拟，2023.5.5）

优秀剧本：第二组

同学冲突：交作业

（1）模拟场景（第一次）：因同时交作业的学生多，课代表在勾选交作业名单时，漏掉了同学 C，同学 C 被老师批评，课代表在同学 C 的责问之下，双方发生争吵。

课代表感受：非常委屈，被质问后本能地反抗。同时交作业的那么多，勾选不过来，他交作业也没告诉我，很容易地犯了这个错误，自己都没发现。

同学 C 感受：被老师批评，很委屈；出现这种事情，非常生气。

在老师引导下，让同学思考：同样的事件，有没有不同的处理方式。

（2）模拟场景（第二次）：因同时交作业的学生多，课代表在勾选交作业名单时，漏掉了同学 C，同学 C 被老师批评。同学 C 虽然很生气，还是让自己平静了一会，然后向课代表了解情况，课代表心怀愧疚，向同学 C 解释了事情原委。同学 C 在了解了事情真相和课代表的真诚道歉下，表示这种情况下出错非常能理解，认为自己也有责任，交作业时课代表不在，事后应该提醒课代表自己交过作业了。

课代表感受：非常愧疚，因为自己工作失误，导致同学被批评。

同学 C 感受：一开始有点生气，当平静下来了解情况后，能够理解课代表，发现自己在这件事情上也有过错。

效果：教师引导学生对同一个冲突寻找不同的处理方法，通过角色扮演展示出来，教学效果比学生直接展示冲突再进行感受、需求的引导，更直观，对比更强烈，效果更好。

三、教学效果

（一）班级 A（第一次），上课时间：2023.4.20，内容：亲子关系

扮演效果非常好，配合度很高。很快组成四个组并选出组长，根据任务要求，每组围坐一团，积极勾画亲子冲突的主题，构思剧本，讨论热烈，不肯下课，教学效果很好。

班级 A（第二次），上课时间：2023.5.5，内容：同学关系

学生对角色扮演热情减退，积极性不高，不太配合。四个组只有两个组参与了角色扮演，其他两个组想不出主题，不再围在一起积极讨论，各自坐在自己位置上，参与度低，任务完成率低。

（二）班级 B，上课时间：2023.4.25，内容：同学关系

班级很活跃，各组都能按照角色扮演的要求完成任务。一组的剧本和表演非常好，与讲授法比，教学效果不错。台下学生吵闹，课堂纪律依然不理想。

（三）班级 C，上课时间：2023.4.28，内容：师生关系

角色扮演法使用效果与讲授法反差非常大，效果很好。角色扮演最初讨论阶段，学生依然处于之前的不积极不参与状态，分组和组长是老师指定的，之后在老师的引导和激发下，小组可以做到一起共同讨论，进入相对活跃的状态，班级气氛一下子变得活跃、轻松，在表演环节，学生表演更是幽默风趣，剧本构思也非常棒。

四、结论

（一）不同班级、不同班风，角色扮演法效果都好过讲授法

三个不同的班，上了三节主题不同但同属关系系列的课，每个班前后对比，差异明显。相对讲授法，各班级同学都很感兴趣并能积极配合，教学效果较好。

（二）同一教学法不宜频繁使用，保持教学的新颖性，才能激发积极性

在长期使用讲授法后，角色扮演法首次使用效果很好，学生的主动性、积极性和灵感的发挥都达到了前所未有的高度。但是经常使用就无法凸显效果，新颖性降低，学生的新鲜感、积极性下降，表现为不太配合。

（三）针对同一个情境，进行两次对比性角色扮演，更能达到教学目标

同一个情境，用多种方法演绎，让学生体验用不同的处理方法，结果却迥然不同，通过方法和结果的对比，让学生在直观的感受中体验、思考、学习，教

目标自然达成。这个效果好于一个情境、一种方法、一次角色扮演、教师总结。

（四）结合学生在角色中的体验和感悟，教师最后的提炼升华很重要

角色扮演之后，教师的引导、提炼、总结是点睛之笔。教师引导学生说出所扮演角色的感受、想法、需要，双方和台下的同学，就在这个引导中，突然理解了父母、子女、同学、老师，学会了用耐心和包容去看待每一个人每一件事，倾听对方的想法，看到对方的感受，关注对方的需要，实现和谐共处。

（五）学生创造性很强，要充分激发学生动力，挖掘学生潜力

不论是不同的主题还是班风不同的班级，学生根据主题创设情境，自编自导的内容，贴近现实又非常具有代表性，能深刻地反映出矛盾冲突的关键点。这给予一个很大的启示：老师要深入挖掘学生的力量，充分发挥学生的潜能，会有不一样的、非常好的教学效果。

（六）要通过多种方法充分调动学生

虽然班风不同，教师如果能充分调动学生积极性，即使是缺少活力、相对沉闷的班级，也会涌现一批优秀、积极、活跃的学生。

参考文献

[1] 中华人民共和国教育部. 中等职业学校思想政治课程标准（2020年版）[S]. 北京：高等教育出版社，2020.

[2] 周窈."角色扮演法"在初中《道德与法治》教学中的设计及应用研究 [D]. 湖北工业大学：学科教学 (思政)，2024（1）.

[3] 陆明阳."角色扮演"在中职生法制课教学运用研究 —— 以广西某中职学校《职业道德与法律》课程为例 [D]. 广西师范大学，2019（9）.

[4] 杨春，黄行芝，刘桂秀，徐霞. 角色扮演法在关怀护理中的应用 [J]. 中国实用护理杂志，2008(9).

（作者单位：上海市医药学校）

"小先生制"教学策略的应用现状和在中职宠物美容教学过程中的展望

牟群[1]

(上海科技管理学校,上海市杨浦区,邮政编码:200433)

一、"小先生制"教学策略的起源和内涵

"小先生制"是一种教育理念和教学策略,起源于中国教育家陶行知的长期实践探索。这一概念最早提出于20世纪二三十年代,旨在普及大众教育、推广平民教育、实施民主教育,以及改造乡村教育的时代背景下。[2-3]陶行知先生的"小先生制"教育思想强调"即知即传",倡导学生在学习过程中扮演教师的角色,通过教授他人来加深自己的理解和知识的内化。[4]"小先生制"的内涵丰富,它不仅仅是一种教学方法,更是一种教育哲学。它体现了以学生为中心的教育理念,鼓励学生自主学习、合作探究,并通过教授他人来实现知识的深度理解和应用。这种策略旨在培养学生的独立思考能力、创新能力和实践能力,同时也促进了学生之间的相互学习和共同成长。[5]在现代教育实践中,"小先生制"被进一步发展和创新,形成了包括独学、共学、创学等多种教学形式。这些形式旨在激发学生的内驱力,提高学习的效率和质量,同时也为学生提供了多样化的学习路径和丰富的学习体验。[6]综上所述,"小先生制"的内涵强调学生的主动学习、深度理解和知识的社会化应用,是一种旨在促进学生全面发展的教育策略。

二、"小先生制"教学实施的理论基础

(一)学习金字塔理论

1946年,美国学者爱德加·戴尔(EdgarDale)提出了学习金字塔理论。他的研究表明,听讲、阅读、试听、演示、讨论、实践和教授他人这7种学习方式,学习内容平均存留率为5%,10%,20%,30%,50%,75%和90%,从上到下排列,呈现金字塔的形状。[7]而"小先生制"教学策略的实施就是让学生通过"教"从而达到"学"的目的,而学习效果最好的方式就是及时把所学知识传授给他人。因此,学习金字塔理论是"小先生制"教学策略能够提高学习效果的理论基础。[8]

(二)同伴学习理论

同伴学习理论是通过地位平等、年龄相仿、心理发展水平相当的同伴来帮助

和支援从而获得知识和技能的学习活动。[9] 同伴学习过程中有两种角色，即指导者和求助者，二者均能获得进步。"小先生制"教学策略的实施也是把学生分成小组，由组内的"小先生"对同伴进行指导和帮助。因为"小先生"与组内的同伴地位平等、年纪相仿、心理发展水平相当，之间的沟通可能比师生之间的沟通更加方便和有效。[10] 因此同伴学习理论是促进"小先生"教学策略促进学生共同进步的理论基础。

（三）建构主义学习理论

建构主义认为，在学习过程中，学生依靠已有的知识经验和认知能力，再借助老师或身边人的帮助，以及不可或缺的学习资源和材料，进行主动选择、加工和处理来获取意义从而建构自己理解的过程，而不是由教师将知识进行生硬的灌输。[11] 建构主义将教学看作为培养学生主体性的创造活动，他要求在教学中发挥学生的主体性和创造性，重视学生过往的经验积累，教师发挥组织、帮助、指导、促进的角色，利用情境、角色等各种环境要素，从而发挥学生的主体性和创造性。[12]

"小先生制"教学策略的实施为学生创造了不同的情境。课前，教师辅导"小先生"，帮助其完成新知识的构建，"小先生"承担的责任促进其积极主动地学习，最大程度在课前阶段理解和接受新知识。课中，在"小先生"的指导和帮助下，组内同伴之间合作探讨学习，积极主动地参与课堂，帮助同伴完成对新知识的建构，与建构主义学习理论不谋而合。[13]

三、中职学生的学情分析

中职教育侧重于实践技能和专业技术的教育，为学生提供与市场需求相匹配的实用技能培训。因此笔者根据现有的研究成果，对中职学生的学情进行分析。

（一）科学知识的基础比较薄弱

中职学生的文化基础和理论学习能力普遍比较薄弱。随着我国本科和专科教育的普及，读大学越来越容易。因此学生选择进入中职学校的主要原因是文化知识较为薄弱，无法考入高中。因此，有报道[14]发现，有些学生对语文，数学，英语等基础学科缺乏兴趣；有些学生对专业方向的理论知识，缺乏理解和认知；而对于目前的新兴科技知识，比如AI人工智能，5G等知识普遍缺乏关心和了解。

（二）对实践课和动手操作有一定的兴趣

比起基础理论学科,有不少中职学生对实践课和动手操作课程通常有一定的兴趣和爱好,这可能有助于他们在专业技能课上表现出较高的学习热情。比如,在一些中职学校通过组织学生参加技能竞赛,进一步增加学生对专业技能的学习兴趣。[15] 也有一些学者持有相反的观点。苏静等[16] 对畜禽生产技术专业的学生调查发现,大部分学生对专业课学习兴趣不高,缺乏积极性和主动性。主要原因是家庭教育、自身原因、学校环境和社会环境共同影响的结果。但是有些学者[17] 也认为这种对专业缺乏兴趣和爱好的情况,可能是学生的认知不足造成的,如果加以引导和辅助,比如对学生进行认识自我、认识专业、认识企业、认识行业和认识生涯等方面的职业认知教育,会让学生逐渐地认识自己,了解专业,对未来有期望,从而提高学习兴趣。

(三)学生水平不一致,教学开展难度大

中职阶段的学生,通常来自不同的学校,甚至有不同的县区,所以学生的基础差别比较大。在课堂教学中,一些学生基础扎实,教师讲授的内容对他们来说就显得简单。但对于一些没有基础的学生来说,如果讲授的内容有一定难度,他们学起来感到吃力。尽管教学过程一般都是由浅入深,但由于学生水平不同,教师在教学中会面临较大的挑战。[18] 另外,主流的班级授课制形态,也让中职生很不适应,因为他们是通过长期的"磨练",已经形成一种稳定的不适应形态。如果教师试图放慢节奏,照顾他们的需要,以"苦口婆心"的方式来改善学习效果也是一种徒劳,因为长期的说教式教学,很难让他们体验到成就感,导致他们自我效能感降低。[19]

(四)学生的可塑性强,辅以赏识教育效果显著

中职阶段的学生有一个明显的特点,就是他们处在人生的关键时期——青春期。这一时期的学生性格敏感,很在乎别人对自己的看法,他们的好奇心和可塑性很强,[20] 因此教师在教学的过程中,要从学生的自身特点出发,摒弃强制性的沟通方式,多引导,关心和鼓励学生,用适合他们的方式来培养他们。[21] 张力嘉[22] 的观点也认为,中职生的性格可塑性较高,他们通常在学习上不占优势,因此他们总是希望在其他方面能够引起老师和家长的注意。所以,当出现新兴事物或者自己能胜任的事情的时候,就积极表现,希望得到认可。因此,要充分发掘学生的主观能动性,辅以赏识教育,有利于学生身心健康,构建平等关系,深入挖掘学生的特点与优势,使其发自内心地热爱学习,对教学工作有积极作用。[23]

四、中职宠物美容教学的特点

中职教育在宠物美容领域的教与学具有一些特点，这些特点受到教育体系、学生群体特性，以及行业需求的共同影响。以下是中职宠物美容教与学的一些特点：

（一）基础知识与实践技能并重

近年来，中职或者高职宠物美容的专业课的实施，一改传统的以理论课程为主，实践课程为辅的状态，结合宠物美容专业人才的培养需求，利用校内美容中心、实训基地、创业孵化中心等平台，给学生提供了越来越多的实践机会，让学生通过实践学习宠物护理、修剪、美容等技能。

（二）引入职业比赛，以赛领课

职业院校宠物美容课程是一门综合职业能力很强的课程，因此，将技能比赛与宠物美容课程结合起来就显得尤为重要。同时，职业技能比赛可以提高学生兴趣，增加学生技能实践的机会和提升学生的综合素质和就业竞争力。[24] 专业竞赛还能提升职业院校老师的技能实操水平，有效地推动复合型人才建设。[25] 杨传华[26]在宠物美容课程改革中提出，要密切结合市场需求，把市场需要的岗位能力和素质作为改革的方向；通过制定比赛项目带动相关课程建设，从而制定相关的课程标准，强化课程教学与技能比赛项目的融合；将技能比赛结果与专业人才培养质量评价相结合。这样能实现学生职业能力和素质的提高与就业岗位需求的接轨，为社会培养出更多高素质、高技能人才。

（三）个性化教学

中职学生背景多样，有的可能对宠物美容有浓厚兴趣，有的可能是出于就业考虑选择该专业，这要求教师采用多样化的教学方法来满足不同学生的学习需求。鉴于学生兴趣和学习能力的差异，教师可能需要采用个性化教学策略，比如分层次教学、小组合作学习等，以提高教学效果。

五、"小先生制"教学模式在中职宠物美容教学中的应用展望

目前未发现"小先生制"教学模式在中职宠物美容教学中应用的相关研究。但是，鉴于该模式的应用效果和中职宠物美容教学的特点，笔者从两者结合的优势和需要突破的问题，进行了以下展望。

（一）增强学生的学习动机和实践技能

通过"小先生制"教学策略的实施,"小先生"在准备教授他人时,会更有动力去深入学习和掌握知识点,这可以提高他们的学习积极性和主动性。同时,"小先生"在学习和教学的过程中可以加深对宠物美容技能的理解和掌握,因为教授他人是一种最有效的学习方式。在实施"小先生"教学策略的时候,应当遵循面向全体学生的原则,要充分发掘每位学生的长处,考虑他们的发展。那些学习基础薄弱,兴趣不强的学生应当得到更多的帮助和鼓励;对于缺乏自信,性格孤僻的学生,应该得到更多的关心和信任。所以,教师应当本着平等、公平、尊重和鼓励的心态,面向所有的学生选拔"小先生",让每一个学生都有机会成为"小先生",从而实现全体进步。

(二)促进个性化学习和提高教学效率

由于学生之间的差异,"小先生制"允许学生根据自己的兴趣和能力选择教学内容,实现个性化教学。教师从整体出发,对每位同学的知识掌握情况进行精准"定位",把学生分成组,引导"小先生"要根据帮助对象的特点,进行个性化指导,从而提高学习效率。[27] 此外,对学习成绩较好的"小先生"来说,可以在指导他人中提升知识和技能;在纠正他人中反思自己;在答疑解惑中提升能力;在沟通中增强临场应变的能力;在带领团队中提升组织能力。[28] 所以,"小先生制"既提升了全体学生的学习效率,又兼顾个别学生的个性化学习需求,从而全面提升教学水平。

(三)培养团队合作精神

学生在互教互学的过程中,需要协作和沟通,这有助于培养团队合作精神和沟通能力。

需要突破的困难包括:第一,学生自信心的培养。中职学生可能缺乏自信,担心自己不足以担任"小先生"的角色,需要教师的鼓励和支持。第二,教学资源的分配。在实施"小先生制"时,需要合理分配教学资源,确保每位学生都有机会学习和成长。第三,评估和反馈机制。建立有效的评估体系来评价"小先生"的教学效果,同时提供及时反馈,帮助他们改进教学方法。通过克服这些困难,"小先生制"教学策略可以在中职宠物美容教学中发挥更大的作用,促进学生全面发展。

综上所述,"小先生制"教学策略能够在一定程度上解决中职教育中存在的问题,特别是在提高学生主动性、促进深度学习和培养合作精神方面具有潜在的优势。然而，要有效实施小先生制，还需要考虑到学生之间的能力差异，以及教师在教学方法和角色上的适时转变。同时，中职教育的老师在教导过程中需要不断创新教学方法，以适应学生的学习特点和需求。

参考文献

[1] 作者简介：牟群（1987-），女，上海科技管理学校，讲师，硕士研究生，研究方向为中职课程与教学．

[2] 宋瑞玲．陶行知的"小先生制"及其启示 [C]// 中国地方教育史志研究会，《教育史研究》编辑部．纪念《教育史研究》创刊二十周年论文集（2）——中国教育思想史与人物研究．北京师范大学教育学院，2009:5.

[3] 尤吉，张天舒．现代"小先生制"的课堂学习新样态 [J]. 基础教育研究，2020，(06):15+18.

[4] 程振理．陶行知"小先生制"教育思想探究 [J]. 江苏教育研究，2015，(Z4):54-57.

[5] 操太圣．赋能、担责与解放：从"小先生制"看时代新人的培养策略 [J]. 南京晓庄学院学报，2023，39(04):9-13+122.

[6] 王烁．从"教育造国"到"引人向上向前"：陶行知教育思想与实践对艺术教育的启示 [D]. 中国美术学院，2024.

[7] 姜艳玲，徐彤．学习成效金字塔理论在翻转课堂中的应用与实践 [J]. 中国电化教育，2014(7):133-138.

[8] 毛其凯．基于情境问题的深度学习探究 [J]. 地理教学，2022，(03):45-49.

[9] 陈培霞．同伴学习理论在当代教育心理中发展之研究 [J]. 内蒙古师范大学学报(教育科学版），2012，25(10):48-50.

[10] 杨映玲．"分组导生制"的课程教学体验与思考 [J]. 中外企业家，2014(35):198-199.

[11] 李新义，刘邦奇．基于建构主义的智慧课堂教学模式研究 [J]. 中国教育信息化，2018(06):44-48.

[12] 陈威．建构主义学习理论综述 [J]. 学术交流，2007(03):175-177.

[13] 赵爱玲．"小先生制"教学策略在中职高星级饭店运营与管理专业实训课中的应用研究 [D]. 广西师范大学，2023.

[14] 朱登基，伍小兵，何艺宁．新时代中职学生科学素养的提升策略探析 [J]. 教育科学论坛，2024(09):61-65.

[15] 王德玲，高金华．关于培养中职生专业技能兴趣的思考 [J]. 课程教育研究，2020(43):21+23.

[16] 苏静，孙海涛．中职生学习内动力不足的原因及解决对策——以畜禽生产技术专业学生为例 [J]. 畜牧兽医杂志，2023，42(06):100-102.

[17] 王旭霞.中职新生职业认知现状调查与对策研究 [J]. 教育科学论坛,2024(03):77-80.

[18] 邓文静,幸雁海,幸坚炬.课内翻转课堂在中职"C 语言程序设计"教学中的应用探讨 [J]. 中国新通信,2023,25(17):143-145+149.

[19] 张国红.同伴支架:重构中职学习型课堂的新探索 [J]. 中国职业技术教育,2022(17):87-91.

[20] 于娟.非遗课程培育学生人文素养的实践及意义——以苏州旅游与财经高等职业技术学校为例 [J]. 现代职业教育,2020,(48):56-57.

[21] 赵汉兵.中职化学教学现状及应对策略研究 [J]. 科技风,2021,(16):63-64.

[22] 张力嘉.优势视角下社会工作介入职业中学问题学生干预策略研究 [J]. 发展,2018(11):82-83.

[23] 刘慧琴.赏识教育对中职班主任管理工作效果的影响 [J]. 现代职业教育,2020,(46):150-151.

[24] 马明筠,郑娟.基于职业技能大赛的宠物美容课程改革与实践 [J]. 教育现代化,2019,6(A5):93-94+97.

[25] 程征,李惠强,钱明珠,冯会利."岗课赛证"一体化视角下高职院校宠物美容与护理课程建设探究 [J]. 河南农业,2023,(21):23-24.

[26] 杨传华.基于职业技能大赛的宠物美容课程改革 [J]. 现代畜牧科技,2023(12):162-164.

[27] 赵娜.基于现代"小先生制"的"GPS"指导策略——以中职数学教学为例 [J]. 职业教育(下旬刊),2021,20(14):66-70.

[28] 徐斌,李真.浅谈小组合作"导生协助"教学模式在中职机械专业实践教学中的运用 [J]. 职业,2022(09):67-69.

基于雨课堂的常用贵细药材鉴别教学应用研究

傅 颖 叶愈青 刘 波

本文以《常用贵细药材鉴别》为例,依托雨课堂信息化教学平台,研究混合式教学模式在激发学生学习兴趣、培养学生专业能力、提升学生职业素养、增强教师教学水平与教学能力等方面的实施效果,为信息化教学实践提供参考。

一、背景与教学设计

2021 年 2 月,将我校 19 级中药专业的其中 1 个班级作为试验组,在《常用贵细药材鉴别》教学中使用雨课堂平台开展线上线下混合式教学,每一味品种的鉴别即为一个教学任务,通过课前—课中—课后三段式导学进行教学设计并实施;另外 1 个平行班级则作为对照组,仍然以传统教学模式授课。结课时以同样试卷进行期末考试，对照组以50%期末考试成绩和50%平时作业成绩综合计分，试验组则将其中50%的平时作业分数拆分为：课前预习5%，课中考勤5%，随堂测试20%和课后作业20%来统计。下面以教学任务"安息香鉴别"为例来展示和说明。

（一）课前

安息香是一味典型的进口香脂类药材，在课前教师将中国的香文化、香药历史制作成微课，通过平台发布给学生引起兴趣；并发布预习习题"为什么有些树会产生树脂？为什么有些树脂是香的？"引发学生思考，推动学生通过查询资料等方式进行自主学习，提前了解学习内容。教师通过学生的回答情况了解学情，以便更好展开课中教学。为了完成好整个教学任务，课前亦会把课件、课中随堂习题、课后作业等资源打磨好，提前上传至平台。

（二）课中

教师在课堂上开启雨课堂教学，即可通过签到迅速考勤，了解缺席学生情况；接着马上进入上课环节。雨课堂具有将课件PPT推送至学生手机同步学习的功能，但是由于中职学生年龄比较小，手机应用的自控能力有限，为了防止学生切换屏幕上课走神，整个教学过程基本仍以投屏课件来完成分享。在结束教学重点"安息香的性状特征"与教学难点"通过传统经验鉴别法则区分泰国安息香与苏门答腊安息香"之后，才让学生重新拿出手机，独立完成教师推送的随堂习题。

随堂习题一般以客观题为主，意在帮助学生通过判断、选择、填空等方式来明晰概念或鉴别点，加强记忆。教师会根据实际情况设定完成习题的时限，雨课堂随即会对学生完成习题的时长和回答的准确性进行收集和统计。为了更好地利用课内时间增强学生间的互动，随堂习题中一般会设置一道容易引发争议的题目来收集不同答案，激发学生讨论的热情。比如本课随堂习题中就设有这样一道看似非常简单的判断题：由于成功引种，目前国内市场上的药材安息香多来源于本国自产。根据以往教学经验，这道判断题学生容易出现两个不同的答案，各自都觉得自己正确，当教师投屏学生的不同答案时往往会引起争议，在此基础上教师给出"本题判断应为错误"的结论，即我国并未成功引种安息香并获得安息香的稳定资源，同时也顺利引出我国在过去的几十年时间里对国内粉背安息香、青山安息香等同属近种安息香坚持栽培试验的案例，让学生感受到药用植物研究人员始终在为扩大资源、提高品质而不懈努力，联想到自己为未来中药行业的从业

人员，从而提升专业自信和荣誉感。

课内通过雨课堂发布随堂习题的优势在于，学生即答即判，有错即纠，有疑即辩，在同龄人思想、语言的相互碰撞中，学生们进一步理清脉络，巩固重难点，发现误区，及时改正或可在课后针对性增加学习弥补不足。教师在完成课中教学后，通过雨课堂将PPT推送给学生，方便学生课后复习，并对不解之处通过点击"不懂"或"收藏"来提示教师后续提供针对性指导。

（三）课后

由于本课是一门传承传统鉴别技艺的课程，在课后利用雨课堂线上平台，向学生推送"名师微讲堂"，即通过校企合作，由贵细药材传统经验鉴别大师提前录制的关于该品种鉴别要点的生动分享。一方面让学生通过视频讲解复习并巩固药材的性状特征和鉴别要点，另一方面也强调了传帮带的意义，让学生看到并感受到老一辈药材鉴别人员兢兢业业的工作态度和悉心传承的敬业精神，培养并建立起学生对中药传统经验鉴别行当的从业信心和专业自信。

在观看视频之后，学生在规定时间内完成课后作业。由于雨课堂具有语音作业功能，结合我校学生毕业后主要在中药门店从事营销工作的需要，模拟了门店中消费者购买贵细药材时关于真伪优劣的常规咨询场景，请学生将该药材的性状特征、商品规格、常见伪劣品及鉴别要点等内容重新整理，用通俗易懂的语言上传至语音作业栏，以便教师可以从专业能力和职业素养等不同维度来全面评价学生的学习成果；也推动学生学以致用，活学巧用，提前感受岗位职责，培养职业精神。

二、教学成效与启示

为了更好开展教学反思，在经历了一个学期的教学之后，从学生学习成绩和教学满意度两个方面，对基于雨课堂的教学效果进行评价。

（一）学习成绩评价与分析

收集试验组与对照组的期末考试成绩，使用SPSS24.0进行数据统计，采用独立样本T检验进行组间比较，$P < 0.05$时表示具有显著差异，统计结果见表1。经过分析两组数据方差个性，实施雨课堂教学的试验组的期末成绩显著高于对照组班级期末成绩，且试验组成绩的合格率和优良率均高于对照组。在平时成绩方面两组差异不大，由于两组平时成绩的组成不同，故无统计学差异意义，但可以

推测实施雨课堂后形成性评价的动态追踪与全面衡量,给了更多学生学习的动力和信心,以及及时发现问题、更正错误、自我提升的自由空间,自觉养成了良好的学习习惯,所以整体学习更加扎实,最终在期末考核的成绩上有了反馈。

表1 试验组、对照组学生的学习成绩评价

组别	人数	平时成绩	期末考核成绩	期末考核成绩优良率	期末考核成绩合格率
试验组	42	81.12±6.273	79.02±10.740*	52.3%	97.6%
对照组	42	80.98±4.377	73.29±10.500	33.3%	95.2%

注:与对照组比较,*$P < 0.05$

(二)教学满意度评价与分析

采用问卷调查形式对教学满意度进行评价,以赋值形式将满意度分为非常满意、满意、一般、不满意、非常不满意(5分—1分),请试验组学生进行无记名打分,以非常满意和满意的人数比例作为满意度,据统计结果见表2。结果显示学生对雨课堂在提高学习趣味方面的满意度为66.7%,在激发学习动力方面的满意度为69.0%,在培养自主学习和探索精神方面的满意度为78.6%,在建立学习自信和良好学习习惯方面的满意度为61.9%,在提高知识和技能水平方面的满意度为81.0%,在提高职业素养方面的满意度为71.4%,而在减轻期末考评压力方面的满意度高达85.7%。学生对雨课堂在知识技能学习、情感价值提升、学习习惯养成、内容灵活丰富等方面都给予了肯定。可见基于雨课堂的教学不但有利于教师及时把握学生动态、调整教学设计,也让学生更加关注学习过程,以更加积极的心态投入日常学习,而非急功近利地为期末成绩而战。并最终收获心态上和学业上的双赢。

表2 试验组学生的教学满意度评价 (人,n=42)

评分内容	非常满意	满意	一般	不满意	非常不满意
提高学习趣味	19	9	8	5	1
激发学习动力	15	14	7	4	2
培养自主学习和探索精神	20	13	8	1	0
建立学习自信和良好学习习惯	16	10	10	6	0
提高知识和技能水平	21	13	6	1	1
提高职业素养	15	15	12	0	0
减轻期末考评压力	25	11	5	1	0

（三）结果与展望

通过教学实践，基于雨课堂的线上线下混合式教学模式的实验组无论在考试成绩还是教学满意度等方面，均优于传统教学模式的对照组。

雨课堂通过智慧教学平台和强大的数据收集和分析功能，实现了课程教学设计的优化和教学效果的提升。首先，教学内容方面，不同信息有其适宜的最佳传播载体，[13]雨课堂提供了动画、仿真等多种载体，使其承载的教学内容更加丰富，表现形式更加生动；其次，教学形式方面，线上线下混合式教学使得学习过程变得更加连贯，课前教师将预习材料推给学生便于学生自主学习探究，课中随堂测试增加了教学交互，激发了学生的学习积极性，也利于教师及时调整教学设计，课后的语音作业则更真实地模拟了岗位任务，帮助学生学以致用，反复练习，提前适应岗位需求，提升职业素养；再次，教学评价方面，雨课堂教学强调形成性评价，使评价更加多元化、动态化，也使评价更加客观真实，动态化评价中学生及时发现问题及时弥补跟进，降低了差距的拉开，促进学生更好地把握知识和技能，多元化评价让学生看到自己的闪光点，营造了更加健康积极的良性竞争环境。

综上，雨课堂是众多信息化教学平台中非常优秀且不断在更新发展的一款，教师应探索其功能，发挥其长处，克服自身不足努力在专业上提升。顺应时代需要，拥抱信息化，打造更多好课，服务更多学生，培育更多英才和未来的能工巧匠。

参考文献

[1] 帅丽珍. 打破传统教学模式，运用微课翻转历史课堂 [J]. 新课程（下），2018(04):112

[2] 朱其明，尹彩流，蓝奇，等. 基于智慧教学工具——雨课堂的教学实践 [J]. 轻工科技，2021，37(06):185-187.

[3] 杜先华，何国林，詹雅娴，等. 基于雨课堂的形成性评价在药理学课程中的应用 [J]. 高教学刊，2021，7(36):97-100.

[4] 姚蓝，刘宪，张海英，等. 基于雨课堂的形成性评价在中药药理学教学中的应用探索 [J]. 卫生职业教育，2021，39(19):64-65.

[5] 张英，吴芷婷，吴孟华，等. 基于雨课堂的药用植物学混合式教学实践 [J]. 基础医学教育，2021，23(09):662-665.

[6] 刘淑香. 思政下"六位一体"教学模式在机械制造工艺学中的应用 [J]. 现代职业教育，2022(22):121-123.

[7] 周丽丽，等. 基于雨课堂的"中药学"混合式教学模式研究 [J]. 黑龙江教育（理论与实践），2021(09):70-71.

[8] 姜维佳，董爱国，王青，等.线上线下混合式教学在药理学中的探索[J].基础医学教育，2022，24(01):61-63.

[9] 陈丽名，屈杰，谷浩荣，等.基于雨课堂的线上线下混合式教学在《伤寒论》中的实践与思考[J].中国民族民间医药，2022，31(11):112-115.

[10] 孙瑾，陈娟娟.基于雨课堂的高数"动态混合式"教学模式探索[J].科技视界，2022(22):98-100.

[11] 周璐颖，闫婷婷，严丽君，等.基于雨课堂的无机化学混合式教学探究[J].云南化工，2022，49(09):125-130.

[12] 曹鹤芳，谢林园，吕锦彬，等.基于雨课堂的混合式教学对医学物理学应用的探究[J].物理通报，2022(S1):8-10，13.

[13] 罗纯.提质培优赋能视域下高等职业教育质量年度报告政策分析与优化策略[J].襄阳职业技术学院学报，2022，21(02):1-6.

（作者单位：1，3 上海市医药学校，2 上海市药材有限公司）

基于生物医药产业发展的职业教育专业教材建设的实践研究
——以《药物制剂技术》为例

汪婷婷

一、背景

随着生物医药技术的不断发展，新的药物和治疗方法不断涌现，为人们提供了更多的治疗选择，有效地提高了疾病的治疗效果；作为一个国际化程度极高的朝阳产业，生物医药产业能够带动整个产业链的发展，包括医疗器械、药品研发、制造、服务、技术咨询等多个环节，不仅能够创造大量的就业岗位，还能够推动相关产业链的发展，形成完整的产业生态系统，从而拉动经济的增长。因此生物医药产业被视为战略性新兴产业，成为全球产业竞争的焦点，也是国内产业布局的重点，更是上海经济发展的三大先导产业之一。产业进步和创新，对技术人才的需求也在不断变化和升级。而医药类职业教育正是紧跟生物医药产业发展趋势和市场需求，不断调整和优化专业设置和课程结构，使得教育的内容更加贴近实际，更加符合产业的发展需求，培养大批具备专业知识和技能的技术人才，在药物研发、生产制造、质量控制、市场营销等方面发挥重要作用，推动生物医药产业的创新和发展，为生物医药产业提供重要的人才支撑。

教材是课程和教学内容的主要载体，为专业建设提供基本的教学资源和依据。开发好的教材可以确保专业教学内容的科学性、系统性和实用性，为专业培养目标的实现提供有力保障。由于生物医药技术的快速发展，新工艺、新辅料、新设备和新技术不断涌现，药品监管法规和标准不断更新，对药物制剂的研发、生产和质量控制都提出了新的要求，只有通过不断加强教材内容的更新、结构设计和实践性等方面的改进，才能不断推动专业教材的建设和发展，更好地满足行业需求和人才培养需求。

二、做法

国务院关于大力发展职业教育的决定，以及关于加快构建现代职业教育体系的实施意见都明确指出，职业院校应积极与行业企业合作开发课程，根据技术领域和职业岗位任职要求，参照相关职业资格标准，改革课程体系和教材内容；加强教材建设，与行业企业共同开发紧密结合生产实际的教材，确保优质教材进课堂。

上海市医药学校是上海市唯一一所医药类国家级重点中等职业学校、第三批国家中等职业教育改革发展示范学校，坚持"把握时代脉搏、体现行业特征、面向市场需求、发展特色教育"的办学理念，构建了中职医药类专业"任务引领、实践导向"的课程模式，该成果获2014年国家教学成果一等奖。学校与企业共建了多个校外生产性实训基地，供教师和学生深入开展企业实践，药物制剂技术课程团队中多名教师具有药品生产企业技术和质量管理经验，在践行"产教融合、校企合作"的教材开发基本原则上具有先天优势。2018年《药物制剂技术》教材以校本教材的形式投入教学实践，2020年2月由化学工业出版社正式出版发行。

（一）教材建设理念

坚持立德树人，以培养具有良好职业道德和能力的高素质技能人才为目标。《药物制剂技术》教材编写团队以学生为中心、以工作过程为导向，紧跟医药行业新规范、新标准和新技术，以"项目驱动、任务引领、做学一体"为教材建设理念，坚持能力为本、内容实用，充分体现教学的思想性、实践性、开放性和职业性，更好服务职业教育教学改革。

该教材对标生物医药行业发展对人才的要求，深化校企合作，融入"1+X"药物制剂生产职业技能标准要求，依据岗位职业能力分析，体现书岗对接，按典型剂型的生产过程设计学习过程，以典型产品为载体设计活动，以工作任务整合知识、技能和态度，注重教学内容的实用性和针对性；学生通过典型产品制备，获得完成某项工作任务所需的职业能力，突出综合素质和能力的培养。

（二）教材内容设计

1. 整体结构

该教材以项目引领、任务驱动的职教课程理念为指导，满足"教学做一体化"的教改需求，紧贴生产实际，基于真实生产过程，选取典型工作任务，将药物制剂的基本理论、生产技术与药品管理规范、药品标准进行项目化整合，以"剂型大类"为项目、"典型剂型制备"为模块、"岗位生产"为任务，形成"5项目—23模块—38任务"的三级结构（见图1），聚焦生产技术、质量控制等知识和技能要求，守牢安全环保底线，褒扬合规诚信品质，培养沟通合作能力，强化质量意识，涵养工匠精神。该教材项目化、模块化的设计，便于授课教师根据场地、设备及人员情况，同一时间在不同岗位上可开展不同模块或任务的教学，教学组织灵活，提升了教材适用性。

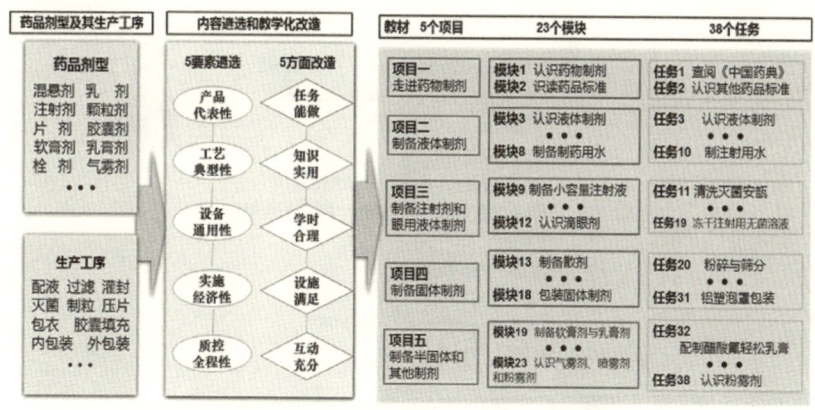

图1 《药物制剂技术》内容设计示意图

2. 编写体例和形态

该教材突出任务和操作实践，形成"项目—模块—任务"的编排方式（见表1），加设"注意事项""案例分析"等版块，融入安全环保意识，介绍新技术、新工艺和新方法，渗透职业素养，开阔学生视野。教材择机嵌入信息化教学资源，将不可见的设备结构和难懂的运行原理可视化，有效突破文字知识难以理解的学习困境。

表1 《药物制剂技术》体例编排一览表

教材结构			内容
项目	项目导学		本项目主要内容
模块	学习目标		本模块的知识和技能要求
	学习导入		由身边熟悉的情景导入专业学习
任务	岗位任务	一、任务描述	以真实的药品生产或制备任务为活动载体
		二、生产(制备)过程 1.生产(制备)前检查	以药品生产(制备)流程设计学习过程
		2.生产(制备)操作	
		三、质量监控	
		四、清洁清场	
	知识归纳	知识充电宝或知识加油站	与任务相关的基础理论知识
	技能要点	生产小能手	药品生产工艺流程
			设备结构和运行原理
			药品质量控制的要求和方法

教材版面设计风格愉快、明亮,采用不同颜色凸显内容层次,任务标题的用语生动活泼(见图2),有效提高阅读兴趣和学习效果。

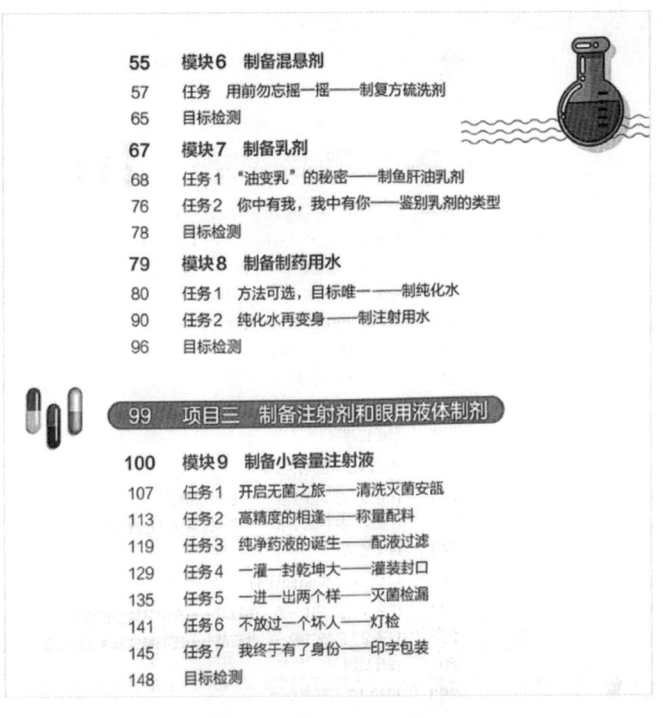

图2 《药物制剂技术》任务标题举例

三、成效

（一）教材特色与创新

1. 思政元素和专业内容水乳交融，相得益彰

制药类专业的学生毕业后将肩负着造良心药、放心药，守护人民身体健康的重任。"药物制剂技术"作为主要的专业核心课程之一，始终坚持课程的专业性和思想性。通过深化校企合作，在企业专家指导下，编写教师共同研讨，分析学情，挖掘课程思政点，开发教学案例，提高思政融入的协同度，严格把握教学资源的意识形态和价值取向，为学生提供蕴含社会主义核心价值观的学材，将"规范、协同、精湛"的核心素养渗透于教材各环节，如贯穿于教材始终中的GMP（药品生产质量管理规范）要求和工作任务的SOP（标准操作规程）体现的是规范意识；围绕一个任务，分工协作，体现的是协同精神；完成任务更快、产品质量更高，培养的是精湛技艺。

2021年，以该教材为教学载体的"药物制剂技术"课程入选教育部课程思政示范课程、编写团队教师入选课程思政教学名师和教学团队。

2. 教材融入全过程质量管理的理念，培养系统性思维

药品是特殊的商品，该教材在每个工作任务的操作环节，均设置了"质量监控"内容，突出药品生产过程中质量监控的要求和方法；同时，在教材的"案例分析"板块中，解读药品生产典型案例，警示学生应将合规意识和质量意识放在第一位，培养学生药品生产全过程质量管理的系统性思维和精益求精的工匠精神。

3. 教材融入信息化技术，破解理论教学难题

教材编写团队开发了配套的药品生产设备结构和运行原理的二维、三维动画视频，学生可通过手机端进行交互学习，将不可见的设备结构和难懂的原理可视化，使制药设备内各部件的运行关系直观呈现，让学生既会操作，也懂原理，有效解决理论知识难以理解的教学困境。

4. 教材编排独具匠心，符合学生阅读习惯

该教材深浅适度，内容准确，文字简明规范，任务标题用活泼的文字浓缩和概括教学内容，激发学生学习兴趣；版面设计能顾及学生的阅读习惯，用不同颜色凸显内容层次，有利于学生把握知识要点，提升学习效果。

（二）教材应用及效果

1. 能满足多形式、多层次教学的需要，教学效果良好

项目化和模块化的教材结构、丰富多样的工作任务有利于授课教师因材施教，

便于组织实践教学，能满足理实一体化教学需要；教材中的信息化教学资源有效帮助老师破解设备原理和理论教学困境；教材中融入了药物制剂工技能等级（四级）证书相关技能和理论知识，近三年使用该教材的我校学生，药物制剂工（四级）职业技能等级鉴定的通过率达到100%；学生在企业实习阶段，能较快适应工作岗位要求，受到用人单位好评；同时也为学生进入高职或本科院校学习打下较为扎实的专业基础。

2. 教材应用得以较好的推广

该教材在中职、中本贯通，以及高职院校相关专业均得到较好的应用。据不完全统计，自2020年出版发行以来，除上海市医药学校外，有山东、江苏、广东和贵州等中高职职业院校相继购买使用。该教材2020年被评为上海市优秀校本教材，2023年入选首批国家"十四五"职业教育规划教材。

四、启示

（一）教材建设与产业发展同步是教育领域中一个至关重要的原则

教材与产业发展同步有助于确保教育内容的时效性和实用性。一些传统的知识和技能可能逐渐过时，而一些新的知识和技能则成为行业发展的关键。教材建设需要紧密关注产业发展的趋势和需求，及时更新教学内容，使学生能够学到最新、最实用的知识和技能，具备相应的职业素养和能力，从而更容易适应市场需求，提高就业竞争力。

（二）生物医药产业与职业教育之间应进行深度的产学研合作

通过校企合作，可以实现资源共享、优势互补，共同推动技术创新和人才培养。职业院校与企业合作，在生产现场开展实习实训，有利于学生在生产实践中提升职业技能，内化职业素养，企业也可获得高质量的就业者；同时，职业院校借助企业的资源和平台，合作开展科研项目、技术推广等活动，将最新的行业技术和要求融入专业教学，提升专业教学水平和影响力，更好服务行业发展。

五、展望

（一）生物医药行业的发展充满机遇和挑战

科技创新将成为医药行业发展的核心驱动力。随着基因测序、精准医疗、生物技术等领域的快速发展，医药行业将迎来更多的创新点和突破。数字化转型和智能化升级也将成为医药行业的发展趋势。通过大数据、云计算、人工智能等技术的应用，医药行业可以实现更高效的生产、更精准的营销和更优质的医疗服务。政策环境也将对医药行业的发展产生重要影响。政府将继续出台一系列政策措施，促进医药行业的健康发展。例如，加强药品监管、推动医药创新、优化医药产业结构等。这些政策将为医药行业的发展提供良好的环境和支持。

（二）专业和教材建设应快速顺应行业发展

行业的持续快速发展，客观上要求职业院校大力培养学生创新能力，加快数字化和智能技术的运用，学校和教师及时调整和优化专业设置和课程内容，企业积极参与专业建设和教材编写、修订工作，提供实践经验和案例支持，以促进教育与产业的深度融合和合作。

（作者单位：上海市医药学校）

基于在线开放课程平台的混合式教学模式在《中药鉴定技术》课程的应用

刘波 傅颖 朱丽红 苏禄晖

《国家中长期教育改革和发展规划纲要（2010—2020年）》指出"适应国家和社会发展需要，遵循教育规律和人才成长规律，深化教育教学改革，创新教育教学方法。要注重学思结合，做到学以致用。激发学生的好奇心，培养学生的兴趣爱好，营造独立思考、自由探索、勇于创新的良好环境。充分发挥现代信息技术作用，促进优质教学资源共享"，旨在创新教学模式，重构课程体系，梳理教学流程，优化教学策略。[1]《职业教育提质培优行动计划（2020—2023年）》指出"信息技术与教育教学深度融合，鼓励职业学校大力推广教育新形态，推动教育教学变革与创新，以现代信息技术手段满足学生多样化学习需求，推动人才培养模式变革"。[2]《计划》为推进传统教学与现代信息技术有机融合，实现信息技术与教育教学智慧共生注入了生机与活力。[3]

在线开放课程是信息化和教学有机结合的产物，是依据教育现代化要求，在"互联网+"与新教育背景下，在信息技术支持下产生的现代网络开放课程，提供微课、课件、文本、课堂实录、仿真软件、习题、交互性学习与讨论空间等多形式的教学资源，为学习者与教师创设交互性学习和讨论空间，具科学性、多样性、开放性、创新性的，以开放、共享为宗旨的教学方式。[4-6]在线开放课程拓宽了教学时空，推进教学内容、教学方法、教学模式、教学评价形式，以及教学管理体制的深刻变革；提高传播与共享优质教学资源；提高教学共享，促进教学质量的提高，做到教学公平；增强教学吸引力，提高学生学习积极性、主动性、实效性、高效性和创造性，提高学生分析问题、解决问题能力。[7-10]

《中药鉴定技术》是以上海市中等职业学校在线开放课程平台为依托，运用现代自然科学理论知识和技能方法，以传统中药鉴定经验为基础，按照中药鉴定流程，通过来源鉴定、性状鉴定、显微鉴定、理化鉴定等方法鉴定中药品种特征，评价中药质量，寻找和拓展新药源的应用学科，是本校中药专业的一门专业核心课程。课程以培养学生"依法鉴定、质量第一"的法治意识，以及"德技并重"的理念，围绕中药鉴定工作应具备的职业能力要求，遵循"任务引领"、"做学一体"原则进行设计。2020年课程自建设实施以来，推动优质教学资源应用、传播与共享，实现了信息技术与教育教学有机融合，教育教学得到提升。

一、背景与教学设计

（一）对象

研究对象为本校中药专业2017级—2019级7个班共266名学生为研究对象。年龄17岁—18岁。2017级2个班84人为对照组，2018级2个班68人、2019级3个班114人为观察组。两组学生均系本市中考统招入校，学制3年。课程在第四学期开课，两组学生教学实施性标准、授课计划、理论实验课程均相同。教材全部选用《中药鉴定学》（上海科学技术出版社，李家实主编），均由同一教师授课，两组学生课程设置相同，学情一致。

（二）方法

1. 教学内容

课程围绕中药鉴定工作具备的职业能力要求，学习中药鉴定的理论和操作技能，整个教学内容按照中药鉴定流程，以中药鉴定技术方法为主线，以常见中药材及饮片品种为载体，安排10个项目，共72课时。

2. 教学设计

（1）对照组教学设计

对照组教学过程采用传统的课堂教学模式，通过典型案例和与鉴定内容相匹配的教学资源进行教学,"教师为主,学生为辅"。课前布置预习作业,按学习模块的学习目标布置预习作业;课中理论课以多媒体课件、教学案例讨论、课堂学习效果检测、归纳总结等形式学习知识;实验课通过教师讲解示范—学生操作—教师现场点评、学生互评—综合训练—教师总结完成学习任务,以典型任务学习鉴定技能;课后完成作业或实验报告。

(2)实验组教学设计

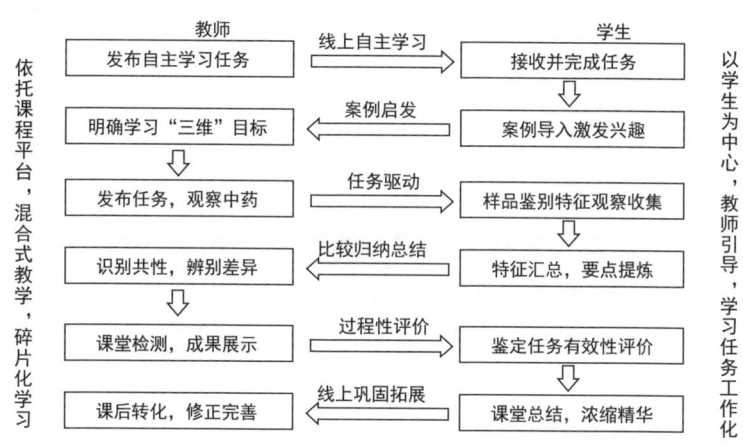

图1 基于在线开放课程平台的《中药鉴定技术》混合式教学设计

实验组在课程教学过程中,通过设计与课程内容相匹配的鉴定工作任务,以及与之相对应的教学资源,采用线上线下一体化、以任务驱动为主、混合式教学为辅的教学模式进行课程教学。重新构建课程体系,教学内容整合为10个学习课题36课次,每课次的学习任务再进行"微课题"处理,分解教学内容,细化知识技能,设计出若干个微任务,进行碎片化、探究式学习。[6]混合式教学设计,以学习群组为单位合作学习,6人一组,实现"以学生为主,教师为辅""做学一体"。课程教学设计见图1。

3. 教学方法

(1)对照组教学方法

基于课堂教学模式,课前预习;课中以教师讲授为主,通过讲授法、典型案例分析、演示与练习、小组讨论相结合的方法,解决教学重、难点;课后完成实验报告或作业。

(2)实验组教学方法

基于探究式教学模式，梳理课程实施脉络，课前平台阅读资料、观看操作视频，自主学习，完成预习测试，成绩通过平台数据监控，让教师及时掌握，课堂有的放矢，针对性教学，通过平台与学生沟通交流，解答学生疑问。课中根据鉴定任务，对鉴定任务进行分解，进行碎片化学习。理实一体的教学模式，包括启发式、研讨式、角色扮演与实践操作等多种教学方法，以小组为单位，解决学习重、难点，培养学生发现问题、解决问题的能力，培养学习基本职业素质养成。课后完成在线测试，观看视频及拓展资料，巩固鉴定知识技能，修正与完善知识点，教师及时通过平台数据反馈学生学习情况，修正教法等一系列内容，让学生在轻松愉悦的同时，更好地学习。

4. 评价方法

（1）对照组评价方法

对照组课程评价终结性评价，总评分值由3部分组成：理论成绩占30%，包括课前预习情况、课后思考题及提交书面作业计分情况、期末测试情况；实验成绩：占40%，包括规范性鉴定操作，教师及小组成员评价情况，操作技能综合测试等；平时成绩占30%，包括考勤率，课堂参与度，问题解答，小组讨论，学习竞赛，角色扮演等情况进行评分。

（2）实验组评价方法

实验组课程评价线下成绩以学习任务完成情况、课堂互动、团队合作、中药鉴定检测、期中期末考试为计算依据，采用过程性评价与终结性评价相延续，自评、互评与师评相结合的多样化评价方法；线上计算依据是：签到完成，观看课程资源、作业及测验完成，论坛发帖和参加讨论等。实验组的学期总评成绩由3部分组成，其中线上、线下成绩各占40%，期中、期末考试成绩占20%。

对照组与实验组对实验技能操作内容、考核项目及评分标准，期末书面考试的题型、难度、评分标准及考试形式均一致。

（3）教学评价

制定并发放问卷调查，内容主要涉及学习任务设置、学习效果、满意度、测试难易程度、团队合作意识培养、激发学习兴趣、增强自主学习能力、学习平台的喜爱度、方便资源共享、中药传统文化学习、职业素养使用等方面，并将调查问卷内容从"符合"与"不符合"两个层次进行了回答，并结合实际，提出了改进意见和建议。问卷学生指导语相同，匿名填写，并当场进行了采写。本次调查共发放问卷 266 份,回收有效问卷 266 份,有效回收率为 100%。

5. 统计方法

采用 SPSS22.0 统计软件进行数据统计分析。

二、结果与启示

(一)两组期末成绩比较

两组均进行理论与技能考试,理论测试均为在线测试,题型、数量、分值均一致,均为平台统计的客观题,满分 100 分;技能考试:随机抽取,包括中药性状鉴别和显微鉴别(切制片、粉末片 2 种操作),按规定时间完成 2 项操作考核,成绩见表 1。结果发现,无论是理论考试还是技能考试,实验组的成绩均明显好于对照组,两组成绩比较具统计学意义。

表 1 两组学生期末考试成绩比较

项目	理论考试		技能考试	
	平均成绩(分)	合格率(%)	平均成绩(分)	合格率(%)
对照组(n=84)	83.50	89.28	70.50	82.14
实验组(n=182)	89.61	96.20	80.50	92.86
显著性分析	**	**	**	**

注:**:0.01 水平;*:0.05 水平

(二)两组学生评价

问卷调查结果显示,对照组一部分学生认为课堂学习能掌握鉴定知识技能重难点,但相当一部分生对其掌握有难度;培养了团队学习能力;师生有一定互动;因学习受时间场地因素限制,缺乏随时随地学习的机会,有问题很难及时与教师沟通解决。实验组学生大多数喜欢在线开放课程平台学习,认为混合式学习能更好地激发学习兴趣,培养团队合作意识,便于学生共享资源及优秀学习成果,利于传统中医药文化的传播,测试形式简便等,增强了生生及师生间的互动;随时随地可以不受时间和空间限制的平台学习;大部分学生认为,相较于传统教学模式,基于在线开放课程平台的混合式教学模式相对于传统的教学模式可更大程度上增强学习自主能力,探究式、碎片化学习能更好地掌握知识和技能进行鉴别;平台学习使同学间的良性学习竞争得到加强,营造了一种健康向上的学习风气;

缺点是学习时间延长，学习负担加重。其教学评价统计结果见图2。

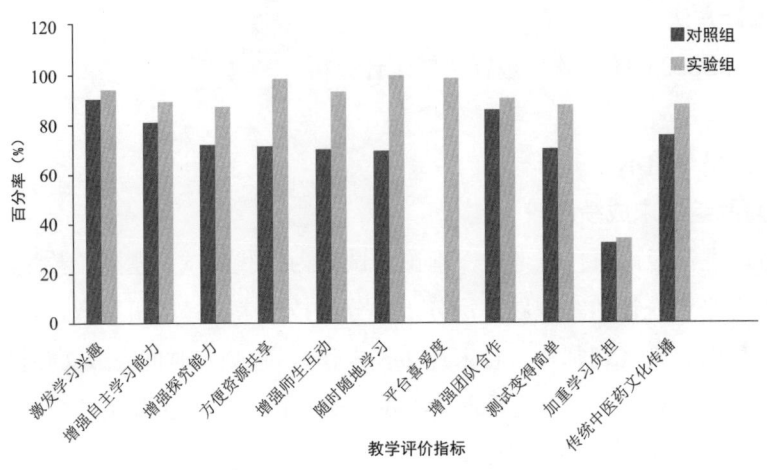

图2　两组学生教学评估统计

三、讨论与展望

（一）基于在线开放课程平台的以学生为中心的混合式教学模式有利于学生对中药鉴定知识的理解与掌握

表1结果显示，基于在线开放课程平台的混合式教学的实验组，理论考试成绩显著优于对照组。实验组学生通过在线开放课程平台学习，不受时空限制，可随时随地反复学习，对于教师下达的任务，有时需要查阅和学习相关资料，在此过程中加深了对相应知识点的理解；针对重难点，可通过反复观看相关视频或录课等学习资源帮助理解；教师通过在线检测结果，针对问题较多的内容进行及时讲解，解答疑问；可更有效地帮助学生对知识重难点的理解与应用。[4,11]

（二）基于在线开放课程平台的以学生为中心的混合式教学模式能提升学生中药鉴定技能

由表2可知，在同一考核标准情况下，实验组技能考试成绩较对照组显著提高。评价结果分析可知，实验组在鉴定操作流程、鉴定要点、操作注意事项等各项评分点上的得分均明显高于对照组；分析解决问题、心理素质等均优于对照组。实验组在进行相应操作学习时，均被要求先通过线上观看操作视频，熟悉操作目的、操作规程、操作要点及操作注意事项。因提前在线学习，学生在课堂技能学习时有的放矢，同时通过自评、互评、师评等方式，既培养了学生的判断力，又加深了其对关键鉴定技能点的掌握；模拟中药生产和经营企业中药鉴定流程，通过角色扮演等进行实践，强化鉴定技能。同时，通过反复观摩操作视频巩固对操作的理解、对流程的掌握。[12]

（三）基于在线开放课程平台的以学生为中心的混合式教学模式注重学生综合能力的养成

图 2 显示，与对照组相比，实验组的自主学习能力、探究能力、团队合作能力、沟通交流能力等均较优。学生完成鉴定任务、参与讨论、问题解答、学习成果分享及学习互助等均较对照组活跃。基于开放课程的混合式教学法，对学生自主学习习惯养成及学习能力均有提高，团队配合愈发默契，均会积极分担任务并及时完成。同时，学生查阅资料、信息技术水平也明显提升。在完成各项学生任务的同时，逐步培养学生积极探究能力、严谨的作风、"依法鉴定、质量第一"的法治意识，以及"德技并重"的理念。

（四）基于在线开放课程平台的以学生为中心的混合式教学模式对推行思政教育有利

由图 2 可见，实验组学生中药传统文化学习与传播较对照组明显提升。学生不仅在线下接受中药传统文化教育，在线上，学生可在平台学习更多的中药传统文化知识，通过学习增强人文教育，提升文化自信与家国情怀，使学生增强学习中药的自豪感和使命感、职业认同感，培养职业素养与责任担当。[13]

（五）基于在线开放课程平台的以学生为中心的混合式教学模式关注教师职业素养的提高

基于在线开放课程的《中药鉴定技术》混合式教学，要求教师具备更高的职业素养，促使教师转变传统的教育理念和教学方法，加强运用现代化信息技术的能力，提高教学能力和教学水平，促进教师不断进行教学改革和探索，与时俱进，促进教师职业素养的提高。

《中药鉴定技术》课程依托在线开放课程平台，两年多来，学生不仅整体成绩有了显著提高，而且整体能力和素养上均得到显著提升。教师的教学能力及教学水平有所提升。开放课程平台的信息化教学手段的使用使得教学内容更加与时俱进，教学效果更高效，"学以致用"。同时，与传统教学模式相比，教师需花费大量时间梳理教学设计、匹配相应的教学资源；在整个教与学的过程中，教师和学生比传统的教学模式投入更多的时间与精力，在一定程度上影响学生对中药的学习兴趣，以及教师对课改探索的积极性。因此，改进教学模式、优化教学设计，完善评价标准，仍需进一步探索。

参考文献

[1] 《国家中长期教育改革和发展规划纲要》工作小组办公室．国家中长期教育改革和发展规划纲要（2010—2020 年）[N]．360 A01-02-2010．

[2] 教育部，国家发展改革委，工业和信息化部，财政部，人力资源社会保障部，农业农村部，国务院国资委，国家税务总局，国务院扶贫办．职业教育提质培优行动计划（2020—2023 年）[N]．教职成〔2020〕7 号．2020-09-16．

[3] 张程．基于超星云课程平台下的《UI 界面设计》课程教学实践研究[J]．美与时代，2020(4):114-118．

[4] 王丽娟，苏银利，谭旭妍，等．基于在线开放课程的高职护理专业教学模式改革与实践[J]．卫生职业教育，2022(8):30-32．

[5] 顾晓薇，胥孝川，王青．国家精品在线开放课程建设研究[J]．现代教育管理，2020，40(6):77-83．

[6] 陈亮，戴孝林，文斌．在线开放课程的微项目化探究[J]．纺织服装教育，2021，36(6):583-585．

[7] 邹霞，丛小玲，杨艺，等．在线开放课程助学群组对学生深度学习的影响[J]．护理实践与研究，2021，18(21):3032-3035．

[8] 嵩天．以在线开放课程为引领的大学课程改革新模式[J]．中国大学教学，2019(11):13-17．

[9] 钟志英，熊俊．针灸学精品在线开放课程建设与实践研究进展[J]．科技文汇，2021(17):116-118．

[10] 杨金花，潘晓彦，彭丽丽，等．中医临证施护精品在线开放课程的建设和教学实践[J]．护理学杂志，2021，36(4):1-4．

[11] 王娟，王希梅．护理学基础在线开放课程的建设与实践[J]．中华护理教育，2019，16(4):250-253．

[12] 章雅青，胡静超，袁晓玲，等．慕课在护理专业课程中的实践与反思[J]．中华护理教育，2018，15(5):342-346．

[13] 王添敏，张慧，翟延君，等．中药鉴定学课程思政教育的探索[J]．医学教育研究与实践，2020，28(2):253-255．

（作者单位：上海市医药学校）

人工智能背景下中职校体育教学面临的挑战与机遇

陈娆　孙士杰

2017 年以来,相关政策与规定开始了人工智能和教育现代化的全面部署与推动,学校体育将在全面深化课程改革征程中站上新的起点。[1] 教育部制定的《中等职业学校体育与健康课程标准(2020 版)》(以下简称《标准》)的教学要求中明确提出:"教师要重视利用现代化信息技术手段,开展微课、慕课、翻转课堂等教学,促进学生将线上与线下学习相结合,丰富学生学习体验,提高学生的信息素养。"《标准》在教材编写要求中强调:"教材的编写应特别注重与现代化信息技术的融合,充分利用信息技术手段,提供丰富多样的音频、视频等数字化资源,使教学更生动直观,学习更便捷有效。"由此可见,在实现教育现代化的进程中,人工智能已经成为不可或缺的一部分,甚至是实现体育教学智能化转型最有力的推手。

中等职业学校以就业为导向,培养学生的专业技能为目标。[2]《标准》提出,通过《体育与健康》课程的学习,学生学会锻炼身体的科学方法,掌握 1～2 项体育运动技能,提升体育运动能力,提高职业体能水平;树立健康观念,掌握健康知识和与职业相关的健康安全知识。中职校《体育与健康》的课程目标紧紧围绕中职校教育的总体目标,在当下人工智能广泛应用于教育领域的大环境中,体育教学应该与时俱进,充分发挥人工智能对体育教学的助推作用。基于此,本文将分析人工智能背景下中职校体育教学面临的挑战与机遇,以期为中职校体育教学提供参考。

一、挑战:人工智能倒逼体育教学转型
(一)提升体育教师数字素养

人工智能的迅猛发展,给传统体育教学模式带来了巨大的冲击。面向新时代,要求体育教师必须紧跟时代步伐,提高个人数字素养。当前人工智能在体育教学领域中主要应用于运动数据分析、运动技能评估、身体状态监测、虚拟现实训练、个性化推荐等方面。[3] 然而,不管是青年教师还是资深的老教师,都缺乏自我发展意识。他们在教学过程中仍然采用传统体育教学模式,未充分认识到人工智能赋予体育教学的意义,[4] 而在实现教育现代化的过程中,体育教师的个人数字素

养直接影响着体育课程与人工智能的融合程度。以学生体质健康测试为例，以往的数据管理方式复杂、效率不高，无法进行数据分析、对比等；而如今在人工智能基础设施基本完备的情况下，体育教师只要具备操作软件或数字管理平台的能力，从成绩的输入，到管理、搜索、分析、对比，再到制定个性化训练方案等，都能够高效完成。在人工智能倒逼教育转型的今天，[1]中职校体育教师应该提升个人数字素养，从传统的经验主义向数据主义过渡，[5]促进人工智能与体育教学的深度融合。

（二）培养新时代学生

当前的体育教育实施对象大多都出生在千禧年后，不管是生活上还是学习上，都深受人工智能的影响，他们被称为"人工智能原住民"。[6]《标准》提出的中职校《体育与健康》课程学科核心素养：运动能力、健康行为和体育精神，这三大学科核心素养都与学生未来职业生涯紧密相关，更符合中职校学生的学习特点与职业发展需求，同时也要求《体育与健康》课程增强教学的职业针对性，满足学生职业发展的多样化需要，促进职业型人才的可持续发展。

目前，职业教育教学改革正在不断深化，中职校应该增强体育教学过程中人工智能的应用，结合人工智能时代社会对人才的需求，以及中职校体育教学的职业特性，不断优化人才培养方案，创新人才培养模式，培养高质量人才。

（三）加强校园体育教学智能设施建设

2018年教育部《教育信息化2.0行动计划》的印发加快了我国实现教育现代化的步伐，[7]推动了人工智能在教学、管理等方面的应用。近年来，中职校智能实训室、智慧教室、智慧图书馆等智能化设施日趋完善，但体育教育领域的智能化基础设施相对薄弱。主要表现为：

（1）体育教学"智慧教室"缺乏。《体育与健康》课程由于其特殊性，不同运动项目对运动场地有不同的要求，所以体育教学"智慧教室"在建设过程中，需要充分考虑智能化设施与不同运动项目的有效结合，这对中职校的室内场地、财力等方面都有较高的要求。

（2）智慧体育管理系统不完善。目前，各中职校智慧体育管理系统不够完善，学生运动数据的采集、统计、对比等还停留在人工阶段，无法做到数据的可视化分析，更不谈为学生制定个性化体育指导与服务。

（3）体育教学器材陈旧。当前各中职校中，能辅助体育教师更好地完成教学的智能化体育器材较少，例如运动动作捕捉、运动表现实时识别等。各中职校应该加大体育教育领域人工智能基础设施的建设力度，助推人工智能与体育教育的有效融合。

二、机遇：人工智能＋体育教学的深度融合
（一）深入挖掘，优化体育教学设计

目前中职校体育教师主要还是依靠自身教学经验进行教学设计、教学、评价等工作，在面向班级进行授课时，由于体育教师精力有限等原因，无法针对学生自身情况进行个性化指导，而人工智能给体育教学注入了新的活力。体育教师在课前要了解学生的身体素质、运动能力、心理状况等，在课中要及时发现问题并解决问题，课后要了解学生运动结束后的变化等等。人工智能背景下，教学从用经验说话逐渐转变为用数据循证。[5]ChatGPT便为"数据"询证教学搭建了桥梁。ChatGPT具备庞大的数据库，可在极短时间处理和分析数据，且能自我融合，形成较为专业和可靠的知识，并提供较高质量的训练方案，除此之外，其可以运用R语言等软件，可根据学生特点或者班级特点提供个性化学习方案和运动方案。[8]

（二）精准治理，促进学生体质健康

青少年体质健康问题一直是我国的老问题、大问题。目前，我国的青少年体质健康问题正处于向"政府主导、数据驱动、多元参与、精准治理"的数字化治理模式转变的新阶段。[9]当下，数字化治理模式下，我国还存在数据监测机制不健全、数据挖掘不深入，以及运动干预效能低下等问题，[10]人工智能可优化数字化治理模式的不足。

首先，人工智能通过自身系统，以及学习能力，不断发现和分析数据监测过程中的问题，并能不断升级优化，增强数据监测反馈流程，可大大减少人力成本和降低违规行为，实现采集信息、上传和汇总一体化，降低犯错违规风险。人工智能系统可现实人机交互，实时语言激励和及时反馈，保证监测结果的实时反馈和全面掌握。

其次，人工智能可实现数据的深入挖掘。人工智能（例如ChatGPT）可利用自身强大的学习能力对动辄上百万的学生数据进行处理和分析，并融合概率论、统计学等多学科知识、多角度地分析出学生体质健康数据的显性价值和隐形价值。

最后，人工智能可形成学生体质健康的精准运动方案。人工智能依据庞大的数据库，结合相关专家提供的建议、教师需求和学生爱好等要求，提供具有时效性和符合青少年特点的运动方案，并可根据青少年或个体的健康状况的变化规律，及时优化调整运动方案，有助激发学生的运动兴趣和运动习惯的养成。[11]

（三）全面把控，助力体育教学及管理

合理的运动有助于学生体质健康和提升运动技能。准备活动不足，学生及教师安全意识不重视、动作不规范，以及体育设施不规范使用均会增加运动风险，损害学生身心健康。因此，降低体育教学中的运动风险一直是体育教学中必须解决的问题。体育教学中嵌入人工智能辅助，可以有效降低运动风险。如，目前出现的运动手环，可有效监测心率、跌倒风险，以及血氧饱和度等指标，且在达到一定风险阈值后会给予预警，这在一定程度上避免教师根据自身经验，以及主观判断所带来的风险，教师也可及时纠正技术动作，调整课程密度降低运动风险。除此之外，人工智能也可依据庞大数据库并结合学生学习内容，提供有关项目的运动风险预测，使教师及时发现潜在的风险，并及时采取一定措施避免学生受伤。

体育教育管理涉及教师、学生、家长和行政人员多方面人员的把控，并且包括训练、比赛和教学等多方面的内容。[12] 人工智能基于可视化系统，可从多个方面促使体育教育管理系统化和智慧化，并且其庞大的数据收集和分析系统可使教育部门及时了解教育系统存在的不足，并给予可靠安全方案。

三、结语

体育强则中国强，少年强则中国强。人工智能时代，中职校体育发展也处在新的历史阶段。人工智能不仅给中职校体育教师数字化素养提升、学生新时代责任培养和校园体育教学智能设施建设带来新挑战，也给予中职校体育教师优化体育教学设计、促进学生体质健康和助力体育教学及管理新机遇。位于新起点、响应新号召，中职校体育需辅以人工智能的教学和管理过程，以新姿态、新面貌，提升学生的核心素养，致力于实现健康中国、体育强国的宏伟蓝图。

参考文献

[1] 杨伊，任杰.我国中小学体育课程改革70年——兼论人工智能对体育教育的影响[J].体育科学，2020，40(06):32-7.

[2] 袁龙. 论中职院校体育教学与学生的职业发展 [J]. 山西财经大学学报，2011，33(S4):112.

[3] 李前磊. 基于人工智能的体育与健康课程目标达成路径研究 [J]. 文体用品与科技，2024，(06):196-8.

[4] 余苗，李世宏. 人工智能背景下中小学体育教师信息化教学能力提升路径研究；proceedings of the The 13th National Convention on Sport Science of China, 中国 天津，F,2023[C].

[5] 余胜泉，李晓庆. 基于大数据的区域教育质量分析与改进研究 [J]. 电化教育研究，2017，38(07):5-12.

[6] 尹志华，郭明明，贾晨昱，等. 人工智能助推体育教育发展的需求机理、关键维度与实现方略 [J]. 成都体育学院学报，2023，49(02):73-81.

[7] 任井伦，梁士锁. 人工智能+体育教学：关键技术及应用场景 [J]. 中小学数字化教学，2024，(03):10-5.

[8] 杨国庆，胡海旭，方泰，等.ChatGPT对体育未来发展的影响及应对 [J]. 西安体育学院学报，2023，40(02):139-46.

[9] 李冲，史曙生. 精准治理：青少年体质健康促进治理范式的转换 [J]. 上海体育学院学报，2019，43(04):1-6+37.

[10] 隋勇，张立国，李采丰，等. 人工智能赋能青少年体质健康精准治理：现实困境、治理向度和实践路径 [J]. 中国教育学刊，2023，(07):72-7.

[11] 胡月英，宗波波，侯志涛，等. 从结果生成到研判干预：国家学生体质健康测试数据应用路径转换研究 [J]. 体育学刊，2021，28(05):114-9.

[12] 李燕燕，陈蔚，吴湘玲. 智能时代高校智慧体育服务的逻辑蕴涵、体系建构与运行保障 [J]. 武汉体育学院学报，2021，55(12):35-42.

（作者单位：上海市工商外国语学校）

在人物造型教学中戏曲传统纹样"二度创作"的实践研究

倪 萌

一、研究意义与中国传统文化传承的现状及思考

（一）研究意义

中国传统戏曲的服饰纹样生动，绣工精细，色泽典雅。在服饰上用织绣表现纹样进行装饰美化，是我国民族艺术优良传统，从上古先秦时期迄今，已经有几

千年的悠久历史。以华贵典雅的丝绸面料为载体，以精巧细腻的手工刺绣为表现手段，使服饰纹样集艺术性与工艺性于一体，从而显示了中华服饰的综合美，这在世界服饰艺术史上独树一帜，赢得举世瞩目，誉满全球。

本课题研究的核心是戏曲服化的重要组成要素之一——戏曲传统纹样。以昆曲、京剧为代表的中国戏曲，有幸得益于上述中华服饰"崇尚纹样装饰"的传统熏陶既忠实地继承了其纹样的古典美，又创造性地融入了现代美，两者巧妙融合，成为中国戏曲"装饰艺术"中一种不可或缺的部分，京剧服装纹样来源于六个方面，分别是中国古代纹样、历史服饰纹样、民间吉祥纹样、宗教纹样、象形纹样、文字纹样，是这六类纹样的综合。上述来自历史生活的纹样被引入戏曲之后，历经戏曲化加工，提炼升华，最终形成京剧服装的专用纹样，并作为优良传统而传承下来。其在外观上美妙绝伦，同时更具有戏曲所独有的艺术内涵（象征性格、气质、寓意褒贬、标识身份、年龄、行当、场合等）。上述这种非凡的艺术成就，是一代代艺术大师在传统基础上不断创新，从而不断丰富、积淀而成，已经成为一笔宝贵的财富，载入中国京剧史册。所以，以纹样超乎剧情之外的审美价值而言，赞美它是"民族瑰宝"毫不过分，更不用说它的辅助塑造人物形象的"戏曲神韵"了。

本课题在此重点强调戏曲传统纹样对于现代戏曲服化设计的"二度创作"。是在掌握戏曲传统纹样的基础上在服化设计的过程中能够以当代的审美需求和设计创新理念将戏曲传统纹样灵活变换，最终能够达到符合舞台整体效果、符合人物情境、符合当代审美观的进一步创作。的确，以京剧而言，其传统戏在艺术上已经臻于完善，而传统服装也达到了比较完善的境界，形成了完整的程式化穿戴样式。

本课题以遵守"移步而不换形"为核心的创作观念重新研究"戏曲传统纹样"的艺术内涵及表现形式，是为了分析与研究现今戏曲服化专业在教学与设计实践过程中关于纹样设计这一步骤中所出现的专业理论认知盲区及创作意识观念的混淆所出现的问题，并能够通过理论与实践的反复论证总结出较为正确的创作观与创作方法，能够较好地诠释何为戏曲传统纹样的"二度创作"。

（二）中国传统文化传承的现实问题及思考

1. 宏观角度

第一，在近几十年中，由于我国与其他国家地区在各个方面共同发展的潮流，在经济、文化、艺术等领域快速融入多元化发展，在全球化的趋势中导致有些过激的中西结合、一切向外看。大量学习国外的观念使得中国传统文化和艺术逐渐被国人冷落，甚至有人偏激地认为中国传统文化艺术太古老，不符合新时代的发展潮流，最终导致中华传统文化及宝贵的艺术成果大量流失，淡出国人的视野，造成了不可弥补的损失。

第二，由于当今的社会快节奏发展同时影响到艺术要"快之又快"地发展创新，导致年轻人心浮气躁无法专注静心地以敬畏之心去观赏、了解中国的传统纹样艺术，以片面、肤浅的审美观和认知观，在看到如今世界各个时尚舞台上对中国传统纹样元素与时装融合的创新时，容易使观众对中国传统纹样的文化艺术产生一定的审美认知误区；在戏曲领域方面，对于戏曲人物造型的核心力量的戏曲舞美服化专业，当代观众对戏曲舞美传统艺术的了解更是少之又少，甚至完全不懂戏曲传统纹样的特殊性与表现内涵，没有相对客观与高层次的审美与修养去鉴别当下所设计的服装纹样对于人物是否合适，没有较为"正派"的审美定位进行把关，这对当今观众辨别美丑好坏、对设计师创作出的作品质量的高低有一定的影响，继承根基不牢、发展的道路不正，从而使得真正好的传统艺术得不到传承与发展。

2. 微观角度

第一，不开设戏曲舞美专业。由于近些年各大院校对戏曲舞美专业的忽略，据调查，近些年，除中国戏曲学院还开设专门的戏曲舞美系专业，其他市区的学院基本没有专门的戏曲舞美专业的开设。这个现象导致现阶段舞美服化专业学生基本以话剧、舞台剧、音乐剧、时装秀等为主要学习内容，纹样设计技术及对戏曲传统纹样的审美定位以西方人物造型设计图的绘画风格和审美观为主要方式，极少涉及戏曲服化相关的理论与技能的传授，因此，即便舞美服化专业的学生专业能力不错，但涉及戏曲照样一头雾水，无从下手。

第二，中国传统文化交叉学科的不足：教学过程中对相关的中国传统文化交叉学科的涉及面较少，不太了解中国传统文化与戏曲艺术横向与纵向之间的关联；同时在教与学、创作过程中又要舍其精髓，直接运用西方和现代设计观念进行创新，最终导致所出作品在戏曲舞台上呈现出的效果不尽人意。导致纹样乱用表情达意不准确，纹样的布局主次不分，掌握不好"虚"与"实"的分寸，没有了空间感和意境美，无法通过纹样体现出戏曲艺术中对于人物的表达要呈现出的"灵

魂"之感。

第三，对戏曲传统纹样的理论知识掌握不足：教师及学生在专业学习过程中没有具体的把握住每个戏曲传统纹样的审美风格与表现内涵，不知戏曲传统纹样的发展过程、纹样的来源、为什么要从戏曲传统纹样上进行二度创作；不懂戏曲服化色彩为何自成系统。因此运用不准确而导致对人物的内、外体现不恰当影响整个人物形象、舞台效果及剧情所要表达的寓意；不怎么观摩传统折子戏不了解戏曲传统纹样发展的各个阶段，没有吃透戏曲传统纹样的运用规律，导致对戏曲服化在纹样上所学根基不扎实，没有较为稳定的创作原则，容易在创作过程中"左右摇摆"，最终容易导致传统纹样失去了原有的标识性、表现性作用。

二、研究目标与内容

（一）研究目标

本课题研究的核心问题是戏曲服化的重要组成要素之一——戏曲传统纹样。戏曲服饰传统纹样因其独特的对角色的标识性和象征性而自成系统，这是它区别于其他基础图案的关键之处。本课题就是要在研究这种独特性的基础上，探索如何进行戏曲服饰的纹样二次创作的规律，客服创作者因个人喜好脱离剧情和时代背景随意运用东、西方各类纹样的弊端，使纹样创作真正为剧情服务并最终达到"移步不换形"的创新效果。具体目标如下。

第一，通过研究，在教学过程中能够更好地让学生掌握戏曲传统纹样在服化中的运用规律与表现方式。

第二，通过研究，使学生较好地进行思维多元化拓展，不断深入了解戏曲传统纹样与中国其他传统艺术的关联，更多涉及其他传统文化领域，有利于学生对于学习戏曲传统纹样有较为宽拓的理论知识作为铺垫，能够对戏曲传统纹样有恰当的审美定位和综合性的认知。

第三，通过研究，在教学实践中通过案例分析与总结，不断让学生尝试选择各个历史人物，专门针对戏曲传统纹样这一设计步骤进行"二次创新"的练习并说明创作理念，找到传统纹样新的创作空间，通过探讨使学生一次次加深理念认知、掌握创作规律，最终达到戏曲传统纹样较为灵活运用，同时能够较好地将理论与实践结合。

第四，通过研究，引导学生增强使命感，体会到中国传统艺术的魅力与博大精深。通过美育的作用提升学生审美价值观，能够传承与延续传统艺术，能够通过传统文化艺术的滋养更好提升本人与学生的文化修养与审美觉悟，能够对将来涉及到设计戏曲服化的设计者有一定的借鉴与参考。

（二）研究内容

1. 分析与总结当下戏曲服化纹样在创作中出现的阻碍与问题，以及导致这些问题出现的本质原因。

2. 总结学生对戏曲传统纹样内涵及审美的误差与混淆的因素，因材施教

3. 关于戏曲传统纹样理论的具体研究

（1）戏曲传统纹样的来源（对其他民族传统纹样的借鉴与吸收）

（2）戏曲传统纹样自身表现方式及特性（解释戏曲传统纹样自成体系）

1）戏曲传统纹样的艺术内涵

2）戏曲传统纹样的分类

（3）戏曲传统纹样与其他元素的运用

1）戏曲传统纹样与服装款式之关联

2）戏曲传统纹样与色彩之关联

4. 分析、归纳传统戏曲纹样和传统人物的匹配（传统戏中传统人物纹样分析）

5. 分析、总结当代传统剧目（老戏新扮相）、当代新编历史剧（创新人物扮相）服化纹样设计

6. 归纳、总结传统纹样对戏曲人物"二度创造"的创作方法

三、研究过程与方法

（一）第一阶段：积累问题、发现问题、归纳问题

第一，发现近几年的学生，以及涉及戏曲服化创作的设计者在学习及创作过程中关于纹样这一元素中所出现的阻碍与疑惑，并将学生学习过程中的结果和设计者的作品进行观看与分析，归纳与总结出优点，重点是总结所出现的问题。

第二，研究方法：通过调查研究法法，经过近几年舞美系人物造型专业、戏曲导演专业，以及涉及准备开始进入戏曲服化设计过程的设计者的调查，加之近几年有很多学生及设计者对本人在戏曲服化方面的一些询问，从中了解到85%以上的学生和设计者是不太明白戏曲服化造型设计的创作规律，尤其是对款式和戏曲传统纹样的表现规律基本概念不清。

（二）第二阶段：按问题类型搜集相关的书籍和论文，进入理论学习与认证阶段

第一，将所有出现的问题进行归类后反思问题出现的根本原因，大量寻找相关的书籍和学术论文，将自己心中不确定的观念或没有涉及的知识进行总结，戏曲行业讲究"眼高手低"，应该通过理论学习先将思维打开，思路正确才能进入实践创作。

第二，研究方法：运用文献分析法，将归类的问题在理论上得到论证结果。

（三）第三阶段：观摩戏曲经典传统戏、现代新编历史剧中人物穿戴，反复对理论论点进行核实

研究方法：运用案例研究法和比较研究法，通过大量观摩传统戏、艺术大师（梅兰芳等一代）的剧照，以及相关书籍对纹样的讲解与归纳，逐步将传统戏和现代新编历史剧中人物所用的纹样进行分析与总结，以艺术家前辈所创作的经典的服装纹样成果为例，用来说明研究怎样用戏曲传统纹样对人物进行创作的，解释出人物与服装款式、纹样、色彩的匹配的关联，创作的构思与成果的展现。同时，将现阶段所创作的服装纹样加以对比分析，归纳出问题所在。

（四）第四阶段：实践与理论相结合，理论的学习与总结最终落实在教学与创作实践中

研究方法：通过行动研究法，亲自创作实践将中国传统纹样在服化设计中进行二度创作并将创作作品在舞台上展现，听取并总结观众对各个戏曲人物的服化纹样的反馈与感想；在课堂与讲座中不断对学生进行传统纹样独特内涵及相关运用手段、创作规律的引导，能够达到理论与实践真正相结合，逐步解决戏曲服化在纹样创作上的阻碍，能够给设计者一定的借鉴及创作灵感和方法。

四、研究结果与结论

（一）戏曲传统纹样的来源：对其他民族传统纹样的借鉴与吸收

首先，需要研究与了解戏曲传统纹样是怎样成型的，纹样的来源有哪些。因此，通过有关于纹样的各类书籍了解戏曲发展史，知晓戏曲在明清时期快速发展，清朝为鼎盛时期，同时本民族的各类传统纹样在清时期也发展到鼎盛阶段，形成了成熟的纹样体系。因此，戏曲传统纹样的规整创新大多引用了明、清朝的传统纹样加以借鉴与提炼。在《故宫纹样》等等关于传统纹样的书籍中，能够系统地观

摩到各分类的传统纹样。

（二）戏曲传统纹样自身表现方式及特性：解释戏曲传统纹样的自成体系

本次课题的核心观是戏曲传统纹样的"二度创造"，很多人认为，戏曲传统纹样也是从历代纹样中吸收借鉴的，且纹样还没有中国传统纹样的样式多，作为创新直接用中国传统纹样更便捷方便。其实不然，之所以要用戏曲传统纹样二度创造，是因其有自身特殊的定义与作用，中国传统纹样固然有一定的意象，但戏曲传统纹样经过历代戏曲表演大师及相关的美术工艺大师的提炼，让纹样有了新的灵魂与生命力。我们必须要明确并且在观摩传统与创新的过程中时刻提醒自己戏曲传统两大内涵的作用是针对什么而用，对演员演绎各类人物起到什么辅助作用这两个认知问题，所有的创作构思与过程必须基于保持这样的反省、遵守这个观念进行创作，才能走向一条较为正确的创作之路。

（三）戏曲传统纹样的引用与提炼：转化成为自己的特有的艺术表现形式

戏曲传统纹样吸取了六大类传统纹样，具体进行转化提炼成为自己的特有表现方式。例如龙纹，采自明、清两代皇帝的绣龙常服袍。从汉代起，龙开始与皇帝联系，开始了"真龙天子"时代。到唐朝，龙纹发展为华美精致的形态，历经宋、元、明、清四代，龙纹日趋富丽，并被皇帝所独占，奉为皇权象征。明清皇帝的龙袍，服色专用明黄，龙为主纹样，呈严谨规整的圆形（团龙）。龙有四脚，脚有五爪。龙袍被引入戏衣，经历过复杂的演变过程，最终定制为：以艺术化的龙纹作为身份高贵的象征，即权利象征；由皇帝专用泛化为帝王将相通用。因此，戏曲服装广泛采用龙纹，用于十色蟒、黄帔、靠、龙箭衣、龙马褂、龙斗篷等主要戏衣；例如蟒水纹，把水与龙相联系，亦有久远历史，寓"倒海翻江"之意。水纹在明代用于蟒衣（赐服），施于下摆部位，略绣"卧水"，以示水气云的生成。清代，水纹提高为主要辅纹样，除"卧水"之外，加饰面积很大的"立水"，且彩绣得光华灿烂，被赋予江山社稷的象征义，用于帝后的常服跑（龙袍），并泛用于臣工的吉服袍（蟒袍）。水纹引入戏曲服装，常用于作为龙纹的辅衬，俗称"蟒水"，见于蟒、龙箭衣、龙马褂等，主要为装饰美化意义。水纹中的一部分——"江芽"纹（浪花），还专用与靠的缘饰，象征武将具有"倒海翻江"的威武气概。可见，戏曲传统纹样也是不断发展形成自身独有的体系。

（四）戏曲传统纹样与其他元素的运用

1. 注重情境与人物塑造的要求结合款式充分运用戏曲传统纹样凸显古典戏曲

特色

戏曲传统服装的款式有着非常严谨的穿戴规制。什么服装款式匹配什么人物身份，而什么戏曲传统纹样就需要符合什么服装款式，这样才能正确地体现人物身份地位及年龄。款式有第一大类的"蟒"、第二大类的"帔"、第三大类的"靠"、第四大类的"褶子"，以及第五大类"衣"中的开氅、官衣、袄衣裙、裤、坎肩、古装衣、打衣裤，以及特殊人物所穿款式等等。

2. 人物服饰设计时结合色彩运用不同的戏曲传统纹样最大限度体现人物的"灵魂"与精气神

对于戏曲服化而言，款式是载体、纹样布局具有画龙点睛的装饰作用，而色彩则是整个服化造型的外在灵魂。之前在戏曲色彩的研究内容上，强调了传统戏曲服装的色彩是一种装饰色彩的美，这种装饰色彩美，是我们民族一切民间艺术所共通的特有属性。色彩装饰美的内涵，色彩标示性强。色彩运用上遵循"表情达意"规律，赋予色彩以权利象征、年龄象征、气质象征、性格象征、情境象征。其中，权力、人格、年龄、气质的象征，往往是综合化体现，所以，鲜明地标示了人物的身份（地位）；性格的展示自然是靠演员的表演，但适当的色彩象征，能外化人物的性格（及心理情绪），使性格特征表现得更鲜明、更突出。因此，色彩与纹样在自身特性中对人物的辅助性体现都具有标识性与表现性，两者的巧妙融合对体现人物内、外在的特征，起到给予观众表现人物深度"灵魂"的定位是否正确的重大作用，两者互相调和，密切相关。

五、研究的局限与展望

（一）研究的不足之处

戏曲传统纹样是难度很大的研究课题，本次研究戏曲传统纹样要涉及多方面的理论知识，交叉式对中国传统文化艺术进行了解与归纳，同时，还需要结合戏曲服装的其他元素与其关联的知识点进行融汇，最终才能讲述如何运用到人物和规定情景之中，重点掌握纹样的艺术内涵后，以及纹样的各个类型等，才能说明戏曲传统纹样怎样才能进行"二度创作"。由于知识的涉及面较广，在研究过程中需要分析、归纳的内容多，研究结果还不够全面与详细，需要进一步进行交叉式地学习总结戏曲传统纹样相关联的理论知识。

（二）研究反思

本研究的核心——戏曲传统纹样是戏曲服化传承、延续、再次创作的重要元素之一。其重要性不仅仅协助演员在舞台上演绎各个人物，纹样的斑斓与精湛更曾让世界赞不绝口，但现阶段传承与发展趋势却不容乐观，作为艺术工作者理应反思。第一，近些年因年轻人的浮躁心态及利益当先的标准，使得"慢工出细活"的所有传统文化艺术基本被排斥，同时过度崇尚西方文化与时尚娱乐使其被淡忘从而直接导致中国传统文化艺术的传承出现严重断层的状况。第二，从教学及实践创作过程中所遇关于戏曲传统纹样方面的问题，之所以重点研究中国戏曲纹样是因从事戏曲舞美专业的人员少之极少，而真正懂得戏曲传统纹样的学生及设计者更是寥寥无几。近些年在教学中并无系统专业课程让学生们潜心学习。第三，高龄的老先生焦虑传统经验无人继承，年轻学生不愿花时间和高成本导致戏曲舞美服化专业严重断层。第四，一部分戏曲舞美设计者不深入挖掘学习、借鉴归纳、掌握传统戏人物扮相中纹样的运用规律，只想跟风走时尚随意将各类纹样或自认为好看的纹样运用到戏曲服化创作中。

（三）研究展望

习近平总书记指出："创新是一个民族进步的灵魂，是一个国家兴旺发达的不竭动力，也是中华民族最深沉的民族禀赋。"诚然，中国传统纹样、戏曲传统纹样是中华民族艺术的浓缩与精髓，可谓是最好的"美育"，对提高人们的审美观乃至人文修养有着重要作用。对于学生而言，学习戏曲服化设计，是传承与弘扬民族优秀文化艺术的光荣使命。我们需要学习、分析、总结归纳，不仅要传承保护传统艺术，更要潜心挖掘其中的精华，进一步发扬光大，使更多华夏儿女感受到祖国民族文化艺术的魅力与价值！

参考文献

[1] 梅兰芳著.梅兰芳回忆录[M].北京.东方出版社，2012.8.

[2] 中国梅兰芳研究学会梅兰芳艺术馆编.梅兰芳艺术评论集[M].北京.中国戏剧出版社，1990.10.

[3] 徐城北著.梅兰芳艺术谭[M].南京.江苏教育出版社，2005.9.

[4] 徐正清.姜汉椿特编.继承与发展——第四届中国京剧艺术节研讨会论文集[M].上海.上海社会科学院出版社，2005.5.

[5] 黄能馥.陈娟娟著.中国龙袍[M].桂林.漓江出版社，2006.6.

[6] 徐华铛.杨冲霄著.中国戏曲美术[M].北京.中国林业出版社，2011.7.

[7] 石翠亭著. 龙凤呈祥：中国京剧服装纹样选粹 [M]. 北京. 中国纺织出版社有限公司，2019.12.

[8] 黄清穗. 李健菲著. 故宫纹样 [M]. 北京. 中信出版社，2023.3.

[9] 红糖美学著. 故宫经典纹样图鉴 [M]. 北京. 人民邮电出版社，2023.8.

[10] 谭元杰著. 戏曲服装设计 [M]. 北京. 文化艺术出版社，2000.9.

视唱练耳教学中作品创编与表演综合实践探究

上海戏剧学院附属戏曲学校　李俊华

视唱练耳是音乐艺术类院校教育领域中一门极其重要的理论与技能兼具的基础学科，其目的在于通过视唱和听觉实践的训练，使学生熟练掌握音准、节奏和规范的读谱方法并积累音乐语汇，帮助他们理解音乐各要素在艺术表现中的常规手段与作用，从而培养学生对音乐的感知、记忆和情感的综合表达能力。

传统视唱练耳教学模式里的元素性技能训练，遵循由易到难、由简到繁、由点到面的路径来逐步展开。课堂内容设置与授课形式基本以音程、和弦、节奏、旋律等多个相对独立的单项技能训练组成。实践证明，这种形式比较注重对技能的单一练习而忽略了音乐能力的综合培养，音乐要素所依托的作品内涵和审美价值也被大大淡化。虽然其包含的重复性练习和长时间积累可以达到一种音响听觉上的熟练甚至是惯性，对于发展音乐听觉能力也具有相当的成效，但学生在相对机械、单调的重复训练中无法建立与实际音乐作品听觉效果的关联，久而久之亦对本课程产生厌倦和排斥的情绪。

为了避免课堂教学弊端，保持学生的学习热情与活力，我们应努力探寻、研究新的教学方法，在多元、立体的视野下更广泛地思考音乐的本质，进一步赋予视唱练耳学科更深厚的教学内涵，在真正意义上为相关专业课程提供基础性支持。

一、作品创编与艺术实践的目标导向及意义

转变教学观念、丰富课程内容、发掘教学手段、整合教学资源，真正提高学生的学习兴趣与训练效果是视唱练耳学科发展的重要任务。而有效开展基于开放性视野下的学科建设与教学革新，思考如何在多元化的音乐实践中以全面的观点来聆听、理解和诠释作品，更是对教师引导学生在艺术专业道路上迈向更高的层

次具有深远意义。

（一）在听觉实践的过程中感知音乐要素的表现作用

听觉实践中的"感知"领域是学好音乐的先决条件，是促进音乐表现、音乐创造和文化理解等能力发展的前提，在整个视唱练耳学习中起到至关重要的作用，更是整体音乐素养形成的必备因素。

从视唱练耳学习的过程和规律来说，应该先有听觉的体验和感悟，才能形成有意义的理解与表达。日常教学中，读谱、视唱、演奏等实践活动离不开听觉先导；舞台实践时，音乐表演中的音准、节奏、强弱、音色等也都需要借助听觉感悟进行调整。在聆听中对构成音乐的各要素进行剖析和训练，使学生认识它们的多样性和灵活性，然后通过作品理解音乐要素的各种表现作用，这正是视唱练耳学科独立性和基础性的充分体现。

（二）在真实的音乐情境中达到技能训练与教学实践的深度融合

视唱练耳学科的学习是音乐能力积累的必要过程，是将音乐审美活动有机地融入音乐基础知识与技能训练教学的完整过程。教师在课堂上进行教学与指导的同时，应该让学生充分了解每项练习的目的和意义。例如音准和节奏的强化训练是为了提高准确诠释音乐作品的能力；背谱与旋律听记是为了加强音乐的记忆能力；而视唱作品的艺术性表达则是为了更好地领悟作品的内涵等。

传统的教学模式过分强调元素技能的单一训练，忽略了听、读、唱、写之间的有效关联，学生在机械枯燥的被动练习中必然产生厌倦情绪和审美疲劳，教学效果也就每况愈下。如果能在真实的音乐情境中进行整体听觉训练，音乐要素相互融合，音响效果立体丰满，艺术视野逐步开阔，技术情感完美结合。相信在这样的教学模式中，学生不仅能全方位地感知音乐，还能通过作品更精细地理解、把握音乐各要素的细节。

（三）在艺术情感的推动下提炼音乐技能，理解艺术审美

艺术课程具有审美内涵、人文价值与创意实践三个主要特征，它以音乐作品为载体，通过艺术化的表现手段作用于人的听觉，激发情感，促进思维；以音乐活动为渠道，引导学生主动参与艺术实践，掌握基本技能，培养音乐的表达、交流、合作与创造能力。在以音乐听觉为中心的课堂教学中，希望可以通过对经典艺术作品创编与表演的综合实践，树立"源于音乐、回归音乐"的科学理念，最终达到审美体验与文化理解的统一发展。

二、作品创编与艺术实践的具体实施及有效成果

（一）在发展音乐听觉的过程中达到情感体验与认知思维的和谐统一

视唱练耳课程的任务是发展和提高学生的音乐听觉能力，并引导他们积极主动地将这种能力在演唱、演奏和创作的过程中进行运用和锻炼，为相关学科的学习和艺术实践打下坚实而广博的基础。听觉实践是欣赏和学习音乐的重要环节，从感知音乐的基本要素到探究作品的内部结构，直至理解内涵并最终创造音乐，"发展音乐听觉"这一学科主旨始终围绕左右。随着学习的深入，听觉能力的培养也从感受、认知逐步向理解、领悟提升。

笔者通过对不同年级、不同专业的学生进行学情调查，了解到他们在视唱练耳课堂内外的学习时长、学习习惯、学习渠道，以及对音乐能力多维度训练实践的想法和建议等。同学们对不同风格的音乐作品表现出浓厚的学习兴趣，尤其在作品创编与表演的过程中，不仅能享受"优美的和声"与"合作的乐趣"，更对音乐情感的理解与表达有了全新的认识。

（二）在作品创编与表演的艺术实践中提升听觉分析的综合能力

视唱练耳教学是对乐理知识的巩固和延伸，尤其在节奏、音程、调式、和弦等核心内容中，两者之间更是密不可分。在对音程与和弦进行技能训练时，我们通常采取模唱、构唱及和弦连接听辨的方法来反复强化。这种偏向于纯技术的训练模式较为单一枯燥，学生在课堂外容易缺乏学习热情。若能在作品创编中以元素训练为切入点，并在适宜的节奏律动中兼顾音乐性和艺术性，那么学生在技能训练的同时还能融入音乐审美，最终也一定可以激发他们的学习兴趣。

在学科艺术实践的过程中，笔者创编了一首以各种分解七和弦为核心的视唱艺术歌曲，通过主题旋律中来回交织的大小七、小小七和弦，辅之以钢琴伴奏中时隐时现的小大七、增大七和弦，舒展流动的音符在优雅的三四拍节奏中呈现出一首梦境般色彩的圆舞曲。由于主题段落构建在 C 大调上，旋律本身并不复杂。第一次接触该作品时，教师让学生先独立听记主旋律，随后要求他们仔细读谱并观察细节，待集体演唱后再通过音乐文本的内容来详细解构旋律的特征，同时引导学生构唱作品中出现的各种七和弦，在色彩辨析中巩固和弦知识，并最终理解作品的创编思路。这种将视唱练耳教学中的视唱、听写、听觉分析与理论知识紧密结合，通过作品创编的特征与规律进行组织教学的方式，正是"源于音乐，回归音乐"理念下整体听觉训练模式的具体实践。

（三）通过作品的创编与表演激发学生的创造性思维和艺术表现力

视唱练耳教学中的作品创编与表演是相互影响、相互促进的，创编能推动教师不断探索，求新求变；表演能激发学生充满热情，展示技能。实践证明，本学科的作品创编与表演应当以视唱练耳教学为中心，作品内容可围绕某一特定元素或训练目标，作品难度要符合课程教学的需要，作品情境应考虑技术性与音乐性的统一。如果说音乐的创作缔造出作品的躯体，那么音乐的表演则给予躯体以灵魂，二者的结合才会产生出鲜活的生命。学生从课堂学习步入舞台实践，这本身就是一种进步，他们能深刻感受到音乐活动的全过程，能切身体会到二度创作的重要性与必要性。作品表演的准备阶段可以验证音乐文本与音响效果间的对应关系；作品表演的进行阶段可以展现带有主观能动性的诠释与润饰；作品表演完成之后则可以全方位地复盘、思考和总结。

合理设计与适度创新是作品创编与表演的基本原则。考虑到职业院校学生的专业水平和实际情况，在实践过程中应采取适宜的方法并把握好尺度。无论是钢琴伴奏的编配、多声部视唱的设计、人声与乐器的融合、经典作品的改编等都应从作品本身出发，立足于课程的核心素养。在具体实践的过程中，应当引导学生从中华文化的艺术土壤中汲取养分，深入了解作品的时代背景和主题思想，准确把握音乐风格与情感，以任务引领的方式培养其自主探究的能力。

三、美育浸润视野下艺术学科审美价值的构建与塑造

美育是审美教育和情操教育，更是心灵的教育和情怀的教育。2023年12月，为了深入学习贯彻党的"二十大"精神，强化学校美育工作的育人功能，教育部印发了《关于全面实施学校美育浸润行动的通知》（以下简称《通知》）。以"浸润"作为美育工作的目标和路径，既彰显了美育潜移默化润泽心灵的审美育人价值，又遵循了美育融入教育教学全过程与各环节的特殊规律。《通知》中所提到的美育教学改革深化、教师美育素养提升、艺术实践活动普及、校园美育文化营造等行动均是实实在在、可落地可落实的有力举措。

艺术学科审美价值的构建与塑造不是纸上谈兵，只有从学校、教师、学生三个维度同时着手，才能让学生真正树立美育意识，涵养美育情怀。中等职业学校艺术课程的目标是坚持落实立德树人根本任务，使学生通过艺术鉴赏与实践等活动，发展艺术感知、审美判断、创意表达和文化理解等艺术核心素养。视唱练耳

作为艺术教育领域中涵盖面极广、辐射力超强的专业学科，理应在学校美育浸润的大环境中发挥重要作用，课堂不仅仅是音乐技能的训练场，更应成为审美情感培养和艺术素养提升的主阵地。

在美育浸润视野下，无论是课堂教学还是创编表演，我们首要思考的必须是如何专注育人和浸润心灵，我们所依靠的也必然是鲜活的作品和生动的实践。在作品创编环节，学生通过鉴赏和探索音乐的美，可以跨越不同的时代背景和文化风格，培养广阔的艺术视野，运用独特的想象力和创新思维，将内心的情感和创意转化为具有个性的音乐语言。在作品表演环节，教师通过丰富多样的教学手段将乐理知识、节奏读谱、和声色彩、音乐欣赏等不同领域的内容与听觉训练有机结合，激发学生的主动性、灵活性、合作精神与创新意识，在演唱、演奏、鉴赏、合作的一系列过程中，达到让技术回归音乐本体的目的，最终向"感受音乐，理解音乐，创造音乐"的多层次教育目标迈进。

视唱练耳教学中的作品创编与表演必须以学科理论为依据，以教学实践为核心，以经典作品为媒介，通过启发学生的音乐情感和想象力，发挥他们的专业技能和主动性，最终在合作交流中理解艺术审美，彰显文化自信。作为职业院校艺术学科的一线教师，我们理应提高认识、提升素养、提振信心，以美育浸润行动为指引，在以美育人、以美化人、以美润心、以美培元的新时代学校美育工作中不忘初心，持续前行！

后记

上海中华职业教育社自2014年起，按期发布年度《上海职业教育事业蓝皮书》，今年已是第十一本。《蓝皮书》突出专业性和独立性、客观性和实证性，通过科学判断时代背景，梳理年度成绩，深入剖析问题，提出策略建议，为推进上海职业教育高质量发展提供政策性咨询和理论与实践性参考。

《2024上海职业教育事业蓝皮书》由上海市副市长、上海中华职业教育社主任解冬担任主编，上海中华职业教育社常务副主任胡卫担任常务副主编，市教科院职教所所长张晨、上海中华职业教育社教育发展部部长毕鹏宇担任责任副主编，并得到市教委、市人社局等有关部门的支持与协助。上海中华职业教育社机关承担本书的组织协调工作，机关干部参与书稿校对。

全书分上下两篇，上篇为事业发展，下篇为典型案例。上篇由张晨统筹设计，其中综合报告由肖鹏程负责编写，专题研究由郭文富负责编辑整理，施蕾生、罗尧成参与编写；社务工作由市职教社负责编写、王琴参与整理；下篇由郭扬统筹设计，董奇、雷正光负责编辑整理。张晨对全书进行了统稿。

上海科学技术文献出版社对本书的出版给予了支持，在此一并致以衷心的感谢。

编者

2024年9月